prometeo
libros

GOBERNAR BUENOS AIRES

Ciudad, política y sociedad,
del siglo XIX a nuestros días

Matías Landau

GOBERNAR BUENOS AIRES

Ciudad, política y sociedad, del siglo XIX a nuestros días

prometeo
libros

Landau, Matías
Gobernar Buenos Aires. Ciudad, política y sociedad, del siglo
XIX a nuestros días / Matías Landau. - 1a ed . - Ciudad Autónoma
de Buenos Aires : Prometeo Libros, 2018.
296 p. ; 23 x 16 cm.

1. Buenos Aires . 2. Ciudad Autónoma de Buenos Aires. 3.
Historia de la Ciudad Autónoma de Buenos Aires. I. Título.
CDD 982.11

Armado: Yanina Pérez
Corrección de galeras: Emilia Carabajal

© De esta edición, Prometeo Libros, 2018
Pringles 521 (C1183AEI), Buenos Aires, Argentina
Tel.: (54-11) 4862-6794 / Fax: (54-11) 4864-3297
editorial@treintadiez.com
www.prometeoeditorial.com

Índice

Agradecimientos

Los agradecimientos constituyen, para el lector, parte del primer contacto con el libro. Para el autor es al revés: es lo último que escribe, en un ejercicio que obliga a recordar todas las instituciones y las personas que colaboraron de diversas maneras. Como todo recuerdo, por supuesto, éste será siempre parcial, fragmentado e incompleto. Vaya entonces un primer reconocimiento a aquellos que, aunque no sean directamente mencionados, han formado parte de la pequeña historia de vida que se esconde entre estas páginas.

Este trabajo fue fruto de un largo proceso, que se inició en un ida y vuelta entre Buenos Aires y París, en momentos de hacer mi Doctorado, entre 2006 y 2010. Y que continuó en los años posteriores, con una reelaboración profunda, modificando algunos aspectos, eliminando o mejorando otros, agregando algunos ejes y perspectivas de análisis nuevos. Llevé a cabo esta etapa ya en calidad de investigador del Consejo Nacional de Investigaciones Científicas y Técnicas (CONICET) y a través de la dirección de diversos proyectos de investigación, entre 2011 y la actualidad.

La Facultad de Ciencias Sociales de la Universidad de Buenos Aires (UBA) y l'École des Hautes Études en Sciences Sociales (EHESS), de París, me brindaron el ámbito propicio para mi formación de grado y de posgrado. Después de haber transitado sus pasillos y aulas por más de veinte años, primero como alumno y después como docente, puedo decir que *Sociales* es como la familia, el barrio o el país, a los que se les reconocen algunos defectos, pero a los que me une, sin embargo, un afecto incondicional. Mi reconocimiento a todos aquellos que forman parte de una institución que me garantizó, y lo sigue haciendo con las nuevas generaciones de sociólogos, una educación pública de calidad. *La École*, por su parte, era al principio el sueño de un estudiante con ansias de realizar sus estudios de posgrado en una de las instituciones más prestigiosas del mundo. Con el tiempo, pasó de ser la referencia institucional que leía en los trabajos de los más renombrados cientistas sociales a constituir un ámbito cotidiano y familiar, que me brindó condiciones insuperables para realizar mis estudios de Doctorado.

Varias instituciones han financiado becas, subsidios y proyectos de investigación que han sido insumos fundamentales para el trabajo. El CONICET me otorgó, en 2004, mi primera beca de posgrado y con ella me abrió un camino en el mundo de la investigación académica. Como muchos colegas de mi generación, siento que he sido un afortunado por la posibilidad histórica que se me brindó, en un país que recién estaba saliendo de su crisis más profunda. A partir de entonces, CONICET no sólo financió parte de mis estudios de posgrado, sino que desde 2011 es la institución donde trabajo como investigador, tarea que se me permite ejercer en plena libertad. La Comunidad Europea, a través de una beca Alban, hizo posible que el sueño de cruzar el Atlántico se hiciera realidad, brindándome los medios para poder realizar en Francia una larga estadía que fue central en el proceso de tesis. El Ministerio de Educación de la Nación y la Embajada de Francia, a través de la beca Saint-Exupery, facilitaron la posibilidad de realizar un último viaje a París, en el que pude finalizar con el camino iniciado. La Universidad de Buenos Aires, el CONICET y la Agencia Nacional de Promoción Científica y Tecnológica (ANPCyT) financiaron sucesivos proyectos que, bajo mi dirección o co-dirección, me permitieron desde 2011 continuar con la labor de investigación. El personal de las diversas bibliotecas y hemerotecas que transité fue siempre atento y amable, lo cual hizo mi tarea más fácil y grata. Una mención especial para el de la Biblioteca de la Legislatura de la Ciudad de Buenos Aires, que me ha acompañado en largas jornadas de trabajo de archivo.

A lo largo de los años, he podido presentar avances de trabajos previos o capítulos del libro en diversos coloquios, congresos o grupos académicos que no puedo nombrar en su totalidad. Pero no quiero dejar de mencionar a algunos que fueron particularmente importantes para mí. En Francia, el *Atelier d'etudes sociologiques sur l'Argentine contemporaine*, coordinado por Denis Merklen y Lorena Poblete, constituyó un espacio fundamental para dar a conocer y poner en discusión las primeras ideas que iban surgiendo. En Argentina, la invitación a presentar mis avances en el *Seminario Abierto del Grupo de Estudios Urbanos* del IIGG, cuando aún estaba en un momento de construcción de la tesis doctoral, ha sido también muy importante. El intercambio en ese marco con sus coordinadoras, Hilda Herzer, Gabriela Merlinsky y María Mercedes Di Virgilio, así como con los asistentes, ha sido realmente de una enorme utilidad. En España, más recientemente, en 2015, la posibilidad de discutir los primeros cuatro capítulos del libro en el marco Grupo de Investigación Complutense de Historia del Madrid Contemporáneo, dirigido por Luis Enrique Otero Carvajal, ha sido una experiencia enriquecedora. Durante los últimos años también fueron un aporte valiosísimo los intercambios con alumnos de posgrado, en el marco de diversos seminarios que dicté en la Facultad de Humanidades y Ciencias de la Universidad Nacional del Litoral (FHUC-UNL), la Facultad de Ciencias Sociales de la Universidad de Buenos Aires (FSOC-UBA), el Consejo Latinoamericano de Ciencias Sociales (CLACSO) y el programa de posgrado del Instituto de Desarrollo Sociales (IDES) y la Universidad Nacional de General Sarmiento (UNGS).

Entrando en el terreno de los nombres propios, siempre tan limitado e incompleto, quisiera mencionar a quienes contribuyeron, de muchas formas, a que llegara hasta aquí. Michèle Leclerc-Olive y Gerardo Aboy Carlés dirigieron mi Tesis de Doctorado, por la parte francesa y argentina respectivamente, combinando dosis justas de calidez humana y rigor intelectual. Denis Merklen y Marie-France Prévôt-Schapira han accedido, amablemente, a leer y discutir conmigo avances de la tesis. Además, junto a Denis Merklen, Mabel Thwaites Rey y Pedro Pirez conformaron un jurado que, con su lectura atenta, me ha abierto el camino para seguir trabajando hasta la actualidad. Ricardo Sidicaro me brindó una enorme generosidad para dirigir mi formación como investigador.

Muchos colegas y amigos me han acompañado en este proceso, algunos leyendo y criticando avances, otros simplemente estando ahí. Con Guillermo Jajamovich e Ivana Socoloff hemos transitado el común derrotero de investigar sobre Buenos Aires. Recientemente, el intercambio con colegas-amigos en el taller compartido para la producción de un libro conjunto me permitió afinar algunas cuestiones conceptuales y estilísticas. Gracias a Gabriel Vommaro, Federico Lorenc Valcarce, Ariel Wilkis, Luisina Perelmiter, Sebastián Pereyra, Mariana Heredia, Mariana Gené y Martín Armelino. Del mismo modo, la discusión en España con Rubén Pallol me ha ayudado a pensar el proceso porteño en clave comparativa. Valoro también los intercambios con Paula Canelo y Rocío Annunziata. En los últimos años, la conformación junto a Florencia Luci y Victoria Gessaghi del Grupo de Estudios Sobre Jerarquías, en el Instituto de Investigaciones Gino Germani (IIGG), me ha permitido abrir nuevos horizontes analíticos y profundizar en el estudio de los procesos de jerarquización, compartiendo proyectos y actividades académicas. Flor y Vicky han devenido, en los últimos años, grandes compañeras de ruta en el trabajo cotidiano.

Mi amigo Ariel Wilkis estuvo en París y en Buenos Aires. Cierto azar de nuestros tiempos personales y calendarios académicos permitió que fuéramos pasando, casi al mismo tiempo, por los mismos trámites, avances o dudas. La vida parisina no hubiese sido lo que fue sin contar con *los Ivancovsky*, que han logrado en todo momento que nos sintiéramos como parte de la familia. Ya de vuelta, fue muy importante la presencia cotidiana de Tina.

Finalmente, este libro no podría haberse materializado sin el sostén incondicional de la familia: mis viejos, mis hermanos, mis cuñadas, mis sobrinos, y los Dimarco. Unas palabras aparte para mis viejos. Mi mamá, Dina, es la mejor *idishe mame*, que desde chiquito me quiere hacer creer que soy el más lindo e inteligente. Mi papá, Isaac, me ha transmitido su constante entusiasmo por el análisis político y la historia. En las distintas etapas de mi vida, me han acompañado y apoyado en todo.

Estas líneas se cierran mencionando a mi amor, Sabina Dimarco, con quien comparto mis días desde hace años. Cualquier intento por situar en el tiempo y en el espacio todo lo que le debo sería en vano. Jamás lograría plasmar en negro sobre blanco mi gratitud hacia ella, porque excede lo que puedo expresar a través del lenguaje. Muchas de las ideas expresadas en el libro han tomado forma y se han pulido a partir de sus lecturas, comentarios y reflexiones. Pero la vida académica es una mínima parte de nuestra historia en común. Las imágenes porteñas y parisinas se suceden en mi cabeza, innumerables, y me llevan a revivir aromas, colores, sabores y en todos ellos está Sabi, con su sonrisa abierta y su dulzura inconmensurable. Cuando iniciamos el camino de dos jóvenes sociólogos que ansiaban doctorarse en *la École* teníamos además un sueño mayor, el de formar una familia. Luna y Dante han llegado a nuestras vidas para hacerlas plenas, y recordarnos con su sabiduría infantil que todo el resto es secundario. A Sabi, Luna y Dante dedico este libro.

Introducción

En 1880 Buenos Aires era una pequeña ciudad de alrededor de 300.000 habitantes, estructurada todavía según el modelo urbano heredado de la colonia, con su centro en torno a la Plaza de Mayo y el puerto. Sus límites jurisdiccionales se extendían hasta el arroyo Maldonado (hoy entubado bajo la avenida Juan B. Justo), las calles Rivera (actualmente Avenida Córdoba), Medrano, Castro Barros, el Riachuelo y el Río de la Plata. Sin embargo, su población se concentraba en un radio aún menor, que llegaba hasta las avenidas Callao-Entre Ríos. Luego comenzaban los suburbios, en los que la ciudad se mezclaba con el campo. Más alejados, siguiendo unos kilómetros de pampa húmeda, se alzaban dos pequeños pueblos, Flores y Belgrano, que por entonces tenían unos pocos habitantes. Durante ese año la ciudad fue federalizada y posteriormente se sancionó, en 1882, la Ley Orgánica Municipal 1260, que estructuró la Municipalidad con un sistema en el que convivía un intendente, nombrado por el presidente de la Nación, y un Concejo Deliberante, elegido a través del voto censitario, del que sólo participaba menos del 1% de su población. Por entonces, cuando las elites académicas y políticas discutían sobre cómo gobernar Buenos Aires, era frecuente la utilización de los argumentos que sostenían que el municipio debía ser considerado como una unidad doméstica, destinada a resolver los asuntos civiles en común de los vecinos-contribuyentes. En 1887 se sancionó una ley que modificó los límites jurisdiccionales de Buenos Aires, incorporando Flores y Belgrano. Al justificar la decisión, diputados y senadores señalaban, utilizando argumentos higienistas, la necesidad de comprender que la ciudad era un cuerpo vivo, y que el derecho debía consagrar la realidad dada por la ampliación del organismo urbano, que había crecido al punto de fundirse con sus pueblos aledaños.

En 1917 poco había quedado de esa pequeña aldea. Producto del incesante proceso inmigratorio, Buenos Aires ya contaba con 1.650.000 habitantes, que no sólo se concentraban en el centro sino que habían comenzado a poblar gran parte del espacio entonces vacante, construyendo los primeros vecindarios. Durante ese año, como consecuencia de la modificación de la ley orgánica municipal, se introdujo el voto universal masculino para la elección de concejales. Al debatir el cambio, los diputados y senadores ya no se apoyaban en los viejos principios del municipalismo decimonónico, de raíces hispánicas, aristotélicas y fisiocráticas, sino en las nuevas voces que postulaban que la ciudad "moderna" correspondía ser considerada una unidad social, producto de la división del trabajo que debía fomentar la solidaridad entre sus miembros. Estas nuevas ideas se expresaban en un contexto social muy distinto al de 1880, producto de las demandas crecientes de los sectores populares. Bajo estos principios, insistían los críticos como los socialistas, la pertenencia al municipio tenía que dejar de ser considerada como un privilegio de unos pocos, para introducir un horizonte más igualitario. En ese marco, su gobierno debía erigirse sobre los principios de la técnica, única manera de garantizar que todos los habitantes alcanzaran una vida digna.

En 1949, Buenos Aires era ya una metrópolis de 3.000.000 de habitantes, que no sólo se extendía dentro de su radio jurisdiccional, sino que había comenzado a poblar los municipios linderos. Fue entonces, bajo el primer gobierno peronista, que se reformó la Constitución Nacional, cancelando el régimen municipal de Buenos Aires vigente hasta entonces, eliminando el Concejo Deliberante y fortaleciendo el argumento de que el intendente era un delegado administrativo del presidente de la Nación. La concepción de gobierno imperante se asociaba con el sentido social del gobierno peronista, que veía a las ciudades como una parte constitutiva, pero de ninguna manera independiente, de la comunidad organizada o el organismo nacional, de acuerdo con algunas teorías en boga que hacían foco en la necesidad de establecer una planificación nacional.

En 1996, Buenos Aires mantenía la misma población de mediados de la década del 40, dentro de sus límites jurisdiccionales, pero había crecido de manera significativa aquella radicada en el Gran Buenos Aires. En conjunto, llegaba a albergar 10.000.000 de habitantes, un cuarto de la población del país. En ese año se sancionó la Constitución de la Ciudad Autónoma de Buenos Aires, como culminación de un proceso que se había iniciado dos años antes, con la modificación del estatus constitucional. Los convencionales constituyentes no ahorraban palabras para resaltar el carácter "autónomo" de la ciudad, y marcar su similitud con otras provincias de la nación. A diferencia de lo que había ocurrido durante el siglo previo, en el que se había negado sistemáticamente el carácter político, primero para reforzar la idea de un conjunto civil y luego para enfatizar su sentido social, ahora parecía que Buenos Aires había alcanzado la meta tantas veces anhelada.

Este brevísimo repaso por algunas de las fechas que serán profundizadas en las páginas de este libro nos permite comprender que hay una Buenos Aires que a la vez son muchas Buenos Aires. Entre su federalización y su autonomía hay una continuidad, dada por su desenvolvimiento urbano, demográfico e institucional. Pero hay también fuertes transformaciones, discontinuidades y cambios abruptos. Estas modificaciones no pueden ser comprendidas simplemente como un cambio natural, propio del proceso histórico, sino que obedecen a mutaciones en los modos de concebir a la ciudad y al municipio como objetos de gobierno, y de actuar en consecuencia. En los términos popularizados por Robert Castel (1997), se trata de verdaderas "metamorfosis", en el sentido de un proceso dialéctico entre lo mismo y lo diferente. Las metamorfosis del gobierno de Buenos Aires se producen como consecuencia de una modificación en las formas de su problematización, variables según las distintas coordenadas históricas de situaciones urbanas, demográficas o políticas. En cada nuevo escenario han surgido problemas del momento, que fueron resueltos siguiendo las ideas imperantes y los límites que imponían las relaciones de fuerza coyunturales.

En síntesis, este libro puede ser considerado un estudio de las metamorfosis del gobierno de Buenos Aires, cuyo objetivo no es hacer una reseña de la historia urbana, social o política, sino valerse de ellas para responder a una indagación más específica: ¿cómo se ha transformado la problematización del gobierno de Buenos Aires? Tal como nos enseñó Michel Foucault, toda problematización es un proceso conjunto de configuración discursiva y respuesta práctica. En este sentido, la problematización "no quiere decir representación de un objeto preexistente, así como tampoco creación mediante el discurso de un objeto que no existe" (2001a: 1487). Por el contrario, "hay una relación entre la cosa que es problematizada y el proceso de problematización". La problematización supone "una respuesta original o específica a menudo multiforme, a veces incluso contradictoria en sus diferentes aspectos, a esas dificultades que son definidas por una situación o un contexto y que valen como cuestión posible" (Foucault, 2001b: 1416). En el caso de Buenos Aires, no es posible analizar las transformaciones en los modos de problematización gubernamental sin comprender cómo las mismas fueron resultado de un proceso de crecimiento territorial y complejización socio-política que ha signado el siglo XX. A partir de estas premisas, procuramos a lo largo de las páginas presentar este proceso, sin que ello suponga, no obstante, enmarcarnos exclusivamente en una historia urbana o social de la ciudad.

Para realizar nuestro propósito es preciso abordar los cambios sobre el gobierno de Buenos Aires en un plazo extenso. En un célebre artículo, Norbert Elias (1994) criticaba el "retraimiento de los sociólogos en el presente", aludiendo a los principales enfoques y figuras de la sociología de posguerra.

Muy atinadamente, recordaba que los padres fundadores, Max Weber, Karl Marx y Émile Durkheim, no concebían un análisis que no estuviera sostenido por la historia. Contrastar la realidad cotidiana con otros tiempos y sociedades es lo que permite comprender por qué y cómo llegamos a ser lo que somos. Gran parte de las ciencias sociales contemporáneas no parecen demasiado afectas a este tipo de indagación y privilegian, por lo general, estudios situados espacial y temporalmente, siguiendo los cómodos cánones académicos que conducen a acotar cada vez más los objetos de investigación. En nuestro caso hemos decidido abordar en nuestro análisis más de un siglo del gobierno de la ciudad. La longitud temporal permite evidenciar lo que en el corto plazo se hace imposible, permitiendo ver cómo se han ido anudando las transformaciones morfológicas, demográficas, sociales y políticas de la ciudad con las polémicas concretas y las reformas institucionales.

* * *

Desde su surgimiento, la sociología se preocupó de estudiar las ciudades de varias maneras, habida cuenta de la multiplicidad de aspectos que pueden ser observados y analizados en ellas. Hacia fines del siglo XIX, las urbes eran percibidas por los primeros sociólogos como el *escenario* o el *marco* de los conflictos que atravesaban a toda la sociedad, que eran tematizados por diversos autores bajo la etiqueta de la "cuestión social". En ese contexto, reflexionar sobre la ciudad era hacerlo sobre la sociedad en su conjunto, en tanto que la cuestión fundamental radicaba en cómo lograr establecer formas de solidaridad social que evitaran el estallido del conflicto social. Unas décadas más tarde, cuando los procesos de urbanización y crecimiento demográfico convirtieron a las ciudades en *metrópolis*, la sociología se preocupó ya no sólo por la ciudad como un escenario de la sociedad sino también como un objeto en sí mismo. De este modo, surgió una sociología que pretendió concentrarse en los asuntos específicos de la ciudad: la sociología "urbana", preocupada por los aspectos socio-territoriales de las vidas en las grandes metrópolis. En cualquier caso, la sociología de la ciudad abordó por lo general asuntos que se concentraban en la tensión entre lo *urbano* y lo *social*, oscilando entre una mirada de la ciudad como objeto de reflexión en sí misma y la ciudad como expresión de la sociedad.

La tensión entre lo urbano y lo social, sin embargo, no condensa la totalidad de aspectos que se juegan en el gobierno de la ciudad. Porque las ciudades no son sólo territorios en el que se inscriben relaciones sociales, sino también espacios jurisdiccionales, sujetos a determinaciones propias del mundo del derecho. Por lo general, la sociología ha brindado escasa atención a esta dimensión jurídico-política, que ha quedado en manos de otros saberes, como el derecho, la historia o la ciencia política. Justificadas detrás del argumento de que la ciudad "real" excede sus límites jurídicos, en tanto que los desborda tanto en términos territoriales como sociales, con frecuencia las distintas investigaciones sociológicas tienden a autonomizar los aspectos socio-urbanos de los jurídico-políticos. De este modo, la ciudad se constituye en un espacio propicio para innumerables indagaciones empíricas sobre las formas territoriales y sociales de la vida en nuestras sociedades: movilizaciones o protestas sociales, conflictos en torno al delito o la inseguridad, formas de marginalidad o exclusión, programas y políticas sociales, culturas urbanas, formas de sociabilidad o politicidad de sectores populares, transacciones económicas, y la lista podría continuar extensamente. Sin embargo, una indagación sobre las transformaciones gubernamentales de la ciudad en perspectiva histórica no puede ignorar esta multidimensionalidad de la ciudad, a la vez demarcación jurisdiccional, territorio urbano y espacio de inscripción de relaciones sociales y políticas nacionales.

En virtud de esta tensión entre lo urbano/social y lo político/municipal, analizar la problematización del gobierno de la ciudad supone indagar articuladamente tanto la problemática municipal como la problemática urbana. La *problemática municipal* se asocia con cuestiones ligadas a la resolución del estatus jurídico-político del *municipio*: quiénes pertenecen al cuerpo colectivo, cuál es la naturaleza del mismo, cuáles son sus límites jurisdiccionales, qué grado de autonomía debe tener respecto a los poderes nacionales, cuáles deben ser sus instituciones legislativas y ejecutivas, quiénes y cómo deben elegir las autoridades. La *problemática urbana*, por su parte, abre otros interrogantes, asociados con el desenvolvimiento territorial y social de la *ciudad*: si la ciudad es un espacio de relaciones sólo civiles, o constituye un espacio social; qué deben hacer los poderes públicos frente al crecimiento urbano y demográfico; quién y cómo debe resolver los problemas ligados a las condiciones de vida de la población; qué instituciones deben crearse para ello, sobre qué sustento experto deben basarse.

La problemática urbana y la problemática municipal encierran la complejidad de nuestro objeto de estudio, puesto que en ellas se juegan aspectos políticos, sociales y territoriales, en el marco de una tensión siempre presente entre la necesaria auto-afirmación de un espacio local y su subsunción a una lógica nacional que lo engloba y contiene, máxime en el caso de una ciudad capital, como el analizado en este libro. La literatura sobre Buenos Aires ha brindado innumerables aportes para responder estos interrogantes, aunque ha reproducido, no sin excepciones, la división entre la problemática urbana y municipal. Sin dudas hay excelentes estudios previos que el lector verá citados a los largo de las páginas, invalorables a la hora de encarar un libro como éste, que se enmarcan con claridad en una historia social, una historia político-institucional o una historia urbana de la ciudad. Algunos lo hacen a través de un plazo extenso, otros se concentran en un período específico. En diálogo con estos antecedentes, en esta obra nos proponemos realizar un análisis del proceso de metamorfosis del gobierno de la ciudad en toda su magnitud, a la vez urbana y municipal. Para hacerlo, hemos procurado establecer una articulación necesaria entre la presentación de la situación social, política e institucional de cada momento histórico y los principales debates de las elites políticas y académicas. De lo que se trata, en suma, es de evitar tanto una historia social *tout court* como un simple análisis del discurso.

Al tratar conjuntamente la problemática urbana y municipal pretendemos eludir también una lógica persistente en buena parte de los estudios generales sobre el *gobierno,* que enfocan o bien en aspectos sociales, o bien en asuntos políticos, prestando poca atención al modo de conexión entre estas dos lógicas. En efecto, el estudio del gobierno es un problema recurrente para las ciencias sociales y la historia, que ha sido encarado de múltiples formas. Siguiendo el modelo de división del trabajo académico, las indagaciones son muy distintas según se trate de la ciencia política y el derecho, o las ciencias sociales como la sociología y la antropología. Las primeras se ocupan, por lo general, de cuestiones relativas a la construcción de la soberanía, la conformación de los sistemas de representación, las instituciones, los sistemas políticos, etc. Las segundas se enfocan a las oficinas estatales, la construcción de los saberes eruditos, la implementación de programas sociales, etc. Esta especialización académica obedece, en buena medida, al derrotero que han seguido las lógicas gubernamentales. Hacia fines del siglo XIX y principios del XX, las naciones occidentales fueron testigo de dos procesos que transformaron su gobierno. Uno de ellos fue el de la construcción de formas modernas de representación política, acompañado de la conformación de los sistemas de partidos políticos modernos y de los políticos profesionales. El otro fue el de la construcción de una institucionalidad estatal destinada a actuar sobre diversas problemáticas sociales, como salud, vivienda o educación.

* * *

Las transformaciones gubernamentales nunca son el resultado de una causa unívoca. Por el contrario, son fenómenos complejos que obedecen a múltiples factores. En cualquier caso, siempre se trata de una modificación a la vez societal y erudita, que conjuga cambios en las relaciones entre los grupos de la sociedad, que generan nuevas demandas y conflictos que interpelan al sistema económico y político, y la discusión entre un grupo de elites políticas y académicas, que determina el camino a seguir. A partir de estos supuestos analizamos a la vez los procesos históricos, focalizando particularmente en las transformaciones de los sectores populares y sus modos de interpelación a las autoridades, y los debates políticos y expertos, prestando atención en las fuentes de legitimación movilizadas.

Nuestro análisis se enfoca en las formas históricamente cambiantes de responder a tres preguntas centrales sobre el gobierno de Buenos Aires: ¿Qué es Buenos Aires? ¿Cómo debe ser gobernada? ¿Quiénes deben hacerlo? En relación al primer interrogante, fue preciso prestar particular atención a cómo fueron modificándose los límites de la ciudad; la relación entre el espacio jurisdiccional, los municipios linderos y la nación en su conjunto; o los parámetros de demarcación de la conformación de los criterios demandados para ser considerados miembros de la ciudad y del municipio. En otras palabras: cómo se delimita el cuerpo colectivo, quiénes son sus miembros, cómo se vincula con el exterior. En relación al segundo eje, indagamos aspectos ligados a los procesos de construcción de las normas legales que rigen el gobierno municipal, como las leyes orgánicas municipales, las modificaciones producidas en el aparato administrativo municipal, las transformaciones en los sistemas electorales, la creación o supresión de instancias de participación y representación institucionalizadas. En relación al último punto, nos interesó particularmente analizar cómo fue modificándose el vínculo representativo, el sistema de partidos, el perfil de los intendentes y concejales y los modos de tramitación de las demandas vecinales por los poderes públicos.

A lo largo de las páginas, observaremos que Buenos Aires, su gobierno y sus gobernantes fueron pensados de formas muy distintas según la época. Como veremos, hacia 1880 Buenos Aires era una *ciudad*, es decir un espacio territorial relativamente estrecho, constituido por edificios y calles, en el que un conjunto de población establecía relaciones mutuas. Pero, además, Buenos Aires era un *municipio*, entendido como un espacio jurisdiccional, dentro del cual se le reconocía a un conjunto de *vecinos* el derecho a formar parte de la administración de sus asuntos comunes. Estos dos conjuntos se superponían pero no eran lo mismo, puesto que algunas personas eran consideradas parte de la ciudad, pero ajenos al municipio. Ello tenía implicancias en la construcción de la *Municipalidad*, es decir del complejo institucional destinado a administrar los asuntos del municipio y la ciudad. Para muchos hombres políticos y académicos de la época, la Municipalidad no constituía un *gobierno* propiamente dicho, sino simplemente una administración. Esta distinción se debía a que al primero se lo asociaba con los asuntos políticos, de soberanía, que sólo podían hacer referencia a un espacio *nacional*, mientras que la segunda se vinculaba con el espacio *local*. En 1996, la *ciudad* se había convertido ya en una *metrópolis*, que se extendía mucho más allá de sus límites jurisdiccionales. La sanción de la Constitución de la Ciudad Autónoma de Buenos Aires estipuló la extinción de la *Municipalidad* y su continuación por un "*gobierno* de la ciudad", que tiene a su cargo el "Estado de la Ciudad Autónoma de Buenos Aires". Al mismo tiempo que la ciudad metropolitana se extendía, su gobierno reforzaba los límites jurisdiccionales, postulando la creación de una comunidad *autónoma*. De una punta a la otra del proceso analizado, es preciso tomar en cuenta esta multiplicidad de registros para abordar en toda su magnitud la metamorfosis del gobierno de Buenos Aires[1].

La indagación de las formas cambiantes de concebir qué es Buenos Aires, cómo debe ser gobernada y en quiénes debe recaer dicha tarea requiere de un abordaje multidimensional, apelando a diversos registros empíricos y a varios enfoques conceptuales. Algunos debates parlamentarios claves en la historia institucional porteña resultan fundamentales, porque permiten observar que las delimitaciones de Buenos Aires como cuerpo colectivo y la definición de sus miembros fueron variables. A través de un análisis de los principales argumentos movilizados por concejales, diputados y senadores, pero también del resultado final del texto convertido en ordenanza o ley, se pueden percibir estos cambios, analizando cómo se modificaron a lo largo del siglo XX las formas de responder qué era Buenos Aires como cuerpo colectivo, quiénes eran sus legítimos integrantes, y cuál era el tipo de vínculo que los unía. Para hacerlo, fue preciso evitar toda pretensión de definición apriorística, procurando un análisis que permitiera desustancializar y desnormativizar conceptos como ciudad o municipio, para observar las diversas formas de otorgarles un sentido por parte de las elites políticas. Los aportes de Pierre Rosanvallon han demostrado su potencial para encarar este tipo de indagación. El historiador francés ha realizado interesantes estudios sobre conceptos como república, ciudadanía, sufragio, sociedad, etc., a partir de un estudio de debates y disputas políticas. Esta perspectiva permite iluminar también objetos distintos, como son los de ciudad o municipio.

Dejando de lado toda preocupación sociológica por analizar las lógicas propias del funcionamiento ordinario de las instituciones gubernamentales, Rosanvallon centra el análisis en la "historia conceptual de lo político"[2], pero

---

[1] A lo largo del libro analizaremos los significados cambiantes que han seguido algunos términos como vecino, ciudadano, trabajador, barrio, etc. También concepciones como autónomo, doméstico, político, etc. Para agilizar la lectura hemos decidido escribirlos en cursiva sólo en los casos en que lo creímos necesario para enfatizar su sentido relativo e históricamente situado.

[2] Rosanvallon ha definido su perspectiva como una *historia conceptual de lo político*, entendiendo a "lo político" como "una modalidad de existencia de la vida comunitaria y una forma de acción colectiva que se diferencia implícitamente del ejercicio de la política. Referirse a lo político y no a la política es hablar [...] de todo aquello que constituye a la *polis* más allá del campo inmediato de la competencia partidaria por el ejercicio del poder, de la acción gubernamental del día a día y de la vida ordinaria de las instituciones" (Rosanvallon, 2003: 19-20).

desmarcándose de la vieja historia de las ideas, a la que asocia con un énfasis desmedido en las doctrinas o autores individuales, sin analizar cómo esas ideas son producto de las respuestas a lo que se percibe como un problema[3]. En contraposición, asume un abordaje histórico que se propone seguir el derrotero de algunos conceptos claves a través del "hilo de los tanteos, de los conflictos y las controversias, a través de los cuales la *polis* ha buscado encontrar su forma legítima" (Rosanvallon, 2003: 26). El análisis de la "forma legítima" de la *polis* es vital en esta perspectiva, ya que se asocia con el postulado de que la figura del "pueblo" está siempre en disputa, lo que conduce a circunscribir las indagaciones al estudio de las múltiples maneras a través de las cuales se plantea su siempre cambiante "figuración". Es a través de esta decisión que, aunque no se ocupe de las lógicas cotidianas del ejercicio gubernamental, la pregunta por el gobierno es central, ya que se establece una relación estrecha con la conformación y la transformación del cuerpo político.

En el caso latinoamericano, una serie de trabajos cercanos a esta perspectiva han contribuido a la comprensión de los lenguajes políticos del siglo XIX, a partir del modo en que conceptos como ciudadano, república o pueblo se expresaron en nuestro sub-continente[4]. Nuestras revoluciones fueron más de ciudades que de ciudadanos. Esta particularidad ha permitido avanzar en un análisis de la concepción de la ciudad o el municipio como cuerpo colectivo, aspecto estrechamente ligado con la de sus legítimos integrantes y sus incumbencias gubernamentales[5]. Sin embargo, en parte por su perspectiva teórica y en parte por concentrarse en la primera parte del siglo XIX, estas investigaciones sólo se ocupan de una sola dimensión, la política-municipal, pero no analizan las implicancias de las concepciones urbanas y sociales en la definición y redefinición de la ciudad como cuerpo colectivo. Otros trabajos, provenientes de la historia política o urbana, han contribuido a generar una valiosa información sobre el modo en que los debates políticos sobre aspectos urbanos y sociales también han definido y redefinido el sentido asignado a la ciudad y a sus integrantes en los últimos años del siglo XIX y los primeros del XX[6].

El lenguaje político, de todos modos, nunca es un universo cerrado e impermeable. En los debates parlamentarios, pero también fuera de ellos, cuando se trata de gestionar asuntos públicos a partir de la creación de instituciones, programas o iniciativas gubernamentales, es preciso autorizar

---

[3] Para una ampliación de la relación entre el planteo de Rosanvallon y el de la historia de las ideas precedente, cf. Slipak (2011), Palti (2003).

[4] Cf. Guerra (1999), Chiaramonte (2004), Palti (2005), Entin, (2008).

[5] Cf. Verdo (2006), Ternavasio (1991), Morelli (2005).

[6] Cf. Gorelik (2004), de Privitellio (2006).

o legitimar la posición recurriendo a las más diversas fuentes. En muchos casos, en la concepción misma del objeto de gobierno hay una forma específica sobre cómo debe ser gobernado. Ello nos introduce en el segundo de nuestros interrogantes, que en el caso porteño se vincula con las formas históricamente variables de pensar *cómo* debía gobernarse Buenos Aires. Gobernar supone siempre la conformación y la movilización de un espacio de saber, que como nos enseñó Michel Foucault, tiene efecto de verdad.

La indagación sobre la relación de los espacios de saber abre, en relación al estudio del gobierno de Buenos Aires, un abordaje a la vez complementario y opuesto al de la historia conceptual de lo político, al estilo Rosanvallon. La complementariedad está dada por el eje central del análisis, basado en el lugar destacado que tiene el discurso en ambas perspectivas. En la perspectiva foucaultiana, por ejemplo, no es posible comprender el poder disciplinario sin analizar el lugar que tuvieron las ciencias de la conducta humana, o interpretar las prácticas liberales de gobierno sin estudiar el rol jugado por la economía política. La oposición, sin embargo, se comprende por la forma en que Foucault y Rosanvallon interpretan la relación entre lo político y lo social. Es conocida la aversión que tenía el primero por toda concepción de poder juridicista, lo que lo llevaba a desdeñar las preguntas por el origen o la legitimidad del poder. En contraposición, planteaba una perspectiva en la cual el poder se ejerce en forma inmanente a toda relación social. Es por ello que sus análisis estuvieron destinados a mostrar cómo, a través de diferentes dispositivos como la locura, la sexualidad, el castigo penal, etc., el poder se ejerce bajo una modalidad reticular.

Desde fines de los 70, la perspectiva foucaultiana impactó en parte del campo sociológico. En el caso francés, fueron centrales algunos autores que se habían formado con Foucault, como Jacques Donzelot o Robert Castel. En el mundo académico anglosajón, a través de la conformación de un grupo aglutinado bajo la etiqueta de los *governementality studies*[7]. En ambos casos, se produjo una suerte de *sociologización* del planteo foucaultiano a través de un doble movimiento. El primero es el de la interpretación de las lógicas liberales de gobierno a partir de la incorporación de un eje de análisis que sólo tangencialmente puede hallarse como preocupación en las obras de Foucault: la relación entre el gobierno liberal, la "cuestión social" y la construcción de "lo social". Fue quizá la obra de Jacques Donzelot, escrita en 1984, *La invención de lo social*, la que permitió este encuentro entre el análisis del liberalismo y el relato de la transformación de una serie de saberes expertos, entre los que se destacaban la sociología, el derecho y la economía. Luego del análisis de Donzelot, Nikolas Rose, Graham Burchell, Mitchell

---

[7] Una reseña de la conformación de este grupo puede consultarse en de Marinis (1999).

Dean, Colin Gordon o Thomas Lemke (sólo por mencionar a algunas figuras de los *governmentality studies*) no sólo analizaron el pasaje de un "liberalismo clásico" a un "liberalismo social" a partir de la "invención de lo social", sino que fueron más allá (incluso más allá que el propio Foucault), a incursionar en el análisis del "neoliberalismo", pensado a través del pasaje de "lo social" a lo "post-social".

En el caso francés, luego del libro de Donzelot, se destacó el monumental trabajo de Robert Castel sobre *Las metamorfosis de la cuestión social*, publicado en 1995. A diferencia de los anglofoucaultianos, que mantienen como eje de inteligibilidad las lógicas del control social, Castel fue menos ortodoxamente foucaultiano y más clásicamente sociológico. Su eje de interpretación, sobre el que erigió su matriz reflexiva y argumental, fue la prolongación de una de las preguntas nodales de la sociología: los vaivenes y conflictos en torno a la integración social. Castel enmarcó su investigación en las transformaciones de la "cuestión social" definida como "una aporía fundamental en la cual una sociedad experimenta el enigma de su cohesión y trata de conjurar el riesgo de su fractura" (Castel, 1997:20). El tamiz que realiza Castel de Foucault introduce una pregunta durkheimiana, ajena a las preocupaciones de este último, para quien la "integración" nunca ha sido una preocupación.

La pregunta por cómo se ha desarrollado una matriz "social" dentro de las racionalidades implicadas en las prácticas gubernamentales ilumina también nuestro caso de estudio, complementando la perspectiva arriba mencionada de la historia conceptual de lo político. En efecto, la comprensión de cómo pudo lograrse una relación entre la figuración del cuerpo del municipio y el de la ciudad debe mucho al despliegue, en el lapso de unas pocas décadas, de discursos sociales que permitieron transformar campos de saber, articularlos con otros y generar nuevas "racionalidades políticas", entendidas como campos discursivos de configuración cambiante, movilizadas por las autoridades gubernamentales para responder a urgencias del momento[8].

Resumiendo, los debates políticos se entremezclan con las transformaciones en el mundo erudito, del que extraen muchas veces las formas de autorización para la postura que pretenden imponer. En este sentido, analizar la emergencia de los campos de saber permite ampliar el universo de análisis respecto a una mirada que sólo se concentre en los debates legislativos o los lenguajes políticos. Sin embargo, la primacía de un análisis del discurso que no contempla aspectos sociológicos relacionados con el modo en que esas ideas llegaron a imponerse, a través de un proceso de circulación internacional de ideas, de creación de instituciones y de desarrollo de determinados perfiles de los gobernantes, es una limitación que ha sido remarcada

---

[8] Cf. Rose y Miller (1991), Rose (2007).

por diversos autores que, pese a sus diferencias, pueden ser enmarcados en una perspectiva socio-histórica, preocupada por analizar las relaciones sociales expresadas en trayectorias individuales o formas de sociabilidad.

Tal como ha señalado Michel Offerlé, aun reconociendo los aportes de perspectivas previas, tanto de historia política como historia de las ideas políticas[9], la socio-historia se preocupa más que ellas por reponer en un lugar central a los sujetos sociales, sus derroteros y trayectorias. Este enfoque pretende circunscribirse en el entrecruzamiento de la sociología, la ciencia política y la historia[10], condensando una variedad de influencias diversas, entre las que también ocupan un lugar central las lecturas que, a partir de la década del 70, realizaron varios autores franceses sobre la obra de Foucault. En este sentido, es posible inferir que, a diferencia de lo que sucedió en la sociología inglesa, en la que se estructuró un campo de estudios que reivindica cierta ortodoxia foucaultiana, bajo la etiqueta de los *governmetality studies*, en Francia el "efecto Foucault"[11] fue menos intenso pero más diseminado. Más allá de los sociólogos más cercanos teórica y personalmente a Foucault, no son pocos los estudios socio-históricos sobre diversos aspectos gubernamentales, como la reforma del Estado, las ciencias del gobierno o las políticas públicas, que incorporan abiertamente conceptos y analíticas herederos de los trabajos de Foucault[12].

La socio-historia no reniega del lugar que tiene el discurso, sino que se caracteriza por una aproximación diferente tanto a la realizada por la historia de las ideas como de los estudios del discurso de inspiración foucaultiana. En relación a la primera, Gérard Noiriel critica el análisis de Rosanvallon, que para él, en su objetivo de lograr una historia general de lo político, incurre en el error de utilizar conceptos, como el de "nacionalidad", que no eran frecuentes en el período revolucionario. Para este autor, "la historia intelectual parece aceptar como dadas las 'evidencias heredadas' que están archivadas en el lenguaje, mientras que la socio-historia se esfuerza por constituirlos como

---

[9] Como plantea Michel Offerlé, la socio-historia no parece venir a plantear una total ruptura con formas de abordaje previas, sino más bien establecer una apuesta por su potenciación mutua y su superación: "Historia política, historia de las ideas políticas, historia de las instituciones y sociología histórica de lo político son, así, elementos constitutivos de nuestra disciplina" (Offerlé , 2011: 211-212).

[10] Cf. Offerlé (2011) y Noiriel (2006).

[11] Tomamos la expresión del libro *The Foucault effect. Studies on governentality*, compilado por Graham Burchell, Colin Gordon y Peter Miller, University of Chicago Press, 1991. Dicho volumen reunió trabajos de las principales figuras de los *governentality studies* del mundo académico anglosajón, junto a figuras de la sociología francesa como Robert Castel, Jacques Donzelot o Gionanna Procacci.

[12] Por ejemplo, Ihl, Kaluszynski, y Pollet (2003), Bezes (2009), Lascoumes y Le Gales, (2004).

objeto de análisis" (Noiriel, 1995: 6). Así, reconstituye el análisis social, preguntándose por quiénes la introdujeron, cuándo, cómo, por qué.

En relación a la perspectiva foucaultiana, algunos autores enmarcados en la socio-historia critican el olvido del sujeto del modo en que analizan la emergencia y la circulación de los discursos, derivado en buena medida de la manera en que Foucault consideraba al autor como una "función", evitando los análisis basados en las individualidades para centrarse en la escritura como producto objetivado. Como forma de reposicionar a los actores, sus derroteros y controversias, algunos socio-historiadores adoptan la perspectiva de la sociología de los problemas públicos, inspirados en los trabajos de Joseph Gusfield o Herbert Blumer. En su investigación sobre la constitución de la desocupación en Alemania, Bénédicte Zimmermann (2001: 3-4) aclara esta relación entre socio-historia y sociología de los problemas públicos. Criticando tanto a la perspectiva foucaultiana ("que no tiene en cuenta ni a los personajes ni a sus historias") como a la de la historia de las ideas (que reduce el análisis a cuestiones de "concepto y de pensamiento"), adopta una perspectiva que denomina "pragmática social de las categorías", para hacer una "socio-historia de las categorías de la acción pública", estudiando desde un enfoque pragmatista "cómo los objetos y las escenas de intervención pública se constituyen mutuamente". La elección de la noción de "acción pública" y no de "política pública" abre el acceso a la pluralidad de "escenas" en las que se juega la constitución de un "problema público", en tanto que excede a los actores comprometidos en la acción. En suma, a través de este giro en el análisis discursivo, y la incorporación de indagaciones por los procesos sociales y las historias individuales, la socio-historia contribuyó también a un renovado análisis del gobierno en perspectiva histórica.

Al analizar el caso porteño, la perspectiva socio-histórica permite complementar el análisis discursivo, tanto político como experto, con un abordaje enfocado en los vínculos y redes relacionales, analizando quiénes, cómo y por qué introdujeron determinada idea que luego se volvería parte del sentido común político y erudito. A diferencia de los análisis del discurso de estudios inspirados en las perspectivas cercanas a Rosanvallon o Foucault, en este caso sí cuentan las trayectorias individuales, los derroteros, las relaciones, que permiten analizar el lugar que ocuparon determinados individuos y grupos en la creación de instituciones y en la imposición de categorías de acción pública, formas de nominación y clasificación social, instrumentos utilizados para gobernar[13].

En los últimos años diversos trabajos han generado avances valiosos sobre la circulación internacional de ideas y la formación de instituciones en

---

[13] Cf. Lascoumes y Le Gales (2004).

nuestro país[14]. En lo que nos concierne, respecto del proceso de metamorfosis gubernamental de Buenos Aires durante el siglo XX, la relación entre el discurso político y el científico no fue producto de la simple confluencia espontánea, sino de una relación establecida por sectores de las elites locales con sus pares extranjeros. En ese marco, el despliegue de determinadas ideas o su abandono fue consecuencia del viaje de algunos académicos hacia Europa, de políticas editoriales, de creación de carreras universitarias, de invitación a algunos destacados autores del momento a dictar conferencias a Buenos Aires, entre otras formas de intercambio.

El análisis de la emergencia y la circulación de saberes expertos nos permite observar las variadas maneras de pensar cómo debía gobernarse Buenos Aires. Todo cambio en la concepción sobre qué es Buenos Aires y cómo debe gobernarse implicó, también, una modificación de los perfiles y las trayectorias de sus gobernantes. Indagar sobre esta transformación fue el tercer eje de nuestro análisis, complementando los dos ya mencionados. Para su estudio, algunos trabajos socio-históricos constituyeron valiosos antecedentes. Nos referimos particularmente a aquellos que analizan el pasaje de una política de "notables" a una de "profesionales" de la política[15] en un abordaje que reconoce sus antecedentes en los estudios clásicos weberianos y de los elitistas italianos, y que ha generado valiosos insumos para el estudio de la política a nivel local[16]. En nuestro país, durante los últimos años diversos estudios han abordado una socio-historia de los elencos políticos, en diversas escalas y períodos temporales[17]. En nuestro caso, hemos privilegiado observar cómo, a partir de las transformaciones socio-históricas, las condiciones institucionales delimitaban diversas figuras gobernantes, lo cual no sólo transformó los perfiles socio-gráficos de los intendentes y concejales sino también, y fundamentalmente, los atributos considerados necesarios para ocupar dichos cargos.

* * *

A lo largo de nuestra investigación hemos utilizado una gran cantidad de fuentes de origen diverso. Esta variedad, no obstante, fue tratada siguiendo una lógica de jerarquización. En primer lugar, hemos analizado todos los debates parlamentarios que determinaron los cambios institucionales. Entre ellos, incluimos los de aquellos en los que se federalizó la ciudad, en 1880; se sancionó y modificó la ley orgánica municipal, en 1881-1882, 1884, 1885,

---

[14] Entre otros, Neiburg y Ben Plotkin (2004), Teran (2008), Bohoslavsky y Soprano (2010).
[15] Cf. Offerlé (1999).
[16] Cf. Le Bart y Fontaine (1994), Briquet y Sawicki (1989), Gaxie (1994).
[17] Cf. Giorgi (2014), Ferrari (2008), Canelo (2011).

1889, 1890, 1893, 1901, 1907, 1915, 1916-1917; se ampliaron los límites jurisdiccionales, en 1884-1887; se introdujeron cambios constitucionales, en 1949 y 1994; y se sancionó la Constitución de la Ciudad Autónoma de Buenos Aires, en 1996. En segundo lugar, hemos analizado los decretos que introdujeron reformas sin ser debatidas en los ámbitos parlamentarios, como en los casos de 1943, 1956 o 1972. En tercer lugar, hemos indagado en una gran cantidad de procesos electorales, a través de documentos de prensa, que permiten observar las transformaciones en los modos de representación, así como los perfiles de los candidatos. En cuarto lugar, hemos recurrido a documentos oficiales de distintos momentos históricos, para sistematizar los cambios operados en el departamento ejecutivo, así como a las memorias municipales, elaboradas entre 1880 y 1935, y los boletines municipales, de 1935 a 1955. En quinto lugar, para delimitar los principales autores e ideas eruditas de cada momento histórico, hemos realizado una lectura sistemática y comparativa de las principales revistas académicas, como la *Revista Municipal*, la *Revista Argentina de Ciencia Política*, la *Revista de Administración*, la *Revista Técnica*, la *Revista de Arquitectura*, la *Revista de Derecho y Administración*. Por último, hemos recurrido, también, a fuentes amplias y heterogéneas, que comprenden libros, tesis, discursos políticos, biografías, reglamentos, prensa partidaria. Toda esta información fue complementada con entrevistas a informantes claves, para el período contemporáneo, y con bibliografía secundaria, para los años más lejanos.

El libro comprende ocho capítulos y un epílogo, que analizan a través de los años las diversas formas de gobernar Buenos Aires entre 1880 y 1996. El capítulo 1, "Gobernar la Buenos Aires federalizada", se concentra en las tensiones posteriores a la federalización de la ciudad. El capítulo 2, "Gobernar la Buenos Aires ampliada", hace eje en los últimos años del siglo XIX y los primeros del XX, luego del ensanche del municipio de 1887. El capítulo 3, "Gobernar la Buenos Aires moderna", pone el foco en las décadas del 20 y del 30, en las que se consolidó una concepción de la ciudad como una unidad social, y se dejaron atrás las miradas domésticas previas. El capítulo 4, "Gobernar la Buenos Aires peronista", analiza cómo estructuró el primer gobierno de Perón el gobierno de la Capital, a partir de una lógica de incorporación de la ciudad en el organismo nacional o la comunidad organizada. El capítulo 5, "Gobernar la Buenos Aires metropolitana", se centra en las décadas del 50 y 60, en las que el desborde urbano convive con una reinvención del espacio municipal. El capítulo 6, "Gobernar la Buenos Aires autoritaria", se enfoca en la década del último gobierno militar, en la que se potenció el carácter tecnocrático. El capítulo 7, "Gobernar la Buenos Aires en transición" hace lo propio con los años que van del retorno del régimen democrático en 1983 al Pacto de Olivos, de 1994, en los que se reconstruye una demanda de participación, sin invocar no obstante la necesidad de un cambio constitucional. El capítulo 8, "Gobernar la Buenos Aires autónoma", desmenuza el proceso de autonomización, llevado a cabo entre 1994 y 1996, poniéndolo en relación con los antecedentes históricos analizados previamente. Finalmente, el epílogo reflexiona sobre la Buenos Aires posterior a la autonomía.

Capítulo I

Gobernar la Buenos Aires federalizada: entre el municipio doméstico y la ciudad orgánica

Buenos Aires, de la Revolución de Mayo a la federalización

La Buenos Aires de 1880 conservaba todavía los rasgos físicos heredados de su período colonial. Se estructuraba en torno de la Plaza de Mayo y el puerto, y su población se concentraba en pocas manzanas. Contaba con algo más de 300.000 habitantes, que se repartían en una superficie de 50 km². En términos políticos, era la capital de la provincia de Buenos Aires y motivo de disputa entre las elites bonaerenses y las del interior. El proceso de federalización no fue sencillo. Por el contrario, sólo fue posible luego de un conflicto entre las fuerzas bonaerenses, que respondían a su gobernador Carlos Tejedor, y las del autonomismo roquista. Dicho conflicto se gestó durante el primer semestre de 1880 y estalló en junio con diversos enfrentamientos armados llevados a cabo en los límites de la ciudad, como Puente Alsina, los Corrales y Barracas[1]. La guerra se desató como consecuencia de la resistencia del gobernador Tejedor a que Julio A. Roca fuera proclamado presidente de la República, luego de las elecciones en las que había triunfado, en el mes de abril. Como analiza Isidoro Ruiz Moreno (1986: 47) y comparte Hilda Sábato (2008), fue el alzamiento de Tejedor y el conflicto armado lo que llevó a la federalización de Buenos Aires, y no al revés.

---

[1] Una crónica detallada del conflicto armado puede leerse en el libro de Sábato (2008).

Luego de la rendición militar de Buenos Aires, el saldo del enfrentamiento hizo reflexionar a varios hombres políticos fuertes de la época que hasta entonces veían con buenos ojos la idea de que las autoridades federales residieran en alguna ciudad del interior, como Rosario, pero que luego de los sangrientos sucesos terminaron por sostener la imperiosa necesidad de federalizar Buenos Aires. En caso contrario, creían que el poder de la ciudad porteña sería muy significativo y amenazaría la estabilidad institucional. En este sentido, el mismo Julio Roca sostenía hacia fines de 1880 que "la Capital en Buenos Aires podía ser discutida en otras circunstancias. Después de los acontecimientos de junio era un hecho ineludible"[2]. Sin embargo, y pese a la derrota militar, las elites porteñas se negaban a ceder la ciudad a la nación, lo que condujo a que se mantuviera el conflicto entre el presidente Avellaneda, los legisladores nacionales y la Legislatura de Buenos Aires, hasta que finalmente se sancionó la ley en el mes de octubre[3]. La federalización de Buenos Aires había solucionado la "cuestión capital"[4], pero no había resuelto el problema de cómo gobernarla desde entonces. En este sentido, si 1880 puede ser considerado como el momento de cierre de una tensión que había atravesado los setenta años posteriores a la Revolución de Mayo, también debe ser pensado como la fecha que inaugura la necesidad de encauzar en forma duradera el gobierno de Buenos Aires dentro de un equilibrio entre las potestades nacionales y las locales.

Los antecedentes de las siete décadas previas sólo mostraban una historia de discontinuidades y desavenencias sobre cómo regir la ciudad porteña. Es conocida la importancia que tuvo el Cabildo de Buenos Aires en el proceso revolucionario, aunque es menos aludido el conflicto posterior entre éste y la Primera Junta, sumamente significativo para comprender la tensión entre el poder local y la construcción de la soberanía política. Los cabildos tenían una larga tradición en nuestras tierras, producto del modo en que se estructuraron los gobiernos de las ciudades luego de la conquista. Aunque por entonces no existía una doctrina orgánica referida al municipio indiano[5], por lo general se mantuvo la tradición medieval de otorgar los fueros propios de cada lugar. Las leyes de Indias estipulaban que cuando una nueva ciudad era fundada por un grupo de vecinos, a éstos se les concedía la facultad para "elegir entre sí mismos a Alcaldes ordinarios y oficiales del Concejo anuales".

---

[2] Citado por Ruiz Moreno (1986: 56).

[3] Para una reseña de la dinámica de los conflictos legales y políticos sobre la federalización en 1880, cf. Ruiz Moreno, op. cit. Y, para un análisis de los debates, cf. Landau (2010: 105-109).

[4] Cf. Pirez (1996). Para un análisis detallado del modo en que se desarrolló la "cuestión capital" a lo largo del siglo XIX, cf. Ruiz Moreno (1986), Levene (1947), Luna (1982) y Carranza (1926).

[5] Sigo en este apartado principalmente los aportes de Mouchet (1995), Guerra (1999), Morelli (2005), Verdo (2006), Ternavasio (1991), Sábato y Palti (1990).

El argumento para otorgar dichos fueros era que, dada la lejanía con el rey, las nuevas ciudades debían poder gozar de un alto grado de autonomía en la toma de decisión cotidiana.

Así surgieron los cabildos, instituciones dejadas en manos de los vecinos de cada ciudad, a los que se les reservaba un espacio de libertad de actuación sobre sus asuntos comunes, en materia de dictar sus propias ordenanzas (aunque sujetas a una ratificación posterior), actuar sobre aspectos judiciales, edilicios, de abastos y financieros. Salvo en los casos excepcionales, en los que se realizaban cabildos abiertos, eran los propios cabildantes salientes los que elegían a sus sucesores, en una práctica de representación estamental. En cualquier caso, no todos los habitantes eran vecinos. Como señala Marcela Ternavasio, éstos eran los "habitantes del lugar con casa poblada en él, o lo que en los términos jurídicos de la época se denominaba 'casado, afincado y arraigado'. Quedaban eliminados del cabildo los sacerdotes, funcionarios, militares en servicio activo, los hijos de la familia, los dependientes y todos los que no tuvieran casa y familia" (1991: 60).

Hacia el siglo XVIII, las reformas borbónicas introdujeron algunos cambios significativos, entre los que se destacó la creación del Virreinato del Río de la Plata en 1777 y del régimen de intendencias, en 1782, según el cual se dividió el territorio del virreinato en ocho intendencias, regidas por intendentes. En el caso de Buenos Aires, el artículo 33 de la Real Ordenanza de intendentes dictaminaba que éste debía presidir el cabildo. La tensión entre la lógica centralista de las Intendencias y del Virreinato contrastaba con la tradición de gobierno directo de los antiguos cabildos. Es por ello que el proceso revolucionario de 1810 encontró en el cabildo a la institución que podía crear una nueva junta de gobierno. Sin embargo, las lógicas propias del cabildo y la de la Primera Junta pronto entraron en tensión. Los cabildos eran instituciones que seguían una lógica de representación estamental, heredada de la colonia, que siguió presente cuando las provincias debieron elegir diputados para enviar a Buenos Aires. Como recuerda Verdo, "a través de distintos reglamentos electorales, se comprueba que los sujetos de la ciudadanía, en vez de los individuos fueron las ciudades. Durante las primeras elecciones, fueron los cabildos los que votaron por el conjunto, conforme a una lógica de representación 'metonímica' según la cual la parte tiene la facultad para representar al cuerpo" (2000: 188).

En el caso específico de Buenos Aires, la fuerza del cabildo aparecía, a los ojos de las nuevas autoridades políticas de la Primera Junta, como un poder que ponía en jaque su representación y, por ende, la construcción del nuevo poder soberano. En virtud de la tensión, el 9 de agosto de 1810 la Primera Junta creó el cargo de "Juez de Policía" con funciones de carácter municipal, que entraba en colisión con el funcionamiento del cabildo. Dos meses más tarde, el 17 de octubre del mismo año, decretó la destitución de los capitulares del cabildo de Buenos Aires y obligó a los nuevos cabildantes a jurar fidelidad al Pueblo ante la Junta. En la misma línea de recorte de poder al cabildo, el 22 de diciembre de 1812 el Segundo Triunvirato creó el "intendente General de Alta Policía", al que puso bajo dependencia inmediata del gobierno y al que le otorgó funciones de orden, policía y ordenamiento edilicio (aseo de la ciudad, beneficencia y educación, servicios hospitalarios, policía de los espectáculos públicos, etc.).

La puja entre el poder político y el cabildo siguió en aumento, y desembocó en su abolición en 1821, que no fue acompañada, sin embargo, de un ordenamiento del régimen municipal. La Constitución Nacional de 1826, que consagraba la forma unitaria de gobierno, ignoró la institución municipal. En el mismo año, luego de la sanción de la ley de capitalización de la Ciudad de Buenos Aires, se puso su administración bajo la inmediata y exclusiva dirección de la Legislatura Nacional y del presidente de la República. Tampoco hubo mención al régimen municipal en la ley del 24 de noviembre, sobre el régimen y administración de las provincias, lo cual hizo que la institución municipal permaneciera fuera de la estructura legal, quedando en manos de autoridades nacionales o provinciales. Esta ausencia no hizo más que agudizar los debates sobre el tema en los años siguientes, del que participaban los principales pensadores, como Esteban Echeverría, Domingo Sarmiento o Juan Bautista Alberdi. El nudo de la cuestión radicaba en el modo de concebir la relación entre la institución municipal y el desarrollo de una república.

La situación se modificó de *jure* recién en 1852, cuando el Director Provisorio de la Confederación Argentina, Justo José de Urquiza, redactó el decreto de creación de la Municipalidad de la Ciudad de Buenos Aires, concibiéndola como "una asociación de familias unidas por intereses, bienes y derechos comunes a todos sus miembros"[6], y especificando que "entra en la clase de persona civil; es capaz de contratar, de adquirir, de poseer, de obrar con justicia como particulares"[7]. Según el decreto, no todos los habitantes de la ciudad eran considerados miembros de la Municipalidad, sino sólo los "vecinos afincados", "padres de familia, de probidad notoria, respetabilidad y práctica en los negocios"[8]. Como analizaremos en el próximo apartado, este antecedente marca una nueva etapa del pensamiento municipal en nuestras tierras, en la que se sostiene el carácter meramente administrativo de las Municipalidades, a partir del argumento de la diferente naturaleza entre el poder político, de alcance nacional, y el poder *doméstico*, de alcance local.

---

[6] *Constitución de la Municipalidad de Buenos Aires. Decreto del Director Provisorio de la Confederación Argentina*, 2 de septiembre de 1852.
[7] *Ibid.*
[8] *Ibid.*

Un año después del decreto de Urquiza, los convencionales constituyentes de 1853 introdujeron, en el artículo 5, la necesidad de "asegurar" el régimen municipal, sin mencionar directamente cómo concebían a la institución municipal. De todos modos, la secesión del Estado de Buenos Aires, que se resistía a las demandas de la Confederación de nacionalizar los ingresos aduaneros y federalizar su ciudad capital, creó una nueva situación entre 1852 y 1862. En 1854 las Cámaras de Representantes y de Senadores de la Provincia de Buenos Aires establecieron una Municipalidad para la Ciudad de Buenos Aires, de origen popular, en la que "cada parroquia nombrará dos municipales y un suplente, la elección se hará popularmente para los vecinos de la parroquia, y en la forma en que prescribe la ley de elecciones para diputados"[9]. No todos los habitantes, no obstante, podían ser elegidos como miembros de la Municipalidad, sino que en el artículo 3 se reservaba este derecho a los "vecinos de la Ciudad de Buenos Aires, mayores de 25 años o emancipados y con un capital de diez mil pesos, al menos, o en su defecto profesión, arte u oficio que les produzca renta equivalente".

Pese a la extensión del sufragio, no se trataba de un cuerpo político, sino que entraba dentro de una "persona civil" que podía, según el artículo 2, adquirir, poseer y obrar en justicia como los particulares. Las atribuciones de la Municipalidad, según la ley, comprendían la seguridad (organización y régimen de serenos, administración de cárceles, penitenciarías y asilos de corrección), la higiene (alumbrado públicos, desinfección de aire y aguas, administración de hospitales, aseo y mejoramiento de mataderos y cárceles, etc.), la educación (cuidado de escuelas de primeras letras, que de todos modos seguían a cargo del Departamento de Escuelas), las obras públicas (empedrado, nivelación, desagüe, etc.) y hacienda (percepción de rentas, administración de propiedades, etc.). Además, pese a la elección de los 21 municipales, se reservaba el rol de presidente de la Municipalidad al Ministro de Gobierno de la provincia. De este modo, se inauguraba una relación que sería moneda corriente en el siglo y medio posterior, de convivencia entre un ejecutivo nombrado por el poder político (por ahora, provincial; luego de 1880, nacional) y un cuerpo legislativo elegido a través del sufragio, al que se le reconocían funciones administrativas o domésticas.

En 1862 Buenos Aires aceptó reintegrarse a la Confederación, luego de vencer en la Batalla de Pavón, ofreciendo que las autoridades nacionales residieran en la Ciudad de Buenos Aires y compartir por cinco años los ingresos aduaneros. En 1865, el Congreso de la Nación sancionó una nueva ley municipal, eliminando el requisito censitario para ser electo, ya que sólo mencionaba que los "Miembros de la Municipalidad serán mayores de 25

---

[9] Cf. "Ley de Municipalidad para la Ciudad", ley del 11 de octubre de 1854.

años, y vecinos de la parroquia porque sean elejidos"[10]. Según la ley, "la ciudad se dividirá en doce secciones, formada cada una de un Juzgado de Paz, correspondiendo un Municipal y dos suplentes por Sección"[11]. También se introducía la elección del presidente de la Municipalidad, en forma mediada, ya que se estipulaba que el mismo "será nombrado por la Municipalidad a propuesta en terna del Colegio Electoral, durando en su cargo un año". Las funciones y las atribuciones copiaban casi textualmente las del texto de 1854. Un año más tarde, en 1866, la Nación devolvió la Ciudad de Buenos Aires a la Provincia, manteniendo no obstante en ella la residencia de las autoridades nacionales, pero sin una efectiva federalización. Entre ese año y la federalización, en 1880, las autoridades nacionales eran "huéspedes" de la ciudad, que pertenecía no obstante a la provincia homónima.

La ley sancionada en 1865 rigió los destinos de Buenos Aires por once años, hasta que en 1876 una nueva ley orgánica de Municipalidades de la provincia, en la que se estipulaba en forma diferenciada el gobierno de la Ciudad de Buenos Aires y del resto de las Municipalidades, eliminó la elección por secciones, y estableció que "la Ciudad de Buenos Aires formará un solo distrito municipal, cuya administración estará a cargo de un Concejo Central y de tantos Concejos Parroquiales cuanto sea el número de parroquias"[12]. En el artículo 2 se establecía que "el Concejo Central tendrá a su cargo los intereses generales del Municipio y los Concejos Parroquiales los intereses y servicios locales en cuanto importan al propio gobierno del barrio". El sufragio era universal para la población masculina adulta, ya que se regía por la "ley general de elecciones de la provincia", que no planteaba restricciones. El Concejo Central se componía de dos delegados de cada Concejo Parroquial, quienes a su vez nombraban al "Jefe del Departamento Ejecutivo". Los Concejos Parroquiales tenían amplias atribuciones, entre las que se destacaban, por ejemplo, "establecer casas de corrección y de trabajo", "impedir los incendios y derrumbes", "nombrar los alcaldes o tenientes de barrio", "aumentar la policía de la parroquia con sus propios fondos", "dictar medidas preventivas y de represión sobre crueldad con los animales, vagancia, mendicidad y prostitución", "dictar medidas para desinfección del aire, de las aguas, de las habitaciones y de los establecimientos industriales", "auxiliar a los jóvenes pobres que puedan colocarse en establecimientos fabriles o industriales, para procurarles el conocimiento o ejercicio de un arte u oficio", "sostener asilos para pobres imposibilitados de trabajar, a fin de impedir el ejercicio público de la mendicidad", "abrir, agrandar, empedrar y conservar

---

[10] Ley del 2 de noviembre de 1865.
[11] *Ibid.*
[12] Ley del 28 de octubre de 1876.

las calles", etc. Como vemos, se trataba de una institución de origen popular, no sólo a nivel de la ciudad sino también parroquial. Durante el lapso que duró esta ley, las elecciones se realizaron de manera continuada, sin recurrir a una lógica censitaria, aunque tal como analizaron Hilda Sábato y Elías Palti (1990), se desarrollaban siguiendo las luchas de las "máquinas electorales" en pugna.

Esta breve reseña histórica permite vislumbrar cómo, en el período que separa la Revolución de Mayo de la federalización, se expresaron en forma embrionaria muchas de las tensiones que luego se desplegarían en el futuro: la difícil convivencia de los poderes locales con los nacionales, la distinción entre un poder político-nacional y uno doméstico o administrativo local, los distintos alcances del sufragio, tanto en lo concerniente a los electores como a los candidatos, según distintos grados de restricción o su carácter universal, la elección popular del jefe del poder ejecutivo municipal o su nombramiento por el poder nacional o provincial, la conformación de una institución legislativa municipal única para todo el distrito o su complementariedad con instituciones de escala barrial, etc. La falta de una línea de continuidad y la oscilación permanente no permiten encontrar en el pasado una explicación unívoca al modo de resolver el gobierno de la Ciudad de Buenos Aires luego de su federalización. El antecedente inmediato era el de una Municipalidad de origen popular, con autoridades elegidas a través del sufragio universal, aun cuando en la práctica era escasa la participación. Sin embargo, como veremos a continuación, cuando los diputados y senadores discutieron la ley orgánica municipal entre 1881 y 1882 primó una concepción fuertemente censitaria que concebía al municipio como una comunidad doméstica de vecinos-contribuyentes.

La ley orgánica municipal y el municipio doméstico

Entre 1881 y 1882 los diputados y senadores de la Nación discutieron y sancionaron la ley orgánica municipal (Ley 1260), estipulando las bases del régimen municipal porteño. La concepción que denominamos doméstica, muy extendida entre buena parte de las elites políticas y académicas en la segunda mitad del siglo XIX, fue la que primó en momentos en que se debió establecer el régimen municipal para la Capital Federal. Según ésta, el municipio era una comunidad de origen natural, conformado por los vecinos-contribuyentes, a los que se les debía respetar el manejo de sus asuntos civiles en común. Esta mirada había ganado terreno en la segunda mitad del siglo XIX, fundamentalmente a partir de la década del 50, cuando Justo José de Urquiza redactó el decreto de creación de la Municipalidad de la Ciudad de Buenos Aires, a la que, como hemos visto más arriba, concebía como una unión de familias con intereses en común. La raíz de la concepción doméstica del municipio tenía tres referencias fundamentales: la representación municipal basada en la noción de vecindad, ligada a la tradición hispánica; el carácter natural del municipio, de reminiscencias aristotélicas; y la relación de la categoría de vecino con la del contribuyente o propietario, ligado a la escuela fisiocrática.

El contenido aristotélico servía para argumentar a favor de un relato que presentaba a la ciudad como una entidad natural. Para Aristóteles el hombre, por su naturaleza, está destinado a vivir en comunidad[13]. La *polis* es la consecuencia del desenvolvimiento en la historia de esta naturaleza asociativa del hombre, que comienza con la unidad familiar, la *casa*, destinada a satisfacer las necesidades cotidianas; el conjunto o colonia de casas, que constituye a una *aldea*, reservada a satisfacer las necesidades no cotidianas; y la incorporación de varias aldeas, que conforma la *polis*, cuyo fin es el vivir bien. En el pensamiento aristotélico, en tanto que la naturaleza de una cosa es aquello a lo que accede una vez acabada su generación, la *polis* es un ente natural. Como ha explicado Javier Marías, "en la casa y en la aldea ya está presente la ciudad, como el *telos* o fin que las constituye, por tanto, como su principio natural. Casa y aldea son modos deficientes e incompletos de comunidad, que sólo alcanzan su plena *realidad* en la *polis*" (1970: 65). Para Aristóteles la *polis* era esencialmente una unidad política, puesto que lo que constituye a la ciudad no es el territorio, sino la conformación de la comunidad política o *politeia*. A diferencia de otras formas de asociación, como la casa o la aldea, sólo la ciudad tiene *politeia* basada en el acuerdo que funda la ley (*nomos*).

Pero, como hemos visto, si había un rasgo que quería evitarse era la presuposición del carácter político del municipio. Para ello, si bien se sostenía que la ciudad era un ente natural, no era asimilable al concepto de *polis*. Ello se debía a que los intereses que comparten los miembros de la ciudad no serían políticos, sino económicos. Para fundamentar esta postura se basaban en el modelo municipal del pensamiento fisiocrático, que había tenido una enorme importancia en el modelo del gobierno municipal francés establecido por

---

[13] Ello se debe a que es el único animal que posee la palabra, mientras que el resto sólo posee voz. A través de ella, el hombre no sólo puede transmitir dolor o placer sino también definir lo bueno y lo malo, lo justo y lo injusto. La palabra permite que las cosas comunes sean comunicadas. Esto es, en definitiva, lo que constituye a la comunidad y lo que hace que el hombre esté destinado por naturaleza a vivir asociadamente.

Turgot hacia fines del siglo XVIII[14], y que había sido adoptado también por varios publicistas del siglo XIX en América Latina en general y en Argentina en particular[15]. Como resume Federica Morelli, "en la doctrina fisiocrática, el poder municipal jugaba un papel fundamental, ya que su naturaleza asociacionista y representativa debía llevar a la construcción de una sociedad de propietarios de la tierra que se autogobernara. En efecto, uno de los aspectos más relevantes de este modelo consistía en la disolución del aparato central del monarca, cuya función estaba reducida a una legislación de tipo general, sin asumir directamente tareas administrativas periféricas; sólo el municipio tenía la función de cuidar y administrar la sociedad local" (2007: 122).

En lo relativo a la concepción del poder local, la fisiocracia partía de plantear que las divisiones estamentales debían ser dejadas de lado, para hacer una sola distinción: la que se establece entre los propietarios y los no propietarios. En muchos aspectos, el pensamiento municipal moderno sigue esta línea, aunque con una diferencia fundamental, que es una derivación lógica de la necesidad de equilibrar los poderes nacionales y locales. Los fisiócratas no distinguían, como se hará desde entonces, entre funciones propias y delegadas, puesto que el modelo no postulaba una marcada diferenciación entre los intereses del Estado y los de la sociedad, los cuales se confundían y se identificaban en las Municipalidades, instituciones sociales y políticas (Morelli, 2007). Cuando se construyeron los Estados nacionales, aquellos que seguían esta postura tendían a presentar una realidad disociada: de un lado, el Estado, que se ocupaba de asuntos "generales" y "políticos", que incumbían a todos los "ciudadanos"; del otro, los municipios, que se ocupaban de asuntos "particulares", dado por las relaciones económicas y de vecindad, esto es "domésticas", que sólo incumbían a los contribuyentes, que eran los únicos que debían ser considerados miembros del municipio, es decir sus "vecinos".

A través de estas dos referencias se modernizó la vieja noción hispánica de vecindad, pero manteniendo su rasgo esencial, ligado a su naturaleza restrictiva. Como resume de manera excelente Marcela Ternavasio (1991), el vecino de la legislación moderna mantuvo los rasgos de la vecindad hispánica. La autora remarca que era un "afincado", en tanto que remitía a todo nativo o extranjero con residencia en el lugar y era un "arraigado", en tanto "propietario" o "contribuyente". La única característica que se pierde es la de condición de "casado", puesto que ésta se ligaba a un carácter grupal de la representación, que va dejando paso a uno individual, aunque se mantiene "a

---

[14] Cf. García de Enterría (1960). Para una reseña del pensamiento de la escuela fisiocrática, cf. Laval-Reviglio (1987).
[15] Cf. Ternavasio (1991), Morelli (2007).

caballo de dos mundos: del mundo antiguo, en el que predominaba un tipo de representación orgánica, natural y grupal y el mundo moderno en el que predominaba una representación individual" (Ternavasio, 1991: 76).

Los debates de la ley orgánica municipal llevados a cabo en el Congreso de la Nación en 1881 y 1882 demostraron la fuerza que tenían por entonces las ideas derivadas del pensamiento municipalista decimonónico, expresadas en la concepción doméstica. No obstante, esta primacía no supuso un total acuerdo respecto de cómo debía organizarse el gobierno de Capital Federal, aunque sirvió de marco para las opciones posibles. La Constitución Nacional de 1853 trazaba un límite a las discusiones parlamentarias. El artículo 83 inc. 3 estipulaba que el presidente era el "Jefe inmediato y local de la Capital de la Confederación" y el artículo 64, inc. 27 que el Congreso ejercía un "legislación exclusiva en todo el territorio de la Capital", pero no había mención alguna sobre la forma de organizar el régimen municipal. De este modo, las diversas posiciones que se presentaron interpretaban estos antecedentes de manera tal que se amoldaran a los argumentos que desplegaban. Esta relativa indeterminación que dejaba abierta la Constitución Nacional, sumada al carácter fundacional de la discusión, dio lugar a que los debates legislativos mostraran un abanico de opiniones diversas, que expresaban la complejidad del problema y mostraban todas sus facetas.

Con los recuerdos sangrientos de la guerra de 1880 aún muy cercanos, el nudo del debate radicaba en el modo en que debían articularse los poderes locales y los nacionales. Como analiza Roy Hora (2001), luego de la derrota militar, el poder de las elites bonaerenses se erosionó considerablemente. Esto posibilitó, entre otras cosas, un tratamiento relativamente fácil de la nueva ley orgánica municipal, que no estuvo exenta, sin embargo, de debates largos e intensos. Algunos sectores porteños proponían que la ciudad debía ser autónoma, y sus autoridades elegidas directamente por los vecinos de la ciudad, en continuidad con el modo elegido para el gobierno de Buenos Aires en la ley orgánica provincial de 1876. Durante los meses en los que se desarrolló el debate legislativo, el diario *La Nación*, portavoz de los grupos mitristas[16], alentaba esta posición a partir de la publicación periódica de columnas que criticaban las líneas más importantes del proyecto elaborado por el Poder Ejecutivo Nacional, que fuera modificado levemente luego del paso por la discusión en comisión. En un artículo del 20 de agosto de 1881, *La Nación* planteaba que "está a la orden del día la cuestión de la ley orgánica del municipio de la capital de la República, que como de costumbre en las cuestiones trascendentes de gobierno en la época que atravesamos, es considerada por la faz autoritaria, dándole el carácter de institución capitalina en

---

[16] Cf. Sidicaro (1993).

vez de institución popular, como por su naturaleza lo es y debe serlo ahora y siempre". Para el periódico, "la capital de la República debe ser el ejemplo de una localidad regida por un gobierno doméstico, con todos los poderes y atribuciones que lógicamente le corresponden para obrar el bien con independencia relativa y con eficiencia. La Municipalidad de Buenos Aires debe constituirse en el molde de las instituciones autonómicas, con igual ó más razón que en la esfera del orden provincial"[17].

La distinción entre "institución capitalina" e "institución popular" era utilizada para sostener fundamentalmente la necesidad de otorgar a la Municipalidad la posibilidad de elegir sus propias autoridades y no estar regida por el poder central del presidente de la República. No hay que ver, sin embargo, una concepción política de raíz *iusnaturalista*, entendiendo por ello un pacto contractual entre individuos libres e iguales, con el fin de crear un cuerpo colectivo con capacidad de darse su propia ley, es decir, de autogobernarse soberanamente. Esta característica sólo correspondía a la Nación. En contraposición, la autonomía municipal proclamada se hacía en nombre del gobierno "doméstico", cuyos fines serían, a los ojos de los discursos de la época, diferentes respecto de aquellos de orden "político" o "general" que le corresponderían al presidente. En el recinto, esta posición era la de algunos sectores porteños, opuestos al gobierno roquista. Entre ellos, por ejemplo, se desatacaba por su vehemencia el diputado Pedro Goyena, abogado, representante del catolicismo antilaicista y futuro miembro de la Unión Cívica, a quien acompañaba también Delfín Gallo, abogado tucumano, pero diputado por Buenos Aires.

En el extremo opuesto se encontraban algunos sectores, principalmente de las elites provinciales, que sostenían que, en tanto Capital Federal, Buenos Aires debía ser gobernada por los poderes nacionales, ya que, como planteaba el diputado por Santa Fe Manuel Pizarro, dirigente roquista que había apoyado fervientemente la federalización y llegara a ser Ministro de Justicia, Culto e Instrucción pública en el gobierno de Roca, el municipio de Buenos Aires "es la Nación, condensada en su última expresión"[18] y ello supone que no "hay soberanía local"[19]. Un argumento similar planteaba el senador entrerriano Onésimo Leguizamón, abogado y periodista que accedió a ocupar el Ministerio de Justicia e Instrucción Pública durante la presidencia de Avellaneda, y llegara a ser juez de la Corte Suprema de la Nación. Según su parecer, "en nuestra organización política, lo relativo á la Capital obedece, para mí, á un pensamiento claro: en la Capital de la República no hay propiamente

---

[17] Cf. "Municipio Capitalino", *La Nación*, 20 de agosto de 1881.
[18] *Discusión de la ley orgánica municipal*, Buenos Aires, Imprenta de la Lotería Nacional, vol. 2, 1895: 714.
[19] *Ibid.*

Municipalidad local. La Capital de la República, según nuestro sistema de gobierno, es un *municipio nacional* por excelencia. Ese municipio nacional no puede tener, para ser consecuente con los principios de nuestro sistema, otro Gobierno que el que la Constitución ha establecido: un Gobierno compuesto siempre de dos facultades — una inteligencia, que es el Congreso y una voluntad, que es el Poder Ejecutivo,— el Gobierno que tiene todo cerebro; la inteligencia y la voluntad"[20]. Para quienes defendían esta postura, la Ciudad de Buenos Aires "es" la Nación. Es por esta razón que, por ejemplo, el diputado tucumano Lidoro Quinteros, dirigente roquista que ocupó la vicepresidencia primera de la Cámara de Diputados y llegaría poco después a ser electo gobernador de Tucumán, podía expresar que este Municipio era "el único punto de territorio argentino donde desaparecen las semi-ciudadanías de provincias", y en consecuencia "el interés general, el interés del Estado es infinitamente mayor, porque aquí, donde la acción del Gobierno General se acentúa y donde se irradia a todo el cuerpo político, no hay, no puede haber, un interés que no sea nacional"[21].

En medio de estos dos extremos se encontraba la opinión predominante, sostenida entre otros por Tristán Achával Rodríguez, diputado cordobés, también de extracción católica, opuesto en su momento a la federalización de Buenos Aires, ya que proponía la federalización de Córdoba. Si bien reconocía una dependencia de la capital respecto de la nación, defendía el derecho preexistente de la primera a resolver determinados asuntos que no incumbirían a los poderes nacionales. En alguna medida, era la búsqueda de una fórmula de equilibrio que permitiera a la vez poner a la Ciudad de Buenos Aires bajo la órbita del gobierno roquista, pero manteniendo un grado de relativa autonomía para las elites porteñas. Esta opinión se fundaba en la defensa del carácter "natural" del municipio y en la clara diferenciación de sus fines respecto de los del gobierno nacional. Achával Rodriguez resumía esta posición planteando, al presentar el despacho de comisión con un argumento aristotélico, que "el Gobierno Municipal, en la noción, es preexistente al Gobierno Provincial, como el Gobierno de la familia es preexistente al gobierno Municipal, como el Gobierno individual es preexistente al Poder de la familia". Y continuaba su exposición sosteniendo que "si es preexistente en la noción, vive de si mismo, no por impulso de aquél: tiene en sí mismo los gérmenes de su existencia, tiene en sí mismo los gérmenes de su progreso, y la ley que dé existencia legal a la institución municipal, la ley que la organice, tiene que reconocer estas condiciones que son naturales á la institución". Si esto no fuese así, "sería dictar una ley que desnaturalizara la misma institución, es

---

[20] *Ibid:* 741.
[21] *Ibid.*, vol. 1: 112.

decir, una ley mala, porque mala es toda ley que tendiendo á organizar, principia por desnaturalizar el objeto sobre el que legisla"[22].

Esta posición proponía una Municipalidad en la que si bien se aseguraran los derechos nacionales sobre la ciudad, a partir de la potestad del presidente y del Congreso de la Nación, se reconocieran los derechos de los vecinos a ocuparse de sus cosas "comunes", a través de la elección de representantes para la rama legislativa del gobierno local, aunque negaba la posibilidad de elegir a la autoridad ejecutiva, que sería nombrada directamente por el presidente de la Nación. Este punto era lo que diferenciaba a esta postura de la de aquellos que proponían un autogobierno municipal electivo, que promovía la elección directa de la persona a cargo del Departamento Ejecutivo, pero con la que compartía la concepción doméstica.

En cuanto a las incumbencias municipales, la visión predominante era que, en tanto que sólo se trataba de cuestiones ligadas a los asuntos civiles de la vida doméstica de los vecinos, los problemas asociados al gobierno de la ciudad eran, a diferencia de los nacionales, sumamente sencillos. Este argumento se desplegaba al discutir diversas características de las instituciones que regirían el gobierno municipal. Algunos legisladores planteaban la posibilidad de instaurar una rama ejecutiva colegiada, ateniéndose a la simplicidad de las tareas. Así, por ejemplo, al debatir este punto en 1882, el diputado Ángel Rojas, un abogado sanjuanino que llegara a ser electo gobernador de su provincia, planteaba que se comprendía perfectamente bien "que el Ejecutivo en lo político sea desempeñado por una sola persona. La naturaleza de sus funciones así lo reclama, porque es sabido que para que haya un Ejecutivo eficaz en lo político, debe reunir como requisito indispensable en su acción, la energía, el vigor, la actividad y hasta el secreto"[23]. Este aspecto estaba ausente en los intereses comunales que, a su juicio, eran "de una naturaleza completamente diversa de los fines políticos"[24], puesto que "pasan apercibidos y tranquilos a la vista de todos; - los sentimos, los oímos, los palpamos, diré así -; son del resorte de cada uno de nosotros, están bajo nuestra acción inmediata. Nada de repentino ni de súbito, en la administración de los negocios comunales"[25] ya que "las funciones municipales son sencillas, están al alcance de cada uno de los individuos de la comuna"[26].

Esta posición, si bien fue derrotada en el recinto y se instauró un Ejecutivo unipersonal, nos permite percibir un modo habitual de concepción del gobierno de Buenos Aires de fin de siglo XIX. Lo que traslucen estas palabras

---

[22] *Ibid*: 68-69.
[23] *Ibid*: 78.
[24] *Ibid*.
[25] *Ibid*.
[26] *Ibid*.

es un discurso que lo asocia a una suma de múltiples tareas de baja complejidad, que podían ser atendidas por un "consejo ejecutivo" en el que "cada uno de sus miembros se hiciera cargo de las diferentes reparticiones que tuviera que atender"[27]. Este planteo está lejos aún de presentarse como la encarnación de un saber experto específico. Por el contrario, apela al "conocimiento inmediato" de los problemas locales, que le permitiría administrarlos sin mayor dificultad. Así, el gobierno municipal según el diputado Carlos Bouquet, no tendría en sus manos tareas que "no puedan reunirse, conversar y resolver cinco personas"[28]. Por supuesto que estas "cinco personas" no serían cualquier persona, sino cinco "vecinos", entendiendo por ello a los miembros de la aristocracia porteña, que lo eran por ser considerados contribuyentes, como profundizaremos más adelante. En este sentido, en esta concepción de un gobierno colegiado no hay que entender uno democrático, sino más bien uno en el que sólo participan un grupo selecto, que conforma un bloque económico y cultural relativamente pequeño y homogéneo. Así como podían pasar una tarde en el Jockey Club, también podrían reunirse para resolver los asuntos "comunes" de "su" ciudad.

Esta mirada basada en un gobierno administrativo de baja complejidad seguía, además, el modo en que hasta entonces se estructuraba la Municipalidad de Buenos Aires. En la segunda mitad del siglo XX, la misma estaba conformada por cinco comisiones de vecinos (seguridad, higiene, obras públicas, educación y hacienda). Recién en 1867 se sumó un ingeniero municipal, con el propósito de realizar los planos de apertura de calles. Poco más tarde, en 1873 se creó el primer cuerpo técnico, la Oficina de Obras públicas, con un ingeniero y dos inspectores, que fue creciendo hasta dividirse en seis secciones diez años más tarde[29].

Este contrapunto sobre el modo de constituir el Poder Ejecutivo municipal era complementado con un segundo tema, que era el de la denominación de la persona a cargo del mismo. En el proyecto de la comisión, se había elegido llamarlo "gobernador". Pero este nombre era resistido por aquellos que asociaban la palabra "gobierno" con características "políticas" y "generales", ajenas a los intereses "administrativos" y "locales". De este modo, como sugería el diputado bonaerense Luis Lagos García, cuñado de Carlos Pellegrini, darle semejante nombre a quien sólo tendría tareas menores podría dar lugar a confusión, "porque hace suponer que va a desempeñar funciones más importantes que las que realmente desempeña"[30]. Los legisladores

---

[27] *Ibid*: 77.
[28] *Ibid*: 79.
[29] Cf. Rigotti, (2005: 167).
[30] *Discusión de la ley orgánica municipal*, Buenos Aires, Imprenta de la Lotería Nacional, vol. 1, 1895: 84.

que defendían el proyecto oficial compartían con aquellos que se oponían a la denominación la idea de que el funcionario no podía poseer un poder político que emergiera del voto popular, sino que era un simple delegado del presidente de la Nación, pero de todos modos justificaban el nombre apelando a casos en los que la máxima autoridad, si bien no era "política", era llamada gobernador, como el de la Isla Martín García, el de la Penitenciaría o el de un Banco.

En lo relativo a la rama deliberativa, la discusión de fondo estaba dada por definir sus atribuciones. Para quienes hacían una lectura estricta del artículo según el cual el Congreso debía ejercer una legislación exclusiva en todo el territorio de la Capital, sobre éste debían recaer las obligaciones de legislar en todo lo relativo a su vida municipal. Contra esta posición se alzaba la mayoría que justificaba la constitución de una legislatura porteña elegida por el voto popular apelando al discurso de la simplicidad de las tareas municipales y a los intereses locales que debían ser representados. En esta línea, el por entonces senador Carlos Pellegrini afirmaba que "cuando se organiza una Municipalidad, se les da á los vecinos del municipio la facultad de nombrar el Concejo para que maneje los intereses locales, á pesar de la disposición de la Constitución que dice que el Congreso tiene legislación exclusiva sobre el territorio de la Capital. Se comprende fácilmente que los intereses comunales de un vecindario sólo pueden ser apreciados y administrados bien por los mismos vecinos; y sería difícil, á pesar de la ilustración del Congreso Nacional, compuesto de ciudadanos vecinos de todas las Provincias de la República, el poder apreciar las necesidades de un punto determinado en donde, por lo general, no tienen su domicilio permanente. De modo que la institución municipal tiene este objeto: administrar los intereses locales por medio de vecinos que conocen y comprenden las necesidades de la localidad y que están en mejor situación para apreciar las conveniencias de esa localidad"[31].

La justificación de esta posición seguía la idea ya mencionada de diferenciar el "gobierno político" del "gobierno comunal", que reducía los objetivos de este último a la provisión de "servicios municipales", como conservación del empedrado o extracción de basuras. Los puntos de discusión se daban en torno al grado de libertad que podría adquirir esta institución. Por ello los puntos más debatidos fueron los de la posibilidad de establecer impuestos, que fue rechazada por la mayoría, que aprobó no obstante la facultad de fijar el monto. En relación a la rama deliberativa, se llevó a cabo además un contrapunto ortográfico en torno a si Concejo debía escribirse con *c* o con *s*. Esta discusión fue saldada por el diputado por Buenos Aires Delfín Gallo, quien

---

[31] *Ibid* vol. 2, 1895: 120.

recordó que *concejo* con *c* deriva de *concilium* y significa "reunión de encargados de resolver y de tramitar un asunto"[32] y *consejo* con *s* lo hace de *consilium* y no es más que "el sustantivo del verbo aconsejar"[33]. Por esta razón, se optó por la palabra Concejo, para enfatizar el carácter resolutivo y no simplemente consultivo de la institución.

Las diferentes posiciones se hacían presentes también al momento de discutir la amplitud de la participación electoral. En este punto las posiciones dividían a aquellos pocos que proponían un voto universal de la mayoría que argumentaba a favor de un voto censitario, con mayor o menor grado de apertura. Por supuesto que quienes defendían un gobierno comunal directamente ejercido por los poderes nacionales planteaban la imposibilidad de establecer cualquier tipo de sufragio. Pero, como ya hemos dicho, esta posición era minoritaria. El debate, entonces, se llevaba a cabo entre aquellos que defendían las otras dos opciones. Quienes defendían el voto universal, que según el caso incluía las elecciones de autoridades ejecutivas y legislativas o sólo estas últimas, argumentaban, como lo hacía Pedro Goyena, que los "ciudadanos tendrán la ocasión de ejercitarse en la función legislativa, ejecutiva y judicial, haciendo en una escala relativamente modesta el aprendizaje de las que en esfera más extensa ejercen los miembros de los poderes nacionales o provinciales"[34]. Como vemos, esta idea se sustentaba en trazar una línea de continuidad entre la naturaleza local y la nacional. Desde esta posición es que se hacía referencia al argumento muy difundido por entonces de que "quien puede lo más puede lo menos"[35], es decir que quien tiene el derecho al voto para elecciones nacionales, como era el caso argentino, lo debía poseer también para las elecciones municipales.

A este argumento se oponía el de la mayoría de los legisladores, que eran partidarios de un sufragio restringido[36]. Basaban su argumento en la defensa de que sólo debían participar quienes tenían algún tipo de interés directo

---

[32] *Ibid*: 391.

[33] *Ibid*.

[34] *Ibid*: 1 , vol. 1, 1895:123. Una defensa del Municipio como "escuela de la libertad" no sólo era sostenida por aquellos que promovían el voto universal, sino también por aquellos que, como *La Nación*, estaban de acuerdo con el voto restringido. Este periódico señalaba al respecto: "Un profundo observador y pensador, al estudiar las instituciones de los Estados Unidos ha dicho que el municipio no puede ser la escuela primaria de la libertad, sino á condición de poner todos los elementos de vida propios y necesarios para el cumplimiento de sus fines". Cf. diario *La Nación*, "Organización municipal", 23 de julio de 1881.

[35] *Discusión de la ley orgánica municipal, op. cit* , vol. 1: 254-255.

[36] Hay que aclarar que quienes estaban de acuerdo con la instauración de un municipio popular, que eligiera tanto autoridades ejecutivas como legislativas, no lo estaban necesariamente con el voto universal. *La Nación*, en este sentido, expresaba esta posición ambivalente que a la vez que promovía lo primero se oponía a lo segundo. Cf. *La Nación*, "Organización municipal", 23 de julio de 1881.

en él, que se expresaba en el pago de impuesto o patente. Este fundamento, basado en la apelación recurrente a la figura del contribuyente, argumentaba a favor de la imposición de un criterio económico, basándose en el supuesto de que no todos los habitantes de la ciudad constituyen el municipio, sino sólo aquellos que son propietarios. No deja de ser llamativa esta preeminencia de la opinión censitaria. Rosanvallon ha analizado cómo, en el caso francés, luego de la revolución de 1789, se desarrolla una idea de un "ciudadano propietario", a partir de la fuerte influencia del pensamiento fisiocrático. En ese sentido, podría plantearse una continuidad entre el voto nacional y el local[37]. Sin embargo, éste no era el caso argentino, ya que la Constitución de 1853 no restringía el voto. Además, la Provincia de Buenos Aires había establecido el voto universal en 1821 y, en lo relativo específicamente al nivel municipal, la Constitución provincial de 1873 había permitido el voto universal para nativos y censitario para extranjeros, aspecto reforzado con la sanción de la ley orgánica de Municipalidades, de 1876.

Posiblemente en la elección del carácter censitario del voto hayan influido tanto aspectos de coyuntura política como de difusión de ideas de moda. La modernización de la noción hispánica de vecino a partir de su fusión con la fisiocrática de propietario era esencial para justificar la necesidad de dotar a los "vecinos-contribuyentes" de la posibilidad de administrar sus asuntos comunes, domésticos, dejando de lado al resto de la población. En Francia, a fines del siglo XVIII, Turgot había establecido una justificación para esta modalidad. Aunque partía de un ideal de un gobierno basado en la participación de todo jefe de familia, aducía luego diversas razones para proponer un gobierno restringido. A diferencia de los pobres, los jornaleros o los trabajadores, que no tienen domicilio fijo ni intereses en la localidad, para Turgot, sólo los "propietarios del suelo"[38], son los únicos que "están atados a la tierra por su propiedad y no pueden dejar de interesarse por el lugar donde está situada"[39]. A diferencia de los fisiócratas, Turgot hacía extensivo el principio de propiedad al gobierno de las ciudades, al plantear que "el primer principio de la Municipalidad para las ciudades es el mismo que para los pueblos rurales: que nadie se mezcle más que en lo que le interese y en la administración de su propiedad"[40].

Razonamientos de este tipo abundaban en la Buenos Aires finisecular. Por ejemplo, en su Tesis Doctoral en Derecho, de 1888, un aún joven Lisandro de la Torre de tan sólo 20 años defendía el voto restringido a los contribuyentes,

---

[37] Remitimos al lector al análisis que Rosanvallon le dedica al modelo del "ciudadano propietario" (2002: 55-68).

[38] Turgot, *Memoire sur les municipalités*: 583, citado por García de Enterría (1960).

[39] *Ibid.*

[40] *Ibid.*

y dejaba afuera a los sectores populares con el argumento de que como no contribuían podían gravar excesivamente fortunas ajenas[41]. Los impuestos a los que hacía referencia de la Torre, y muchos otros que tenían una perspectiva del asunto similar, eran los impuestos sobre la propiedad o las llamadas patentes comercial o industrial. Es decir, los impuestos directos que pagaban los propietarios. Quedaban por fuera los impuestos indirectos, que pagaba todo consumidor. Como veremos más adelante, fueron los socialistas, a principios de siglo XX, los que comenzaron a plantear que no son sólo los propietarios pagaban impuestos, sino toda la población, y que por ello se debía universalizar el sufragio.

Si nos situamos en los debates de la época, es posible suponer que el carácter censitario del voto operaba como una manera de reforzar el carácter doméstico del municipio, de modo de distinguir netamente dos cuerpos distintos, el municipio y la nación, constituidos por dos conjuntos de individuos divergentes, los vecinos y los ciudadanos, y cuyos gobiernos eran de naturaleza bien diferente, una civil y otra política. En los debates de 1881 y 1882 abundaban argumentos de este tipo. El diputado Calderón, por ejemplo, planteaba que "es exacto — que se tiene lo menos cuando se tiene lo más, — cuando se trata de las cosas idénticas entre sí. El ciudadano argentino tiene el derecho de contribuir al nombramiento de los Poderes Legislativo, Ejecutivo y Judicial, y cuando tiene lo más en materia política, tiene lo menos: pero es esto no es aplicable á los derechos municipales, porque no se sigue que teniendo el derecho político deba también tener el municipal, y no es consecuencia lógica, porque los antecedentes de que deriva el derecho son de una naturaleza completamente distinta"[42]. Y agregaba que "el electorado político es completamente distinto del electorado municipal", y en virtud de ello, "el derecho que el individuo tiene á participar de la gestión de los negocios de la comuna, debe estar en la relación directa á la parte con que contribuyó á las necesidades del Municipio, en proporción al impuesto que paga. [...] El individuo que no está, directamente interesado en la administración dé los negocios de la comuna, aquel que no contribuye á sus gastos, aquel que no participa de su vida doméstica, no tiene derecho alguno á participar de su administración; y esto también lo expresa un autor español, diciendo: Nadie tiene derecho á llevar la mano á bolsillo ajeno"[43].

---

[41] Cf. de la Torre (1888). Volveremos sobre este punto en el capítulo siguiente.
[42] *Discusión de la ley orgánica municipal, op. cit*: 267.
[43] *Ibid*: 258.

El ensanche de Buenos Aires y la ciudad orgánica

Dos años después de la sanción de la ley orgánica municipal se planteó otro punto nodal para la configuración del gobierno de Buenos Aires luego de su federalización. Se trataba de la extensión de los límites jurisdiccionales, que fue debatida y aprobada por la Legislatura de la Provincia de Buenos Aires y por el Congreso de la Nación entre 1884 y 1887. El objetivo era anexar a la ciudad dos pueblos aledaños, Belgrano y Flores, que por entonces se habían desarrollado a pocos kilómetros del centro, siguiendo las líneas del ferrocarril. La distancia temporal que separa el inicio de los debates y la sanción definitiva de la ley se debe a que en 1884 la Legislatura de Buenos Aires pretendía reservar a la Provincia la absoluta jurisdicción de los ferrocarriles dentro de la Municipalidad de la Capital, punto rechazado por el Congreso de la Nación y saldado más tarde, en 1887, a partir de la insistencia del nuevo gobernador bonaerense, Máximo Paz, que pidió a la Legislatura provincial la modificación de la ley, de acuerdo a lo observado por el Congreso.

Estos debates muestran que la mirada doméstica, hegemónica para pensar la institucionalidad municipal, no se trasladaba a la manera de concebir la problemática urbana, que era predominantemente interpretada a partir de un enfoque organicista. La gran diferencia está dada por el lugar que ocupan lo civil y lo social. Si lo doméstico sólo reconoce al municipio como una entidad eminentemente civil, lo orgánico será la vía a través de la cual se introducirá, de a poco, una mirada social.

El relato organicista es concomitante al nacimiento de los saberes positivistas sobre la conducta humana que, en la segunda mitad del siglo XIX, tomaron a las ciencias de la vida como modelo explicativo para analizar los fenómenos sociales. Como analizó Renaud Payre, "este organicismo llama a una relación renovada entre el todo y las partes, siendo el todo una realidad superior a la suma de las partes. Utilizada para la ciudad, la metáfora es un desafío: ella hace existir un objeto nuevo, la ciudad como un todo que debe ser conocida y que llama a nuevas formas de gobierno" (2005: 17). Las ideas organicistas tenían una impronta muy significativa en los debates públicos de la ciudad. Aun antes que Buenos Aires fuera federalizada, y cuando aún estaban muy frescos los recuerdos de la epidemia de fiebre amarilla de 1871, los higienistas consideraban a la ciudad como un cuerpo orgánico enfermo, pero un cuerpo al fin. El objetivo que planteaban era el de suturar sus heridas, articular sus partes, para conformar una unidad orgánica saludable. A diferencia de los hombres de leyes asociados al pensamiento municipalista decimonónico, los higienistas tenían una mirada abierta sobre las relaciones de la ciudad. Por ejemplo, postulaban, siguiendo la teoría miasmática, los peligros que ocasionaba la insalubridad de una parte de la ciudad para el resto de la misma. En este sentido, Eduardo Wilde planteaba ya en 1878 que "los habitantes del centro, los que creen vivir higiénicamente, se imaginan librarse de la contaminación y ponerse fuera del alcance de las malas influencias, no pisando los barrios descuidados; pero se olvidan que si bien ellos no van a tales sitios, éstos les mandan sus productos dañosos por la atmósfera, como si los suburbios quisieran vengarse del abandono, arrojando por las ventanas de las ricas habitaciones, el mal olor y la peste" (1878: 266-267).

Bajo estas ideas, la ciudad comenzó a ser considerada como un objeto de gobierno muy diferente al planteado por la concepción doméstica. Mientras los pensadores municipalistas insistían con una imagen del municipio como un conjunto cerrado, jerarquizado y estático, los higienistas proponían una ciudad abierta y dinámica. Y también afloraban las diferencias de criterios gubernamentales. Para la concepción doméstica, el gobierno de Buenos Aires era una sumatoria de tareas sencillas, administrativas, de bajo nivel de complejidad, que podían ser llevadas a cabo por los propios vecinos-contribuyentes", puesto que se relacionaban con una resolución de sus asuntos comunes. Frente a ello, la mirada orgánica comenzó a plantear la necesidad de desarrollar una serie de políticas e instituciones públicas tendientes a reformar la ciudad y sus relaciones, a partir de la presencia de gobernantes expertos.

Durante los debates sobre el ensanche la concepción de la ciudad como una entidad orgánica fue la privilegiada, puesto que permitía argumentar en favor de una transformación de los límites jurisdiccionales como consecuencia del desarrollo de un organismo vivo, que crece y se despliega. Esta mirada no fue el resultado de un proceso de desarrollo urbano ya acabado, al que los legisladores debían consagrar jurídicamente, como algunos sostenían. Por el contrario, en 1887, cuando se sancionó la ley, Buenos Aires era aún la "gran aldea"[44] y estructuraba su vida política, económica y social en torno la zona céntrica y portuaria. Los siguientes planos nos permiten observar el aspecto de Buenos Aires en 1713 (arriba), 1836 (centro) y en 1856 (abajo).

---

[44] La conocida figura de la "gran aldea" es el título de la recordada novela de Lucio Vicente López escrita en 1882.

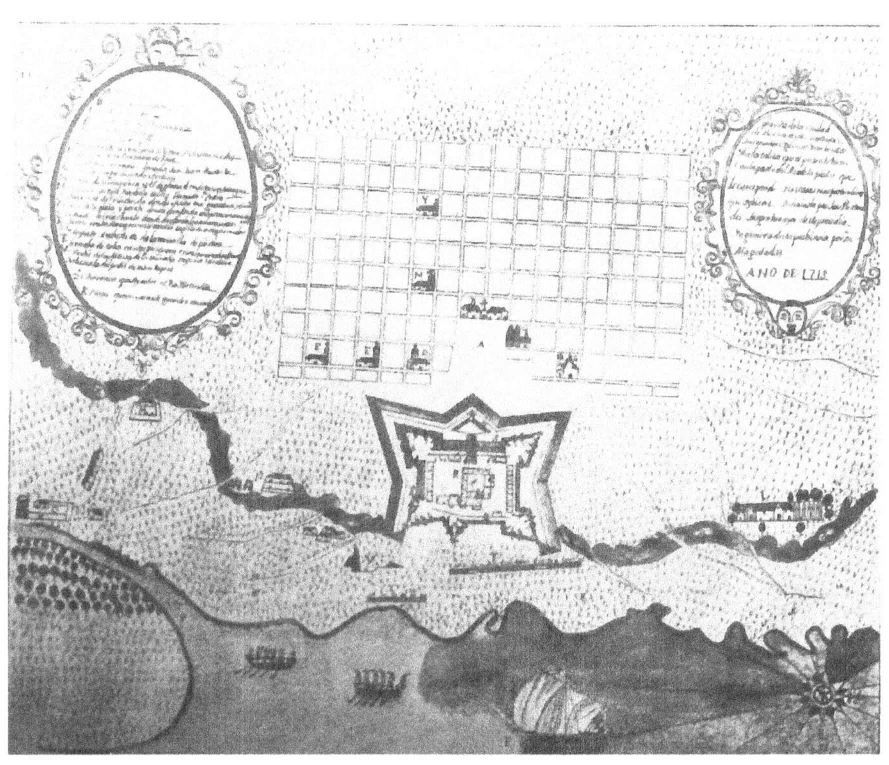

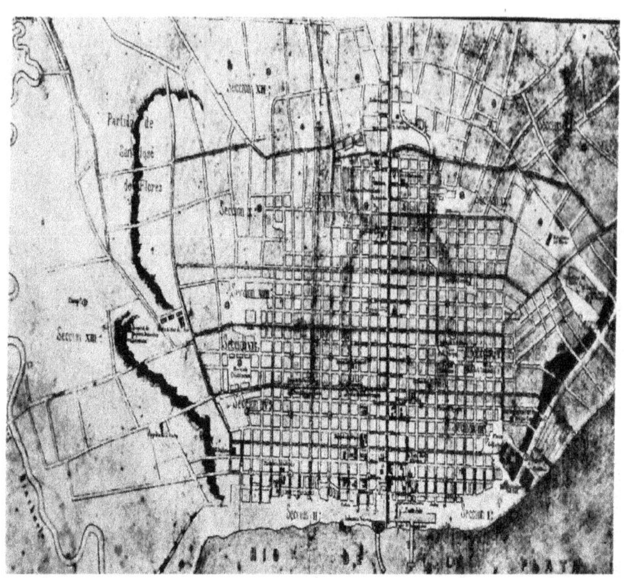

Planos de Buenos Aires. Fuente: Proyecto orgánico para la urbanización del municipio. El plano regulador y de reforma de la Capital
Federal, Intendencia Municipal, Comisión de Estética Edilicia, 1925.

Asimismo, los planos siguientes muestran el progresivo desplazamiento
de los límites de la ciudad, en 1580, 1822, 1880 y 1887:

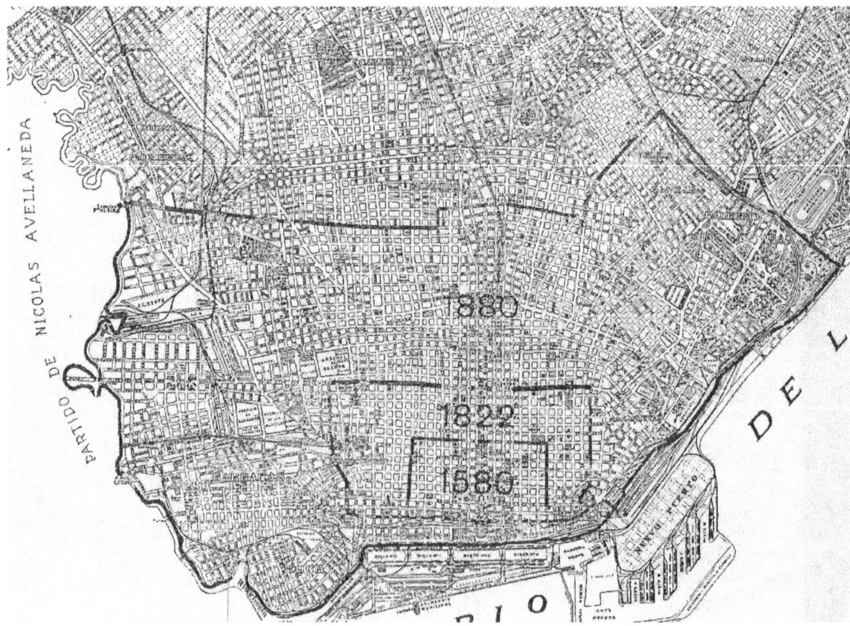

Límites de la ciudad en 1580, 1822, 1880 y 1887. Fuente: Arturo B.
Carranza, *La Capital de la República. El ensanche de su municipio 1881
a 1888 (antecendentes, debates parlamentarios, iniciativas, proyectos y
leyes)*, Talleres gráficos argentinos L. J. Rosso y Doblas, Buenos Aires,
1938.

Nótese, sin embargo, que los mismos están marcados sobre un plano de
la ciudad de 1938, por lo que la edificación no corresponde al aspecto de
Buenos Aires de fines de siglo XIX. Para dimensionar el aspecto que tenía
la ciudad porteña en 1887, el siguiente plano topográfico realizado en ese
mismo año resulta un documento revelador. La población se concentraba
aún en las manzanas coloreadas de color naranja, que corresponden a las
"manzanas edificadas", mientras que las que lo están en color gris refieren
a las "manzanas no edificadas". Como puede verse en la parte superior, el
sector que llega a verse del "partido de San José de Flores" no sólo no estaba
edificado, sino que ni siquiera había sido alcanzado por el tradicional damero
que conformaban las manzanas porteñas, aún las no edificadas. El partido de
"Belgrano", más alejado aún, ni siquiera figura en el plano.

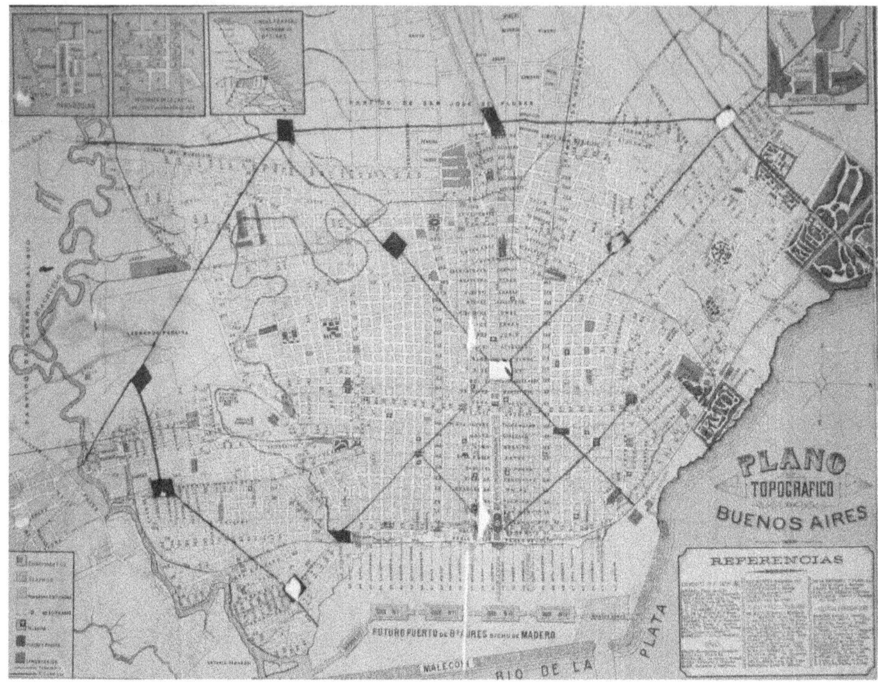

Plano topográfico de Buenos Aires, 1887. Fuente: Instituto Histórico
de la Ciudad de Buenos Aires.

En el siguiente plano, de 1892, en el que se presenta la ciudad en todo su territorio jurisdiccional posterior al ensanche, llega a observarse que, salvo en las zonas de Flores y Belgrano aledañas a la estación de ferrocarril, se extendían al interior de Buenos Aires zonas de campos cuyo horizonte se perdía en el infinito de la pampa húmeda.

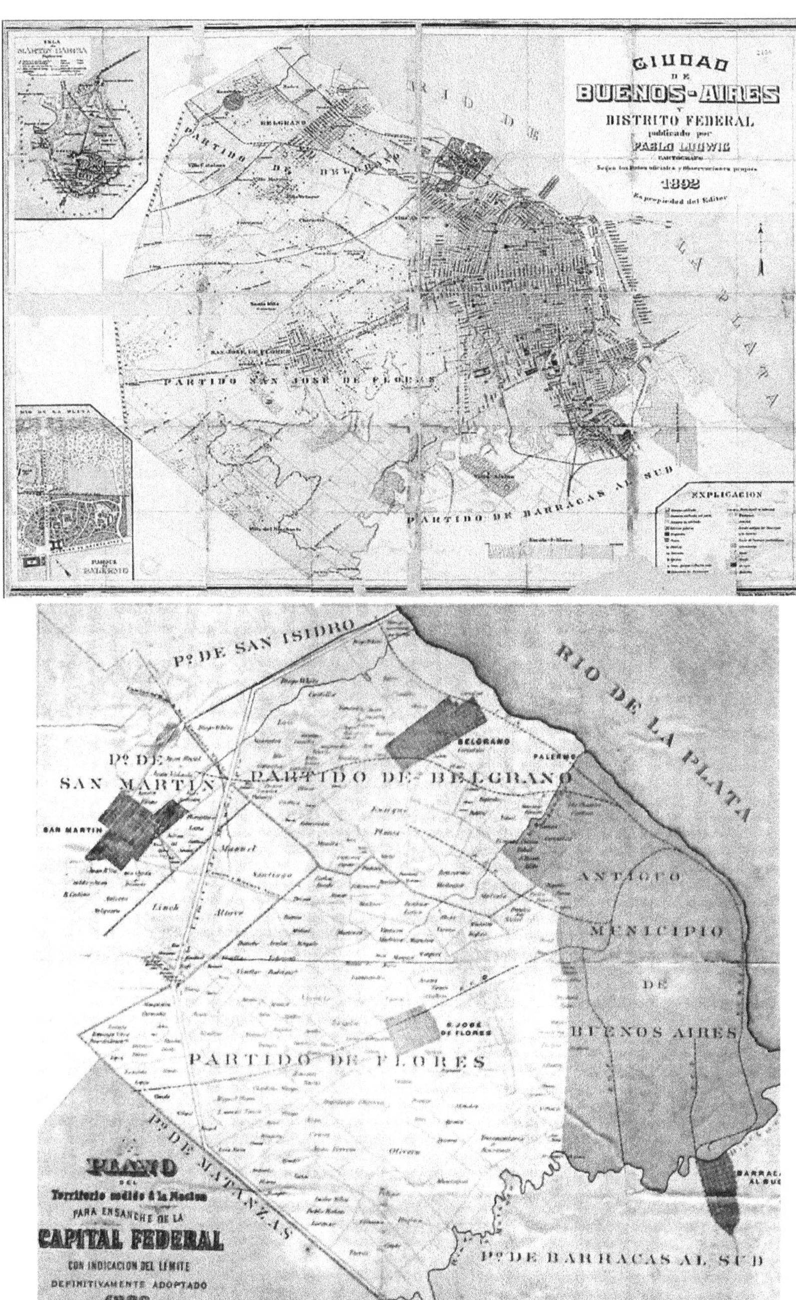

Arriba: Plano de Ciudad de Buenos Aires y Distrito Federal, 1892.
Fuente: Pablo Ludwig, cartógrafo. Abajo: Plano de la Ciudad de
Buenos Aires, 1888. En el primero se observa las zonas pobladas y

> despobladas. En el segundo se pueden ver los antiguos límites de la
> ciudad, con los Partidos de Flores y Belgrano anexados, y el nuevo
> límite trazado. Nótese que la orientación del plano es distinta.

Luego del ensanche, que incorporó a Buenos Aires los pueblos de Belgrano y Flores, la ciudad cuadruplicó su superficie, pasando a tener 203 km²[45]. Sin embargo, ello no modificó en lo inmediato a la ciudad, puesto que, como recordaba Ismael Bucich Escobar, "campo abierto en buena parte, sólo encerraban en conjunto ambos partidos una población que alcanzaba apenas a 25.000 almas" (1937: 157). Recién para 1900, como se observa en el siguiente plano, comenzó a extenderse el tejido urbano entre estos suburbios y el centro de la ciudad.

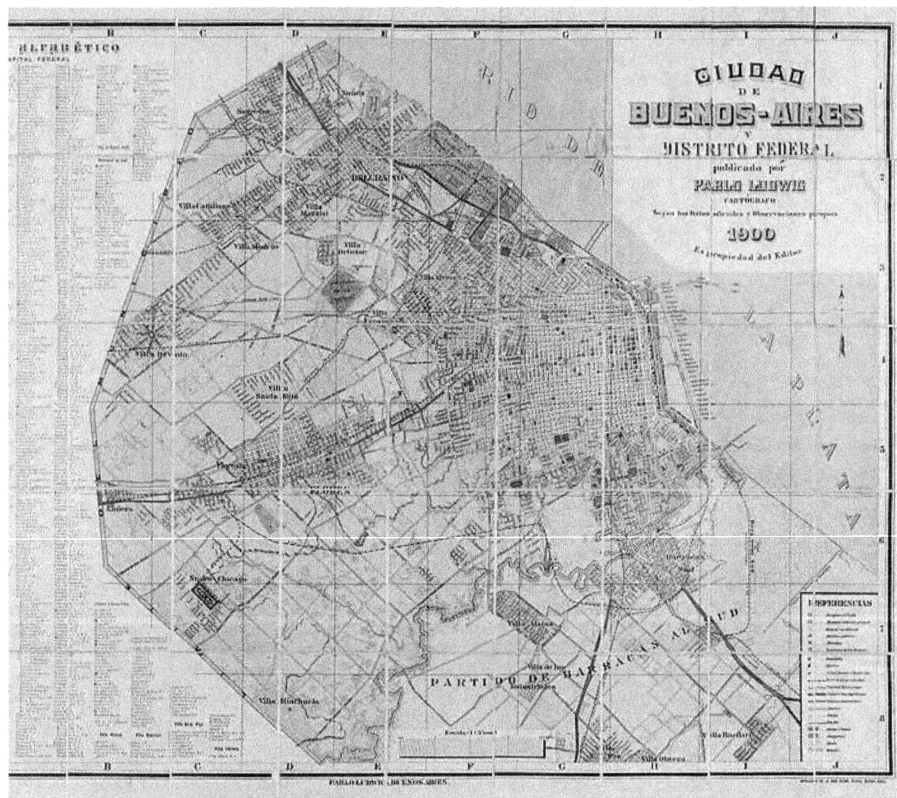

Plano de la Ciudad de Buenos Aires y Distrito Federal 1900. Fuente:
Pablo Ludwig, cartógrafo.

---

[45] Para una historización del proceso de crecimiento de Buenos Aires, cf. Hardoy y Gutman (1992).

56

Algunos de los debates llevados a cabo en el Congreso de la Nación y en la Legislatura de la Provincia de Buenos Aires entre los años 1884 y 1887 permiten comprender que la solución elegida con el ensanche fue la consecuencia de una manera particular de concebir a la ciudad, ligada con las miradas organicistas de la época. El eje central de las discusiones estuvo dado por la relación que debía establecerse entre la dinámica del funcionamiento de la ciudad y su correlato espacial en términos jurídicos. La concepción orgánica suponía que para gobernar a la ciudad era necesario adaptar su territorio al desenvolvimiento natural de la población. En este sentido, para quienes la apoyaban, la ley no venía más que a consagrar de derecho una realidad que ya estaba dada de hecho aunque fuera de forma incipiente: la unificación de Buenos Aires y sus pueblos aledaños. Es por ello que el ensanche del municipio, desde esta concepción, no significaba más que "la consagración de lo que la naturaleza y el tiempo han fundido en un solo cuerpo de ciudad, ya por su forma material como por todas las demás condiciones, necesidades y ventajas que caracterizan la unidad urbana, social y económica", tal como por ejemplo señalaba el senador nacional por San Juan, Rafael Igarzábal, al iniciarse los debates en el Congreso de la Nación, en 1884[46].

Para sostener esta postura, se apelaba, al igual que en la concepción doméstica (aunque de una forma diferente), a una tradición naturalista, puesto que el hombre, el legislador, el político no eran percibidos como los creadores *ex nihilo* de una nueva realidad sino que, por el contrario, se presentaban como simples acompañantes de un fenómeno que los excedía ampliamente[47]. Esta postura era el argumento principal de quienes sostenían la ley, tanto en el Congreso de la Nación como en la Legislatura provincial. En este último recinto, el diputado provincial Rodolfo Moreno, uno de los cinco miembros de la Comisión Especial creada para la tratar el ensanche, apuntaba que "la edificación va extendiéndose más y más: tanto por esta circunstancia como porque el sistema adoptado por nosotros en las construcciones, ensancha notablemente el perímetro de la Capital". Y se preguntaba: "¿Qué medio hay, pues, para contener la extensión del perímetro de Buenos Aires? Es un hecho natural que no puede eludirse. Es como el traje del niño

---

[46] Cf. Carranza (1926: 58).

[47] Es interesante remarcar la coexistencia temporal del argumento que sostiene la necesidad de adaptar el territorio a las condiciones naturales del desenvolvimiento social de la ciudad y el proyecto político de construcción de la Ciudad de La Plata como nueva Capital de la Provincia de Buenos Aires. Por un lado, se postula un discurso naturalista que supone que los poderes públicos sólo deben acompañar el desarrollo "natural"; por el otro, se despliega un Estado que opera con la intención de crear una nueva realidad que se amolde a sus ideales modernizadores.

que debe ser ensanchado a medida que éste se cría y desarrolla"[48]. Desde este punto de vista, la ley no sólo debía consagrar una realidad existente, dada por la interdependencia creciente entre Buenos Aires, Belgrano y Flores, sino que se planteaba como una medida previsora, que otorgaba a la Capital Federal el territorio suficiente para que siga creciendo. En esta línea se consideraba que de nada le serviría a la provincia conservar la jurisdicción de Flores y Belgrano porque formaban ya con Buenos Aires "una sola individualidad", como decía el terrateniente bonaerense Rodolfo Mones Cazón, uno de los diputados provinciales que formaban parte de la comisión creada para tratar el tema, durante las sesiones de 1887[49].

En este doble argumento radicaba una tensión interna a la mirada orgánica, que marcaban aquellos que se oponían a ceder los municipios linderos. Si la cesión era consecuencia del crecimiento que había sufrido la ciudad hasta entonces, pero que además permitiría que siguiera creciendo, ¿qué garantías había de que en un futuro no debieran ser cedidos otros municipios más alejados? Como expresaba el diputado Rodolfo Romero en 1887, si se siguiera el argumento de la mayoría, en un futuro, cuando la ciudad se ligara con "San Martín, San Fernando, Las Conchas, Moreno, etc. [...] resultaría que habría que entregarlos a la Nación"[50]. Esta frase suena risueña desde el presente, en la que todos estos municipios constituyen parte de la gran mancha urbana que es el Gran Buenos Aires. Y, como sabemos, no fueron cedidos a la Nación. Pero en ese entonces aún se expresaba una idea que ligaba a la unidad urbana con la unidad jurisdiccional. El tema de fondo, que se discutía por entonces, era el del cierre de la ciudad en tanto unidad urbana delimitada territorialmente. Es por ello que la justificación del ensanche se hacía a partir de la necesidad de lograr el cierre de esta unidad.

Respecto de este punto, varios eran los ejes del debate. En primer lugar, el de la relación entre los espacios poblados y los despoblados. La concepción de la ciudad como unidad autosuficiente se emparentaba con una noción de la misma que no la reducía necesariamente a un espacio habitado, urbano, sino que la pensaba como una complementariedad del espacio urbanizado y el no urbanizado. En otras palabras, Buenos Aires era pensada, desde el momento en que se extendían sus límites, como una amplia superficie en la que convivirían la ciudad y el campo. Esta noción se emparentaba con un segundo punto, el de los servicios urbanos. Un argumento recurrente para justificar el ensanche era, como enfatizaba Rafael Igarzábal en 1884, que Buenos Aires no contaba con un terreno propio para tirar las basuras, que su

---

[48] Carranza (1926: 36).
[49] *Ibid*: 110.
[50] *Ibid*: 143.

cementerio quedaría por fuera de la ciudad, y por ende bajo una jurisdicción provincial y no nacional, o que el gobierno nacional no tendría terreno para hacer maniobras militares. En la misma línea, el Ministro de Gobierno de la Provincia de Buenos Aires, al justificar el pedido del ensanche, apelaba a este recurso argumental, describiendo que "dentro de las líneas A., B., F., que marcan en el plano el ensanche proyectado, queda el Cementerio de la Chacarita y hay espacio bastante para establecer mataderos para el consumo; depósitos de basuras y demás servicios análogos, y quedarían suficientemente alejados de la ciudad como para que no fuera dañada por la insalubridad de esos establecimientos, por mucho que se extendiera los lados del N. y del O., que es por donde está marcado el mayor desarrollo de población"[51]. A estos dos puntos se sumaba, por último, un tercero asociado a la necesidad de marcar esta delimitación a través de la conformación de un límite claro, que separara nítidamente lo que estaba por dentro y por fuera de la ciudad. Eso dio lugar a que en la ley que se sancionó se instruyera la construcción de un "boulevard de circunvalación"[52], que luego sería la Avenida General Paz, cuya construcción demandó varios años.

Municipio doméstico, ciudad orgánica

La presentación de los dos debates fundacionales de la institucionalidad de la Buenos Aires federalizada muestran cómo durante la década de 1880 no había demasiadas contradicciones en sostener a la vez la necesidad de mantener un municipio cerrado, jerárquico y estático y una ciudad abierta y dinámica. El devenir institucional posterior a la federalización permite comprender cómo se articulaban cotidianamente estas dos concepciones tan distintas.

En 1880, cuando asumió el presidente Julio A. Roca nombró a una Comisión Municipal que apuntaba a dejar en manos de los vecinos más renombrados los asuntos de la ciudad. Entre los comisionados se destacaban, entre otros, Eustoquio Díaz Vélez, Antonio Devoto, José María Bosch y Torcuato

---

de Alvear, quien poco después fuera nombrado intendente. Dos años más tarde, la ley orgánica municipal instauró el voto restringido para la elección de concejales. Sin embargo, el derrotero posterior del Concejo Deliberante fue errático. Entre 1883 y la reforma electoral de 1917, que universalizó el voto masculino para elecciones municipales, el Concejo Deliberante electivo sólo funcionó diez años de treinta y cuatro, en los períodos 1883-1885 y 1907-1915. El resto del tiempo fue reemplazado, a través de distintas leyes o decretos, por comisiones de vecinos nombrados por el poder ejecutivo municipal o nacional. Entre 1885 y 1901 funcionó una Comisión de 15 miembros. En 1901 una ley aumentó el número de bancas a 22. Recién luego de la sanción de una ley de organización de la Municipalidad de la Capital, en 1905, se abrió un período de elección popular, a partir de 1907. Pero ya en 1915, a través de un decreto, volvió a reemplazarse el Concejo Deliberante por otra comisión de vecinos.

En los pocos años en que se desarrolló la actividad electoral municipal, ésta se estructuró según la lógica restrictiva, que reservaba el derecho de voto a una pequeña minoría de la población, perteneciente a la elite social de la ciudad. Se había impuesto como criterio que los individuos que podían ocupar una banca debían ser letrados, mayores y pagar un impuesto directo a la Municipalidad, comercial o industrial, o ejercer una profesión liberal. Los extranjeros podían, por su parte, ser elegidos si abonaban un impuesto "superior a cien pesos". Se imponían algunas condiciones aún más estrictas a los electores, lo que excluía los estratos sociales más pobres. Como señala Guy Bourdé, "en 1890, por ejemplo, para una población de cerca de 500.000 habitantes, se inscriben en las listas 6754 electores, y sólo se vota a 4034 individuos, lo que representa un 0,01% de la población!" (1974: 99).

Hilda Sábato (1998) analizó como, entre 1862 y 1880, las elecciones en Buenos Aires movilizaban pasiones que, en ocasiones, no estaban desprovistas de violencia física. Poco de ello permaneció luego de la instauración del voto censitario municipal, por lo menos en lo que a las elecciones comunales se trataba. Las pasiones populares, en todo caso, se ejercían a través de movilizaciones callejeras (Rojkind, 2012). Esta modalidad redundó no sólo en un padrón ínfimo en relación a la población sino también en un escaso interés por participar.

Las primeras elecciones luego de la sanción de la ley orgánica municipal se llevaron a cabo el 22 de abril de 1883. Ese día el diario *La Nación* se lamentaba porque "desgraciadamente gran número de contribuyentes han descuidado el deber de la inscripción en los registros electorales, inhabilitándose en esa circunstancia para ejercer su voto [...] La elección de hoy no será por esa razón la espresión (*sic*) fiel de las aspiraciones del municipio"[53]. Es decir, no sólo no participaban de las elecciones quienes lo tenían prohibido sino también muchos que estaban habilitados. Este desinterés se debía en parte al desaliento que tenían los mitristas luego de la derrota de 1880, que derivó en un relativo abandono de la vida política activa (Hora, 2001). Pero, además, a que muchos miembros de la elite optaban por participar en clubes, como el Jockey Club o el Círculo de Armas, o desarrollar su sociabilidad de clase a través de prácticas culturales, como la frecuentación de conciertos de música clásica o de carreras hípicas. Todas estas prácticas sociales se vinculaban con un cambio de vida de las burguesías occidentales, que buscaban constituirse como clase "distinguida"[54], eliminando u ocultando las disputas políticas.

La erradicación de la política se asociaba con la idea de que una convivencia "civilizada" debía dar origen a una resolución consensuada de los asuntos comunes. Leandro Losada recuerda el malestar que le causó a Miguel Cané enterarse, desde Europa, de un conflicto suscitado en la elección de las autoridades del Jockey Club. En una carta enviada a su hijo, que formaba parte de uno de los grupos en pugna, le decía que nada le había disgustado más que esos incidentes, "debido a la intromisión de la política en los asuntos de la casa" (Losada, 2007: 3). Esto no implica que quienes optaban por participar de los asuntos municipales lo hicieran como consecuencia de una vocación política. Más bien, se trataba de otra forma de concebir y canalizar la participación de los sectores acomodados de la sociedad porteña en los problemas de "su" ciudad, ligados a la resolución de cuestiones civiles en común de los vecinos-contribuyentes. En este sentido, no había mucha diferencia en el modo en que concebían y ejercían el gobierno de sus clubes y de "su" ciudad, en ambos casos, concebidos como espacios domésticos, y por lo tanto no políticos.

Un repaso por algunos de los rasgos más significativos de los concejales electos en 1883 nos permite aventurar quiénes eran los que se inclinaban a la vida pública municipal. Entre los que obtuvieron un cargo se encontraban miembros de la aristocracia porteña, como el futuro intendente Torcuato de Alvear, hijo del General Carlos M. Alvear, que no había ocupado cargos públicos de relevancia a excepción de su nombramiento como parte de la Comisión Municipal que funcionaba por entonces, o Reynaldo Parravicini, descendiente de obispos y cardenales, quien había estado a cargo de la Penitenciaría Nacional. También se destacaban algunos hacendados, como

---

[53] "Elecciones municipales", *La Nación*, 22 de abril de 1883. Un análisis específico de este proceso electoral, puede leerse en Cibotti (1995).
[54] Cf. Losada (2008, 2007).

Melitón Espinosa, que poco después fundara un pueblo en sus tierras de
Santa Fe, o Manuel Cadret, empresario de curtiembres, hijo de franceses, uno
de los primeros socios del Jockey Club y mecenas del Teatro Colón, quien
fundara también un pueblo en sus tierras agrícolas y ganaderas de la provincia de Buenos Aires. Y no faltaban tampoco algunos concejales que gozaban
de prestigio y reconocimiento profesional, como Antonio de P. Aleu, un hombre de prensa de origen catalán, u Otto Recke, un farmacéutico establecido en
Corrientes y Cerrito, quien le ganara la elección nada menos que a Domingo
F. Sarmiento. Con algunas pocas excepciones, ninguno llegó a desarrollar
una extensa trayectoria política posterior, lo que demuestra el carácter que
revestía el cargo de concejal, asociado más con un reconocimiento social que
con una profesionalización de la política[55]. Aunque no hayan sido mayoritarios en el Concejo, la presencia de extranjeros era significativa. En una
sociedad porteña en la que la mitad eran inmigrantes que no podían tener
acceso al voto a nivel nacional[56], acceder a una banca municipal constituía,
para los extranjeros más acomodados, una posibilidad de lograr el reconocimiento social y establecer vínculos con las elites criollas.

Según la ley de 1882, el Concejo Deliberante debía componerse de dos
representantes de cada sección electoral, y los cargos serían por dos años,
renovándose cada año en elecciones a fines de noviembre. La ley no contemplaba, como sí lo hacía con el cargo de intendente, una remuneración
por la tarea, sino que la consideraba una carga pública *ad honorem*, incom-
patible con cualquier cargo rentado, ya sea nacional, provincial o municipal.
Como señalan Mario Rapoport y María Seoane, "el régimen conservador se
mostraba en Buenos Aires en toda su magnitud: un sistema electoral prácticamente uninominal que impedía el acceso de las minorías a la cámara de
los representantes del pueblo de la Ciudad, quienes debían ejercer sus cargos
ad honorem, lo que reservaba el espacio de lo público para los hombres de
dinero" (2007: 70).

Los actos eleccionarios, que se llevaban a cabo en los atrios de las Iglesias
parroquiales o los juzgados de paz, se planteaban como secretos. En algunos
casos, se resolvían de forma poco clara, a través de arreglos partidarios. Ello
no significaba, sin embargo, que no existiera una intensa actividad prose-
litista previa, ya que muchas veces los candidatos hacían campaña en cada
una de las parroquias. Pero esta actividad estaba destinada a establecer un
reconocimiento de los mismos círculos elitistas que votaban y eran votados,
ya que los sectores populares no podían participar de la contienda. Como

---

[55] Para una consulta de todos los concejales electos, cf. Bucich Escobar, (1937: 146).
[56] El censo de 1887 había determinado que la Ciudad de Buenos Aires contaba con 433.375
habitantes, de los cuales el 52,7% eran extranjeros.

consecuencia de la imposibilidad de acceder al voto municipal, los grupos de menores ingresos potenciaron las restantes formas de participación a través de una intensa red de asociaciones civiles. Justamente, la conformación de instituciones sindicales, mutuales o barriales fue la forma que tuvieron los sectores más desfavorecidos no sólo para establecer lazos de solidaridad de grupo sino también formas institucionalizadas de demandas frente a las autoridades municipales, todavía muy precarias hacia fines de siglo, pero que cobrarían más intensidad en los años siguientes, como analizaremos en los próximos capítulos. El resultado de esta dinámica electoral era que los concejales no eran representantes de los diversos intereses que pudieran existir en Buenos Aires, sino que se auto-representaban, en el sentido de que eran elegidos por el resto de los vecinos-contribuyentes, simplemente para gestionar los asuntos "comunes".

Hacia fines de 1883 se suscitó el primer gran conflicto entre las dos ramas del gobierno comunal. El Concejo Deliberante suspendió al intendente Alvear alegando "negligencias graves en el cumplimiento de sus deberes", por no cumplir con una ordenanza que obligaba a cerrar los tarros del lechero. Sin embargo, Alvear resistió en el cargo, sostenido por el presidente Roca, que presentó una ley para suspender el artículo de la carta orgánica que facultaba al Concejo para apartar al intendente[57]. Al año siguiente, no obstante, se produjo otro conflicto, como consecuencia de la confección de los padrones para la elección de concejales. Como resultado, en 1885 el presidente decidió la intervención del Concejo Deliberante y nombró directamente a sus miembros, seleccionando vecinos destacados, como Manuel Unzué, Norberto Quirno Costa, Antonio Marcó del Pont, José Guerrico, y algunos que ya eran concejales, como Antonio de P. Aleu o Manuel Cadret[58]. El Concejo intervenido funcionó así hasta 1890. Alvear, por su parte, dejó el cargo de intendente en 1887, siendo continuado por Eduardo Crespo, entre 1887 y 1888, y por Guillermo Cranwell, entre 1888 y 1889. En 1889 el Congreso de la Nación sancionó una ley para suprimir el Concejo Deliberante y lo reemplazó por una comisión compuesta por quince personas nombradas por el Poder Ejecutivo nacional, previo acuerdo del Senado.

El perfil de los comisionados no difería demasiado del de los concejales, puesto que eran conspicuos miembros de la elite porteña, y en algunos casos, ex concejales que siguieron ejerciendo sus funciones nombrados directamente por el Poder Ejecutivo, como fueron los casos de Antonio de P. Aleu, Manuel Cadret, Eduardo Hammer, Domingo Parodi o Pedro Montaña.En un

---

[57] Una crónica completa de este suceso puede leerse en Beccar Varela (1926). Y también en Luna y otros (1986).
[58] Decreto del 4 de abril de 1885.

contexto político dominado todavía por el recelo entre las elites porteñas y las nacionales, se buscaban nombres que garantizaran la sintonía con las autoridades ejecutivas municipales y nacionales. Sin embargo, ello no conllevaba una modificación de su perfil social.

Las intervenciones del Concejo Deliberante eran producto del conflicto recurrente entre los Poderes Ejecutivo y Legislativo municipales, aspecto que se reveló como una característica del nuevo esquema institucional ni bien asumió el primer intendente de la ciudad federalizada, en 1883. Torcuato de Alvear y emprendió una labor reformista inspirada en las políticas de Haussmann en París[59], cuyo objetivo era la transformación de Buenos Aires, para construir una urbe que estuviera a la altura de las grandes capitales del mundo. Para ello, se rodeó de las principales figuras higienistas del momento, como José María Ramos Mejía, quien creó en 1883 la Asistencia Pública; Guillermo Rawson, quien lo asesoró para la creación del Registro Civil, en 1884; Pedro N. Arata, quien conformó la Oficina Química, en 1883. Junto a ellos, se destacó también el arquitecto Juan Buschiazzo, a cargo de la Oficina de Obras Públicas, destinada a convertir la "gran aldea" en una ciudad moderna, a través de la construcción de edificios, la apertura de avenidas y el desarrollo de parques públicos (Fernández, 2002/4: 113). La extensión de los límites de la ciudad era parte de este programa reformador. De hecho, Alvear había pedido la ampliación, aunque en un terreno menor al que finalmente se cedió. Más allá de cuál era la superficie, lo cierto es que seguía una concepción orgánica de la ciudad, a la que se la pensaba como un cuerpo en crecimiento, que debía ser guiado y encauzado a través de la política pública. Adrián Gorelik (2004a) analizó en detalle el proceso de modificación urbana estructurado en torno a la "grilla y el parque".

Sería posible aventurar la existencia de una tensión entre las dos ramas de gobierno como una postura antagónica entre un ejecutivo reformista, con impronta modernizadora, que se enfrenta a los sectores más conservadores, representados por los concejales. Siguiendo este razonamiento, la suspensión de la Municipalidad electiva se habría producido como forma de privilegiar una concepción orgánica, evitando la acción inmovilizadora de los concejales, asociados con las miradas domésticas. Pero este razonamiento es un poco simplista. No hay que dejar de hacer notar que la suspensión del municipio electivo no suponía poner en entredicho la concepción doméstica, sino su profundización. En todos estos casos, la justificación de tal medida seguía la idea de que el gobierno de la ciudad quedaba de todos modos en manos de sus "vecinos honorables". La relativa normalidad con la que se

---

[59] Sobre los modos de importación de ideas urbanas en Argentina, cf. Hardoy (1992), Novick, (1991).

pasaba de la elección de concejales a la supresión de sus mandatos y la instauración de "vecinos honorables" contribuye a percibir la nula necesidad
de crear una figura que condensara la representación de intereses ajenos a
los grupos dominantes. Con elección o sin ella, se trataba simplemente de la
conformación de un cuerpo que, más allá de quien ocupara la banca, debía
representar un interés de clase. En definitiva, ambas concepciones eran parte
de una manera de encarar el gobierno de Buenos Aires, ligada a las lógicas
más amplias de los gobiernos oligárquicos de la generación del 80. Ella articulaba posiciones reformistas y conservadoras, que en el plano del gobierno
de la ciudad complementaban las concepciones domésticas y orgánicas. Las
mismas elites gobernantes sostenían a la vez la necesidad de modernizar la
ciudad, tanto en el aspecto urbano como cultural, y de restringir la Municipalidad a un conjunto de vecinos-contribuyentes.

Por ello, las tensiones entre el Concejo y el intendente deben ser interpretadas en su justa medida, más como cuestiones inherentes a pujas personales
entre caudillos políticos y *lobbystas* económicos que ocupaban las bancas de
concejales y el intendente, tal como ha sugerido Gorelik (2004a: 122). Eso
no equivale a decir que no hubiera discusiones sobre cómo gobernar Buenos
Aires. Pero sí que éstas no incluían una impugnación, por parte de ningún
actor político-institucional de peso, a la concepción doméstica. Más bien,
las primeras voces discordantes se relacionaban con los alcances del programa reformador. Adrián Gorelik ha argumentado que una de las virtudes
de Alvear en particular y del reformismo en general fue la de enfrentarse a
algunos sectores al interior de los propios grupos dominantes a los que pertenecía, reacios a permitir un avance sobre las concepciones liberales de la
propiedad, fundamental para poder desarrollar las expropiaciones necesarias
para la reforma urbana (2004a: 120-121). Ello lo ubicaría en una posición
de avanzada, puesto que fue proclive a pensar las relaciones jurídicas que
incorporan fundamentos sociales, como las que emergen a principios de siglo
XX, como analizaremos en el capítulo siguiente. Sin embargo, la contrapartida eran las críticas que recibía, producto de la impugnación de las tareas de
"embellecimiento" que no privilegiaban aspectos ligados a las condiciones
materiales de vida de la población. El periódico *El Diario*, en 1883, planteaba que "el señor Alvear, es de un irritante favoritismo para todo lo que
se relaciona con su paseo de la Recoleta ó esa inútil Avenida, que lleva su
mismo apellido, y durante su gobierno del municipio, hemos constatado diariamente, el abandono, la indiferencia, y la mala voluntad con que se ocupa
de las calles y los paseos, que no están colocados en el camino, por donde la
high-life hace sus excursiones (*sic*)"[60].

---

[60] "Para el intendente", *El Diario*, 2 de noviembre de 1883.

Lo mismo sostenían algunos higienistas del momento, como José María Ramos Mejía, quien le recriminó a Alvear que hubiera "aplicado preferentemente los dineros municipales en hacer grutas y parques y no en fines útiles, más humanos, más necesarios, como los hospitales"[61]. Más allá del déficit real o no de la asistencia pública, que analizaremos en el siguiente capítulo, nos interesa por ahora señalar que estas críticas apuntaban al déficit de integración de todas las partes y los grupos sociales de la ciudad, sin favoritismos. Con este espíritu, poco tiempo después de la sanción de la Ley 1260, en 1882, *La Nación* planteaba que "a medida que las ciudades aumentan en población se estiende (*sic*) sobre la superficie y se forman barrios que son como sus partes principales. Pero toda ciudad es una unidad y ella no se realiza como corresponde cuando los diversos barrios no reciben el mismo impulso, la misma dirección y el empleo de idénticos medios de desenvolvimiento y progreso. Buenos Aires es una ciudad estensa (*sic*), y para que los adelantos sean simultáneos se requiere que la acción que se siente en el centro se manifieste también con la misma intensidad en las demás partes, pues sería absurdo fomentar unos y abandonar otros, cuando todos constituyen una verdadera unidad. [...] Entre nosotros ha sucedido una verdadera anomalía que explica esa especie de diferencia que hay entre Sud y Norte de la ciudad. [...] Los vínculos sociales entre ambos barrios se cultivan poco, como si no fueran partes de una misma ciudad"[62].

Estas críticas eran consecuencia de la situación dual que vivía Buenos Aires, aspecto que impedía su constitución como una *unidad*. Por un lado, los barrios céntricos se desarrollaban y embellecían. Por el otro, se profundizaban las precarias condiciones de vida de los sectores populares, que debían convivir hacinados en conventillos, realizar trabajos mal pagos sin estabilidad alguna, y sufrían los déficits en los servicios urbanos, los altos precios del transporte y la suciedad de las calles. Esta tensión se profundizó en la década de 1890, lo cual inaguró un proceso de transformación en las concepciones del gobierno de Buenos Aires que culminaría con la reforma de 1917, como analizaremos en el siguiente capítulo.

---

[61] Citado en Beccar Varela (1926: 76).

[62] "El barrio del Sud", *La Nación*, 6 de octubre de 1882. De forma similar se manifestaba por entonces *La República*, el 11 de noviembre del mismo año: "a pesar de la campaña emprendida por La República con motivo del incalificable abandono en que nuestra Municipalidad tiene al barrio del Sud, pocas ó ningunas han sido las mejoras efectuadas".

Gobernar la Buenos Aires ampliada: del municipio doméstico a la ciudad funcional

El municipio doméstico y la desigualdad natural

Hacia fines del siglo XIX Buenos Aires era a la vez, como analizamos en el capítulo pasado, una urbe en crecimiento y un municipio restringido a un pequeño grupo de elite. Esta ambivalencia, que también era complementariedad, comenzó a ser cuestionada por diversos sectores populares con una fuerza insistente al acercarse el cambio de siglo. En este capítulo describiremos este proceso, que culminó con la reforma electoral en 1917, en la que se universalizó el voto municipal dentro de la población masculina, lo cual dio inicio una etapa de modernización social y gubernamental que se afianzaría en las décadas del 20 y 30. Comenzaremos explicando cómo y por qué las lógicas del municipio doméstico naturalizaban la desigualdad, justificando la exclusión de los pobres del cuerpo municipal. Seguiremos, en la segunda parte, describiendo cómo las consecuencias de la cuestión social no sólo agudizaron las desigualdades, sino que inauguraron una nueva concepción social del diagnóstico y las herramientas para hacer frente a problemas de la ciudad, que comenzaban a percibirse como derivados de la condición obrera. A partir de entonces, como presentaremos hacia el final del capítulo, diversos saberes expertos incorporaron esta nueva matriz de pensamiento social, con lo cual generaron una profunda transformación en los modos de concebir el gobierno de la ciudad.

Comencemos analizando cómo, según los razonamientos de la segunda mitad del siglo XIX, se naturalizaba la desigualdad en el plano municipal, justificando que un pobre o un "vago" pudiera ser considerado parte de la Nación, pero no de la Municipalidad. Tristán Achával Rodríguez, en su presentación del despacho de comisión de la ley orgánica municipal en 1882, había expresado esta idea, diciendo que "el vago en la República Argentina, que no tiene profesión, que no tiene oficio, que no tiene intereses que atender, lleva, sin embargo, sobre su cuello una cabeza que se la pueden cortar, y entonces tiene interés en elegir autoridades que no se la corten". Sin embargo, "este mismo individuo, entregado á la vagancia, tratándose de una elección municipal del distrito en que reside, no tiene ningún interés en ella; es simplemente ajeno al acto"[1]. Estas palabras recuerdan a las de Turgot, cuando justificaba el voto censitario aduciendo que los pobres serían presa fácil de la corrupción. Y que, además, los jornaleros y trabajadores, "no tienen más que un domicilio de paso"[2] y que por lo tanto "están al servicio de la nación en general y deben gozar de la dulzura de las leyes"[3], pero como "no pertenecen a ningún lugar"[4] no deberían tener el derecho a participar de los asuntos municipales. Esta distinción marca dos modos distintos de inscripción en el cuerpo colectivo: el ciudadano, asociado con la construcción de un cuerpo nacional, del orden de lo político; y el vecino, ligado con el cuerpo doméstico de características civiles.

Esta particular forma de razonamiento defendía la desigualdad en el plano municipal. Como planteaba ya Lisandro de la Torre, en su Tesis Doctoral de 1888, en el municipio "la verdadera igualdad, tratándose de un cuerpo cuyo motivo de existencia es una contribución, y cuyas funciones se refieren principalmente a la inversión de ella, debe amoldarse a la desigualdad de los individuos ante esa contribución. Es una exigencia natural. Y en cambio, cuántos peligros si un equivocado espíritu de libertad extiende el voto municipal a todos los que abarca el sufragio universal. El que no va a abonar el impuesto no se fija en su monto, y puede impunemente gravar las fortunas ajenas, y como estos son los empleados y clases obreras deseosas de grandes empresas, que mejoren aunque sea momentáneamente su situación con el aumento de la demanda de trabajo, se entra al camino de los grandes gastos que aumentan las cargas de los que no los han exigido, y comprometen el porvenir con las deudas excesivas"[5].

Como vemos, la separación tan común en la época entre un gobierno nacional, que se ocupa de asuntos políticos, que incumben a todos los ciudadanos, y uno municipal que hace lo propio con los asuntos domésticos, de los vecinos-contribuyentes, establecía una realidad en la que se superponían

---

[1] *Discusión de la ley orgánica municipal, op. cit.*: 287.

[2] *Memoire sur les municipalités*, p. 583, citado por García de Enterría (1960).

[3] *Ibid.*

[4] *Ibid.*

[5] *Régimen Municipal. Trabajos del Doctor Lisandro de la Torre*, Buenos Aires, Oficina de Información Municipal, 1939: 27-28.

dos planos muy distintos que para algunos políticos de la época estaban muy bien delimitados. En ese esquema, los problemas asociados con la pobreza urbana constituían un asunto que se relacionaba con las dinámicas de la población, que se plasmaban en el espacio territorial de la ciudad como parte de la problemática urbana, pero que no incumbían directamente a los miembros de la Municipalidad. Esta situación pretendía clausurar toda posibilidad de plantear una demanda en términos de igualdad, puesto que los pobres eran simplemente considerados como extranjeros a la comuna, simples habitantes del espacio urbano, pero externos a la institución municipal.

Esta forma de pensar la relación entre pobreza y municipio había sido inaugurada hacía varios siglos, cuando los fisiócratas plantearon una crítica al exceso de reglamentación de la vida comunal. Como ha analizado Foucault (2004: 342), las prácticas de policía de los Estados administrativos europeos del siglo XVII se caracterizaban por cubrir minuciosamente cada espacio del territorio, como forma de extensión del poder del monarca[6]. Frente a este "exceso", en el siglo XVIII los fisiócratas propusieron un "gobierno frugal", basado en el desarrollo libre de la sociedad civil[7]. En ese marco, las ciudades debían dejar de estar regidas por la administración permanente del soberano para establecerse como una comunidad de propietarios auto gobernados, como mencionamos en el capítulo pasado. Allí estuvo uno de los orígenes de la concepción que denominamos doméstica, en tanto que se concibe al municipio como un espacio que debe ser resguardado de la intromisión del poder central. El gobierno municipal sólo debía asegurar el acuerdo de sus miembros sobre sus asuntos comunes, lo que derivaría en una administración sencilla, al alcance de todos. Es en este momento en que el municipio, como cuerpo colectivo, se cierra sobre un criterio monetario que pone en igualdad de condiciones a determinadas clases de personas, al mismo tiempo que deja por fuera a otras. En ese marco, los asuntos domésticos de los vecinos-propietarios se circunscribían a la resolución de cuestiones asociadas con su vida en común, en tanto que constituían una asociación. En lugar de una reglamentación indefinida, debía comenzar a establecerse una regulación lo menos intrusiva posible, dejando a cada vecino-contribuyente la posibilidad de desarrollo de su vida civil. Los acuerdos debían sólo plantearse en caso de necesidad, como por ejemplo la provisión de servicios urbanos.

Un esquema similar al concebido por los fisiócratas, en cuanto a una pertenencia restringida al Municipio, había sido adoptado por la Corona española en América, estableciendo los Municipios constituidos por los vecinos, como analizamos en el capítulo pasado. Como analizó Guerra, en la

---

[6] Sobre el poder de policía puede consultarse el libro de Napoli (2003).
[7] Cf. Landau (2008b).

América Latina de la época pre-revolucionaria, el vecino era una figura muy distinta a la que luego se desarrollaría del ciudadano moderno. Mientras que este último plantea una igualdad, que se expresa a través de la universalidad, el primero reconoce una serie de jerarquizaciones ligadas a privilegios, fueros o franquicias. No todos los habitantes son vecinos, sino sólo unos pocos. Como recuerda Guerra, "ser vecino no consiste sólo en poseer un estatuto particular, sino también en gozar de un estatuto privilegiado, lo que implica, por tanto, la desigualdad. Esta desigualdad, obvia en relación con los que no son ciudadanos, se da también entre los mismos vecinos" (1999: 41-42).

En ese esquema, el problema de la pobreza no incumbía directamente al cuerpo de individuos que componían el municipio. Ello no suponía que no existieran formas de acción sobre los desfavorecidos, puesto que sus problemas constituían manifestaciones de problemas urbanos. Pero sí que el modo de resolución de los "asuntos comunes" de los vecinos y el de la solución de los problemas de los sectores populares tomaron caminos diferentes. A diferencia del relajamiento de los controles policíacos para los vecinos o propietarios, éstos se profundizaron sobre las poblaciones pobres, reglamentando y reprimiendo a quienes habitaban las ciudades sin domicilio ni ingresos declarados, etiquetados bajo las categorías de vagancia, mendicidad o vagabundaje. Estas prácticas represivas eran complementadas por otras, de carácter caritativo, destinadas a paliar en casos puntuales las situaciones individuales, a través de una acción canalizada, aunque no en forma regular, por las instituciones religiosas.

En ese marco, se desarrolló una forma de gobierno de la pobreza basada en prácticas de policía urbana y en la caridad cristiana. En la Ciudad de Buenos Aires, durante el período colonial, las elites consideraban a los pobres como parte del orden natural y divino, por lo que no se sentían obligadas a alimentarlos, cosa que hacían ocasionalmente, canalizando donaciones de caridad hacia la Iglesia. En ausencia de una ayuda sistemática, era más fácil entrar en la pobreza que salir de ella. Sólo los denominados pobres de solemnidad, cuya situación era pública y evidente, tenían permitido pedir y recibir ayudas o limosnas. No era este el caso de los pobres vergonzantes, blancos o mestizos descendidos a la pobreza, impedidos de mendigar por dignidad. En función de ello, surgieron las cofradías, que eran redes de ayudas mutuas que oficiaban de contención para evitar el pasaje a la categoría de pobre vergonzante (Moreno, 2009).

Aun cuando las prácticas de policía eran comunes, a partir del siglo XVII, con la creación del primer Hospital destinado a dar refugio a los mendigos, denominado San Martín de Buenos Aires, comenzó a desarrollarse también una política de asistencia. Las órdenes religiosas ocuparon un rol destacado. La principal de ellas fue la Orden de los Betlehemitas, que se hizo cargo del

Hospital San Martín. Un destacado lugar tuvo también la Hermandad de la Santa Caridad, fundada en 1727, que creció gracias a que la Corona española le concediera la fundación y la administración del Colegio de Niñas Huérfanas, en 1755, del Hospital de Mujeres, en 1765, y de la Casa de Niños Expósitos, en 1779 (Paura, 1999).

Luego de la Revolución de Mayo de 1810, este esquema comenzó a cambiar. El 21 de diciembre de 1822 el Gobierno promulgó la Ley de Reforma del Clero, que estableció la abolición del fuero personal eclesiástico y de los diezmos disponiendo expresamente la supresión de las Casas Regulares Betlehemitas. En el mismo sentido, un decreto dio fin a la Hermandad de la Santa Caridad. De este modo, se progresaba en el desmantelamiento del modelo de asistencia colonial, para avanzar en uno en el que el Estado naciente comenzara a tener más injerencia. En 1823 se creó la Sociedad de Beneficencia de la Capital, cuya función fue asumir la dirección de los establecimientos administrados hasta entonces por la Hermandad de la Santa Caridad. Formada por las mujeres de los sectores de elite, se solventaba a partir de erario público nacional, aunque recibía también donaciones privadas. Luego de una suspensión durante el rosismo, retomó luego sus funciones orientadas a dar abrigo a los "pobres, míseros y proletarios"[8]. En 1858, además, se creó el Asilo de Mendigos, con el fin de prestar techo a los mendigos de la ciudad. Hacia fines de la década del 50 fueron fundadas también las primeras asociaciones de socorros mutuos, como la Asociación Española de Socorros Mutuos y la Unione e Benevolenza. Estas instituciones, junto con las primeras mutuales, constituían redes de solidaridades nacionales.

Con posterioridad a la epidemia de fiebre amarilla, de 1871, junto al complejo asistencial se potenciaron también las medidas de policía urbana. La lectura que los primeros higienistas hicieron de los problemas y el tipo de intervenciones propuestas apuntaron a la proliferación de reglamentaciones que contribuyesen gestionar los espacios y expulsar a los márgenes todo aquello que resultara amenazante. En los términos de Armus: "los densos digestos municipales son una muestra de esos empeños que con sugestiva minuciosidad se proponían reglamentar todos los aspectos de la vida en la ciudad, desde la localización de las actividades productivas a la vida prostibularia, de los alimentos y la bebida a la mendicidad, de la altura de los techos de las habitaciones al largo de las polleras de las mujeres y a las obligaciones de los médicos en la lucha antiinfecciosa" (2000: 532).

Como hemos analizado en el capítulo pasado, pese a estar anclado en las viejas prácticas de policía, el higienismo desarrolló una concepción de la ciudad más abierta y dinámica, que contrastaba con la mirada estática y

---

[8] Citado en Moreno (2009: 49).

restrictiva del municipalismo doméstico. Durante la década de 1880 el argumento higienista brindó una justificación a la avanzada secularizadora, a través de la cual el Estado comenzó a controlar áreas otrora en manos de la Iglesia, como la educación, el matrimonio y la asistencia (Armus, 2000). Es por ello que cuando Alvear tuvo que construir, casi desde cero, una burocracia municipal, se rodeó de las principales figuras higienistas del momento (Gorelik, 2004a: 115). En ese marco, el higienismo se orientó a desarrollar políticas de salubridad, con el objetivo de evitar la proliferación de las epidemias que azotaban la ciudad. Entre ellas, la asistencia a la pobreza ocupaba un lugar central, y es en este marco que se creó la Asistencia Pública, en 1883.

El higienismo incorporó una novedad respecto al modelo doméstico, puesto que como hemos analizado en el capítulo pasado, fue el primero en plantear una concepción de la ciudad como un conjunto orgánico de interdependencias entre sus miembros, fuesen ricos o pobres. Pero ello, no obstante, lo hizo desde una matriz médica, puesto que el único nexo de unión que planteaba era el del temor al contagio. Si bien supuso una mirada más amplia y abierta de la ciudad, no modificó en lo sustancial la manera de tratar a los sectores populares, que siguieron siendo observados como parte del paisaje urbano y tratados no en función de una igualación en sus condiciones de vida, sino de un control social destinado a mantener a salvo a los sectores acomodados. Para lograrlo se recurría a las herramientas ya conocidas, mezcla de asistencia individual y reglamentación.

En suma, cuando Buenos Aires se federalizó se mantenía todavía una forma de tratar el problema de la pobreza que anclaba en las viejas tradiciones liberales, para las cuales los pobres eran una presencia cotidiana, asociada con los problemas urbanos, pero a la vez ajena al municipio. Hacía medio siglo que el Estado había comenzado a tener un lugar destacado en la asistencia, pasando de la caridad cristiana de las instituciones religiosas a un modelo de beneficencia cuyo emblema fue la Sociedad de Beneficencia de Buenos Aires. Ésta era la situación hacia 1890. Por entonces, los problemas asociados con la resolución de las precarias condiciones de vida de los sectores más pobres no constituían directamente parte de la problemática municipal, en tanto no se correspondían con la vida civil en común de los vecinos-contribuyentes.

Ciudad dual, cuestión social y desigualdad

La desigualdad municipal, que excluía a los sectores populares del municipio, se vivía en una urbe en crecimiento, caracterizada por una estructura social dual. Según datos censales, en 1869, la población de la Ciudad de Buenos Aires era de 177.787 habitantes, en 1887 ya albergaba a 433.375, y en 1914 a 1.575.814. Es decir que en un lapso menor a medio siglo la población se multiplicó casi por diez. Además, producto de la gran afluencia de inmigración, era notable la presencia de extranjeros. En 1869, la ciudad porteña contaba con 92.158; en 1887, con 228.641, y en 1914, con 797.969. El proceso inmigratorio tuvo una enorme gravitación en el crecimiento demográfico, puesto que representó el 86,7 % del aumento de población entre 1869 y 1887; el 69,2 % entre 1887 y 1895; el 49,1 % entre 1895 y 1904; el 65,1 % entre 1904 y 1909; el 63,4 % entre 1909 y 1914; y el 51,8 % entre 1914 y 1936.

En un libro ya clásico, James Scobie describió la estructura social de la Buenos Aires de las últimas décadas del siglo XIX caracterizándola como "dual". Según el autor, por un lado, las elites o la 'gente decente' representaban alrededor del 5% del total de la población y, por el otro, los estratos bajos o la 'gente de pueblo' conformaban el restante 95%" (Scobie, 1977: 269-270). "Gente decente" y "gente de pueblo" eran formas de denominación usuales en la época (Quijada y otros, 2000: 176), que remitían a una auto percepción que provenía del mundo poscolonial, aun cuando en términos materiales comenzaba lentamente a complejizarse, producto de la llegada masiva de inmigrantes europeos, en su mayoría hombres jóvenes (Recchini de Lattes, 1983). Sin embargo, la dualidad simbólica permitía circunscribir rápidamente dos grupos sociales antagónicos, en un contexto en el que aún no se había desarrollado una clase media, como sucedería unas décadas más tarde.

Esta dualidad no era sólo de clase. Mientras que los argentinos prevalecían entre la "gente decente", siendo el 69% en 1895, los inmigrantes eran mayoría entre la "gente de pueblo" (Scobie, 1877: 271). Y aun cuando dentro de este último grupo había distintas estratificaciones, era marcada la diferencia entre dos sectores antagónicos y relativamente homogéneos en su conformación. En suma, la sociedad porteña era una sociedad dividida entre una elite argentina y unas clases populares predominantemente extranjeras.

Estas características socio-demográficas impactaban directamente en aspectos cotidianos de la vida de los sectores populares. En cuanto a lo laboral, si bien hacía ya unos años que en Buenos Aires se había conformado un mercado de trabajo moderno, caracterizado por intercambios regulares y sostenidos de oferta y demanda libres, dicho mercado era aún muy incipiente e inestable (Sábato y Romero, 1992; Falcón, 1999). La mayoría de los trabajadores inmigrantes habían sido campesinos en su país de origen. Entre ellos estaban muy arraigadas las formas de trabajo intermitentes, ocasionales e independientes. La relación salarial no era particularmente valorada, sino que constituía una posibilidad entre otras, no siempre muy atractiva, dadas las precarias condiciones de trabajo que la caracterizaban (Dimarco, 2010: 87). A causa de ello, era común la inestabilidad laboral, que complementaba períodos de trabajo con otros de no trabajo.

La falta de ingresos fijos tenía diversas consecuencias, entre las que se destacaban las asociadas con la vivienda. En este aspecto, la ciudad mostraba su dualidad como en ningún otro aspecto. El censo municipal de 1887 había evidenciado que Buenos Aires era chica, chata y de baja densidad. La ciudad contaba con 34.000 casas, la mayoría de un solo piso. Sólo 5000 eran de dos, 436 de tres y 36 de cuatro. Luego de la epidemia de fiebre amarilla, de 1871, la elite se había trasladado al norte de la ciudad, y había edificado casas de estilo europeo. La clase alta poseía grandes mansiones. Los sectores populares vivían, en su mayoría, hacinados en casas colectivas de inquilinato, conocidas popularmente como conventillos. Cerca de un tercio de la población se alojaba bajo esta modalidad, viviendo en una situación crítica. La principal causa de esta precaria condición era la carestía de los alquileres. Con un salario promedio que oscilaba, según el rubro, entre 36 y 140 pesos, no era posible alquilar una pequeña casa, que costaba 100 pesos al mes (Fernández, 2002/4: 107). Máxime cuando, en la mayoría de los casos, no se poseía un trabajo fijo.

La dualidad de la ciudad se expresaba además en el proceso de transformación urbana. Hacia 1890 el programa de reforma iniciado por Alvear estaba en plena expansión. En el centro, se había demolido en 1884 la Recova Vieja para unir a las dos plazas en la actual Plaza de Mayo. También estaban en plena construcción la Avenida de Mayo, abierta en 1894, y las diagonales norte y sur. El nuevo Puerto Madero se había inaugurado en 1884. El Parque Tres de Febrero había sido remodelado, y se constituía en el lugar elegido por las clases acomodadas para un paseo de domingo. A todas luces, quienes transitaban por las zonas céntricas tenían la impresión de hallarse ante una ciudad pujante, que buscaba eliminar los trazos de su pasado español para construir una fisonomía acorde a sus ideales de parecerse a París. Esta innovadora reforma urbana era acompañada por un crecimiento de los servicios públicos. En 1856 se inauguró el primer servicio de gas que fue paulatinamente extendiéndose hasta comprender la casi totalidad de la ciudad hacia 1910. En 1887, se inició la generación de energía eléctrica. En 1898, los tranvías eléctricos desplazaron a los que hasta entonces circulaban, de tracción a sangre. Los teléfonos aparecieron en 1878 y hacia fines de siglo conformaban una pequeña red. De este modo, "desde su conformación moderna (luego de 1880) Buenos Aires ofreció infraestructuras y servicios análogos a los de las principales ciudades del mundo de ese entonces desarrollado" (Pirez, 1999: 3). Sin embargo, el acceso a estos servicios era potestad, en su mayoría, de los sectores más acomodados. Los sectores populares padecían situaciones vitales de enormes carencias.

En suma, esta dualidad era parte del paisaje urbano y social de la ciudad federalizada. Pero a partir de 1890 las diferencias se acentuaron, producto de una crisis económica que afectó profundamente las condiciones de vida de los sectores populares y que, en términos políticos, se expresó en la Revolución del Parque, que marcaría el origen de la Unión Cívica, germen de la futura Unión Cívica Radical (UCR). Por entonces, la posibilidad de conseguir un trabajo, aun en forma intermitente, disminuyó abruptamente, debido fundamentalmente a una merma de las obras públicas y la construcción. A su vez, se deterioró el poder adquisitivo de los que conseguían mantener un trabajo (Suriano, 2010a). El resultado fue que, durante los primeros años de la década del 90, aumentó la organización de los trabajadores y el conflicto social. En cuanto a la organización, fueron ganando terreno las agrupaciones socialistas y anarquistas, a partir de las ideas traídas a la ciudad por los inmigrantes europeos[9]. El anarquismo logró un gran arraigo popular, particularmente luego de la crisis de 1890. Poco tiempo más tarde, en 1896, se fundó el Partido Socialista, por iniciativa de Juan B. Justo. La diferencia entre ambos radicaba en buena medida en el medio de lucha: mientras que los anarquistas proponían la acción directa, los socialistas perseguían el cambio a través de la acción parlamentaria. La tercera corriente ideológica, el sindicalismo, fue introducida más tarde, en 1903, por disidentes socialistas, que postulaban que los sindicatos y no el partido era eran las armas del proletariado.

La mayor conciencia de los trabajadores, conjuntamente con la agudización de las situaciones laborales y sociales, potenció el conflicto. Las huelgas comenzaron a crecer en número e intensidad. En 1894 se llevaron a cabo 13 en 1895 fueron 19 y en 1896, 26 (Suriano, 2000). Pero los conflictos no sólo provenían de las agrupaciones anarquistas. También aumentaron las demandas de los nuevos vecindarios. Luego de la crisis de 1890 se profundizaron los problemas en los nuevos núcleos de población y arreciaron las críticas a las políticas de ornamentación o reforma urbana de las zonas céntricas.

Esta agudización de la conflictividad social en los últimos años del siglo XIX era la manifestación de lo que los líderes obreros, los hombres políticos y los académicos de la época denominaban, importando un término

---

[9] Cf. Matsushita (1987: 23-31).

popularizado en la Francia de la segunda mitad del siglo XIX, la cuestión social. Esta etiqueta era utilizada para referirse a la multiplicidad de conflictos que se hacían presentes en el espacio de la ciudad, y de los miedos asociados a ellos: la pobreza, el delito, la prostitución, la falta de higiene, la agitación anarquista, la presencia de mendigos, etc. Lo que hacía que todos estos problemas constituyeran la cuestión social no era sólo su agudización respecto a los años previos, sino el modo en que eran vividos por los sectores populares, que comenzaban a impugnar la naturalización de las desigualdades, generando temor en las clases dirigentes. No se trataba simplemente de un conflicto asociado con la pobreza, sino de un problema de desigualdad. Como señaló Procacci, la cuestión social emerge cuando los "pobres ya no pueden no ser considerados como iguales" (1993: 17).

Para que esto sucediera fue preciso que existiera un ideario igualitario que se confrontara con una realidad desigual. Eso es lo que aconteció, como analizó Donzelot (1984) para el caso francés, en 1848, luego del descontento posterior a la implementación por primera vez del sufragio universal. Los sectores pobres urbanos, aferrados al ideario igualitarista republicano, creían que la modificación de su estatus político garantizaría una transformación en las condiciones de su vida civil. Concretamente, que su igualdad política se traduciría directamente en un mejoramiento de sus situaciones materiales de existencia. Si la desigualdad era causada por los privilegios que se arrastraban del antiguo régimen, la abolición de los mismos debía traducirse en una igualdad inmediata. Bajo este esquema es que entendían el derecho al trabajo, y es por ello que exigieron a sus representantes su efectivización una vez que se sentaron en sus bancas.

La negativa no sólo derivó en la desilusión y el conflicto del pueblo de París con la Asamblea, sino que causó la "fractura del derecho", por usar los términos de Donzelot (1984). Recordemos que, hasta entonces, el lenguaje jurídico de la ciudadanía se movía entre las coordenadas políticas y civiles, ubicando al individuo como fuente y objeto de legislación. Es decir que, por un lado, refería a la conformación de la soberanía popular a través de la igualdad de todos los ciudadanos; y, por el otro, a la libertad de ejercer la vida civil, asociada con las prácticas económicas, religiosas, etc. Los sucesos de 1848 mostraron la dificultad de hacer coexistir ambos registros sin generar conflictos. Es por ello que, "más que una simple dilación de la realidad social frente al ideal político de la República, la cuestión social revelaba, pues, una contradicción interna en lo que constituía su instrumento por excelencia: el lenguaje del derecho" (Donzelot, 1984: 37). En lugar de unir, el lenguaje del derecho "dividía, oponía irreductiblemente a aquellos que en su momento conminaban al Estado a que reorganizara la sociedad según sus puntos de vista igualitarios y a aquellos que entendían servirse del mismo para defender la libertad del individuo y la autonomía de la sociedad contra la intrusión del Estado, contra la amenaza de una especie de despotismo de masas" (Dozelot, 1984: 37). Esta cuestión no era más que la puesta en escena de la difícil relación entre el liberalismo y la forma democrática, lo que pone en evidencia que la cuestión social es, siempre, una cuestión política.

La historia de la cuestión social en la Buenos Aires de fines de siglo XIX fue muy distinta a la francesa, producto de las dinámicas oligárquicas y de la gran cantidad de inmigrantes que estaban excluidos de derechos políticos. Además, las décadas que separan los años de inmigración masiva en nuestro país respecto a los sucesos parisinos estuvieron marcadas por una radicalización del ideario republicano, que se fundiría con las ideas libertarias, como el anarquismo o el comunismo. A diferencia de sus pares franceses de unas décadas previas, los sectores populares porteños de los últimos años del siglo XIX y primeros del XX no tenían muchas esperanzas depositadas en un republicanismo liberal, sino que se planteaban como meta la transformación de la sociedad, en formas más radicales o más reformistas. Sin embargo, y por esta misma razón, el problema de la igualdad atravesaba y constituía la cuestión social porteña.

Hasta entonces las situaciones precarias de vida y de trabajo de los sectores obreros eran interpretadas desde esquemas individualistas, que acusaban a los propios pobres por su situación de pobreza, acudiendo a los términos de vagancia o mendicidad. En oposición a esta perspectiva, la utilización de la fórmula de la cuestión social permitió comenzar a argumentar que no se trataba de situaciones voluntarias e individuales sino del resultado de las dinámicas colectivas de las relaciones económicas desiguales. En los términos utilizados en la época, todos los problemas que acuciaban a los sectores populares de la ciudad comenzaban a ser percibidos como diversas manifestaciones de la "cuestión obrera", es decir de las condiciones de vida a las que eran sometidos los trabajadores o los proletarios en el marco del desarrollo capitalista (Dimarco, 2010).

Así lo expresaba, por ejemplo, una columna de opinión publicada por el periódico *El Obrero*[10], en 1891, en la que se planteaba que "la cuestión social es el problema, que surge de la transformación que han sufrido los métodos de producción por el desarrollo de la grande industria [...] Los efectos que el antagonismo social ejerce sobre las varias partes del cuerpo social son diferentes, pues favorecen a los unos, y perjudican a los otros, y de allí resulta el interés práctico que tienen aquellos en favor, estos otros en contra del estado

---

[10] El periódico *El Obrero*, fundado por Germán Avé-Lallemant en 1890 como órgano de difusión de una efímera Federación de Trabajadores de la Región Argentina, se constituyó en una publicación pionera en difundir las ideas socialistas en nuestro país. Se editó hasta 1892. Para su historia, cf. Martinez Mazzola (2004).

del régimen social actualmente existente. De este modo, la *cuestión social* se transforma en una *cuestión de clases* [...]. La *cuestión obrera*, como muchos llaman a la cuestión social, es una querella entre débiles y fuertes, y necesita por eso la intervención de un poder superior, que interceda entre las partes beligerantes en favor de los primeros. Este poder superior no puede ser otro que el Estado. Sin la intervención de Estado á favor de los débiles, o sea de los obreros, no vemos ninguna posibilidad de una solución reformatoria y pacífica de la cuestión social"[11].

La cuestión obrera, las críticas a la desigualdad y la circulación de ideas sociales

En sus estudios sobre la cuestión social francesa, Donzelot argumenta que fue la imposibilidad de resolver los conflictos urbanos con las herramientas conocidas hasta entonces, mezcla de reglamentación y represión, lo que condujo a desarrollar nuevas respuestas, a las que comenzaron a denominarse sociales[12]. La novedad de éstas era el reconocimiento, por parte de las elites políticas, de la distancia insalvable, para el liberalismo, entre la igualdad civil y política proclamada y las desiguales condiciones de vida de la población, lo que generaba la necesidad de encontrar nuevas herramientas de regulación del conflicto social, que mediaran entre los dos sectores sociales antagónicos.

En el caso francés, los sucesos de 1848 no fueron sólo una manifestación de los límites del ideario republicano, sino también una toma de conciencia, por parte de las autoridades públicas, de la necesidad de modificar el modo en que se gestionaban las ciudades (Bourillon, 1999: 17). En el argentino, Juan Suriano analizó precisamente esta tensión entre un tratamiento urbano-represivo y uno social, que constituyó el espíritu ambivalente con el que los poderes públicos enfrentaron los problemas derivados de la cuestión social (Suriano, 1989/1990).

Siguiendo con una larga tradición que ya hemos mencionado, las respuestas policiales a la problemática urbana seguían siendo moneda corriente en la Buenos Aires de fines del siglo XIX potenciadas en los años de crisis económica. A través de diversas medidas, buscaban la resolución del conflicto social apelando a la reglamentación y, eventualmente, la represión.

---

[11] "La cuestión social", *El Obrero*, 21 de febrero de 1891.

[12] Sigo en este punto diversos trabajos en los que este autor ha analizado la relación entre cuestión social y cuestión urbana. Cf. Donzelot (2008a, 2008b, 1999) y Donzelot y Estebe (1994).

Con frecuencia se asocian las medidas represivas con las tristemente célebres Leyes de Defensa Social, de 1902, que permitía expulsar del país a cualquier inmigrante sospechado de agitación social, sin juicio previo, y de Residencia, de 1910, que prohibía expresamente la entrada y la organización de anarquistas, así como la difusión de sus ideas o cualquier forma de protesta y propaganda política. Sin embargo, estas leyes constituyeron situaciones extremas y extraordinarias. En la mayoría de los casos, las medidas policiales se implementaban en situaciones cotidianas de vida de los sectores populares, que recaían fundamentalmente sobre los individuos que eran etiquetados como vagos o atorrantes, es decir, pobres sin ocupación ni residencia fija.

Frente a esta situación, desde los sectores socialistas, luego de la crisis de 1890, comenzó a criticarse con dureza el tratamiento policial al que eran sometidos los trabajadores que no encontraban trabajo[13]. Así, por ejemplo, en un artículo de 1891, *El Obrero* impugnaba la presentación que el diario *La Prensa* hacía de la "mendicidad" que adquiría "proporciones alarmantes". En lugar de dar respuestas a la falta de trabajo, la única solución era policial: "La policía! La policía! En la policía se concentra el colmo de la sabiduría sociológica y política de estos periodistas burgueses. No hay trabajo? Que venga la policía! La policía, oh! *Voilá le crétinisme bourgeois dans tout sa beatitud!*"[14].

Estas diatribas apuntaban en ocasiones directamente a las autoridades municipales. En otro artículo, bajo el título "Atorrantismo y mendicidad"[15], se denunciaba la existencia de un pedido del intendente al jefe de policía en el cual solicitaba "se observe especial vijilancia con ciertos individuos aptos para el trabajo, que ejercen la mendicidad como una profesión […] por no existir en los asilos municipales sitio suficiente para los verdaderos mendigos". Ante esto, se retrucaba que "naturalmente la intendencia nada dice, de que en Buenos Aires no deben bajar de 20 a 30.000 el número de hombres que están sin ocupación, sin trabajo, que no saben en dónde buscar el pan del día. Que venga la policía! […] á la cárcel con los atorrantes para que los coman los piojos y ellos se ahoguen en aquella inmundicia". Una línea similar se expresaba en otro caso, impugnando que el "Intendente municipal Sr. Bollini [haya resuelto que] la policía, - la Santa Hermandad para todo- entregase diariamente á la administración de limpieza todos los vagos que recoja" para ocuparse "en la faena de barrido, quedando de la incumbencia de la comisión de cárceles de hospedar y alimentar á estos prisioneros". En este caso, quedaba expuesta para los socialistas "la grande cuestión de los

---

[13] Sigo en este punto, fundamentalmente, la línea interpretativa desarrollada por Sabina Dimarco en diversos trabajos previos. Cf. Dimarco (2017, 2016, 2010).

[14] "La falta de trabajo", *El Obrero*,15 de agosto de 1891.

[15] "Atorrantismo y mendicidad", *El Obrero*, 17 de octubre de 1891.

proletarios sin trabajo", a quienes "la policía les dará caza como á fieras" simplemente porque "los declara de vagabundos"[16].

Las intervenciones socialistas apuntaban a transformar los modos que por entonces tenían las elites de concebir y tratar a quienes no tenían domicilio ni trabajo fijo, que eran estigmatizados con las etiquetas de vagos vagamundos. Sabina Dimarco (2016) ha mostrado que los socialistas fueron pioneros en defender su honorabilidad, presentándolos como figuras centrales en la búsqueda de prosperidad de la nación. Lo hicieron varias décadas antes que las elites hubieran desarrollado ideas sociales y, a través de ellas, modificaran su percepción sobre los sectores populares. El cambio radicaba en dejar de percibirlos como personas con escaso interés por el trabajo, y en ubicar las causas de sus desdichas no en el plano individual y privado sino en el público y social. En este sentido, haciendo referencia al aumento del "número de atorrantes y vagamundos", desde las páginas de *El Obrero*, se afirmaba que "la policía persigue á estos atorrantes sin caridad ni tregua" porque "la burguesía, ni estudia, ni se da cuenta de las causas de este fenómeno. Ella cree que con lanzar la policía en brutal persecución de atorrantes, ya está todo hecho. El cretinismo burgués es incorregible. El Socialismo ha buscado la causa principal de la criminalidad, de la prostitución y del atorrantismo, en los cambios económicos"[17]. En síntesis, la cuestión social permitía pensar estas situaciones acuciantes como resultados de las dinámicas del antagonismo social derivado de las condiciones de trabajo y de vida que imponía el capitalismo. De este modo, se continuaba en una línea ya iniciada por la concepción orgánica, en tanto que concebían las relaciones que se establecían entre los sectores ricos y pobres de la ciudad como parte de un mismo organismo social, pero desplazando la matriz médica a una política y económica.

Estas nuevas voces contribuyeron a modificar las formas de percepción sobre la relación entre el trabajador, el pobre y el vago, categorías que hasta entonces se trataban frecuentemente como sinónimos, tal como por ejemplo se expresaban en los debates parlamentarios en los que se debatió la ley orgánica municipal que ya hemos mencionado. Frente a estas ideas, los socialistas insistían en que la vagancia no era una decisión sino una necesidad de trabajadores que vivían en Buenos Aires pero que se veían obligados, por las condiciones que les imponía el capital, a tener que trasladarse a otros sitios para conseguir trabajos en forma intermitente (Dimarco y Landau, 2015).

En esta línea, criticaban con dureza la "estafa" a la que eran sometidos los trabajadores por diversas "agencias de colocación" y demandaron a la Municipalidad por la creación de una "Bolsa de Trabajo" que, en lugar de

---

[16] "Menores vagabundos", *El Obrero*, 5 de marzo de 1892.
[17] "Los atorrantes", *El Obrero*, 24 de Octubre de 1892.

continuar respondiendo con medidas policiales, comenzara a desarrollar políticas regulatorias. Sólo así, en lugar de resolver estos inconvenientes "por la fuerza bruta", las autoridades podrían ofrecer "medidas de conciliación y de justicia ofrecidas a la clase trabajadora". Para ello, se basaban en experiencias previas de Bolsas de Trabajo de municipalidades de Francia e Italia, que eran tomadas como modelo, ya que "propenden a restablecer la armonía entre las clases sociales en lucha, que han contribuido á arrojar mucha luz sobre la difícil cuestión social, y á mejorar notablemente las condiciones de existencia de la clase proletaria"[18].

La demanda de medidas proclives a mejorar las condiciones de trabajo y de vida de los sectores populares urbanos era acompañada, con frecuencia, con críticas y descripciones irónicas sobre la orientación edilicia de los intendentes municipales. En este sentido, por ejemplo, el pedido de la Bolsa de Trabajo era acompañado por la queja por la injusta distribución de los recursos de la comuna. "Es cosa poca y modestísima que pedimos, á nombre del proletariado de esta ciudad y los desembolsos que esta institución exije una insignificancia para una Municipalidad como la nuestra, que en ornatos y obras de embellecimiento de que aprovechan solamente los miembros de la clase alta, gasta tantos millones pródigamente". Y continuaban: "Los señores intendentes Alvear, Seeber, Bollini, etc. se empeñan tanto en elevar la ciudad de Buenos Aires a la altura de París, en todo aquello que favorece a los miembros de la clase high-life . En lujo y ornato se gastan tantos millones, en una Bolsa de trabajo, que garante a los obreros en busca de colocación la imposibilidad de ser estafados por estos agentes pícaros, como en Paris sucede, en esto no han pensado los intendentes. Se tiran millones para los high-lifers, pero para aquellos que trabajan y crean la riqueza, nada?"[19].

Estos malestares no eran nuevos, ya que como hemos mencionado en el capítulo pasado se hacían presentes ya en la década del 80. Sin embargo, se profundizaron hacia fin de siglo, no sólo como consecuencia de la crisis económica y la agudización de la cuestión social sino también por la emergencia de nuevos problemas derivados del crecimiento urbano. Hacia 1890 comenzaron a instalarse, alejados del centro y siguiendo la línea del ferrocarril, varios núcleos de población formados por una pequeña superficie de algunas centenas de metros cuadrados sobre la cual vivían entre 50 y 3000 personas (Baer, 1994). Hacia allí se mudaban algunos inmigrantes que lograban dejar los conventillos, comprar un terreno y edificar viviendas. Estos nuevos núcleos de población se extendían dentro de un territorio en el que había

---

[18] "Sobre un proyecto de solicitud al Concejo Deliberante municipal pidiendo se instale una bolsa de trabajo en Buenos Aires", *El Obrero*, 20 de febrero de 1892.

[19] "Agencias de colocación. Estafadores", *El Obrero*, 29 de agosto de 1891.

enormes extensiones de campo, dentro mismo de los límites jurisdiccionales de la ciudad. En su mayoría carecían de los servicios urbanos más básicos, como afirmado de calles, luz o cloacas. Producto de su aislamiento, cada vecindario fue creciendo como una parte de la urbe, pero que se constituía más como una unidad en sí misma que como un segmento de una unidad mayor. Debido a esta manera particular de poblar el espacio, en cuanto uno se alejaba del centro, era posible vislumbrar varios pueblos que coexistían en la ciudad, pero que no constituían un conjunto uniforme.

En una sección titulada "Por todos los barrios", *La Nación* transmitía las recurrentes demandas y *El Nacional* criticaba que las autoridades "no han considerado como ciudad, sino un pequeño perímetro privilegiado"[20]. Una de las críticas más profundas, en este sentido, se realizó en momentos en que se abrió la Avenida de Mayo, inaugurada en 1894. Desde las páginas de la *Revista Municipal* criticaban la construcción de esta nueva arteria puesto que consideraban que había otras tareas prioritarias para atender. En sus páginas podía leerse que "nuestra ciudad no será más hermosa, ni más importante, ni más adelantada, por el hecho de tener dos avenidas más, de veinte metros de ancho si continuamos teniendo pavimentos infernales, alumbrado á kerosen, charcos, pozos y lagunas aun en las calles centrales"[21]. La misma publicación contrastaba también críticamente el estado penoso de limpieza de la ciudad con el arreglo de los jardines públicos: "Se ha estado decorando a la ciudad antes de limpiarla, ni más ni menos que cierta clase de coquetas, que se emperifollan y llevan el cuello y las uñas sucios. Así es que Buenos Aires ofrece los originales contrastes de poseer paseos y jardines en los que se ha gastado un dineral, y las calles que á ellos conducen son verdaderos vía crucis para los transeúntes á *pie, à cheval, o en vélocipède*"[22].

Estas críticas no sólo apuntaban a la deficiencia en los servicios urbanos, sino también a la imposibilidad de comunicación entre los distintos vecindarios y el centro de la urbe. Al respecto, es ilustrativa la queja expresada por vecinos de Villa Catalinas[23] en su periódico barrial: "Estamos aislados completamente en este apartado barrio del centro de la Capital Federal, que decimos del centro! aún del pueblo de Belgrano, allí donde debemos concurrir en nuestros asuntos relacionados con la Municipalidad y la justicia". Y continuaban: "Contamos pues, únicamente con el tren para mantener

---

[20] "Los deberes de la Intendencia. Centro y suburbios", *El Nacional*, 4 de enero de 1899.

[21] "Avenidas en proyecto. Lo que falta antes", *Revista Municipal*, 19 de marzo de 1895. Este tema es tratado en otras columnas de la misma revista: "La nueva avenida", 2 de abril de 1895; "Cómo para nuevas avenidas estamos!", 2 de octubre de 1895.

[22] "La administración de limpieza. Necesidad de reformas", *Revista Municipal*, 21 de febrero de 1895. Las cursivas son del original.

[23] Hoy denominada Villa Urquiza.

nuestras relaciones con Buenos Aires; pero este medio no está constantemente á nuestra disposición, muy al contrario, nosotros estamos á la de él, así es, que en momentos dados se hace, fatalmente imposible recurrir á ningún otro medio de transporte, porque sería materialmente impracticable. Nos unen con la plaza de Mayo *únicamente dos vías* y recta, ó más ó menos curva solo una, que sería la calle Corrientes, *pero no se puede contar con ella ni para transportarse á caballo* cuanto más en carro, carreta ó coche. La otra vía a la que nos referimos es la calle Saavedra, y luego tomando por Santa Fé ó Avenida Buenos Aires, siendo entonces un doble trayecto y aunque no lo fueren se hallan en la actualidad Santa Fé y Saavedra *materialmente intransitables"*[24].

En suma, hacia fines de siglo se hicieron recurrentes las exigencias de una intervención estatal, tanto a nivel municipal como nacional, que actuara sobre las desigualdades producidas por el antagonismo de clase. En este sentido, abogaban tanto por dejar de priorizar las respuestas policiales a la situación social como de circunscribir el gobierno municipal sólo a cuestiones de ornato.

Si bien las demandas hacia las autoridades municipales existían, los principales objetivos de los socialistas no apuntaban a la problemática urbana o municipal, sino a modificar la legislación laboral a nivel nacional. En este sentido, como recuerda Juan Suriano (2010b), ya en 1890, el Comité Internacional Obrero presentó al Congreso de la Nación un petitorio solicitando la sanción de leyes que limitaran la jornada laboral, instrumentaran el descanso dominical, prohibieran el trabajo nocturno y el infantil y eliminaran el trabajo a destajo. Esta actitud pionera de los socialistas fue acompañada por algunos académicos y políticos del momento, como Juan Bialet Massé, Juan Alsina o Ernesto Quesada, que comenzaron a analizar cada vez con mayor interés las condiciones de vida de los sectores populares en búsqueda de formas nuevas de resolución de la cuestión obrera que, con el correr de los años, decantó en la creación de diversas instituciones y leyes regulatorias, como el primer sistema jubilatorio, establecido para los empleados de la administración pública nacional en 1885, la sanción del descanso dominical en 1902, la reglamentación del trabajo de las mujeres y menores en 1907, o la ley de accidentes de trabajo en 1915. A ellas se sumaban diversas políticas sociales destinadas a garantizar la educación obligatoria y gratuita, y a organizar el sistema público de salud. A través de la figura del trabajador comenzaron a perfilarse una serie de políticas que incluían diversos aspectos relativos a las condiciones de vida de los sectores populares, desarrollando lo que Topalov conceptualizó como la "nebulosa reformadora" (1994, 1999), surgida cuando "la 'cuestión social' se fragmenta en una serie de 'problemas sociales'

---

[24] Citado en *Revista Municipal*, 2 de octubre de 1895. Las cursivas son del original.

con la intención de hacerla desaparecer. A cada uno de estos problemas debe corresponder un ámbito de saber, una especialidad profesional, y unas técnicas específicas de intervención" (Topalov, 2004: 53).

Por supuesto que los socialistas o algunos miembros destacados de la elite no fueron los únicos que contribuyeron al desarrollo de ideas sociales tendientes a resolver la cuestión obrera. Por el contrario, se trató de un fenómeno amplio, que involucró viajes de políticos y académicos hacia Europa, políticas editoriales, creación de carreras universitarias e invitación a algunos destacados autores del momento a dictar conferencias a Buenos Aires. Varios ejemplos permiten vislumbrar el sentido de estas relaciones. Uno de ellos es el modo en que la renovación del campo jurídico francés, a partir de autores como Leon Duguit, alcanzó nuestro medio, permitiendo el rápido desarrollo de ideas sociales que impactarían en los lenguajes políticos y científicos. Duguit fue un reconocido jurista discípulo de Émile Durkheim, que propuso un derecho cuyo fundamento era la sociedad y las relaciones de solidaridad. Para Duguit, la "teoría individualista del derecho" no podía admitirse, puesto que "el hombre natural, aislado [...] es una abstracción sin realidad alguna. El hombre nace ya miembro de una colectividad; ha vivido siempre en sociedad y no puede vivir más que en sociedad, y el punto de partida de toda doctrina sobre el fundamento del derecho, aunque sea, como debe ser, el hombre natural, no es el ser aislado de los filósofos del siglo XVIII, sino el individuo ligado, desde su nacimiento, con los lazos de la solidaridad social" (Duguit, 1926: 5). Para garantizar la solidaridad, Duguit adoptó el término de "servicio público", a través del cual modificó la concepción del Estado. Esta noción, pensada como toda acción estatal destinada a garantizar la interdependencia social, sustituyó al concepto de soberanía como fundamento del derecho público. El Estado, según esta mirada, no es sólo una potencia o una soberanía sino que es en realidad una federación de servicios públicos organizados y controlados por los gobernantes. En consecuencia, tiene como tarea primordial brindar a los individuos los servicios públicos necesarios para gozar de una vida social plena. Para ello, debe privilegiar el "interés general" a los "intereses particulares". Invitado por la Facultad de Derecho de la Universidad de Buenos Aires, Duguit dictó una serie de conferencias en 1911, ante algunos catedráticos y políticos locales de renombre, como Ernesto Quesada, Juan Agustín García o Alfredo Palacios. Su viaje fue la consecuencia de una presencia bastante afianzada de las nuevas ideas sociales en el medio local (Zimmermann, 2013).

La presencia de Duguit no fue una excepción. Si la misma muestra una de las formas de intercambio entre los reformistas argentinos y los franceses, la figura de Adolfo Posada, jurista español cercano al krausismo, es un ejemplo de la relación con los reformistas españoles. Entre otras contribuciones,

Posada escribió en 1898 un texto titulado "El derecho y la cuestión social", presentación del libro *El derecho civil y los pobres*, de Antonio Menger. Allí planteaba una interesante relación entre cuestión social y derecho. Influenciado por el pensamiento católico social, criticaba la noción tradicional del derecho civil, y entendía que debía ser modificado para incluir una base ética que permitiera resolver la situación de las clases y sectores desposeídos. Posada planteaba que hasta el momento el derecho civil sólo buscaba la protección de un interés individual, de aquel que lo tuviera. Pero desde este punto de vista, el derecho se asociaba con el egoísmo de los que tienen intereses protegidos, que son en general los sectores más beneficiados. Por eso, Posada apelaba a la necesidad de reformar los principios del derecho, desde el punto de vista ético, para resolver el problema de los desvalidos. Como analizó Marcela García Sebastiani, su figura fue central en la relación que se fue "tejiendo en la medida que facilitaron la circulación del saber al participar en redes comunes y flexibles de comunicación a través de viajes de estudios de profesores y comisionados, de traducciones, de un incipiente comercio editorial, de los transplantados de un país debido a experiencias migratorias, de las revistas científicas" (2006: 18). En ese marco, Posada se convirtió en asiduo colaborador de la *Revista Argentina de Ciencia Política*, y realizó varios viajes al país. El primero de ellos, en 1910, lo llevó a dictar conferencias, cursos universitarios y asesorías a la administración pública y a publicar, posteriormente, un libro de impresiones sobre Argentina[25].

Las presencias de Duguit o Posada obedecían a una afianzada red de intercambios entre figuras porteñas y europeas. Tal es el caso, por ejemplo, de uno de los padres fundadores de la sociología argentina, Ernesto Quesada, quien viajó varias veces a Francia e introdujo su preocupación por la cuestión social tempranamente, en 1895, dictando una conferencia acerca de la "Iglesia y la cuestión social". Conocedor tanto de la postura liberal como la marxista, buscaba alejarse de ellas para sostener una mirada basada en la solidaridad social, inspirado por Durkheim. De hecho, en su primer curso de sociología, de 1904, planteó que la solución de la cuestión social dependía de la orientación sociológica y de las leyes que esta nueva ciencia pudiera desarrollar. Por ello mismo, intentó hacer de la sociología la herramienta para otorgarle un fundamento a la intervención del Estado para garantizar la solidaridad social. Una de sus conferencias, "La cuestión obrera y su estudio universitario", estuvo destinada a mostrar cómo en los países centrales se habían desarrollado una enorme cantidad de investigaciones sociológicas sobre la

---

[25] Posada no sólo tuvo una influencia en el universo jurídico argentino sino también uruguayo. Cf. García Bouzas (2006).

cuestión social, y abogaba para que en Argentina ocurriera lo mismo: que se tratara con espíritu científico.

Si los mundos de la sociología y el derecho desarrollaban sus redes de intercambio, lo propio hacían quienes se enmarcaban en los saberes higienistas y urbanísticos. Entre los primeros, se destacó Emilio Coni, figura central en incorporar a la salud como problema social en Buenos Aires. Como analizó Ricardo González Leandri (2013), su trayectoria estuvo marcada por el establecimiento de lazos entre el medio local y el europeo. Fue sobre la base de estos intercambios que, a partir de la adaptación de experiencias extranjeras, las ideas se transformaron en instituciones concretas, como la Asistencia Pública de Buenos Aires, creada en 1890, emulando lo realizado por Thiers en París.

La ciudad funcional y el declive
del municipio doméstico

Los nuevos contornos de la cuestión obrera fueron vitales a la hora de comenzar una lenta erosión de los principios que sostenían el municipio doméstico. En la retórica de los sectores populares más combativos la resolución de la cuestión social no sólo demandaba políticas legislativas de regulación del trabajo, sino también la incorporación de la clase obrera en la actividad electoral. Específicamente en lo relativo al ámbito municipal, los socialistas denunciaban que "La Municipalidad de Buenos Aires es una institución que representa del modo más cínico y descarado los intereses exclusivos de los ricos grandes hacendados. / Pues la ley excluye un 50% de los hijos del país y un 90% de los habitantes extranjeros, del derecho de sufragio. […] Y de la exclusión del proletariado de la cosa pública, resulta la bancarrota del Estado, el robo público, el ladronaje en todos los ramos del gobierno, y la deshonra nacional"[26].

El pedido de inclusión del proletariado en la cosa pública se reclamaba recordando la pertenencia de los pobres urbanos a la ciudad de la que formaban parte. Para hacerlo, se distanciaban de la mirada doméstica, que oponía las figuras de los vecinos y los vagos, de los propietarios y los pobres urbanos. A partir de las nuevas concepciones derivadas de la cuestión social, la falta de trabajo y la errancia en búsqueda de oportunidades no podían ser ya consideradas como una decisión individual y voluntaria sino como el resultado

---

[26] *El Obrero*, 30 de junio de 1892.

no deseado de las condiciones de vida de los sectores populares porteños, consecuencia de las dinámicas económicas capitalistas. En ese sentido, los socialistas insistieron en que quienes se trasladaban al interior en búsqueda de empleo tenían a Buenos Aires como su residencia permanente, a la que regresaban una vez concluido el contrato temporario (Dimarco y Landau, 2015). En pocas palabras, comenzaban a plantear un argumento que se desarrollaría con fuerza en los años siguientes, como analizaremos en el próximo capítulo, que sugería que los trabajadores, en tanto habitantes de la ciudad, aun cuando no fueran propietarios ni pagaran impuestos directos, debían ser también considerados vecinos del municipio, y por lo tanto con derecho a participar de las elecciones municipales.

Las críticas al municipio restringido se afianzaron con el cambio de siglo, fomentadas por el desarrollo de un mercado de trabajo moderno y una urbanización creciente. Ello consolidó, por un lado, la figura del trabajador como vector central de nuevas formas asociativas y de políticas de intervención estatal tendientes a regular las desiguales relaciones entre capital y trabajo. Y, por el otro, renovó la figura del vecino, a través de las sociabilidades generadas en torno a los nuevos vecindarios conformados por los sectores populares que pudieron dejar los conventillos y trasladarse a los nuevos núcleos urbanos. Los trabajadores comenzaron, lentamente, a ser interpelados como vecinos.

En los últimos años del siglo XIX y los primeros del XX no sólo crecieron en número y organización las agrupaciones obreras y las redes asociativas conformadas por las diversas colectividades de inmigrantes, sino que también nacieron las primeras sociedades de fomento, un tipo de institución que tendría una enorme implicancia en el futuro del gobierno de la ciudad. Su emergencia se debió en parte a la solidaridad reinante en los nuevos vecindarios, pero también a la necesidad de resolver problemas cotidianos en un contexto en que el Estado municipal no lo hacía. La ausencia de la Municipalidad llevó a que, en muchos casos, fueran los mismos residentes los que comenzaran las tareas de urbanización de los nuevos barrios, como las obras de pavimentación de las calles[27]. Esta autogestión no sólo era legal sino también muy alabada por las autoridades y gran parte de la opinión pública. Buscando lograr una mayor participación de los propios habitantes en la resolución de las problemáticas urbanas, La *Revista Municipal* festejaba la creación de las primeras "asociaciones de fomento" que se creaban en los vecindarios recientemente constituidos, puesto que, según su mirada, "esos mismos que censuran y gritan *a tort et a travers* invocando a cada rato su

---

[27] Por caso, Tella describe diversas modalidades mediante las cuales eran los propios vecinos los que solicitaban a la Municipalidad el permiso para pavimentar por su cuenta determinada calle, afrontando total o parcialmente los gastos de las obras (1994: 49-51).

título de contribuyente y su amor por el adelanto de la ciudad nada hacen para cooperar à la acción municipal y facilitar su tarea". Frente a la apatía, proponía que "hay un remedio eficaz para poner término a esta situación inconveniente, retardataria e injusta. Ese medio es la formación de sociedades parroquiales de fomento, que acostumbrando a los contribuyentes a ocuparse de las cosas e intereses municipales serían auxiliares de la autoridad y estímulo a sus esfuerzos"[28].

Estas palabras deben comprenderse en el marco de la creación de los nuevos vecindarios, conformados por sectores populares que dejaban de ser inquilinos para comprar un pequeño terreno destinado a la auto-construcción. En esos casos, comenzaron a ser considerados como parte necesariamente activa en el gobierno de la ciudad. Si bien no se perdía el elemento central de la retórica restrictiva, encarnada en la figura del "contribuyente", ésta se diluía cuando los que eran convocados a participar no eran precisamente los miembros de la alta sociedad porteña (que votaban y eran votados) sino los habitantes de condición más humilde, que luchaban por acceder a los servicios urbanos básicos.

A través de la emergencia de estas nuevas prácticas de participación vecinal comenzó a operarse un desplazamiento sobre el sentido otorgado a la palabra vecino. Si en el caso del voto censitario, o en el de las Comisiones de Higiene, vecino era sinónimo de contribuyente o de notable, con el desarrollo de las asociaciones vecinales el términos fue progresivamente ampliado, para ser utilizado como un medio que permitía presentar tanto una pertenencia territorial como una identidad particular. Ser vecino de Almagro, Villa Crespo o Barracas comenzó a significar mucho más que habitar en determinada zona de la ciudad. Empezó a ser, por el contrario, un modo de inscribir la vida en una comunidad específica, a la cual uno se mantenía unido por considerarse parte de un destino compartido. La forma que adquirieron los primeros vecindarios, como hemos mencionado más arriba, permitió que las relaciones de vecindad quedasen vinculadas a la construcción del barrio. Si éste comenzó a ser constituido progresivamente en una suerte de comunidad en la que aparentemente no habría espacio para el conflicto, puesto que sería el reino de la solidaridad y el esfuerzo común, el vecino se vislumbró como la categoría moral con la que se identificaba a aquellos que eran reconocidos como sus legítimos integrantes. En este sentido, a través de estas formas de participación, se comenzó a producir cierta democratización o igualación del sentido asignado al término vecino, desplazando el viejo significado restrictivo.

---

[28] *Revista Municipal*, 15 de junio de 1895.

Junto a estas transformaciones societales, desde distintos sectores académicos comenzaron a plantear miradas novedosas sobre el gobierno municipal. Para muchos intelectuales de principios del siglo XX que abrazaban las nuevas argumentaciones sociales y se interesaban en la cuestión municipal, una ciudad en la que los distintos grupos e individuos, ricos y pobres, se relacionaran interdependientemente de manera cada vez más compleja no podía ser pensada más como un municipio doméstico.

Hasta los últimos años del siglo XIX, los higienistas porteños contribuyeron al cambio de perspectiva, a partir de la incorporación dentro de sus preocupaciones al "medio social", relacionado con condiciones de alojamiento, salarios, condiciones de trabajo. En este sentido, el medio social, aunque no se olvida de las condiciones infraestructurales, se concentra en las condiciones de vida, y de allí su preocupación por problemas ligados al "medio fabril", que "junto con la tuberculosis, el alcoholismo o la prostitución, fueron parte de los padecimientos tratados por el higienismo social de fin de siglo XIX, que los vinculó al ambiente malsano que rodeaba la vida del trabajador: el alojamiento antihigiénico, la habitación hacinada, la carencia social y económica, el trabajo insalubre" (Paiva, 2000: 70).

A diferencia de las lógicas policiales, el higienismo de fin de siglo XIX tenía una concepción proto-social de las problemáticas urbanas, en tanto que no las enmarcaba sin más como problemas individuales propios de la vida civil, sino que los interpretaba como consecuencias de las interconexiones de los miembros de la sociedad, y por lo tanto como un problema colectivo. Sus limitaciones, sin embargo, se asociaban a que seguían presos de una matriz de pensamiento médico, pero no había, en su esquema, ningún espacio para introducir el problema de la desigualdad, en tanto que no entraba en su consideración una interpretación de las condiciones de vida de los sectores populares en términos políticos o económicos. Si se preocupaba por las condiciones de higiene, tanto en la casa como en el lugar de trabajo, era por las consecuencias que su ausencia podía acarrear. Estas transformaciones en el pensamiento higienista contribuyeron, no obstante, a generar una preocupación cada vez más centrada en la figura del trabajador y en la cuestión obrera, que luego fueron afianzadas a través de los argumentos sociales provenientes de Europa, y que fueron adoptados tanto por los sectores populares como por las elites políticas y técnicas.

Ya con el cambio de siglo, uno de los introductores de una concepción social del gobierno de la ciudad fue una de las figuras más escuchadas por las elites académicas y políticas locales, al cual ya hemos hecho referencia, el español Adolfo Posada. En sus trabajos sobre el gobierno municipal, Posada no abandonó la matriz naturalista, que planteaba que el municipio era una "sociedad natural" (Posada, 1919: 7), no creada por ley. Sin embargo, se separó de las miradas domésticas, para definir a la ciudad a través de un fundamento, en sus palabras, "sociológico". Una ciudad, para él, constituye un "núcleo social" coherente, que se mantiene en el tiempo, esto es que posee una *sustantividad* (Posada, 1912). Para que ello suceda se necesita que la sociedad "posea una conciencia colectiva, un dinamismo propio –voluntad– y un enlace ético, sobre la base de existencia de un lazo de solidaridad de cierta permanencia" (*Ibid.*: 270). Las relaciones que constituyen las ciudades se asocian con la relación mutua entre todos sus miembros, sin distinciones de clase, aspecto potenciado en las ciudades "modernas", conformadas a partir de sus relaciones "sociales". Lo social opera a través de la argumentación creciente sobre la necesidad de pensar al gobierno de la ciudad vinculado con la resolución de los problemas complejos asociados a una vida en sociedad regida por el criterio de solidaridad. En este sentido, decía Posada: "Nada más social, más imperativamente social que la ciudad moderna: geográfica, psicológica, económica y fisiológicamente, la ciudad impone una vida de intensa *solidaridad*" (1913: 562). De este modo, Posada abandonaba las viejas nociones civiles del municipalismo decimonónico para postular la existencia de una ciudad social, que tiene sustantividad (es decir, que mantiene esos lazos en el tiempo) y que se sostiene a través de un enlace ético entre sus miembros, basado en el reconocimiento mutuo como parte integrante de la misma. Cuando eso sucede, para Posada las ciudades deberían poseer la capacidad de gobernarse a sí mismas, de desarrollar su *self-government*, entendido como la posibilidad de reconocer y aceptar la norma que se da.

Pero, ¿cuándo se daban estas tres características en una ciudad? Para Posada esto sólo se lograba cuando la ciudad constituía una unidad "funcional". En otras palabras, las condiciones del *self-governement* estarían dadas "cuando una aglomeración urbana, que se ha formado por la expansión de su núcleo primitivo y su confusión con otros núcleos circundantes –caso de Londres, de Barcelona, de Buenos Aires- se reconstituye como gran municipio de gran ciudad" (1912: 279). Esta apelación al carácter "funcional" de la ciudad-municipio era una novedad en el modo de pensarla en tanto unidad de gobierno compleja, que se alejaba de la mirada proto-social de los discursos decimonónicos de los higienistas para enfatizar el carácter social, planteado por entonces por sociólogos y reformadores sociales. Sólo cuando el núcleo social coincidiera con el límite jurídico y desarrollara una conciencia colectiva, la ciudad sería una unidad que podría darse su propio gobierno.

Una ciudad-municipio, en tanto sociedad local con sustantividad y capacidad, y constituida como unidad funcional debería poder ser "soberana" y desarrollar su *self-governement*, es decir gobernarse a sí misma social, jurídica y cívicamente. A esta posibilidad es a lo que Posada llamaba darse una "política" municipal, que supone una relación entre lo político y lo social que no se presenta como contradictoria sino como complementaria. Este autor planteaba que "el problema municipal ya no es solo político, sino eminentemente *social*. Ni una sola de las cuestiones que entraña la *política social* moderna deja de plantearse en los municipios" (1913: 553). A través de la noción de política social municipal, Posada proponía una concepción del gobierno de la ciudad-municipio que se alejaba de las "viejas" ideas "abstencionistas" del Estado para convertirse a la escuela del "intervencionismo", ya que "la tendencia a socializar los goces y las comodidades de la vida, encuentra en la ciudad un campo admirable [...] como consecuencia del proceso natural de intensificación de lo social, que se produce espontánea y necesariamente en las ciudades" (*ibid.*: 563).

Posada argumentaba en favor de la autonomía municipal. Pero no fue ésta la solución adoptada en nuestro país. Un fallo de la Corte Suprema de Justicia de 1911, en el que determinó que los municipios son un poder administrativo delegado de las provincias, sentó las bases de una jurisprudencia contraria a la autonomía municipal, que duraría casi un siglo. En el fallo "Ferrocarriles del Sud c/Municipalidad de La Plata", expresó que los municipios "no son más que delegaciones de los mismos poderes provinciales, circunscriptas a fines y límites administrativos, que la Constitución ha previsto como entidades del régimen provincial y sujetas a su propia legislación". En ese marco, los municipios comenzaron a ser pensados como unidades sociales, pero a la vez gobernados, en buena medida, a partir de un criterio técnico-administrativo derivado de poderes superiores. Éste fue el eje central, como veremos en el siguiente capítulo, del debate que precedió a la reforma electoral municipal, en 1917.

Los aportes del derecho municipal en general, y de Adolfo Posada en particular, no eran aislados, sino que estaban en consonancia con un movimiento internacional que pugnaba por desarrollar bases "científicas" para el estudio y el gobierno de las ciudades modernas, a través de una perspectiva holista e incluyente, tanto de las problemáticas jurídicas o municipales como de las cuestiones sociales o urbanas. En definitiva, si la ciudad era una unidad compleja, a la vez urbana y municipal, se trataba de desarrollar una ciencia de gobierno específica para ella. Bajo estos intereses se creó, en 1913, la Unión Internacional de Ciudades, con el explícito objetivo de desarrollar una "ciencia comunal" que reuniera todos los antecedentes existentes. Para ello desarrolló diversos Congresos entre 1913 y 1947[29], de los cuales, si bien nuestro país no participó, llegaron ideas que circularon por los medios

---

[29] Un análisis del proceso de constitución del movimiento intermunicipal es analizado por Payre (2007).

locales[30].Ya en el primer Congreso de 1913 se planteaba el carácter complejo de la ciudad, valiéndose de la metáfora biologicista, propia del enfoque organicista. Es por ello que se hablaba de una "biología comunal", y sobre esa base se postulaba la necesidad de desarrollar un saber experto que pudiera tener una mirada exhaustiva sobre el medio comunal y las actividades municipales. El objetivo era, en ese sentido, desarrollar un saber sobre la ciudad, acorde con las necesidades de su gobierno, en el marco de una urbanización y complejización crecientes. En ese contexto, lo social aparecía como un aspecto constitutivo de la misma, puesto que, como se mencionaba en el Congreso de 1914, la ciudad era el "centro donde se ejercen y amalgaman todas las actividades del hombre moderno", y es "a esta escala urbana que la cooperación humana encuentra su expresión más amplia y más completa en un conjunto de instituciones y de servicios organizados por la colectividad que beneficia a todos sus miembros"[31]. Entre los distintos saberes destinados a constituir esa ciencia comunal, se pensaba, entre otros, en la administración municipal, los transportes públicos, los caminos, la higiene, el agua potable, las cloacas, la iluminación y calefacción, la policía, la acción cultural, la obra pública y el urbanismo. Entre todos, éste último comenzaba a tener un papel destacado[32].

El término *urbanismo* se acuñó por primera vez en 1910[33] y en poco años se había universalizado. No deja de sorprender que sea utilizado en Buenos Aires ya en la *Memoria Municipal* de 1911, cuando el intendente expresa satisfacción por "conseguir soluciones eficientes para los múltiples y complejos problemas que abarca la vida municipal de esta gran Capital. [...] El primordial de todos ellos, era el referente al *urbanismo* – que a semejanza de los grandes centros europeos comienza a preocuparnos, debido al extraordinario desarrollo de la población de la ciudad y la multiplicación de su actividad en todos los órdenes de la vida"[34]. Sin embargo, no tenía todavía la fuerza unificadora que tendría unos años mas tarde, ocupando, de alguna manera, el espacio aglutinador que había concebido la "ciencia comunal". El estallido de la Primera Guerra Mundial, en 1914, puso un freno a esa tarea unificadora, que se retomaría, de la mano del urbanismo, a partir de la década del 20.

---

[30] "La unión internacional de ciudades y organismos locales", *Revista de Derecho y Administración Municipal*, nro. 2, 1929.

[31] Unión Intenacional de Ciudades, 1914. Citado en Payre (2007).

[32] Un análisis de las transformaciones del urbanismo a principios de siglo puede consultarse en Claude y Saunier (1999).

[33] Françoise Choay (1965) recuerda que Gaston Bardet hace remontar el origen del término *urbanismo* a 1910. Habría aparecido, por primera vez, en el *Bulletin de la Société géographique de Neufchatel*.

[34] *Memoria del Departamento Ejecutivo Municipal de la Capital Federal correspondiente al año 1911*: 7.

Claro que el declive del municipio doméstico y la emergencia de una nueva concepción de la ciudad-municipio funcional no sólo fue una discusión erudita, sino que impactó en la clase política, ya que el discurso político nunca es un universo cerrado e impermeable. En este sentido, los debates parlamentarios llevados a cabo entre fines de siglo XIX y comienzos del XX son una muestra significativa de cómo las nuevas concepciones sobre la ciudad y su gobierno fueron apropiadas por diputados y senadores, y movilizadas en los diversos debates parlamentarios. Si en 1889, en ocasión del debate parlamentario por la creación de una nueva Comisión de Vecinos, todavía podían plantearse, como lo hacía el diputado Mansilla, que "en materia de instituciones de carácter municipal, no hay nada nuevo bajo las estrellas: todo es viejo, y en fuerza de ser viejo, no ofrece novedad alguna y nadie tiene sino que copiar", ya hacia las primeras décadas del siglo XX la ciudad y su gobierno comenzaban a ser pensadas dentro de las nuevas ideas de la ciudad moderna.

En 1901, durante la segunda presidencia de Julio A. Roca, el Congreso de la Nación sancionó una nueva intervención del Concejo Deliberante. En este caso ya eran menos los que defendían abiertamente una postura doméstica. Si bien, como tantas veces en el pasado, se suspendía el municipio electivo, se modificaban sustancialmente los argumentos esgrimidos. Durante los debates parlamentarios, el Ministro del Interior, Joaquín V. González, justificó la medida planteando la incompatibilidad del municipio doméstico respecto a la realidad de una ciudad como la Buenos Aires de entonces. Al respecto, expresaba que "ha quedado reducida la masa electoral a un grupo insignificante, comparado con la inmensa población de esta gran ciudad; y por lo tanto ese grupo no puede representar, en ese primer grado de representación que significa la elección directa toda la suma de intereses que la Municipalidad de Buenos Aires importa, en este crecimiento extraordinario que ya nos lleva a presentar ante el mundo europeo toda la serie de fenómenos sociales, económicos y políticos de las grandes metrópolis"[35]. Para González, "el régimen municipal de Buenos Aires está cristalizado hace veinte años, en dos décadas de evolución política y social, de manera que este inmenso cuerpo de Buenos Aires no encuentra ya la vestidura que le venga bien, porque esta ley orgánica que tiene es vetusta, está desgarrada por todas partes, por crecimiento del cuerpo que viste"[36]. Lo llamativo del caso es que estas frases no fueron pronunciadas para establecer una reforma que ampliara el sufragio, sino para justificar una nueva intervención en el Concejo a partir del nombramiento de

---

[35] *Recopilación de los debates de leyes orgánicas municipales y sus textos definitivos,* Buenos Aires, Honorable Concejo Deliberante, 1938: 156. Las palabras del Ministro fueron recordadas luego por Mario Bravo, al impulsar la reforma electoral en 1915.
[36] *Ibid.*

una Comisión Municipal[37]. Pero es interesante señalar que ya no se trataba de justificar la comisión por la "honorabilidad de sus miembros", que responderían a los intereses de los vecinos-contribuyentes del municipio, sino a la representatividad social de los comisionados, "una comisión de personas de representación de la sociedad de Buenos Aires, de todos sus gremios, populares, económicos, industriales, de todo aquello que en su conjunto sea una representación real del pueblo de la capital"[38].

Si los comparamos con los debates pasados, llama la atención la aparición de un relativo acuerdo sobre la complejización creciente de la ciudad, lo que ponía en entredicho la posibilidad de argumentar al igual que veinte años atrás, cuando se había federalizado la ciudad, sobre el carácter doméstico del municipio. Es por ello que, junto a la idea de una ciudad que ganaba en complejidad social, surgía una necesidad de pensar una adecuación de sus formas de gobernarla. En ello coincidían aquellos que apoyaban o rechazaban la intervención. El diputado radical Francisco Barroetaveña, de destacada labor en la fundación de la Unión Cívica Radical, muy cercano a Leandro N. Alem, y opuesto a intervenir la rama legislativa comunal, argumentaba que el gobierno municipal funcionaba correctamente dentro de las posibilidades de las "tareas complejas" que tenía que administrar, y que pese a los ataques que recibía el Concejo Deliberante, ésta era una institución a defender[39]. Juan A. Argerich, diputado porteño redactor del proyecto, desde una posición opuesta, le retrucaba recordando la multiplicidad de tareas que recaían en reparticiones estatales, para justificar la ley[40].

Sin embargo, aun cuando se sostenía la complejización creciente de la ciudad, algunas elites políticas seguían sosteniendo la articulación necesaria entre gobierno de la ciudad y voto restringido. Bajo nuestros ojos contemporáneos, no es posible ver más que una aparente contradicción, ya que al mismo tiempo que se postulaba una complejización social de la ciudad, se mantenía una postura restrictiva de lo municipal. Pero para la época ello era perfectamente compatible, puesto que para algunos una cosa era la resolución técnica de los problemas urbanos, como modo de resolver las cuestiones sociales que se manifestaban *en* la ciudad, y otra muy distinta los acuerdos comunes a los que debían llegar los vecinos-contribuyentes sobre los asuntos *de* la ciudad o, más específicamente, del municipio. Para decirlo de otro

---

[37] La defensa de Joaquín V. González de una nueva intervención en el Concejo era atacada por los diputados que se oponían a ella, remarcando la contradicción a la que incurría el entonces ministro, que unos años antes había redactado una reconocida obra en la que abogaba por la autonomía municipal.

[38] *Recopilación de los debates de leyes orgánicas municipales y sus textos definitivos, op. cit.:* 111.

[39] *Ibid:* 27.

[40] *Ibid:* 76.

modo, una cosa era la resolución técnica de los complejos problemas sociales de los habitantes del espacio urbano y otra muy distinta la respuesta administrativa a los asuntos sencillos de los vecinos-contribuyentes.

Esta particular forma de argumentación se manifestó unos años después, en 1907, cuando se debatió y aprobó un nuevo régimen electoral para elegir un Concejo Deliberante de 22 miembros, con lo cual se abandonó la elección por circunscripciones. Al justificar el despacho de comisión, el senador salteño Carlos Serrey esbozó un intento por conjugar la necesidad del voto restringido con la complejidad creciente de la ciudad. Sostuvo el mismo principio de justificación del voto censitario, aduciendo la clásica idea de que en tanto una "Municipalidad es una gestión de intereses" de asuntos locales, debía darse el voto sólo a "quienes tienen especial interés en que haya una buena administración", y éstos son los vecinos propietarios o que paguen patentes comercial o industrial. Sin embargo, a diferencia del pasado, en que los representantes surgían en cada parroquia, el sistema proporcional permitiría que se incorporaran "todos los matices importantes de la opinión pública". Junto a esta reforma, se planteó la necesidad de "dar mayor poder al Departamento Ejecutivo", para que pudiera desarrollar su gobierno sin las interferencias del pasado. Es decir que, a la vez que se pretendía consolidar un municipio doméstico, se postulaba la necesidad de dotar a los poderes públicos de mayor posibilidad de acción sobre las cuestiones sociales.

Como vemos, la primera década del siglo puede ser considerada como un momento de transición, en el cual todavía se mantenían algunas ideas del viejo pensamiento municipal, pero que comenzaban a convivir con las nuevas voces de la ciudad compleja. Pero ya en 1915, cuando el Congreso debatió una nueva intervención del Concejo, para instaurar una comisión hasta que se reformara la carta orgánica municipal, el municipio doméstico parecía ser una cosa del pasado. Los socialistas eran los más efusivos en sus críticas, de la mano de grandes oradores como Mario Bravo, que planteaba que "la Ciudad de Buenos Aires no es ya la vieja aldea, que podía ser gobernada por una comisión de vecinos, más o menos honorables, más o menos ancianos; la Ciudad de Buenos Aires es la segunda capital latina del mundo, es una ciudad que tiene en sus demostraciones de progreso todos los signos elevados de cultura y civilización. No se puede considerar ya a la Capital como una simple aglomeración de vecinos"[41].

El carácter complejo de la ciudad, que ya no podía ser considerada "la vieja aldea" o una "simple aglomeración de vecinos", había determinado, para la enorme mayoría de los legisladores, una transformación en su estructura que no podía ser soslayada. Las contribuciones de las nuevas voces

---

[41] *Ibid:* 172-173.

del pensamiento municipal, como Adolfo Posada, James Bryce o Frank Goodnow reemplazaban a los autores de la escuela fisiocrática o las referencias a la naturaleza del municipio en la historia. Una nueva forma de pensar la ciudad emergía, la ciudad moderna, que se contraponía, por sus características complejas, al viejo municipio decimonónico. Es por ello que la descripción de un pasado histórico para justificar tal o cual opinión era frecuentemente tildada de improcedente. Para quienes defendían esta posición las ciudades modernas poco o nada tenían que ver con aquella vieja historia municipal. En esta separación entre lo viejo y lo nuevo radicaba toda una concepción de la metamorfosis de la ciudad.

Si ésta había cambiado, su gobierno debía modernizarse para responder a las nuevas necesidades. Esta noción técnica del gobierno de la ciudad fue la que, desde los primeros años del siglo XX, no sólo fue progresivamente incorporada en los argumentos parlamentarios, sino que orientó a los sucesivos intendentes municipales, aun antes de la reforma electoral. En la *Memoria Municipal* de 1908, el intendente Manuel Güiraldes planteaba que la vida municipal de Buenos Aires constituía un "precioso campo de observación en la solución de cuestiones sociales y económicas que se presentan en número extraordinario y que escapan á previsiones y cálculos"[42] y que "el gobierno de la ciudad, debe propender en virtud de sus elementos componentes, al bienestar del pueblo, ofreciendo soluciones á los males generalmente transitorios y remediables, aprovechando la experimentación de las Municipalidades extranjeras, y el establecimiento de métodos fundamentalmente emanados de esa experiencia y la propia, métodos que deben implantarse á base de ordenación acertada y permanente de los servicios públicos"[43]. Y concluía expresando que "nuestro municipio está en plena transformación y la entidad 'gobierno' en la totalidad de sus manifestaciones, se siente impulsada por tal motivo al despliegue de una gran actividad en el aumento de sus funciones"[44], respondiendo "á servicios positivos para la comuna"[45]. Todo ello era parte de "la idea de un gobierno metropolitano moderno"[46].

En resumen, hacia mediados de la década del 10, la concepción funcional de la ciudad se había consolidado, lo cual generó una transformación en el modo en que comenzaba a reflexionarse sobre las relaciones entre sus miembros. A partir de ella, los postulados del liberalismo clásico, que sólo pensaban a la ciudad en términos civiles, fueron quedando de lado para fortalecer el contenido social. La ciudad debía ser considerada como una

---

[42] *Memoria Municipal*, Municipalidad de Buenos Aires, 1908 : III.
[43] *Ibid.*
[44] *Ibid.*
[45] *Ibid.*
[46] *Ibid.*

unidad funcional a la que pertenecían todos sus habitantes, ricos y pobres, empresarios y trabajadores. Todos ellos eran, por igual, vecinos de la ciudad. Ello fue lo que posibilitó, como veremos a continuación, la apertura de un debate cada vez más intenso, que culminó con la reforma de la ley orgánica municipal y la instauración del voto universal masculino para la elección de concejales a partir de 1918.

Capítulo **III**

Gobernar la Buenos Aires moderna: entre la democracia y la técnica

La ciudad moderna y la reforma electoral

Hacia la segunda década del siglo XX se había consolidado un relativo consenso entre las elites políticas y académicas respecto a la imposibilidad de seguir considerando a Buenos Aires bajo el prisma del municipalismo decimonónico, lo que condujo a un declive de la concepción doméstica. Asimismo, la mirada orgánica de los higienistas se complejizó, desplazándose hacia un enfoque sustentado en las nuevas ideas sociales, bajo la forma de la existencia de una unidad a la vez urbana y municipal, concebida como una entidad de carácter funcional. En los términos más utilizados de la época se trataba de diferenciar la vieja aldea de la nueva ciudad "moderna", y en consecuencia transformar las lógicas gubernamentales imperantes. Si hacia 1910 estas nuevas voces desplazaron a los antiguos argumentos, ello sólo fue el comienzo de un proceso que atravesó las décadas siguientes, en el período de entreguerras[1]. Sobre ello nos centraremos en este capítulo, describiendo cómo la ciudad se consolidó como una unidad social, a partir de la profundización de las concepciones funcionales, y cómo su gobierno se tecnificó y profesionalizó. Asimismo, mostraremos que pese a estas nuevas ideas la ciudad siguió creciendo en forma desmesurada, lo cual generó distintas "disfuncionalidades". En ese marco, las dinámicas técnicas y políticas encontraron en el barrio el núcleo fundamental de un gobierno que trataba

---

[1] Algunos de los trabajos que estudian este período son los de de Privitellio (2004), Walter (1974, 1978, 1993), Korn y Romero (2006), Korn (1974), Gutierrez y Romero (1989, 1995).

de armonizar una participación más abierta con una respuesta técnica más cercana.

Antes de entrar de lleno en esos puntos, precisemos las transformaciones morfológicas y sociales de la ciudad. En el primer tercio del siglo XX el fenómeno migratorio no se detuvo. Como ya hemos mencionado, en momentos de su federalización, Buenos Aires contaba aproximadamente con 300.000 habitantes, cifra que se había quintuplicado para 1914, hasta llegar a 1.575.814. En las dos décadas siguientes, si bien el ritmo de aumento de la población mermó un poco, siguió siendo intenso, hasta llegar a los 2.415.142 habitantes en 1936 y alcanzar hacia la década del 40 cerca de 3.000.0000 de habitantes, cifra que se mantiene estable hasta el presente. En el mismo sentido, la incidencia de la inmigración en el crecimiento demográfico siguió siendo relevante, aun cuando ya los primeros inmigrantes habían comenzado a tener hijos argentinos. Entre 1914 y 1936, la inmigración representó el 51,8% del crecimiento demográfico de la ciudad (Bourdé, 1974: 174). Este proceso fue acompañado por el sostenimiento de la urbanización, particularmente hacia el norte y el oeste. Como se observa en los dos planos de abajo, ya en 1912 la ciudad había cambiado profundamente respecto a aquella de 1887, que todavía se extendía en un radio reducido. Por ello, los hombres políticos de la época planteaban recurrentemente la idea de la diferencia entre esa ciudad decimonónica y la nueva ciudad moderna, propia de una metrópolis del siglo XX. Pero el proceso de modernización no se detuvo allí, sino que siguió siendo sostenido en las décadas posteriores. Entre principios de la década del 10 y fines de la del 30 Buenos Aires se convirtió en una gran ciudad, que fue ocupando los espacios todavía despoblados, aunque ya loteados, que quedaban. Para fines de la década del 30, sólo una parte del sur porteño aún no había sido construida.

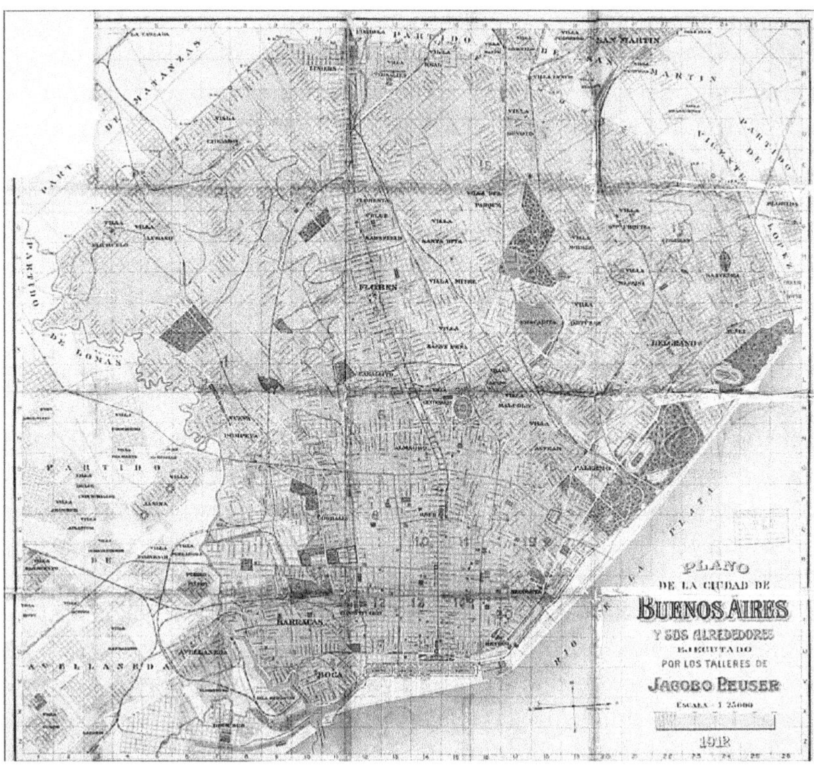

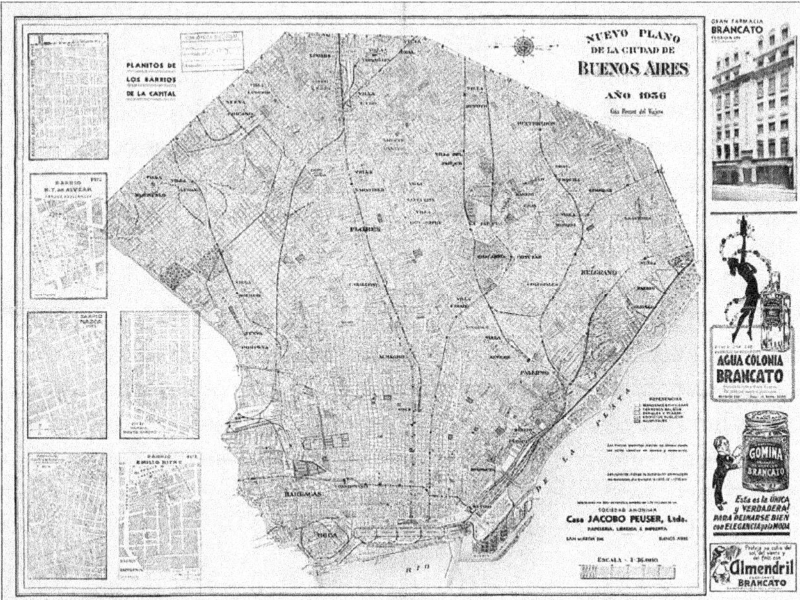

Fuente: Plano Peuser, 1912 y 1936.

Las nuevas tramas urbanas y demográficas modificaron las relaciones entre los grupos sociales. Como mencionamos en el capítulo pasado, la estructura social de fines del siglo XIX era dicotómica, puesto que se dividía entre la elite y las clases populares. Posteriormente, hacia las primeras décadas del siglo XX comenzó a emerger una incipiente clase media, derivada en buena medida del desarrollo burocrático y comercial de la ciudad, acompañado del acceso a la vivienda en los nuevos vecindarios y del impacto de los servicios públicos, como el transporte, el asfalto o el alumbrado. Además, los sectores populares se transformaron a partir del desarrollo de un mercado de trabajo moderno y de la sindicalización creciente de principios de siglo.

Ello fortaleció nuevas lógicas de sociabilidad, a través de asociaciones gremiales, políticas y vecinales, que apuntaban a generar una ciudad más igualitaria. No obstante, la situación social todavía mostraba una realidad en la que imperaba la desigualdad. En ese marco, la ciudad seguía siendo un escenario conflictivo. Entre los múltiples problemas populares, el de la vivienda era el más acuciante. Quizá por ello una de las mayores manifestaciones de conflictividad social a principios de siglo XX fue la célebre huelga de inquilinos, de 1907[2]. Aunque ya en la década de 1890 se había intentado, sin demasiado éxito, establecer una liga de inquilinos para protestar por las pésimas condiciones de vida y el excesivo nivel de los alquileres de los conventillos, fue con el nuevo siglo que el movimiento se consolidó, de la mano de los socialistas, anarquistas y sindicalistas. En 1907, luego de un aumento considerable de los alquileres, los habitantes de un conventillo se rehusaron a pagar el alquiler y fueron imitados rápidamente por otras casas colectivas, hasta llegar a aglutinar a más de 500 establecimientos. Sin embargo, y pese al reconocimiento de la situación por parte de las autoridades, no hubo respuestas significativas, de modo que se mantuvieron las malas condiciones de vida y los altos alquileres. En ese sentido, este episodio demostró que los sectores populares ya no naturalizaban su situación, sino que estaban dispuestos a luchar por una mayor igualdad.

Hacia la segunda década del siglo XX, si bien el acceso del radicalismo al poder inauguró una nueva etapa política, no desapareció la conflictividad social. Al asumir Hipólito Yrigoyen, la inflación existente conllevaba una pérdida del poder adquisitivo de los asalariados, lo que condujo a la realización de varias huelgas entre 1916 y 1918, como las marítimas, ferroviarias o de los basureros municipales[3]. Frente a ellas, las autoridades radicales tomaron un rol mediador entre los sectores empresariales y obreros. Sin embargo, no dejaron de actuar en algunos casos a partir de una política claramente

---

[2] Cf. Girbal Blacha (2000).
[3] Cf. Rock (1997: 138-166).

represiva, como en el caso de la huelga obrera patagónica de los años 1920 y 1921, popularizada por Osvaldo Bayer como la "patagonia rebelde", o los sucesos de la "semana trágica", de 1919.

Si bien el radicalismo mantenía una posición ambivalente hacia el movimiento obrero, durante el primer gobierno de Yrigoyen se sancionaron algunas leyes de corte social, como la regulación del trabajo a domicilio o la ley de jubilaciones de obreros y empleados de empresas particulares. Si no fue más allá, en parte se debió a que el radicalismo no controlaba el Congreso de la Nación. Además, pese a la impronta personalista impuesta por el presidente en la mediación durante los conflictos laborales, se desarrollaron una serie de políticas que buscaban consolidar un conocimiento minucioso sobre las condiciones de trabajo, a partir de la creación de una serie estadística socio-laboral, llevada a cabo por el Departamento Nacional de Trabajo[4]. Posteriormente, en la década que siguió al golpe de Estado de 1930, se desarrollaron algunas medidas de intervención estatal[5], y se sancionó la ley de vacaciones pagas, en 1934. En suma, más allá de los vaivenes políticos del período estudiado en este capítulo, fue en esas décadas en las que el Estado comenzó a tener una actitud más activa en la regulación de las relaciones sociales (que luego fue profundizada por el peronismo), lo cual permitió una canalización e institucionalización de la conflictividad social y apaciguó en buena medida las condiciones que habían hecho estallar la cuestión social a fines del siglo XIX[6].

Las coordenadas del nuevo siglo impactaron en el modo en que comenzó a pensarse a la ciudad y a su gobierno en Buenos Aires, lo cual derivó en la progresiva consolidación de una concepción del municipio-ciudad bajo los nuevos prismas "modernos". Para ello, fue preciso dejar atrás las ideas restrictivas propias del pensamiento decimonónico. Como hemos visto en el capítulo 1, hasta fines de siglo XIX, coexistían todavía dos miradas antagónicas, una que se apoyaba en los viejos principios municipalistas y otra que lo hacía sobre las novedosas miradas orgánicas y funcionales. En este marco, el derecho municipal brindaba los argumentos para que las elites más conservadoras siguieran planteando la idea de un municipio cerrado y estático. Pero como mostramos en el capítulo 2, el cambio de siglo renovó el pensamiento municipal a partir de la construcción de una nueva manera de concebir a la ciudad en tanto unidad. Esta unidad, a la vez urbana y municipal como planteaba Posada, encontró en su fundamento social el nexo de unión entre el municipio como unidad jurídica y la ciudad como complejo

---

[4] Cf. Suriano (2012, 2010b).
[5] Cf. Sidicaro, (2012: 25-54).
[6] A partir del primer gobierno radical el Estado comenzó a ejercer una serie de funciones sociales que luego serían profundizadas por el peronismo. Cf. Pucciarelli (1993), Sidicaro (1993).

de interdependencias económicas. Los debates parlamentarios de principios de siglo mostraban todavía cierta ambivalencia en cuanto a las concepciones de gobierno. Sin embargo, ya para cuando se debatió y sancionó la reforma de la ley orgánica municipal, en 1917, que instauró el voto universal masculino para la elección de concejales, el clima imperante era el de un cambio inexorable, producto de la necesidad de adecuar el gobierno de Buenos Aires a los principios funcionales de la ciudad moderna.

La reforma de la ley orgánica municipal fue producto del nuevo ciclo político. Luego de la sanción de la Ley Saenz Peña, en 1912, se abrió un escenario que permitió también modificar el gobierno de la Ciudad de Buenos Aires. Si bien la reforma misma fue posibilitada por estos cambios, no puede sin embargo derivarse de ello que haya sido una simple consecuencia directa de la ley nacional, y mucho menos que tuvieran las mismas consecuencias posteriores. Más bien, se trató de una conjunción de dos procesos que si bien caminaban de la mano, tenían cierta independencia relativa, puesto que eran de naturaleza diferente. En lo nacional no existía el voto censitario y el problema a resolver era el fraude sistemático existente hasta entonces, para garantizar la igualdad política cercenada. De allí la necesidad de instaurar el voto secreto y obligatorio. En lo municipal el sufragio estaba restringido a unos poquísimos electores y el desafío era lograr una ampliación del padrón electoral, tanto para la elección de concejales como para la del intendente. Además, la apertura a nivel nacional tuvo un impacto relativo a nivel municipal. Ello se debió, en buena medida, a la persistencia de una concepción del municipio como un cuerpo no político, por oposición a la Nación. Según ésta, la diferencia entre ambos cuerpos colectivos estaba dada por el carácter de auto-creación soberana, en el caso político nacional, y de formación histórica espontánea, en caso del municipio conformado por el desenvolvimiento natural de las relaciones de vecindad, previas a la conformación de la Nación como cuerpo político. Es por ello que, en el ámbito municipal, los debates nacionales impactaron de forma diferente. Al negarse el carácter político, la igualdad que se proclamaba no era en nombre de una pertenencia a un cuerpo soberano colectivo, sino en función de la participación activa en un conjunto de interdependencias económicas y sociales.

Los debates legislativos de 1916 y 1917 permiten observar cómo se desplegaban las nuevas ideas sobre la ciudad y su gobierno. En 1916 se dio media sanción a la ley, que estipulaba no sólo la universalización del sufragio para la elección de concejales, sino que también incorporaba la votación del intendente. Sin embargo, entre esa fecha y 1917, cuando el Senado retomó el debate, el radicalismo dio marcha atrás con el ejecutivo electivo, proponiendo mantenerlo designado por el presidente de la República, como hasta entonces. Esta situación hizo que el debate en Senadores, del 19 de junio de 1917, tuviera momentos intensos, aun cuando el resultado ya parecía estar jugado de antemano. El argumento para volver atrás con la elección del intendente fue que era contrario a lo que estipulaba la Constitución Nacional, aunque la razón se asociaba con el interés de Yrigoyen por mantener el intendente radical.

El principal punto de acuerdo era que Buenos Aires era ya una "ciudad moderna", según los términos en uso por entonces y que, en virtud de ello, su gobierno debía ser reformado. La reforma de 1917, en este sentido, se presentó, ante todo, como una adecuación necesaria para incorporar los nuevos principios técnicos de gobierno de una ciudad moderna, aspecto sobre el que había un acuerdo casi absoluto. No extraña, por ello, que el miembro informante de la comisión que trató el proyecto, el diputado por la UCR Vicente Gallo, al presentarlo en el recinto lo justificara apelando a la necesidad de adecuar el gobierno municipal a las nuevas necesidades de una ciudad compleja, puesto que "cada día que transcurre trae a las sociedades problemas nuevos, diversos, complejos, a cuya necesidad hay que atender de inmediato. Los trae en la forma de una nueva exigencia que se incorpora a la alta columna de los servicios públicos en funcionamiento. [...] Se produce en todas las ciudades una profunda transformación en la acción gubernativa comunal para responder a la multitud creciente de estas exigencias de todos los días y los problemas nuevos que van apareciendo. Ni las sociedades más conservadoras pueden sustraerse a esta acción de transformación"[7].

Es esta idea de una ciudad moderna lo que estaba en la cabeza de la mayoría de los diputados y senadores de 1916 y 1917. El radical Víctor Molina, autor del proyecto, planteaba explícitamente que "no sólo son razones de tradición histórica lo que me han movido a presentar este proyecto. Es el concepto de ciudad moderna. ¿Qué es un municipio, señor presidente? ¿Qué es una gran ciudad? La gran ciudad-municipio, señor presidente, es una sociedad territorial determinada por las necesidades de la vecindad, vale decir que es una localización de la vida de relación en el espacio; y a este título esta división territorial, lo mismo que la división de los Estados, requiere una norma jurídica, un régimen especial que consulte la naturaleza también especial de sus funciones [...] El lleno de esas finalidades le corresponde al municipio. No puede abdicarlo, porque le corresponde por definición, desde que tiene sus límites en el espacio, desde que es una emergencia de la vida de relación. Esa sociedad necesita sus propias normas"[8].

El principal punto de discordia radicaba en cómo debían articularse este carácter técnico del gobierno de la ciudad moderna con la elección directa o

---

[7] *Recopilación de los debates de leyes orgánicas municipales y sus textos definitivos*, op. cit.: 296.
[8] *Ibid*: 343.

no de sus gobernantes y, en relación a ello, el carácter universal o no del voto. Quienes defendían la ley, como Molina, planteaban una relación de complementariedad entre ambas cuestiones. En sus palabras, "la ciudad moderna" tiene "funciones democráticas y técnicas" y por ello "no puede ser gobernada por el gobierno nacional, tiene que ser gobernada por sus propios elementos y debe ser atendida por hombres surgidos de su electorado y conocedores de sus necesidades"[9]. En el extremo opuesto, algunos conservadores, como el entonces futuro intendente Mariano de Vedia y Mitre, postulaban lo contrario. Para él, "la historia del régimen democrático [...] y el sistema de la ciudad moderna [...] son dos cosas distintas"[10]. Según su opinión, la relación entre democracia y técnica debía ser la opuesta a la proclamada por los socialistas. Al respecto, le contestaba a Molina diciendo que "el señor diputado Molina no quiere que el gobierno de la nación se ocupe de las minucias de la técnica; quiere que el pueblo se ocupe de estas minucias; no quiere que el presidente de la República elija, con su criterio personal, con su alta responsabilidad, [...] cuando se trata de la designación de una persona que va a regir los intereses más delicados de la vida social; y es por eso, señor presidente, que yo no creo que el pueblo va a elegir nunca a un hombre que reúna las condiciones múltiples que debe reunir el intendente de una gran ciudad. El intendente de una gran ciudad ya no es el gestor de los intereses de los vecinos propiamente; yo no sé con qué criterio va a buscar el pueblo al hombre que tenga la multiplicidad de aptitudes, la amplia orientación, los conocimientos generales, el buen gusto, las consideraciones y hasta el sentir de la media social"[11].

La novedad, entonces, del debate de 1916 y 1917 es que, por primera vez desde 1882, se abrió una discusión que tensionaba el fundamento técnico-administrativo con el proceso de democratización, expresado en la apertura electoral. En uno de los estudios más serios y sistemáticos de la reforma municipal de 1917, Luciano de Privitellio sostiene que la concentración de los debates en la cuestión electoral supuso la difusión de una concepción "política" del municipio, dejando cuestiones "teóricas" o "grandes modelos" como las que habían sido eje de discusión en los debates del siglo XIX (2006: 98). Su argumento es que, a partir de la nueva ley, emergió una concepción "política" del municipio, sostenida fundamentalmente por los socialistas, pero defendida también por algunos radicales, que se complementó con la ya existente, de corte administrativista. Mientras que en esta última habría permanecido la categoría de vecino, a partir de la primera habría emergido la

---

[9] *Ibid.*
[10] *Ibid:* 345.
[11] *Ibid.*

de ciudadano. Esta tesis de la complementariedad entre el vecino y el ciudadano constituye el argumento central, y el título, de su libro sobre la historia política de la Buenos Aires de entreguerras (de Privitellio, 2004).

Si bien es cierto que, a partir de la reforma electoral nacional, la apelación a la apertura y la participación de los ciudadanos en la vida pública de las diversas instancias institucionales tomó fuerza, los alcances de esta concepción "política" del municipio merecen un análisis cuidadoso. El punto de acuerdo común en la época sobre el carácter "moderno" de la ciudad permite comprender el sentido que los diputados y senadores que discutieron la reforma de la ley orgánica municipal le otorgaban al término "político" o "política" al hacer referencia al gobierno comunal, aspecto que no puede advertirse sin la oscilación permanente entre la utilización de estos términos y el sostenimiento del carácter "administrativo" del municipio. Para comprenderlo, es bueno situar sus dichos en relación a las voces eruditas que citaban para autorizar o legitimar sus posiciones. Para sostener este carácter complejo de la ciudad y su gobierno, los legisladores se valían de autores, tanto anglosajones como españoles, que por entonces estaban modernizando el derecho municipal, al tiempo que tendían a impugnar la viejas referencias otrora legitimadoras de posiciones más conservadoras. Quien más claramente planteó esta dicotomía entre una vieja y una nueva biblioteca fue Enrique del Valle Iberlucea, primer senador socialista de América, que en un contrapunto con el senador radical entrerriano Leopoldo Melo, le espetó que se basaría en "los antecedentes concretos y la naturaleza del régimen municipal y examinaremos con los autores más modernos y no con escritores reaccionarios como Hipólito Tayne"[12].

Entre estos autores modernos, fueron frecuentes las citas a Leonard Rowe o Adolfo Posada, un autor que, como mencionamos en el capítulo pasado, tenía un creciente reconocimiento en nuestro país. Las palabras de Del Valle Iberlucea son un ejemplo de esta oscilación permanente entre lo "político" y lo "administrativo". En un pasaje, aferrándose a Leonard Rowe, decía que "a pesar de entenderse que el gobierno municipal más bien que de índole político es de carácter administrativo, se da una intervención inmediata y directa al pueblo en la gestión de sus funcionarios"[13]. Pero, más adelante, recurría a Posada para justificar el carácter "político" del gobierno comunal, argumentando que "yo puedo afirmar, con Posada en su reciente libro, del año 1916 'El régimen municipal en la ciudad moderna', yo puedo afirmar con el ilustre pensador de derecho municipal de la Universidad de Madrid, que en los tiempos actuales las cuestiones municipales no son meramente de carácter

---

[12] *Ibid*: 383.
[13] *Ibid*: 385.

administrativo, sino también de carácter político, entendiendo esta palabra en su más alto y noble concepto"[14].

Ahora bien, para comprender el sentido de lo político en este caso, y su relación con el criterio administrativo, no hay que olvidar el particular sentido que Posada le daba al término. Para el jurista español, la política municipal suponía la posibilidad de resolver en forma autónoma los problemas sociales municipales, derivados del carácter social de la ciudad-municipio, tal como hemos analizado en el capítulo pasado. Nada más lejano a pensar al municipio como un cuerpo colectivo cuya soberanía derivase de un acuerdo entre ciudadanos, al estilo iusnaturalista. Ni de pensar a los municipios como un fragmento de la soberanía nacional. Por el contrario, el carácter político se asociaba con la resolución de problemas que atañen a todos los habitantes de la urbe, en función de las interdependencias sociales que los unen. El municipio, en este sentido, comenzaba a ser concebido como una compleja unidad social, pero no parecería que ello llevara a los legisladores a pensarlo como una pequeña unidad de ciudadanos locales, sino que mantenían muy en claro todavía la diferencia de naturaleza entre el espacio municipal y el nacional. El propio Molina lo dejaba en claro, planteando que el presidente, "tiene el gobierno de la nación para fines meramente nacionales" y el intendente, "tiene el gobierno de la ciudad para fines edilicios", constituidos por un "mínimum de funciones". Y por ello se preguntaba, "¿De dónde se saca el peligro de la coexistencia de estos dos poderes que giran en órbitas tan concéntricas como se quiera, pero de distinto diámetro, pero que jamás pueden tocarse?"[15].

Esta diferencia aun persistente en la forma de concebir Nación y Municipio permite comprender que aunque los electorados, en ambos casos, se hayan equiparado, ello no supone que los mismos individuos sean invocados bajo un mismo estatus. Para expresarlo en forma simple: mientras que en la nación primaba un criterio de soberanía política, en el municipio comenzaba a desplegarse uno de inscripción y pertenencia social. Más que como ciudadanos con derechos políticos, los sectores hasta entonces excluidos comenzaban a ser incorporados en calidad de trabajadores que, aunque no fuesen propietarios, formaban parte de la compleja ciudad moderna, caracterizada por sus interdependencias sociales.

En el pasaje de su discurso, al invocar a Posada, del Valle Ibarlucea planteaba con claridad qué criterios debían seguirse para extender el voto. Es por ello que, por ejemplo, al defender la universalización del sufragio, se valió de ejemplos asociados con la complejización social de las ciudades,

---

[14] *Ibid.*
[15] *Ibid.*: 343.

ligados al desenvolvimiento del movimiento obrero y no a argumentos sostenidos sobre la idea de auto-gobierno de un cuerpo político. En el recinto, durante los debates de 1916 y 1917, en un contrapunto con el senador Melo, planteaba que "ya la cuestión municipal no se reduce a la limpieza de las calles, al alumbrado, al empedrado, al cuidado de las plazas y los jardines. A medida que una nación progresa en el orden económico y a medida que se industrializa, que se forman las grandes ciudades, que surge el proletariado, que las clases trabajadoras se aglomeran en diversos barrios, se plantea una serie de problemas que las autoridades municipales deben resolver"[16]. Y, para cerrar, planteaba: "¿cómo pretender, señor presidente, que sólo deben ser estudiados y resueltos esos problemas por un reducido número de personas, aquellas que muchas veces no tienen el mayor interés en la solución de esos problemas, y que sean privadas de los derechos de concurrir a la formación de las autoridades que deben dar la solución a aquellas cuestiones, las numerosas víctimas de la mala situación económica de un país o de una ciudad?"[17]. Y concluía que "las clases obreras tienen el derecho de llevar su representación no sólo a los poderes públicos de las provincias y de la nación, sino a los municipios, porque las cuestiones más inmediatas, los problemas más interesantes para la clase trabajadora no están, puede decirse, ni en las provincias ni en la nación, sino en las comunas"[18]. Esta argumentación no era nueva, ya que, como vimos en el capítulo pasado, los socialistas las expresaban ya desde la década de 1890. La diferencia era que, ahora, éstas cobraban mayor fuerza bajo las nuevas coordenadas políticas, sociales y urbanas.

Es en este sentido, el de la necesidad de incorporar a todos los habitantes que hasta entonces no eran considerados vecinos-contribuyentes de la ciudad dentro del colectivo de la ciudad-municipio, que se ampliaba el sufragio. Pero ello no suponía una equiparación con la noción de ciudadano, sino más bien, como también sugirió De Privitellio, una democratización de la categoría de contribuyente[19]. Estas palabras nos permiten ilustrar el cambio que produjo la nueva ley en cuanto a la concepción de la ciudad-municipio como cuerpo colectivo. Esta apertura cerró la grieta que, desde 1890 en adelante, se había planteado entre los vecinos-contribuyentes y los trabajadores. La reforma de 1917 modificó esta situación, puesto que aseguró

---

[16] *Recopilación de los debates de leyes orgánicas municipales y sus textos definitivos, op. cit.*: 388.

[17] *Ibid.*

[18] *Ibid.*

[19] En palabras del autor: "Se trata, sin matices, de una verdadera apuesta por la democratización de la categoría de contribuyente municipal: si se acepta que quienes contribuyen a mantener la comuna son los únicos que pueden alegar el derecho a ser representados, el universo de los contribuyentes es al menos igual al de los ciudadanos" (De Privitellio, 2006: 110).

que los trabajadores también eran vecinos, en tanto que contribuían con sus impuestos a la ciudad.

Tres breves conclusiones pueden extraerse de la nueva ley. La primera es el acuerdo sobre el carácter moderno y social de la ciudad, que debía dar origen a un gobierno técnico, para resolver los crecientes problemas complejos que la constituían. La segunda es el desacuerdo en relación a la complementariedad entre el carácter técnico del gobierno de la ciudad y el modo de elegir las autoridades. Como veremos en los capítulos siguientes, la tensión entre estos dos puntos siguió muy presente en las décadas posteriores, hasta fines del siglo XX. La tercera es que la reforma de 1917 puede leerse como un cambio y como una continuidad de las concepciones previas, puesto que se redujo a un desplazamiento dentro de la matriz de pensamiento naturalista, aspecto que condicionó el sentido asignado a la ciudad-municipio como cuerpo político, dentro del cual se excluía el de auto-construcción de un cuerpo autónomo de ciudadanos, con potestad de auto-gobierno, entendiendo por ello no sólo la posibilidad de elegir autoridades sino la capacidad para dotarse de sus reglas o leyes fundamentales.

Dinámicas partidarias en una ciudad social

La sanción de la Ley Orgánica Municipal 10.240 en 1917 inauguró un periodo nuevo para el gobierno de la Ciudad de Buenos Aires. Si bien se mantuvo el esquema de convivencia entre el intendente nombrado por el presidente de la Nación y el Concejo Deliberante electivo, aspecto que limitó el contenido de la reforma, la eliminación del carácter censitario de la elección de concejales fue un suceso muy significativo, puesto que supuso el ocaso de la concepción restringida, estática y jerárquica del municipio y su gobierno. La ampliación electoral no fue simplemente un cambio acotado, sino la consecuencia de una transformación profunda en la concepción de la ciudad-municipio, a partir de entonces ya decididamente concebida como un cuerpo funcional, abierto, de creciente complejidad, cuyo gobierno debía incorporar tanto la legitimidad electoral como la pericia técnica para la resolución de los problemas sociales y urbanos. Si hasta 1917 Buenos Aires se debatía entre dos concepciones distintas, una cerrada y jerárquica, ligada a la problemática municipal, y otra abierta y dinámica, asociada con la problemática urbana, desde entonces confluirían en una mirada más homogénea, en la que primaba un horizonte común: hacer una Buenos Aires más igualitaria, en la que tuvieran lugar aquellos que hasta entonces no habían sido considerados parte del municipio.

Las nuevas dinámicas partidarias permitieron la incorporación al juego electoral de individuos y grupos hasta entonces excluidos. El contraste en el número de votantes entre la última elección censitaria y la primera universal masculina es impactante: mientras que en 1911 emitieron su voto 14.497 electores, en 1918 lo hicieron diez veces más, 141.897 (Walter, 1993). Esta apertura logró además una estabilización del sistema partidario local, articulado en torno a dos agrupaciones ligadas a los sectores medios y populares: la Unión Cívica Radical (UCR) y el Partido Socialista (PS). Entre 1918 y 1941, cuando el vicepresidente Ramón Castillo intervino el Concejo Deliberante, se desarrolló el período más largo de continuidad institucional de la ciudad previo a la autonomía. Pese a los avatares de la política nacional, marcados por el primer golpe de Estado de 1930 y la abstención electoral del radicalismo entre 1931 y 1935, se desarrollaron elecciones regulares para elegir concejales, aspecto que contrasta con las recurrentes intervenciones del cuerpo legislativo municipal en el municipio restrictivo. Entre 1918 y 1941 se llevaron a cabo once elecciones, a razón de una cada dos años, con excepción del año del golpe de Estado, en 1930. Salvo en aquellas en las que la UCR se abstuvo, junto al PS hegemonizaron las contiendas, obteniendo la mayoría de las bancas en disputa. En general, los resultados no diferían demasiado del que, pocos meses antes o después, obtuvieran los principales partidos en elecciones nacionales[20].

La diferencia fundamental de los cambios introducidos con la universalización electoral masculina se asocia con la transformación en los modos de resolución de la problemática municipal, que a partir de entonces inauguró la necesidad de resolver las tensiones inherentes a un gobierno representativo. Como ha analizado Rosanvallon, ésta puede resumirse en el modo de congeniar dos principios diferentes, el "principio político", ligado con la creación de una igualdad entre todos los miembros de la comunidad, y el "principio sociológico", asociado con la necesidad de buscar la mejor forma para que, respetando las diferencias "sociológicas" de los distintos grupos de la sociedad, se exprese de la forma más igualitaria el principio "político". A ello es a lo que Rosanvallon denomina la "figuración del pueblo"[21], que instituyó históricamente diversos modos de representación política. En el caso porteño, se trataba de discutir quiénes debían ser los representantes, y cómo éstos podían reflejar fielmente las necesidades de todos los habitantes de la ciudad. Este debate era novedoso, puesto que durante el municipio doméstico no se

---

[20] Cf. Horowitz (1999).

[21] Para la diferencia entre el "principio político" y el "principio sociológico", consúltese Rosanvallon (1998: 15 y ss).

planteaba dicho problema, ya que el Concejo era el ámbito de las elites, que no representaban otros intereses que no fuesen los suyos.

Durante las primeras décadas del siglo XX aparecían recurrentemente aquellos que postulaban la necesidad de configurar una representación basada en las diferencias sectoriales de la sociedad. En este sentido, los que debían ser representados eran los diversos grupos intermedios que se ubicaban entre el Estado y el individuo. Sólo de esta manera quedarían representadas todas las posiciones de la sociedad urbana, con lo cual se obtendría un cuadro lo más fiel posible de la multiplicidad de opiniones que conforman al cuerpo social colectivo. En este sentido, la representación sectorial es concomitante a la construcción de lo social y a la emergencia de las ciencias sociales. Por este motivo, es en la naciente sociología de fines del siglo XIX que podemos rastrear sus fundamentos. Como plantea Rosanvallon, en Francia "el proyecto de representación de intereses aparece desde entonces directamente ligado a la emergencia de las ciencias sociales; se inserta en el gran movimiento de crítica de la ideología individualista que comienza desde los años 1880" (1998: 141). Es entonces que la consolidación de la democracia no podrá pensarse, según lo que plantean los sociólogos de entonces, como un proceso independiente al de la consolidación de la organicidad social. Por ello, no sorprende que haya sido Durkheim uno de los defensores de este tipo de representación[22]. Ahora bien, el *quid* de la cuestión para la representación sectorial era determinar cuál sería la forma más adecuada de establecer la representación de los grupos intermedios. Aquí, las posibilidades iban desde pensar en una representación corporativa ligada a una representación sindical hasta una asociada a grupos profesionales. Ahora bien, más allá de las diferencias, en palabras de Rosanvallon, "el proyecto de una democracia fundada sobre la representación de grupos organizados (asociaciones, sindicatos, corporaciones de toda naturaleza) participa del mismo objetivo que la representación profesional: constituir un parlamento que constituya directamente los movimientos de la sociedad civil" (1998: 170).

En Argentina, la lucha por la apertura del régimen político oligárquico a nivel nacional se estructuró, fundamentalmente, sobre la base de una lógica que tendía a concebir una representación asociada a un clivaje de clase más que sectorial. Pero la ciudad era el ámbito privilegiado para postular este

---

[22] Recordemos la importancia que le otorgaba Durkheim a la existencia de grupos intermedios, intercalados entre el individuo y el Estado. De allí que plantee como posibilidad la conformación de una representación basada en los "grupos territoriales" o en los "grupos profesionales", aunque termina por preferir a estos últimos, puesto que "los grupos durables, a los que el individuo aporta toda su vida, a los que está más fuertemente ligado, son los grupos profesionales. Por ello, parece bien que sean llamados a devenir en el futuro tanto la base de nuestra representación política como de nuestra organización social" (Durkheim, 2003: 130).

tipo de representación, puesto que era la manera de sostener la necesidad de mantener la prescindencia de los partidos nacionales en el ámbito municipal. Sin embargo, socialistas y radicales discutieron con fuerza estas ideas, sosteniendo una posición contraria, según la cual las asociaciones o gremios sólo conducirían a una representación de intereses particulares, mientras que los partidos permitían representar los de toda la sociedad. En Buenos Aires, entre 1918 y 1941 el diferendo se saldó, progresivamente, a partir de un fortalecimiento del argumento que sostenía que sólo los partidos de ideas podían efectivamente representar los intereses de todos los habitantes del municipio. Sin embargo, el debate fue arduo y no estuvo en absoluto saldado con la nueva ley.

Los porteños concurrieron a las urnas en 1918 para elegir concejales a través del voto universal masculino. Se desarrolló entonces una elección que se vivía dentro de un clima inaugural, con las expectativas que generaba la sensación de estar iniciando una etapa diferente a la anterior[23]. En vísperas del acto electoral, *La Razón* comentaba que "los partidos políticos y los núcleos que se han formado especialmente, con la tendencia del interés local, han dicho todos sus promesas para llenar las aspiraciones y los fines del gobierno municipal de la metrópoli. Todos han tenido el buen tino de eliminar la consideración de política militante partidista para dedicar sus programas a la dilucidación de las cuestiones y problemas de mayor interés para el progreso de la ciudad y el bienestar de sus habitantes. [...] *El* gobierno de la ciudad será un campo neutral de trabajo fecundo, en que cada representante se empeñará en alcanzar, a la vez que el propio merecimiento, el prestigio de los intereses o núcleos adventicios o partidos que represente"[24].

Esta línea era profundizada por *La Nación*, que decía: "Trátase de que Buenos Aires ejerza por sí misma, por medio de sus representantes directos y especiales el contralor de sus propios intereses de municipio, de sus rentas, de su régimen impositivo, de sus servicios más íntimos y por decir así domésticos [...] Cosas son estas que atañen al vecindario de la ciudad, a los gremios, a las familias, al comercio, al trabajo, a los ricos y pobres, [...] y en ese concepto se ha universalizado el voto [...] pero esas cosas no afectan ni competen a los partidos políticos en sus proyecciones generales y nacionales, como se trata precisamente de tratarlas con independencia, con espíritu muy local, sin consultar para nada las conveniencias del gobierno u oposición, ocupados en otros problemas y en otras orientaciones. Claro está que también hay, en los comicios y las luchas municipales, política, una o varias

---

[23] Uno de los análisis más completos de los procesos electorales y de la política municipal en Buenos Aires luego de la reforma de la Ley 1260 puede consultarse en los distintos trabajos de Walter (1974, 1978, 1993).

[24] "Comicios comunales", *La Razón*, 4 de octubre de 1918.

políticas, desde que, y ese es el concepto más científico de la cuestión –hay una política en toda administración, en todo gobierno, en todo sistema orgánico–"[25]. Y el mismo día de las elecciones, *La Nación* aclaraba: "Hoy el pueblo de la metrópoli está eligiendo sus autoridades, sin acritudes ni antagonismos, [...]. Las listas y sus denominaciones no significan nada en este caso, porque se siente en todos los núcleos el olvido de las posiciones partidistas, para dar paso a los principios y a los anhelos del pueblo en el amor a su ciudad"[26].

La "política militante partidista" debía quedar a un lado, en pos de establecer un gobierno que fuese un "campo neutral". De este modo, las listas no "significan nada" porque todos se mueven por el "amor a la ciudad". Es posible advertir que en ambas descripciones está ausente cualquier referencia a un conflicto de intereses. La política, en este marco, era considerada una simple forma de resolución no conflictiva de problemas civiles y sociales propios de la "administración" de "todo sistema orgánico". Algunos, como *La Nación*, incluso se resistían a dejar de lado la metáfora doméstica. Podríamos decir que, según las palabras utilizadas, la imagen que deseaba expresar el periódico es la de una familia que se amplió, que tiene por lo tanto más grupos que deben ser representados, pero cuya representación debe ser estrictamente comunal, sin articulación con intereses nacionales. Frente a esta postura se alzaba la de los partidos como el Partido Socialista y la Unión Cívica Radical, que planteaban que las elecciones municipales debían regirse con los mismos criterios partidarios que las nacionales. El argumento esgrimido era que la representación partidaria era la única que realmente podía hacer prevalecer el interés general por sobre los intereses particulares de los distintos grupos intermedios de la sociedad. Los socialistas alegaban que un Concejo Municipal "compuesto de representantes de los diferentes gremios y profesiones, dado el caso que llegaran a constituirse, se convertirían pronto en campo de rivalidades y competencia de '*métier*', en el que naufragaría fatalmente toda obra constructiva de bien general"[27].

Las elecciones llevadas a cabo entre 1918 y 1941, en momentos en que fue intervenido el Concejo Deliberante, mostraron que, pese a las resistencias de algunos sectores, la representación a través de partidos de ideas se impuso por sobre los partidos de grupos o facciones. En estos años, los socialistas y los radicales se convirtieron en los actores principales del sistema partidario porteño. De todos modos, las agrupaciones comunales no desaparecieron del todo, aunque su efectividad electoral fue muy baja. En las elecciones de la década del 30 se presentaron varios grupos gremiales o sindicales. En las

---

[25] "La elección de mañana", *La Nación*, 4 de octubre de 1918.
[26] *La Nación*, 5 de octubre de 1918.
[27] *La Vanguardia*, 9 de diciembre de 1926, citado por De Privitellio (2004: 227).

elecciones de 1932, *La Nación* describía este hecho con claridad: "Estamos en presencia del acto electoral de carácter municipal que ha hecho surgir mayor número de partidos desde que se creó por la ley 10.240 la Municipalidad electiva. [...] En la múltiple variedad de listas proclamadas responden algunas a los partidos políticos de carácter permanente y se vinculan otras a agrupaciones de acción parroquial o de orientación particularmente gremial. Estas últimas aspiran a hacer del Concejo una representación de intereses corporativos antes que políticos y ellas son esencialmente numerosas en estas elecciones. Comerciantes minoristas, contribuyentes, obreros del transporte, empleados de empresas particulares, etcétera desean llevar al Concejo una representación propia. Hasta los deportistas se han agremiado esta vez llevando su nómina de candidatos a los más representativos cultores metropolitanos del sport"[28]. Sin embargo, no tuvieron mucho éxito, salvo algunas excepciones, como el caso de "Gente de Teatro", que logró sentar a Florencio Parravicini en un lugar del Concejo Deliberante[29].

La universalización del sufragio y la primacía electoral de los partidos de ideas, que impusieron una representación partidaria por sobre una sectorial, pueden conducir a pensar que la reforma electoral finalmente introdujo una concepción "política" del municipio. Sin embargo, no parece haber sido ése el camino que siguió la ciudad porteña, como ya hemos adelantado más arriba. La universalización del sufragio supuso, efectivamente, la emergencia de un horizonte incluyente, como contrapeso a las lógicas jerárquicas previas. Pero la incorporación de nuevos electores no se hizo sobre la base de un criterio de ciudadanía política, puesto que no estaba en juego la construcción de un cuerpo autónomo, sino que se determinó aludiendo a su pertenencia en el complejo juego de interdependencias económicas y sociales de la ciudad.

Como expresaban los socialistas ya en los debates parlamentarios previos, el voto era percibido como una vía de mejoramiento de las condiciones de vida urbana, más que de construcción de un cuerpo político. Además, tanto la jurisprudencia de la Corte Suprema de Justicia, de 1911, como el mantenimiento del intendente elegido por el presidente clausuraban cualquier intento o posibilidad de esgrimir que la ciudad debía ser considerada como un cuerpo político, ya que se mantenía el esquema institucional que articulaba una representación municipal con una delegación administrativa nacional. Es evidente que no es posible pensar en un autogobierno político si

---

[28] "Serán elegidos hoy los 30 miembros del Concejo Deliberante de la Capital", *La Nación*, 10 de enero de 1932.
[29] Cf. González Velasco (2007).

no existe la posibilidad de que sean los propios habitantes del municipio los que eligen a quien está a la cabeza del Departamento Ejecutivo.

Es verdad que, como ya hemos mencionado, la invocación a la política estaba presente en la vida pública porteña, de la mano no sólo del discurso partidario sino también de los nuevos conocimientos expertos sobre el gobierno municipal. Pero el sentido de este vocablo debe ser comprendido según el sentido asignado en la época. En muchos casos, se lo utilizaba como sinónimo de partidario nacional, por oposición al carácter "local" de los partidos comunales. En relación con ello, se hablaba de un gobierno político entendiendo por ello uno en el cual, a través de partidos orgánicos, se discutieran ideas, ideologías y orientaciones diversas, no reduciéndose el gobierno de la ciudad a simples resoluciones administrativas o a la sumatoria de intereses sectoriales o domésticos. Para que ello pudiera garantizarse, se asociaba lo "político" con la universalización del sufragio, para que las autoridades fuesen responsables frente al electorado. Y, por último, por político se entendía la resolución de las complejas problemáticas sociales de una ciudad moderna, en el sentido de la "política social municipal" pensada por Posada. En muy pocos casos se asociaba político con soberanía o con un cuerpo de ciudadanos. Si bien algunos legisladores, sobre todo socialistas, utilizaban recurrentemente la invocación a la autonomía, se seguía haciendo en nombre de la preexistencia natural del municipio, y acotando el término, en muchos casos, a la elección directa de las autoridades.

Los alcances de la profesionalización y la tecnificación del gobierno

Durante las décadas del 20 y del 30 no sólo se estructuró un sistema partidario local, basado en la construcción de una relación de representación, sino que también se buscó la profesionalización y la tecnificación del gobierno de la ciudad, para adecuarlo a los nuevos principios de la ciudad "moderna". Este proceso incorporó tanto a la rama legislativa como a la ejecutiva. En cuanto a la primera, se pasó de una tarea entendida como una carga *ad honorem* a una función pública paga, aspecto esencial de todo proceso de profesionalización política. La instauración de una dieta a los concejales se materializó en 1933, a través de una modificación a la ley orgánica municipal[30]. En la década y media que separó la universalización del sufragio municipal y la remuneración de los concejales, varios actores políticos y académicos propusieron cambios para quebrar el carácter gratuito del cargo de concejal, visto como resabio de una época pasada, fuertemente elitista y poco profesional. Por ejemplo, desde la *Revista Argentina de Ciencias Políticas*, en 1925, el abogado Eduardo Maglione[31] planteaba que "ya no se trata de resolver en conversación amistosa los asuntos relativos a la higiene, alineamiento y ornamentación de la ciudad, que solo interesan al bienestar y comodidad de los vecinos. Son problemas complejos e intereses esenciales que afectan la organización misma de la vida los que están en juego. [...] Planteado como está el asunto en el terreno –exacto– de que el desempeño de las funciones de concejal cumplido a conciencia, es absorbente a inconciliable con toda otra especie de dedicación privada sin desmedro del buen desempeño del mandato investido, sostener que los que no tienen otros medios de vida no están obligados a desempeñar el cargo, importa cerrar injustificadamente las puertas del Concejo a todos los hombres jóvenes sin medios ni fortuna y con aspiraciones cívicas, contrariando el móvil expreso de la ley, que al suprimir la exigencia de ser contribuyente para la elegibilidad y el voto calificado para ser elector, ha entendido precisamente abrir francamente las puertas del gobierno municipal a todos los hombres de todos los partidos, cancelando voluntariamente el privilegio anterior"[32].

La obtención de una dieta por la tarea de concejal a partir de 1933 constituyó un hecho significativo, que permitió dejar definitivamente atrás a los concejales elitistas y legitimar la necesidad material de los representantes. De todos modos, los miembros de la elite ya habían abandonado su interés por ocupar esos espacios, puesto que la intromisión de lo que consideraban, despectivamente, como la "política", a través de la mano de los nuevos partidos de ideas que hegemonizaban las bancas como la UCR y el PS, llevó a que se perdiera la idea de que la pertenencia al Concejo se asociaba con la administración de los asuntos domésticos. En suma, en un lapso de quince años Buenos Aires pasó de un gobierno restrictivo, sin presencia de participación

---

[30] El artículo 2 del capítulo 1 de la Ley 11.740, del 28 de septiembre de 1933 –que modificó la Ley 10.240–, quedó redactado de la siguiente forma: "Las funciones de los miembros del Concejo tienen el carácter de carga pública de la que nadie puede excusarse bajo multa de quinientos pesos. Los miembros del Concejo gozarán, sin embargo, de una retribución que asignará el presupuesto correspondiente, no pudiendo ser aumentada para los miembros en ejercicio durante sus mandatos".

[31] Eduardo Maglione fue presidente del Departamento Nacional de Trabajo (DNT) entre 1930 y 1931, durante el gobierno de Uriburu. También tuvo una labor destacada como representante de la Municipalidad de la Ciudad de Buenos Aires en una comisión de conciliación, durante el affaire CHADE, que sacudió la política municipal en la década del 30.

[32] Eduardo Maglione, *Revista Argentina de Ciencias Políticas*, n° XXI, 1925, p. 15.

popular y comandado por sus elites en forma gratuita, a uno universal para la población masculina, en donde la presencia de los debates públicos y las luchas por los cargos comenzaron a regirse por los patrones habituales de los partidos modernos.

Si la modernización en el ámbito legislativo municipal se vinculaba con un proceso de profesionalización política, en el ejecutivo se relacionaba con la profundización de un ideal técnico por sobre uno democrático, profundizando, en este caso y a diferencia de lo ocurrido con los concejales, las lógicas que habían comenzado a ser predominantes en el municipalismo decimonónico. Recordemos que ya en la Buenos Aires federalizada el intendente era considerado como una figura que debía no sólo responder al presidente, sino, sobre todo, ser técnicamente idóneo. Esta concepción se profundizó en las primeras décadas del siglo XX. En ese momento, en Estado Unidos, la antigua forma de nombrar a los gobernantes municipales, *lord mayor*, era reemplazada por la más moderna y técnica de *managers*, siguiendo la idea de las nuevas bases manageriales desarrolladas en el pensamiento organizacional, que habían proclamado el carácter "científico" de la administración en general, y de la administración pública en particular. Autores reconocidos del mundo vernáculo, como Rafael Bielsa, acompañaban esta idea, sosteniendo a partir de ello las razones para mantener el carácter no electivo del intendente. En el debate de 1917, fue justamente la apelación a este carácter técnico lo que aducían quienes se oponían a la instauración del intendente electivo. Pero aun aquellos que planteaban la necesidad de que el pueblo de la Capital eligiera a su intendente no le negaban tal carácter, sino que invocaban que no existía contradicción entre las credenciales técnicas y el voto popular.

En Buenos Aires, uno de los mayores defensores de esta imagen de los intendentes fue Mariano de Vedia y Mitre, a cargo de la Intendencia entre 1932 y 1938, quien valorara la eficiencia del mundo empresarial como modelo a seguir en la gestión municipal, siguiendo "un movimiento cada vez más intenso hacia la organización de las administraciones comunales sobre las bases típicas de las entidades de orden industrial o comercial. La naturaleza de los servicios que debe prestar una Municipalidad facilita, evidentemente, la implantación de esos criterios. Es factible, en el ámbito más reducido de la institución municipal, producir una separación neta entre lo político y lo técnico y realizar servicios que tienen este último carácter mediante una organización que extreme el rendimiento y eficiencia de los mismos dentro de un máximo de baratura y economías"[33]. Su gestión se caracterizó por una serie de reformas urbanas que buscaban "modernizar" la ciudad, entre las que se destacó simbólicamente la construcción del obelisco, en 1936.

---

[33] *Memoria del Departamento Ejecutivo 1933-1934*, MCBA, 1935, pp. 12-13.

Este ideal técnico se desplegó durante los años 20 y 30, siguiendo un proceso de construcción de una disciplina con pretensiones de cientificidad en lo relativo al gobierno de la ciudad moderna: el urbanismo, un nuevo saber que, como ya analizamos en el capítulo pasado, se presentaba como una forma holista de comprensión y acción, que venía a aglutinar disciplinas otrora diferenciadas y, en algunos casos, con miradas muy distintas sobre el gobierno de la ciudad. Hay suficientes trabajos sobre la historia del urbanismo. A los fines de nuestro eje de análisis nos interesa resaltar tres aspectos: el primero es el de las redes de circulación de ideas que permitieron la aparición, en forma temprana, del urbanismo en Buenos Aires; el segundo es la relación que se estableció entre el urbanismo y el derecho en la concepción social de la ciudad funcional, y el desarrollo de un ideal científico-técnico; el tercero, su despliegue como un "saber de estado"[34], que se materializó en diversas iniciativas dentro de la Municipalidad de la Ciudad de Buenos Aires.

En cuanto al primer punto, la presencia de expertos extranjeros en Buenos Aires, como ya hemos mencionado, era una constante desde fines del siglo XIX. Su relación con nuestro país no se redujo a intercambios académicos sino que también los técnicos extranjeros fueron contratados por la Municipalidad. El francés Carlos Thays, a cargo desde 1891 de la Dirección Municipal de Parques y Paseos, constituyó un antecedente seguido por otros profesionales de su nacionalidad, como André Bouvard, Director de Trabajos Públicos de París, convocado para confeccionar un plan para la ciudad en 1907 (Novick, 1991: 38). Buenos Aires, una urbe en expansión que ocasionaba mucho interés en el mundo por su rápido crecimiento, formaba parte de la circulación internacional de ideas sobre las modernas formas de gestión municipal. Por ello, como mencionamos en el capítulo pasado, no sorprende que el mismo término urbanismo haya sido utilizado en un documento oficial, la Memoria Municipal de 1911, casi en simultáneo con su despliegue en las principales ciudades del mundo occidental.

Ello obedecía a una fluida relación entre el medio local y el extranjero, que, luego de un período de pausa a causa de la Primera Guerra Mundial, se intensificó durante los años 20 y 30. En ese lapso el urbanismo se afianzó a nivel mundial, y también lo hizo en el ámbito local. Si bien nunca la historia de una disciplina puede quedar reducida a una persona, la literatura sobre el urbanismo argentino coincide en señalar a Carlos Della Paolera como su mayor artífice en nuestro país. Ingeniero de profesión, se doctoró en Francia dirigido por Marcel Poëte, fundador del Instituto de Urbanismo de la Universidad de París en 1924. A su regreso, no sólo creó la primera cátedra de urbanismo en Argentina, en 1933, sino que instauró y dirigió, entre 1932 y

---

[34] Tomo la expresión de Rigotti (2012).

1943, la Oficina Técnica del Plan de Urbanización y Extensión de Buenos Aires, en el ámbito de la Municipalidad de la Ciudad de Buenos Aires. Entre los hitos de consolidación de la nueva ciencia, la realización del Primer Congreso Argentino de Urbanismo, en 1935, merece un lugar destacado, no sólo por la participación de numerosos y reconocidos especialistas, sino también por la presencia de altas autoridades, como el presidente Agustín P. Justo y el intendente Mariano de Vedia y Mitre, junto a concejales y representantes de instituciones privadas. Por supuesto que otras figuras locales también ocuparon un lugar en la consolidación del urbanismo. Entre muchos de ellos, es destacable el rol que tuvieron hombres ajenos al mundo de los estudios urbanos, provenientes del derecho administrativo o municipal, como Alcides Greca, Daniel Frías, Rafael Bielsa o Adolfo Korn Villafañe. Pese a las diferencias internas, que básicamente se resumían en debatir la autonomía o no del derecho municipal en relación a otras ramas de la disciplina, todos incorporaron la mirada impuesta por el urbanismo. Muestra de ello son los numerosos artículos sobre urbanismo publicados por las revistas de derecho, como la *Revista de Derecho Municipal y Administración Comunal*.

Esta relación entre el urbanismo y el derecho municipal nos conduce al segundo punto que nos interesa señalar, asociado con la importancia que tuvieron los nuevos fundamentos sociales en la consolidación de este nuevo saber con pretensión científica en Buenos Aires. Tributario de la visión de Poëte, Della Paolera planteaba una concepción orgánico-funcional de la ciudad moderna que debía ser gobernada a partir de herramientas científico-técnicas. En su presentación del Plan regulador de la urbanización y extensión de Buenos Aires, explicaba que "los múltiples y complicados problemas que se presentan de continuo en el funcionamiento de las ciudades modernas, exigen su consideración y su estudio con un criterio amplio técnico, contemplando soluciones que, para ser eficaces y equilibradas deben estar contenidas dentro de un plan de organización científica. La experiencia de las grandes ciudades del extranjero marca una orientación bien definida hacia el análisis simultáneo y la solución en conjunto de los problemas edilicios, considerando a la ciudad como un todo orgánico y construyendo, adoptando y transformando apropiadamente las estructuras urbanas de acuerdo a los principios modernos de la organización funcional"[35].

El nuevo urbanismo que planteaba Della Paolera era presentado como un saber diferente al de los "viejos" planes de principios de siglo XX, que sólo se preocupaban por el embellecimiento y la extensión de la ciudad. A diferencia de ellos, debía tomarse a la ciudad como un organismo social, y actuar sobre

---

[35] Della Paolera, Carlos María (1931), "Plan regulador de la urbanización y extensión de Buenos Aires", *Revista de Derecho y Administración*, n° 28, p. 22.

ella no sólo desde un punto de vista estético y físico, sino también societal. En este sentido, se trataba de favorecer, en el ámbito de las ciudades, el desarrollo de las relaciones sociales que las constituyen. Para ello, el urbanismo partía de una mirada negativa sobre el modo en que las ciudades se conformaron en el siglo XIX, siguiendo un patrón de crecimiento anómalo. Para reparar el daño hecho, se presentaba como una ciencia "sociológica" que pretendía actuar sobre la sociedad a través del espacio habitado. En ese marco, fue vital para la consolidación de una idea de la ciudad como una unidad funcional, fundamentalmente a través de los principios del CIAM que, en su Cuarto Congreso de 1933, redactó la célebre "Carta de Atenas", que planteaba un concepto funcional de la arquitectura moderna y del urbanismo[36].

Este sentido social quedó plasmado en las líneas generales del Primer Congreso Argentino de Urbanismo. Al hacer un balance del mismo, el ingeniero Julio Vela Huergo advertía que "la evolución que se advierte en el concepto de Urbanismo ha marchado paralela al desarrollo de los fenómenos que le dieron nacimiento y está influida por las ideas sociales de los últimos años. El arte urbana (*sic*) puede haber nacido con las primeras agrupaciones de viviendas […] pero el urbanismo como conjunto de normas y criterios científicos, artísticos y técnicos aparece como resultado del crecimiento y complicación de las grandes ciudades en las últimas décadas"[37]. Y, más adelante, concluía que el ideal urbanístico "viene a estar ligado a una nueva mentalidad, que refleja las nuevas tendencias sociales hacia una mayor justicia en la distribución y goce de los bienes naturales y de las comodidades y beneficios de la civilización; hacia una igualdad de los medios para luchar por el propio mejoramiento y elevación"[38].

En esta línea, el urbanismo confluía con el derecho municipal, que también había incorporado, de la mano de autores como Posada, al que ya nos hemos referido, una concepción social. En este sentido, por ejemplo, se pronunciaba Amílcar Razori, Secretario de Obras Públicas de la Municipalidad de Buenos Aires durante la gestión de Mariano de Vedia y Mitre. En un artículo publicado en la *Revista de Derecho Municipal*, en 1931, planteaba que "la vida de relación en todos sus aspectos hace aparecer, por sobre los intereses y necesidades individuales de cada componente, múltiples y complejos intereses de carácter social, colectivos, que no siendo protegidos o satisfechos determinarían la desaparición de la ciudad, ocasionarían el desorden, atentando contra la vida del grupo y de todos sus componentes. [...] El derecho

---

[36] Para una profundización del desarrollo de la historia del urbanismo en nuestro país, cf. Rigotti (2005).
[37] Vela Huergo, Julio (1935), "Significado e importancia del primer congreso argentino de urbanismo", *Revista de Derecho y Administración Municipal*, n° 68, p. 4.
[38] *Ibid.*: 8.

municipal, como ciencia y como norma positiva, abarca este estado primario del fenómeno social de la ciudad y estudia los principios generales y la legislación positiva para la organización del gobierno de la ciudad"[39].

Esta confluencia entre el mundo de los estudios urbanos y jurídicos estaba ligada también a la transformación del derecho administrativo, aun cuando los juristas debatían la relación entre éste y el derecho municipal. Una de las mayores figuras del derecho administrativo argentino del momento, Rafael Bielsa, planteaba justamente el carácter social y positivo del derecho administrativo, lo que lo condujo a pensar la existencia de una "ciencia de la administración", que actuaría a causa de que el Estado deja de tener funciones "negativas" para realizar acciones "positivas" asociadas a las funciones sociales. Al respecto, decía Bielsa que "la importancia de la ciencia de la administración en punto a su incremento, es correlativa al crecimiento de las funciones del Estado, funciones que se han dado a llamar *sociales*, como las de la vida cultural y económica del pueblo. Si la enseñanza elemental, por ejemplo, fuera privada, esto es, si ella no fuera un servicio público, el Estado [...] se limitaría a una función de policía de la enseñanza –alabable sin duda-, pero función en principio *negativa*. [...] No existirían esas entidades como el Consejo de Educación, órgano administrativo con un régimen autárquico, los consejos escolares, etc. Estos órganos y esta actividad institucional tienen su origen y su justificación en la acción positiva del Estado" (Bielsa, 1937: 28). Claro que en muchos casos entre el urbanismo y el derecho no se planteaba una relación de simetría sino de subordinación. Como expresaba el reconocido jurista santafecino, Alcides Greca, en 1939, el derecho municipal estaba "al servicio de la ciencia del urbanismo, bajo cuyas directivas se encauza"[40].

En síntesis, hacia las décadas del 20 y del 30, el urbanismo operó como eje vertebrador de una aglutinación que años atrás había planteado, con poco éxito, la "ciencia comunal", tanto en el exterior como en nuestro país, de los fundamentos a la vez jurídicos y sociales de la ciudad-municipio funcional. Como expresaba Julio Rinaldini, un destacado profesional que trabajara como secretario de Carlos Della Paolera en la Municipalidad de Buenos Aires, desde las páginas de la *Revista de Arquitectura* en 1933, "la ciudad moderna es como la materialización de nuevas formas de vida. Después de estudiarlas, el urbanista se propone servirlas. [...] Es una ciencia que requiere el concurso de las disciplinas más diversas; que requiere la contribución de sociólogos, historiadores, estadígrafos, financistas, higienistas, arquitectos, ingenieros; que requiere sobre todo, la contribución a una labor sistemática e inteligente

---

[39] Razori, Amílcar (1929), "Derecho municipal. Administración comunal", *Revista Argentina de Derecho Municipal y Administración comunal*, año 1, n° 1, p. 4.
[40] Greca, Alcides (1939), "Las modernas fuentes del derecho municipal", *Revista de Derecho y Administración Municipal*, n° 111, p. 7.

capaz de abarcar el problema en su totalidad y advertir sus conexiones más íntimas. Todo se relaciona, todo está vinculado entre sí en la vida de la ciudad. Para el urbanista no hay problemas aislados; sólo existe un problema: la ciudad misma"[41].

Para actuar sobre la "ciudad misma" ya no se podía seguir pensando en forma parcial. Por el contrario, debían desarrollarse instrumentos de gestión técnica que tuvieran a la totalidad de la ciudad como su marco de referencia. Ello nos conduce al tercer eje, que es el del modo en que el urbanismo se institucionalizó como un saber de Estado dentro de las estructuras del gobierno municipal. Diversos autores señalan el lugar ocupado, desde principios de siglo, por los planes, planos y proyectos urbanos, aun cuando no acuerdan en la relación que tenían entre ellos[42]. Sin entrar en dicha discusión, sólo nos interesa señalar el despliegue de diversas formas a través de las cuales, desde comienzos de siglo, pero con más fuerza en el período de entreguerras, el urbanismo no sólo se estructuró como un saber con pretensiones de ciencia, sino también como una herramienta técnica de gestión gubernamental.

El plano de Bouvard de 1907 fue el puntapié inicial de otros planes y planos posteriores, basados en una idea de desarrollo que siguiera los principios del urbanismo funcional. En 1923, como resultado de una iniciativa del intendente Carlos Noel, se creó la Comisión de Estética Edilicia, que tuvo como objetivo trazar los lineamientos fundamentales para las futuras reformas de la ciudad. En 1925, esta Comisión, que reunía a destacadas personalidades, publicó el Proyecto Orgánico para la Urbanización del Municipio. El Plano Regulador y de Reforma de la Capital Federal. El Proyecto Orgánico constituyó un primer antecedente de las ideas del urbanismo funcional, aunque por entonces era criticado, como veremos más adelante, por los opositores por su presunta inorganicidad derivada de pensar por sumatoria de partes, más que por su refuncionalización, como luego propondrán quienes se enmarquen en la teoría del *zoning*, como mencionaremos más adelante[43]. Unos años más tarde, en 1932, se creó la Oficina del Plan de Urbanización, que quedó a cargo de Carlos Della Paolera.

Pero la tecnificación del gobierno de la ciudad no sólo provino de las iniciativas de regulación urbana sino de la creciente importancia de los expertos en cuestiones sociales, entre los que se destacaba el de la vivienda, pero también la provisión de servicios urbanos, y el desarrollo de instituciones y especialistas en salud y educación. Al considerarse una ciencia sociológica, algunos autores del momento incluían también los problemas sociales

---

[41] Rinaldini, Julio (1933), "Concepto de urbanismo", *Revista de Arquitectura*, p. 3.
[42] Al respecto, cf. Rigotti (2012).
[43] Para un análisis del *Proyecto Orgánico para la Urbanización del Municipio,* consúltese el artículo de Gorelik (1994).

dentro de un concepto amplio de urbanismo. Las Memorias Municipales de principio de siglo XX resumían la incesante acción municipal, desarrollada por profesionales que comenzaban a obtener los espacios hasta entonces ocupados por las damas de la alta sociedad porteña. Si bien la Sociedad de Beneficencia seguía manteniendo un lugar privilegiado en la asistencia social de la Ciudad de Buenos Aires, el Estado Municipal comenzó a tener un mayor peso. Hacia 1915, la Sociedad de Beneficencia administraba en Buenos Aires cuatro hospitales, pero en una ciudad que ya contaba con cinco nacionales y diecisiete municipales[44]. Este panorama era el resultado de un proceso de creciente estatización de las políticas sociales, tanto a nivel nacional como local, que en el caso de la salud había llevado a la creación de la Asistencia Pública Nacional, en 1917, y en el ámbito municipal, la de Asistencias Públicas municipales en casi todas las capitales provinciales[45]. En definitiva, el panorama a lo largo del período de entreguerras era el de una difícil convivencia entre las instituciones de beneficencia, que seguían considerando a la pobreza como un problema moral e individual, y las instituciones estales, que comenzaban lentamente a pensarla desde el punto de vista del derecho. Si bien el Estado nacional y municipal tenía un creciente papel, la Sociedad de Beneficencia mantenía su lugar. Por ejemplo, hacia 1934, en Buenos Aires, administraba veinticinco instituciones de salud, entre hospitales, asilos y maternidades[46].

El proceso de tecnificación fue acompañado por un crecimiento del aparato estatal municipal, proceso potenciado por las prácticas de distribución de cargos públicos entre los referentes y militantes radicales, lo que condujo a un crecimiento de la burocracia municipal a una velocidad que sobrepasaba tanto al aumento de población como al de otras Municipalidades de grandes ciudades[47]. Es por ello que, hacia la década del 30, no sólo Buenos Aires no se parecía en casi nada a la vieja aldea federalizada medio siglo atrás, sino que sus instituciones municipales tampoco. Esta tecnificación, profesionalización y burocratización no debe hacernos perder de vista, no obstante, que si la consideramos con ojos contemporáneos, la Municipalidad era un conjunto de individuos e instituciones relativamente pequeño. El organigrama municipal se componía, además del intendente, de sus dos secretarios (de Hacienda y de Obras Públicas, Higiene y Seguridad) y cuatro Directores (de Asesoría de Asuntos Legales, de la Asistencia Pública, de Obras Públicas de Hacienda). Pese a este tamaño todavía relativamente chico, existían tres desde 1891 tres Sub-intendencias, de Boca-Barracas, de Belgrano y de Flores, que estaban destinadas a responder a las problemáticas de esas zonas de

---

[44] Cf. Golbert (2010: 56).
[45] *Ibid.*
[46] *Ibid.*
[47] Horowitz (1999).

manera descentralizada y apuntaban a su fortalecimiento futuro, para dar respuestas al aumento de población.

Las disfunciones de una ciudad funcional: el gobierno de los barrios y el vecino-gestor

Recapitulando, las décadas del 20 y del 30 fueron significativas para el gobierno de Buenos Aires, puesto que en esos años no sólo se estructuró una resolución de la problemática municipal a través de la configuración de una representación municipal, sino que además se sentaron las bases para el desarrollo de un gobierno técnico, mediante el cual debían resolverse las cuestiones inherentes a las problemáticas urbanas, asociadas tanto a una respuesta a las condiciones de vida de todos los habitantes del municipio-ciudad como a la regulación del espacio urbano a través de políticas urbanas.

Ello podría conducirnos a suponer un escenario de conformación de partidos políticos orgánicos y burocratizados, al estilo de los clásicos análisis elaborados por Robert Michels (1991), o de la creación de un Estado de Bienestar, siguiendo el modelo de los Estados Sociales europeos. Pero eso no fue así, sino que se conformó una configuración *sui generis*, que mezclaba un particular sentido de lo social con una singular manera de articular el vínculo entre habitantes y autoridades públicas, muy distinto a las lógicas institucionalizadas y centralizadas de las burocracias europeas. En cuanto al sentido de lo social, la presencia del catolicismo social signó en buena medida una noción que, si bien consideraba la necesidad de actuar positivamente sobre los sectores populares, lo hacía invocando más un sentido ético que un horizonte de solidaridad social[48]. A estas características ideológicas se sumaban las condiciones particulares de una ciudad y una sociedad en rápido crecimiento, que hacía que el Estado estuviera siempre un paso atrás de los cambios, respondiendo a ellos más que produciéndolos.

En la ciudad esto era particularmente evidente, dado que Buenos Aires crecía desmesuradamente. A diferencia de lo ocurrido a fines del siglo XIX, cuando aún se consideraba la posibilidad de encauzar el desarrollo de la urbe, en las décadas del 20 y del 30 eran comunes los lamentos por no haber controlado en su momento a la ciudad y no haber seguido un patrón de acción planificado. En este sentido, por ejemplo, en la Memoria Municipal de 1935 se planteaba que "el vertiginoso desarrollo de nuestra ciudad [...]

---

[48] Sobre la relación entre los sectores liberales y católicos, cf. Distéfano (2011).

no ha permitido prever con tiempo la forma que correspondía adoptarse para dicho desarrollo. Por esa razón, vemos hoy extenderse las zonas edificadas en dilatadas regiones sin haberse previsto la conservación de espacios libres necesarios para la higiene y el esparcimiento de la población y sin más organización que la de alinear las casas al borde de las calles. Esta imprevisión ha creado un grave problema, no sólo de higiene sino también de organización urbana pues todo organismo que se desarrolle desordenada y extraordinariamente denuncia su anormalidad"[49]. Reconocidos urbanistas extranjeros, como Le Corbusier, se asombraban de este crecimiento anómalo, diagnosticando una "enfermedad" urbana. El francés no dudaba en afirmar que "Buenos Aires, la ciudad de gran destino de Sudamérica, está más enferma que ninguna. Justamente porque es de naturaleza fuerte y juvenil, ha sufrido en su crecimiento relámpago el asalto acelerado de los errores"[50].

En definitiva, la situación era paradójica, puesto que la emergencia de una concepción de la ciudad-municipio de carácter funcional convivía con un diagnóstico sobre la presencia recurrente y creciente de diversas disfuncionalidades, frente a las cuales el Estado municipal era percibido como un actor que poco podía hacer. Es por ello que la proliferación de planes urbanísticos convivía con las recurrentes críticas sobre sus ineficacias. Quizá la mayor expresión de deseos de lograr una ciudad funcional fue la llevada a cabo a través de los proyectos de *zoning*[51], que se planteaban como meta, en palabras del prestigioso arquitecto Jorge Kalnay– autor entre otras obras emblemáticas de la ciudad, del Luna Park–, "la estructuración adecuada de cada zona, de acuerdo a su función correlativa a la ciudad"[52]. Un ejemplo de este enfoque fue el proyecto del Poder Ejecutivo municipal[53], no materializado aunque ampliamente discutido en la época, de "refuncionalizar" la ciudad, estableciendo el Centro Cívico en la zona del Parque Rivadavia, que permitiría concentrar las funciones administrativas y mejorar el tránsito.

---

[49] Memoria Municipal de la MCBA, 1935.

[50] Le Corbusier, "Plan director para Buenos Aires", en *La Arquitectura de hoy*, año 1, n° 4, Buenos Aires, 1947, p. 7.

[51] Un breve recorrido por los antecedentes porteños en relación a las políticas de zonificación fue desarrollado por Tella (1997).

[52] "Zoning y reglamento funcional", *Revista de Derecho y Administración Municipal,* n° 59, 1935.

[53] El proyecto del Ejecutivo recuperaba tres iniciativas presentadas por diversos concejales, que concordaban, con algunas diferencias de matices, en el proyecto de traslado del Palacio Municipal, alegando que la descentralización de los edificios públicos era beneficiosa para la ciudad. El mensaje del Poder Ejecutivo puede leerse en la *Revista de Derecho y Administración Municipal,* n° 10, 1930.

Uno de los defensores de este cambio[54], el entonces secretario de la Sociedad Central de Arquitectos, Julio Otaola[55], argumentaba a favor del proyecto, alegando que "la 'agrupación' y 'localización racional' de las funciones que forman el complejo organismo de una ciudad, o como se le ha dado en llamar, su 'división funcional', es la más importante directiva del urbanismo moderno"[56], y continuaba diciendo que "para la realización del 'zoning' o establecimiento de núcleos o centros de funciones especializados, hemos visto que únicamente razones de orden funcional son las que deben tenerse en cuenta"[57]. Sin embargo, ni ésta ni otras iniciativas de refuncionalización de la ciudad tuvieron éxito.

En este contexto urbano, social e institucional la relación entre las autoridades públicas y los habitantes de la ciudad no se estructuró a partir de una administración burocrática y centralizada, sino que se orientó hacia una regulación ordenada sobre las lógicas imperantes de sociabilidad de la época, prioritariamente a nivel barrial. En efecto, en el marco de este crecimiento escasamente regulado, Buenos Aires profundizó un proceso iniciado hacia fines de siglo, cuando comenzaron a desarrollarse los primeros vecindarios, lo cual dio origen a nuevas formas de vínculos entre sus integrantes, que comenzaron a demandar a las autoridades públicas por una integración a la ciudad. Ya entrados en el siglo XX, luego de la democratización y tecnificación del gobierno de la ciudad, estos núcleos de población se convirtieron en barrios.

El pasaje del "vecindario" al "barrio", como propuso Gorelik (1994), no puede ser entendido simplemente como la consecuencia del desarrollo urbano, sino como derivación de una acción estatal. Los barrios comenzaron a ser pensados como unidades con vida y necesidades propias, que debían ser atendidas por la Municipalidad. En este sentido, Gorelik distingue entre

---

[54] Diversos análisis que acompañan al proyecto pueden consultarse en Clemente Zamora, "Proyecto de mejoramiento edilicio en la zona del Parque Rivadavia de la Ciudad de Buenos Aires", en *Revista de Derecho y Administración Municipal*, n° 3, 1929; del mismo autor "Se proyecta la construcción del futuro Palacio Municipal de la Ciudad de Buenos Aires. Mensaje enviado al Honorable Concejo Deliberante por el Departamento Ejecutivo de la Municipalidad)", *Revista de Derecho y Administración Municipal*, n° 1, 1930; y del mismo Julio Otaola, "El centro cívico de la Ciudad de Buenos Aires. Fundamentos y necesidad de la división funcional", *Revista de Derecho y Administración Municipal*, n° 45, 1933.

[55] Julio Otaola fue secretario de la Sociedad Central de Arquitectos, entre 1932 y 1935. En 1933 proyectó el Ceentro Cívico para la Ciudad de Buenos Aires. En su destacada trayectoria profesional, accedió a cargos públicos municipales y universitarios, llegando a ser Jefe de Planificación del Departamento de Urbanismo de la Municipalidad de Buenos Aires y Rector de la Universidad de Buenos Aires.

[56] Cf. Julio Otaola, *El Centro Cívico de la Ciudad de Buenos Aires*, Talleres Gráficos Ferrari, Buenos Aires, 1933, p. 13.

[57] *Ibid.*: 35-36.

el vecindario, ligado al crecimiento de la ciudad, y el barrio, como objeto de acción estatal. Y plantea que este último se materializa hacia la década del 10, cuando el Estado comienza a actuar activamente sobre los espacios que hasta entonces tenían escasa relación entre sí[58]. Es posible agregar que este proceso se profundiza en las décadas del 20 y del 30, ya que es a través de los barrios que se configuró una particular manera de estructurar tanto el proceso de democratización como de tecnificación del gobierno de la ciudad, en el marco de una urbe que crecía desmesuradamente y un Estado municipal desbordado por este crecimiento.

La literatura sobre la historia de Buenos Aires enfatiza, generalmente, la relación entre el barrio y la democratización de la sociedad urbana en el período de entreguerras. Ello se debe a que, en buena medida, como ha analizado Denis Merklen, el barrio se instituyó en un espacio en el que se planteaba la "igualdad" de los vecinos, aun cuando ésta se manifestara a partir de la carencia. Como ha sugerido este autor (Merklen, 2001), gran parte de la solidaridad construida por los habitantes de los nuevos núcleos y suburbanos se construía a partir de la búsqueda de lograr que la Municipalidad respondiera a sus necesidades de servicios públicos, asfalto, teléfono, etc. En ese marco, fue vital la construcción de las sociedades de fomento, que si bien existían ya desde fines del siglo XIX, y como mencionamos en el capítulo pasado eran alentadas por los poderes públicos[59], en las primeras décadas del siglo XX crecieron considerablemente en número. Estas asociaciones son frecuentemente analizadas como parte de un complejo más amplio, en el que se incluye a los clubes, las bibliotecas populares, etc. En este esquema, se repite generalmente una mirada idealizada de ellas, basado en el supuesto de que las mismas constituyeron "nidos de la democracia", puesto que en ellas "se elegía y se era elegido, se expresaban opiniones –la práctica de hablar en una reunión o en una asamblea- y se escuchaban otras; se disentía, se llegaba a acuerdos y se aprendía a respetar las diferencias. Pero además, en pos de solucionar los problemas barriales, se aprendió a dialogar con el poder municipal" (Gutierrez y Romero, 1995: 161).

Sin negar este proceso, esencial para comprender el desplazamiento de una noción restrictiva a una más igualitaria del sujeto vecino, luego de su

---

[58] Como analiza Gorelik, "la expansión urbana existía desde antes, pero ella sólo aparece como problema cuando los vecindarios a través de los que ella se producía devinieron el artefacto público barrio" (1994: 44). En este sentido, Gorelik plantea que el clásico libro de Scobie (1977) no permite dar cuenta de la construcción efectiva del barrio, puesto que termina su estudio en 1910, que es cuando comienza a establecerse una acción más marcada por parte del gobierno municipal.

[59] "Villa Catalinas. La Sociedad de Fomento", *Revista Municipal*, 16 de febrero de 1895; "Villa Catalinas. La Sociedad de Fomento", *Revista Municipal*, 23 de abril de 1895, y especialmente "Sociedades de Fomento. Un ejemplo a imitar", *Revista Municipal*, 14 de junio de 1895.

democratización a partir de la incorporación a esta categoría al conjunto de trabajadores de los sectores populares, previamente pensados como ajenos a la Municipalidad, nos interesa analizar el lugar que jugaron los barrios y sus asociaciones en la estructuración de una particular forma de concebir y estructurar el gobierno de la ciudad-municipio, que combinaba los procesos de democratización, profesionalización y tecnificación con la participación barrial, en el marco de una ciudad en continua expansión y un Estado impotente ante semejante cambio. En este sentido, cómo se estructuró un gobierno que podríamos denominar el "gobierno de los barrios", con la doble lectura que posibilita esta fórmula. Es, en primer lugar, el modo en que los barrios se constituyen como sujetos de gobierno, con sus representantes, sus identidades, sus instituciones. Pero es, también, el modo en que el Estado municipal gobierna a los barrios, los construye como objetos de gobierno.

No buscamos oponer al relato que postula que las sociedades de fomento fueron el resultado de un espíritu asociativo o a una estrategia colectiva de resolución de problemas de los vecindarios una lectura que plantee una creación *ex profeso* que respondería a un plan premeditado por parte del Estado, pero sí remarcar que la forma adoptada no es ni natural ni la única que podría haberse desarrollado. Si bien es cierto que la masificación de las sociedades de fomento respondió a una forma de suplir a las Comisiones de Higiene, que funcionaron hasta 1927[60] pero que desaparecieron por ser resabios del municipio doméstico decimonónico, tal cambio deja de ser evidente. En otras palabras, la desaparición lógica de estas últimas no explica por sí misma la adopción de las primeras. Se podría, por ejemplo, haber mantenido las subintendencias que existían previamente, y que poco tiempo antes eran propuestas como el modo más adecuado para tramitar los problemas de los vecindarios, como se expresaba en las Memorias Municipales de 1908[61]. Se podría, también, haber creado una modalidad de elección de representantes barriales elegidos por el voto de los vecinos, como ocurriera en algunos períodos del siglo XIX o en el último cuarto del XX con la instauración de los Consejos Vecinales. Se podría, finalmente, haber desarrollado un Estado

---

[60] Hay una diferencia sustancial entre ambas: mientras que las Comisiones de Higiene eran "nombradas" o "designadas" por el poder municipal, las sociedades de fomento lo eran por ser parte de los vecinos del barrio. En este sentido, se modifica el tipo de vínculo, que pasa de la lógica de la delegación de funciones administrativas al reconocimiento.

[61] En la Memoria se expresa: "Actualmente tenemos tres subintendencias: Belgrano, Flores, y Boca y Barracas. El trabajo realizado por ellas, queda expuesto en el cuerpo de la memoria y patentiza una colaboración de los vecindarios, tendientes á generalizarse. [...] En una palabra, Buenos Aires requerirá con el tiempo á semejanza de Londres, una serie numerosa de subintendencias, dependientes de la administración central por el momento, y que poco á poco, dada su importancia permitirá una división absoluta, de completa vida municipal de que hoy carece". *Memoria Municipal* de MCBA, 1908: VIII.

burocratizado a través de una multiplicidad de agencias destinadas a actuar sobre los diversos problemas sociales en cada rincón de la ciudad.

Sin embargo, se optó por darles un lugar destacado a los barrios, lo que tuvo implicancias no sólo en cuanto a al nivel de civismo de los vecinos, sino en lo relativo al modo de configurar el gobierno técnico, y de delimitar las características particulares del juego partidario. En cuanto al primer aspecto, fue vital el proceso de "reconocimiento" de las asociaciones vecinales. El primer reconocimiento estatal fue el 25 de noviembre de 1919 por medio de una ordenanza sancionada por el Concejo Deliberante. En 1920, el intendente José Luis Cantilo creó un registro. En 1927, se reconoció la exclusividad de la "representatividad" de cada asociación en un radio delimitado. En 1933, el intendente indicó que eran "entidades representativas" que perseguían el "bien común" del "barrio" y creó a una oficina destinada a controlar el vínculo entre el Estado y las asociaciones. En suma, este tipo de entidades era especialmente considerado por la Municipalidad, como se observa en la Memoria Municipal de 1933-1934, en la que se expresaba que "la organización local del vecindario en entidades populares creadas con propósitos de bien común –cual es el fomentar el progreso de la zona o barrio donde vive y actúa– ha sido especialmente considerada y alentada en todo momento, por entender que esta clase de entidades –cuando no exceden su objetivo específico– constituye un valioso elemento de colaboración y utilísimo expediente para llegar al conocimiento directo de las necesidades y los deseos de los vecinos"[62]. Y en la de 1935, en la que se afirmaba que "la acción desarrollada, el cúmulo de mejoras efectivas incorporadas a los barrios y la firme decisión del D.E[63] fomentando la creación de estas entidades –reconociéndoles categoría representativa y propósitos de bien común- han contribuido para que en la actualidad no quede barrio que carezca de esa entidad eminentemente popular".

Como vemos, las sociedades de fomento suponían un modo específico de canalizar las respuestas técnicas de los poderes municipales. El punto crucial para entender a esta modalidad es la noción de reconocimiento, un mecanismo esencial en la construcción de la autoridad estatal, que permite a través de un acto administrativo instituir la representación de determinado grupo o asociación[64]. El reconocimiento le permite al Estado actuar sobre la sociedad

---

[62] *Memoria del Departamento Ejecutivo 1933-1934, op. cit.*, pp. 305-306.

[63] Departamento Ejecutivo.

[64] En cuanto a la noción de reconocimiento seguimos a Frederic (2004, 2003), que plantea que el reconocimiento es el mecanismo que le permite al Estado instituir la representación de determinadas asociaciones. De esta manera se invierte la relación de representación, porque ésta no depende de que sean consideradas representativas por parte de los individuos que las integran, sino que sean reconocidas por los poderes públicos. Véanse también Bourdieu (1981) y el capítulo 4 de Landau (2008c).

apelando al mismo tiempo a su necesaria diferencia con los poderes públicos. Es, en este sentido, un dispositivo que actúa en la frontera, en el límite entre lo estatal y lo no estatal. Lo que constituye su razón de ser es la legitimación de la representatividad de determinada institución, la cual se considera habilitada para cumplir determinados fines. A través del reconocimiento de los representantes de las sociedades de fomento se constituye una figura que es central en el gobierno de los barrios: la del vecino-gestor. Esta categoría supone la existencia de determinados individuos que, a través de ser investidos y reconocidos como representantes de la sociedad de fomento, y a través de ella, del barrio, se instituyen en los mediadores entre la comunidad de pertenencia y los poderes públicos. La figura del vecino-gestor supuso una forma particular de pensar la relación entre el barrio y los poderes públicos: la participación debía hacerse en la escala barrial, y suponía la conformación de la demanda que debía realizarse frente a la Intendencia o el Concejo Deliberante. Pero se mantenía sin embargo una demarcación clara entre lo relativo al Estado municipal y lo concerniente a la comunidad barrial. Los vecinos-gestores operaban como intermediarios entre el barrio y los poderes públicos. En este sentido, el gobierno de los barrios inauguró un discurso que constituyó a partir de entonces un lugar común en la gestión de los asuntos municipales: la crítica a la burocratización (el "expedienteo", según la fórmula más habitual de la época) de la Municipalidad y la valoración de la acción directa, cercana y personal de los funcionarios comunales.

Así, durante la década del 30 era frecuente que los funcionarios realizaran "giras" por los barrios, con el fin de conectarse directamente con las problemáticas de los vecinos, que se transmitían a través de sus representantes de las sociedades de fomento. En relación a éstas, en la Memoria Municipal de 1933-1934 se argumentaba que "la explicación directa y personal que en cada caso puede hacerse ante los representantes del vecindario afectado o ante el vecindario mismo en el propio lugar, alcanza un poder de convicción que no lo consigue la fría resolución administrativa"[65]. Es preciso diferenciar este gobierno de los barrios de la descentralización administrativa o el gobierno descentralizado. La descentralización había sido un tópico recurrente del derecho administrativo y de la discusión política hacia fines del siglo XIX. Pero el gobierno de los barrios no era un gobierno descentralizado. Era un modo de estructurar el vínculo "directo" entre los vecinos y el poder central, en donde toda lógica de intermediación era vista como problemática. Se puede plantear, como hipótesis, que es justamente la imposición de este modelo, y su temprano éxito, lo que constituyó una forma de

---

[65] *Memoria del Departamento Ejecutivo 1933-1934, op. cit.*, p. 306.

pensar el gobierno de la ciudad que impidió el desarrollo de un proceso de descentralización.

El gobierno de los barrios no sólo impactó a nivel de la resolución técnica de los problemas urbanos a través del vecino-gestor, sino que tuvo una incidencia significativa en cómo se estructuró la lucha partidaria y se delimitaron las características distintivas del cargo de concejal. Luego de la reforma de 1918, se modificaron los ejes sobre los que se estructuró el gobierno de la ciudad. Una de las razones de ello fue que, con la universalización del sufragio masculino, se avanzó hacia una mayor democratización de las relaciones entre los grupos de la ciudad. Cuando nos referimos a la democratización, lo hacemos en los términos propuestos por Norbert Elias, que utiliza este término para referirse a una reducción del diferencial de poder de los distintos grupos sociales, que conlleva la creación de una relación de representación en la cual, a diferencia de la auto-representación del juego oligárquico, se desarrollan cada vez más "funcionarios, portavoces y representantes" de los individuos del "plano inferior" (Elias, 1991: 105). La democratización en la configuración relacional llevó a la conformación de un sistema partidario porteño, siguiendo un doble proceso. Por un lado, se dio la especialización y remuneración de las tareas, sobre lo que nos hemos detenido más arriba. Para vivir de un cargo público es indispensable que sea pago, es decir, que constituya un medio de vida para los agentes y grupos, que hacen de él su principal medio de ingresos. Sólo de este modo se puede garantizar la dedicación de individuos de escasos recursos económicos que no forman parte de las elites sociales y económicas, lo que no ocurría bajo el gobierno de los notables. Por otro lado, se destaca la creación de una relación de representación y delegación, en la que los representantes se instituyen como la voz de los representados (Bourdieu, 1981, 1996). Para que esta relación funcione, los políticos deben poder basar su legitimidad en la realización de lo que Pierre Bourdieu denominó el "efecto de oráculo" (Bourdieu, 1981), a través del cual el portavoz se presenta como un individuo sin interés personal, que sólo está allí para interpretar el interés de la ciudadanía.

Es en esta construcción del vínculo representativo que el "barrio" jugó un lugar destacado, en el contexto de una ciudad que combinaba un sistema de partidos nacionales, el PS y la UCR, con la articulación de demandas sociales de los distintos sectores de la ciudad. En este marco, los partidos no actuaban solos, sino que se inscribían dentro de la extensa red de organizaciones barriales y sociales, entre las que se destacaban, por su peso simbólico y su reconocimiento estatal, las sociedades de fomento. No hay que perder esto de vista, puesto que permite comprender cómo, pese a la primacía de los partidos de ideas por sobre la representación sectorial, se estableció un mecanismo de articulación de las demandas heterogéneas de los distintos grupos sociales y sus representantes partidarios. Para comprender cómo se estructuraban estas dinámicas, es interesante preguntarse por los modos en que se desarrollaba la vida partidaria y se designaban los candidatos que luego tendrían un cargo de concejal. Las sociedades de fomento se presentaban como apolíticas, siguiendo una manera muy arraigada de concebir las relaciones de la ciudad como ajenas a la lucha partidaria. Durante el mismo período, el crecimiento de la UCR y del PS obedeció a una presencia territorial, con la creación de comités u otras instituciones barriales, a través de las que se reclutaba a los nuevos integrantes. Estos dos procesos se articulaban ya que con frecuencia los mismos individuos formaban parte de asociaciones y partidos. En algunos casos, además, asociaciones que se presentaban como apolíticas estaban ligadas a partidos, especialmente el radical (Horowitz, 1999; Rock, 1997).

Era la vida de cada barrio la que nutría a los partidos de sus principales referentes, en un proceso en el que se articulaba la mediación de las demandas sociales y las luchas por la representatividad de un espacio de la ciudad. Estas dinámicas se materializaron apenas se puso en práctica la nueva ley, lo que permite comprender por qué casi la totalidad de los candidatos provenían de la participación partidaria barrial. Los partidos, en especial la UCR, seleccionaban los candidatos entre los referentes más encumbrados de cada barrio (Rock, 1997: 125). Ello hacía que uno de los rasgos más significativos de esos años fuese la intensa lucha por controlar los comités. Si bien ésta era la característica de la UCR, no era exclusiva de ella. Era difícil llegar a ser reconocido como un referente local sin articularse con las demandas vecinales, que estaban en manos de las sociedades de fomento. Por ello, muchas veces el reconocimiento como un referente social de alguna sociedad de fomento era el paso para ganarse adeptos, desde allí dar la pelea partidaria, y conseguir finalmente un lugar en las listas de candidatos (*ibid.*: 126-127).

Esta particular forma de configuración de relaciones demarcaba también los rasgos más significativos de la tarea de concejal, una vez que se accedía a la banca. Quienes se sentaban en el Concejo Deliberante oficiaban como mediadores entre las demandas de sus seguidores barriales y los objetivos partidarios. Esta característica no era exclusiva de los partidos más orgánicos, sino que los pocos casos exitosos de carreras locales ajenas a los partidos mayoritarios, como el del concejal José Penelón, se basaron en una duradera articulación con los intereses barriales. La trayectoria de este concejal constituye un caso emblemático de cómo se articulaban demandas locales y cargos electivos, aun por fuera de los dos partidos más masivos. Antiguo cuadro partidario del Partido Comunista, se diferenció respecto a la necesidad de articulación con las sociedades de fomento barriales. Ello le valió la expulsión en 1927, momento en el que decidió formar su propia agrupación, con la cual obtuvo una banca en varias ocasiones, gracias a los votos de las asociaciones barriales que le respondían. Su éxito fue posible, además, por la proporcionalidad sin umbral mínimo de votos, que permitía el acceso a una banca de grupos minoritarios.

Capítulo **IV**

Gobernar la Buenos Aires peronista: la ciudad funcional y el gran organismo nacional

Gobernar es delegar

Se le atribuye a Juan Domingo Perón decir que el intendente tiene tareas más complejas que resolver que el presidente, porque mientras que este último sólo maneja dos, política nacional y política internacional, el primero tiene a su cargo tres: alumbrado, barrido y limpieza. Más allá del carácter fidedigno o no de la frase, la ironía que encierran estas palabras es un muy buen ejemplo del modo en que el primer peronismo concibió el gobierno de la Capital Federal[1]. A principios de la década del 40 la ciudad vivía el mayor período de coexistencia entre ambas ramas del gobierno porteño, ya que el Concejo Deliberante funcionaba ininterrumpidamente desde la reforma de la ley orgánica municipal de 1917. Sin embargo, en 1941 el vicepresidente Ramón Castillo lo intervino y lo reemplazó por una "Comisión Interventora de Vecinos nombrada por el Poder Ejecutivo Nacional, justificando su accionar por las denuncias de corrupción sobre algunos concejales. Posteriormente, en 1943, dicha comisión fue disuelta y las funciones del Concejo Deliberante cedidas al intendente. Ésta era la situación institucional cuando Perón accedió a la presidencia en 1946. En ese marco, el peronismo profundizó un proceso ya iniciado, puesto que el mismo estaba en consonancia con

---

[1] Es extraño constatar que la literatura especializada ha analizado con mayor detalle la Buenos Aires finisecular, o la Buenos Aires de entreguerras, pero son escasos los estudios que se planteen un análisis sistemático de este período. Entre los escasos trabajos sobre la Buenos Aires peronista, puede consultarse Berman (2009, 2010).

las principales ideas que Perón y sus colaboradores tenían sobre el modo en que debían relacionarse los poderes locales con los nacionales. Un repaso por algunos proyectos claves permite ahondar en ellas.

En junio de 1946, el Poder Ejecutivo Nacional sometió al Congreso de la Nación los lineamientos centrales del "Plan de Gobierno 1947-1951", más conocido como "Primer Plan Quinquenal". Esa ocasión fue la primera en que Perón se refirió siendo presidente al modo de estructurar las instituciones capitalinas. En su discurso, manifestó que "el Poder Ejecutivo desea dotar a la Capital de la Nación de un régimen municipal concordante con la Constitución Argentina"[2]. Por supuesto que esta declaración no significaba nada en sí misma, puesto que la misma Constitución era ambigua al respecto y su sentido dependía del modo en que fuera interpretada. Por este motivo el proyecto incluido en el plan quinquenal pretendía saldar las diferencias de criterio, para asegurar plenamente las atribuciones del presidente y del Congreso. Al justificar dicha posición, el secretario técnico de la presidencia aclaraba que "el gobierno de la ciudad queda en manos de dos poderes democráticamente elegidos, que son el presidente y el Congreso de la Nación. En lo que hace al primero con facultad de delegar y en lo que hace al segundo, con igual facultad de delegar sus funciones en comisiones integradas por senadores y diputados elegidos por la Capital Federal y representantes de grupos mayoritario y minoritario. No queda desconocida ninguna representación popular y se gana en eficacia mediante este sistema. Naturalmente que el Congreso en pleno podrá recabar para sí el conocimiento de cualquier asunto y, desde luego intervendrá forzosamente en la aprobación de los presupuestos de la Comuna"[3].

Esta misma línea argumental se profundizó unos años más tarde, a partir de la elaboración de diversos proyectos de ley que buscaban reformar el sistema vigente hasta entonces. En 1948, los senadores peronistas Pablo Ramella y Alberto Teisaire presentaron una iniciativa que, si bien tuvo un despacho favorable en la Comisión de Asuntos Municipales del Senado, no llegó a tratarse en el recinto. Sin embargo, constituye un reflejo fiel del modo en que el peronismo concebía el modelo de gobierno de Buenos Aires, que luego sería adoptado en la Constitución Nacional de 1949. El proyecto se planteaba fijar el "sentido genuino" de la Constitución, y para ello, entre otras reformas, el intendente era suplantado por un comisionado y el Concejo Deliberante por una Comisión nombrada por el Congreso. Como expresaba por entonces el senador Ramella al presentar el proyecto: "No puede haber [...] un gobierno

---

[2] Citado por Gomez Forgues (1950: 49).
[3] *Ibid.*: 50. En este texto pueden consultarse también las bases proyectadas para el gobierno de Buenos Aires, según las estipulaba el proyecto de ley.

electivo en la Capital de la República, lo que no obsta a que el Poder Ejecutivo nombre empleados o comisionados para que ejecuten sus órdenes"[4]. Y luego afirmaba: "Quiero hacer referencia a algunos conceptos que considero fundamentales, sobre todo en lo que respecta al término 'comisionado' que ha sido puesto a designio porque, en mi concepto, responde al verdadero sentido jurídico que deben tener las funciones de la persona que ejercerá en nombre del presidente, las funciones del gobierno municipal de Buenos Aires. Es diferente el concepto de 'mandato' que el de 'comisión'. El mandato, en el orden político es dado únicamente por el pueblo; en cambio, la comisión puede ser dada por un funcionario que ejerce el mandato del pueblo a otro a fin de que cumpla una función o determinadas funciones, porque el mandatario no puede cumplir por sí mismo todos los actos de gobierno. […] Todo lo que hace el comisionado es fiel reflejo de la voluntad del gobernante que lo ha enviado"[5].

La diferencia entre mandato y comisión marca la distancia que separaba dos sentidos muy distintos en lo relativo al gobierno de Buenos Aires. En el primer caso se mantenía un ideal de participación de los habitantes en la selección de sus autoridades, más allá del modo y el alcance que adquiriera la elección. En el segundo, por el contrario, se fortalecía el carácter delegativo y meramente administrativo. Las autoridades municipales, en esta línea, no serían gobernantes sino meros funcionarios que responden a éstos. La deliberada diferenciación entre estas dos formas de concebir a las autoridades municipales constituye, quizá, la expresión más clara del modo en que el peronismo configuraba su lógica gubernamental: la participación de los ciudadanos en relación a sus gobernantes se resumía en la elección del presidente de la Nación, que era la única figura que condensaba el poder de mando, siendo el resto meros ejecutantes de sus órdenes.

Estos antecedentes sirvieron de base a la hora de reformar la Constitución Nacional, en 1949. Poco tiempo antes de la Convención Constituyente, el Consejo Superior del Partido Peronista planteaba la necesidad de reformar la Constitución para, entre otros objetivos, "definir de una vez por todas que cuando la Constitución atribuye al Congreso la legislación exclusiva en todo el territorio de la Capital, se refiere a las funciones normativas de orden municipal" (Gomez Forgues, 1949: 55). Casi al mismo tiempo, el *Boletín Municipal* publicaba una extensa nota del secretario de Hacienda y Administración de la Municipalidad, Roberto Tamagno, sobre el "régimen institucional de la Capital" que expresaba, según sus palabras, el "pensamiento vivo" de la Municipalidad. En este artículo Tamagno sostenía que

---

[4] *Diario de Sesiones del Senado de la Nación*, 21 de mayo de 1948, p. 338.
[5] *Ibid.*, 24 de junio, p. 679.

el gobierno del "Distrito Federal", (siguiendo la denominación que el peronismo adoptó para referirse a la Capital Federal), tenía su fundamento en la "delegación" y no en el mandato popular: "No puede haber en el Distrito Federal otras autoridades electivas que no sean el presidente de la República y los miembros de las dos cámaras del Congreso. Claramente es menester afirmar que ni aun en lo que típicamente pudiera tener de edilicio el gobierno del distrito sería posible o conveniente la existencia de autoridades comunales elegidas por los habitantes de la Ciudad de Buenos Aires. [...] El gobierno que le dio la ley, no la Constitución, de *Municipalidad,* hizo que se la subestimara, asimilándola a un municipio provincial. El gobierno del presidente en el Distrito Federal, no puede llamarse Municipalidad, aunque tenga, entre otras funciones, las que impone la organización urbana"[6].

Con estos antecedentes se llegó al debate de la reforma de 1949. El argumento para sostener la modificación del esquema de gobierno de la Capital era que lo que se estaba haciendo era la interpretación correcta del texto constitucional de 1853. Así, por ejemplo, el convencional Arturo Sampay, una de las mayores referencias jurídicas del peronismo, considerado el mayor ideólogo de la Constitución reformada, decía que "el régimen existente en la Constitución [...] fue desnaturalizado por las leyes que el Congreso dictó acerca del gobierno y de la administración de la Capital Federal" (Gomez Forgues, 1949: 58). Y luego el convencional Julio Avanza completaba que "nosotros aspiramos a dar solución constitucional a esta cuestión, porque entendemos que si bien la Constitución del '53 la resuelve de manera clara, es necesario evitar que intérpretes apresurados u hombres de gobierno sin sentido de lo nacional, de lo federal, puedan volver a darle a la cláusula constitucional una interpretación distorsionada o equívoca" (*ibid.*).

Desde la sanción de la Constitución Nacional de 1949, Buenos Aires pasó a ser concebida desde una lógica completamente centralizada en la figura del presidente y el Congreso, quienes serían las únicas posibles autoridades electivas. Concretamente, el artículo 83, inciso 3, pasó a establecer que el presidente "es el jefe inmediato y local de la Capital de la Nación, pudiendo delegar estas funciones en la forma que determinen los reglamentos administrativos". Esta aclaración al texto de 1853 introducida por la reforma estaba destinada a reforzar el carácter delegativo y administrativo del gobierno de la ciudad, eliminando toda posible interpretación de un gobierno municipal autónomo. Además, la invocación a los "reglamentos administrativos" tenía

---

[6] "Publicamos a continuación un artículo que condensando el pensamiento de la Municipalidad sobre el régimen institucional de la Capital Federal subscribe el Secretario de hacienda y Administración Dr. Roberto Tamagno", *Boletín Municipal de la Ciudad de Buenos Aires*, n° 8475, 10 de enero de 1949, p. 5488.

como consecuencia la eliminación de la ley orgánica municipal, vigente hasta entonces, que pasaba a ser inconstitucional.

En resumen, lo que muestra este breve recorrido por los momentos más relevantes en los que las elites peronistas plantearon su posición respecto al modo en que debía articularse el gobierno de Buenos Aires con el de la Nación es la puesta en primer plano de una concepción de la ciudad y su gobierno dependiente de los poderes nacionales, a partir de la lógica de la delegación administrativa. Este esquema era inédito en el gobierno de Buenos Aires desde la sanción de la Ley 1260, puesto que si bien en el pasado se había invocado la necesidad de fortalecer la presencia del Gobierno nacional, y se había incluso suspendido recurrentemente el normal funcionamiento del Concejo Deliberante, se mantenía no obstante la tensión inaugurada por la ley orgánica municipal que, como se argumentaba en la mayoría de los momentos de quiebre institucional, había sido suspendida sólo "momentáneamente" o "excepcionalmente". En otras palabras, aun cuando se intervenían las instituciones porteñas, permanecía intacto el horizonte de una futura normalización, que respondiera a lo establecido por la ley. Luego de la sanción de la Constitución Nacional de 1949 la misma ley fue eliminada, y en consecuencia lo que hasta entonces era la excepción pasó a constituir la regla. De este modo, el peronismo clausuraba todas las tensiones asociadas con la resolución de la problemática municipal, en cuanto a lo referente a la elección de autoridades, conformación del padrón electoral, o dinámicas de representación, al enmarcar a Buenos Aires casi como una dependencia más de las autoridades nacionales.

En este sentido, el peronismo adoptó una posición que ya en los debates de 1881 y 1882 era minoritaria, según la cual Buenos Aires no podía ni debía contar con ningún grado de autogobierno municipal, sino ser considerada como una ciudad nacional, y en consecuencia gobernada por los poderes federales. La consecuencia lógica fue el reforzamiento de una concepción técnica y administrativa del gobierno de la ciudad, puesto que el único objetivo de sus instituciones y sus gobernantes debía ser la resolución práctica de la voluntad de los poderes nacionales. Esta impronta puede observarse en el perfil de quienes ocuparon el cargo de intendente. El primero de ellos, entre 1946 y 1949, fue Emilio Siri, un dirigente bonaerense de origen radical, que formaba parte de FORJA, y que había sido intendente de Mercedes y diputado nacional por la provincia de Buenos Aires en los períodos 1924-1928 y 1928-1930. Luego, Siri fue reemplazado por el entonces secretario de Obras Públicas de la Nación, Juan V. Debenedetti, quien ocupó el cargo hasta 1952. Posteriormente, fue desplazado por Jorge Sabaté, un arquitecto que había sido presidente de la Asociación Central de Arquitectos, y que con la llegada del peronismo tuvo a su cargo trabajos ligados con la Fundación Eva Perón y la Comisión Honoraria de la Ciudad Universitaria. Finalmente, el último intendente peronista fue Bernardo Gago, quien ocupó el cargo entre 1954 y el golpe de Estado de 1955. Gago era un diputado bonaerense de extracción gremial que había sido intendente del partido de 4 de Junio, actual Lanús. Como vemos, todos ellos pueden ser considerados cuadros políticos peronistas y, en algunos casos, cuadros técnico-expertos, como Debenedetti o Sabaté. Sus credenciales eran la fidelidad política y la pericia técnica, sin importar cuán cercanos estuviesen de la realidad política porteña.

La eliminación del Concejo Deliberante cortó de raíz un proceso iniciado en las décadas previas, en el que se había configurado una particular resolución de la representación a escala municipal, a partir de la primacía de los cuadros partidarios barriales, como analizamos en el capítulo pasado. Si entonces era posible observar una complementariedad entre una búsqueda por resolver los problemas de representación y los de resolución técnica de los asuntos gubernamentales, a partir de entonces este esquema se modificó drásticamente. La supresión de la elección municipal conllevó a un lógico reforzamiento del argumento técnico y experto, aquel que consideraba el gobierno comunal sólo desde el punto de vista de la resolución eficaz de los múltiples asuntos que constituyen los problemas sociales de la ciudad.

Naturalmente, se abre el interrogante por las causas que llevaron al peronismo a seguir este camino. Es sabido que la Ciudad de Buenos Aires no se caracterizó, precisamente, por ser su mayor punto de apoyo. Más bien, la historiografía coincide en mostrar que la Capital Federal se constituyó en un bastión de los sectores antiperonistas. La composición social de la ciudad y su posicionamiento político permiten comprender parcialmente por qué el peronismo se decidió por un gobierno porteño directamente regido por los poderes nacionales. Una de sus preocupaciones era, lógicamente, tener una injerencia directa en un terreno en el que se concentraban algunos de sus mayores grupos opositores. Pero el análisis que proponemos pretende sobrepasar la correlación entre la ciudad antiperonista y el carácter delegativo del gobierno de la ciudad, porque ello no permite avanzar en la consideración que el peronismo le asignaba al gobierno porteño en un marco de sentido más abarcativo.

Si bien el caso de Buenos Aires es particular, por ser la Capital Federal, la lógica delegativa se hizo presente también en el modo en que el peronismo encaró el gobierno de las principales capitales provinciales del país. Luego de la reforma de la Constitución Nacional de 1949, se instó a las provincias a hacer lo propio para incorporar los nuevos principios constitucionales a sus cartas magnas. De este modo, por ejemplo, grandes ciudades como La Plata, Córdoba o Santa Fe pasaron a estructurar su gobierno de manera delegativa, aunque en este caso en relación a los poderes políticos provinciales[7]. En los casos de los municipios más chicos, la situación varió a lo largo del país, pero la tendencia centralizadora se impuso. En la Provincia de Buenos Aires, por ejemplo, los municipios fueron gobernados entre 1945 y 1948 por comisionados directamente elegidos por el Poder Ejecutivo nacional[8].

Los similares derroteros de las principales ciudades argentinas muestran que, más que un problema específicamente porteño o exclusivamente asociado a la clásica tensión entre los poderes locales y nacionales en el caso de las Capitales Federales, de lo que se trataba era de la particular forma en que el peronismo se enfrentaba al problema de la articulación entre las elites políticas centrales y las locales. Problema que, como analizó Oscar Aelo, no era exclusivo de la gestión de los municipios o las provincias, sino que incluía también aspectos relacionados con el modo de concebir la propia organización del Partido Peronista. En un documento del Consejo Superior del Partido Peronista, de 1952, atribuido a Perón, se planteaba que en lo relativo a la organización partidaria era conveniente eliminar los "caudillos" locales, para establecer un modo de conducción que, aunque no eliminara del todo el aspecto local, lo subordinase al nacional. Por eso, se proponía "formar 'comandos' que reemplacen a los comandantes, germen de los caudillos en política" (Aelo, 2010: 186). Lo dicho permite comprender por qué un análisis que intente tomar en cuenta el marco de sentido que encuadraba la posición peronista debe interpretar sus orientaciones como una derivación de los fundamentos mismos sobre los que planteaba su política y no sólo como aspectos puntuales asociados con las peculiaridades de la situación de la Capital Federal.

La ciudad funcional y el organismo nacional

La singularidad peronista debe buscarse en el modo de articular las dimensiones de la vida civil, política y social en su concepción de gobierno, que conllevaba una particular idea del modo en que debía gobernarse una ciudad en relación al pasado. Antes de referirnos explícitamente a ello, es preciso recordar la fuerza que ocupaba lo social como justificación de toda máxima gubernamental del peronismo. El propio Perón, en su libro *Doctrina Peronista*, subrayaba su importancia, frente a lo político o lo económico. En

---

[7] Para el caso platense, cf. Marcilese (2009), para el cordobés Tcach (1991), para el santafecino Macor (2004).
[8] Cf. Salomón (2010).

sus palabras, "nuestra Revolución tiene un fundamento significativamente social, vale decir: ha dado el centro de gravedad de su actividad al fenómeno social y no al económico y al político, que los ha considerado como elementos coadyuvantes al social que es, para nosotros, el centro de gravedad de nuestra Revolución. [...] El gobierno de un pueblo es un problema social. Aquel se tecnifica y la política se racionaliza a medida que la vida colectiva adquiere mayor complejidad. [...] El gobernante que en estos días no haya llegado a comprender que el gobierno cada vez más, pasa a ser un problema social, habrá perdido el tiempo en buscar remedios a una justa agitación de masas incomprendidas y sin justicia social. [...] [El contenido de la Revolución] ha sido de carácter social por la simple razón de que el mundo evoluciona hacia lo social y el gobierno de los pueblos va siendo cada vez menos político, para ser cada día más social" (Perón, 76-75 :1947).

Lo social ocupaba un lugar central, puesto que era la forma de criticar al "individualismo liberal". Como ha señalado Ricardo Sidicaro (2008), las elites peronistas se nutrían de diversas ideologías, desde el marxismo al tomismo, pero todos compartían la idea de que las libertades liberales tenían sólo un carácter meramente formal, puesto que no ponían en discusión las desigualdades sociales. Como contrapartida no buscaron la abolición de las relaciones sociales capitalistas, sino la construcción de una "democracia social", que buscaba la constitución de un capitalismo integrador, distante del "atomismo" que está en la base de la democracia liberal, fuertemente criticada. Un folleto realizado en momentos de la reforma constitucional de 1949, cuyo objetivo era explicar de manera sencilla los fundamentos y los alcances de la nueva Constitución Nacional, permite observar esta posición.

Folleto *Conozcamos nuestra Constitución*, Universidad de Buenos
Aires, Buenos Aires, 1950, pp. 8-9.

Allí leemos en una página que "la Constitución de 1853 legisla casi exclusivamente el orden político. De allí su concepción individualista. Cada individuo es un átomo aislado frente al Estado. De acuerdo a esta concepción no se consideran sociedades intermedias entre individuos y Estado. No se habla ni de familia, ni de clases sociales, ni de asociaciones profesionales. El individuo es considerado solo como ciudadano, no como trabajador, padre y esposo. El individuo vive así en unidad". Y en la siguiente, se compara estos principios con los consagrados en la Constitución de 1949, para la cual "el individuo no vive en unidad. Vive en comunidad. Y es trabajador, padre, esposo. Y forma familia. Y las familias integran el municipio. Y constituye clases sociales. Y se reúne en asociaciones profesionales. El individuo y todas estas sociedades naturales forman la comunidad. La real legislación social debe contemplar al individuo como formando parte de esa comunidad"[9].

Como se aprecia, la legislación social aparece como una concepción que busca distanciarse del liberalismo para incorporar concepciones de gobierno que no contemplen a los individuos en forma aislada y en contraposición con el Estado. En su lugar, se recurre a la noción de comunidad, asociada con

---

[9] *Conozcamos nuestra Constitución*, Universidad de Buenos Aires, Buenos Aires, 1950, pp. 8-9.

el modo de articulación de relaciones que contemplan lo social. La noción de comunidad es central en el ideario peronista, ya que se vincula con una fórmula muy utilizada por Perón: la "comunidad organizada"[10]. Tal como ha analizado Sidicaro, "esta idea de comunidad organizada se proponía como alternativa al individualismo liberal y al colectivismo marxista. La primera de esas cosmovisiones se desinteresaba totalmente de lo que sucede con el hombre, decía Perón, en tanto que la segunda lo oprimía y anulaba totalmente. Así, el peronismo, a su entender, se colocaba en el justo medio y en busca de la armonía entre individuo y sociedad" (Sidicaro, 1995: 139).

En su búsqueda de desarrollo de este capitalismo integrador, el peronismo construyó su identidad, marcada por una persistente referencia a un supuesto pasado en el que reinaba el abstencionismo estatal (Altamirano, 2001) y la inauguración de una nueva etapa de protección, con la llegada de Perón al Departamento Nacional del Trabajo en 1943 y la posterior creación de la Secretaría de Trabajo y Previsión. Más allá de que en alguna medida las políticas peronistas fueron una profundización y sistematización de algunos antecedentes previos[11], lo cierto es que el peronismo logró articular como nadie antes un modo de integración social basado en el trabajo y la regulación estatal[12]. Si, como mencionamos en el capítulo 2, las tensiones propias de las desigualdades que hicieron estallar la cuestión social hacia fines del siglo XIX fueron resueltas a partir de la conformación de la figura del *trabajador* moderno y las políticas laborales y sociales incluyentes, el peronismo significó quizá el punto más alto de ese proceso iniciado previamente.

---

[10] La idea de "comunidad organizada" fue formulada por Perón en el cierre del Primer Congreso Nacional de Filosofía, desarrollado en Mendoza en 1949. Cf. Juan Perón, "Conferencia pronunciada en el Primer Congreso Nacional de Filosofía", Subsecretaría de Informaciones de la Presidencia de la Nación, Buenos Aires, 1949. Puede consultarse también "La comunidad organizada en el pensamiento vivo de Perón", *Mundo Peronista*, n° 31, octubre de 1953.

[11] Cf. Suriano y Lobato (2014).

[12] El ejemplo más cabal de ello es la llegada de Perón al Departamento Nacional del Trabajo en 1943 y la posterior reforma hacia lo que sería la Secretaría de Trabajo y Previsión. De este organismo pasaron a depender, además del viejo Departamento Nacional de Trabajo, otras reparticiones: las cajas de jubilaciones existentes en ese momento (la de los obreros y empleados de empresas particulares, la de los periodistas, la del personal civil, la de los ferroviarios, la de los bancarios y la de los marinos mercantes), así como la Junta Nacional para Combatir la Desocupación, las secciones de higiene industrial y de leyes de previsión social de la Dirección de Salud Pública y Asistencia Social, la Comisión de Casas Baratas, la Cámara de Alquileres, la Comisión Asesora para la Vivienda Popular, la Dirección de Inmigración, el Tribunal Bancario y la Comisión Honoraria de Reducción de Indios. Es decir, se aglutinaron una serie de instituciones hasta entonces desconectadas y se asociaron bajo una meta unificadora, que supuso una transformación estatal profunda. Era la primera vez que una institución estatal contaba con tantos recursos y competencias para actuar sobre lo social, al punto que Perón mismo, en una conferencia de 1944, dijo que con la STP "se inicia la era de la política social en Argentina".

Como han reseñado Andrenacci, Falappa y Lvovich (2004), el peronismo se caracterizó por profundizar una política social "en el centro", a través de una mayor regulación pública de los contratos de trabajo y un aumento de los salarios reales, producto de una alianza entre el gobierno y los sindicatos. Las políticas sociales "en los márgenes" no desaparecieron, sino que por el contario ocuparon un lugar destacado, continuando con algunas prácticas de ayuda directa canalizada por organismos no estatales, aunque resignificadas a partir de un lenguaje de derechos. En 1945 se decretó el control del Estado de todos los fondos destinados a la asistencia social. Un año más tarde la Sociedad de Beneficencia de Buenos Aires fue intervenida, así como las sociedades de beneficencia que operaban en las provincias. Posteriormente, en 1948, se creó la Fundación Eva Perón, sobre la que profundizaremos más adelante, que fue la que suplantó a la Sociedad de Beneficencia como mediadora de la asistencia social, luego de algunos intentos de institucionalizar y estatizar la misma. A diferencia de lo que sucedía en las distintas sociedades de beneficencia, en la Fundación no se distinguía entre merecedores y no merecedores de ayuda: se hablaba de derechos sociales y la ayuda no se limitaba a la satisfacción de una necesidad básica.

En suma, como señalaron Andrenacci, Falappa y Lvovich, bajo el primer peronismo se terminaron de estructurar "las formas de la política social que serían las características de un 'modelo argentino' de Estado Social o de Estado de Bienestar: la fuerte tutela jurídica del contrato de trabajo, junto con un sistema abarcativo (aunque fragmentado) de seguros sociales; la extensión cualitativa y cuantitativa del sistema educativo público, junto con una red desintegrada y laxa pero efectiva de grandes instituciones sanitarias públicas; y una asistencia social semiestatizada y politizada con nuevos tipos de transferencias distributivas, tales como las asignaciones familiares y la política de vivienda social" (Andrenacci, Falappa y Lvovich, 2004: 87-88).

Es este marco general de ideas el que nos permite comprender cómo el peronismo concebía a las ciudades en general y a Buenos Aires en particular. Como hemos analizado en el capítulo 1, hacia fines del siglo XIX, las elites políticas porteñas pensaban al municipio como una agrupación de individuos con intereses civiles en común, dados por sus relaciones de vecindad y sus vínculos económicos. Según esta concepción doméstica, no todos los habitantes eran considerados como miembros del municipio, sino sólo los vecinos, que en el lenguaje de la época refería sólo a aquellos que "contribuían" a partir de la paga de un impuesto directo, y que en virtud de ello tenían derecho al voto. De esta particular postura derivaba la manera de pensar la administración municipal, que estaría compuesta por una sumatoria de tareas de bajo nivel de complejidad que podrían ser llevadas a cabo por los vecinos-contribuyentes, puesto que sólo tendrían como meta establecer un mínimo marco de acuerdo para el desarrollo de la vida civil.

Esta mirada doméstica fue puesta en cuestión en las primeras décadas del siglo XX, como hemos analizado en el capítulo 2, a partir del estallido de la cuestión social y la impugnación de la desigualdad por parte de los sectores populares. A partir de entonces, la concepción orgánica, que había sido introducida por los higienistas para pensar la problemática urbana, se fundió con las perspectivas sociales introducidas por los aportes del derecho o la sociología, argumentando a favor de la existencia de una ciudad-municipio de carácter funcional, dado el carácter complejo de las relaciones sociales y económicas de todos los habitantes de la urbe. Esta concepción se impuso con la reforma de 1917, a partir de la cual se reconoció como *vecinos* a los *trabajadores*, de modo que se democratizó la pertenencia al cuerpo colectivo. A partir de entonces, la ciudad-municipio comenzó a ser considerada como una unidad social definida por la interdependencia y solidaridad entre sus miembros, que se materializaba en el espacio urbano, tal como hemos descripto en el capítulo pasado.

El sentido otorgado por el peronismo al gobierno de la Ciudad de Buenos Aires puede ser identificado por su posición respecto a estos antecedentes. Las críticas recurrentes contra el individualismo liberal se presentaban también para pensar la ciudad-municipio. La crítica a la concepción de la ciudad como el conjunto de intereses civiles, tal como por ejemplo era sostenido por la mirada clásica del municipalismo decimonónico, fue presentada por una editorial de la revista *Plumadas*, editada por el Ateneo de Bancarios[13], en momentos de celebrarse el Primer Congreso Argentino de Higiene de las Ciudades, en 1954. Allí se expresaba la distancia respecto del pensamiento sobre las ciudades en términos "clásicos": "Para la definición de los clásicos, ciudad es un conjunto de calles y edificios. Para el peronismo, es fundamental la vida de los hombres, las mujeres, los niños y los ancianos que se encuentran en ese conglomerado, a veces amorfo. En la definición clásica se confunde puerilmente, lo accesorio con lo principal. El continente con el contenido. Para el peronismo lo principal es el contenido, es decir la felicidad de esos hombres, esas mujeres, esos niños, esos ancianos. [...] La doctrina de Perón propugna [...] ciudades limpias, sanas y bien abastecidas, [ciudades que traduzcan] el bienestar y la felicidad de un pueblo sano y noble como el nuestro que goza del derecho consagrado por el Justicialismo"[14]. Estas palabras recuerdan a las expresadas por Rousseau en el *Contrato social*, cuando distingue la *ville*

---

13 Como analiza Cipolla (2016), la revista *Plumadas* fue publicada por el Ateneo Bancario Argentino con el propósito de afirmar las ideas peronistas en el gremio bancario, en relación con otros sindicatos.

14 *Plumadas*, n° 73, enero de 1954, p. 17.

(el conjunto de casas) y la *cité* (el conjunto de ciudadanos)[15]. Pero si, para éste, la apelación a la diferencia entre *ville* y *cité*, entre las "casas" que hacen a la *ville* y los "ciudadanos" que conforman la *cité*, se hacía para remarcar el carácter político de la ciudad por sobre su realidad económica y civil, para el peronismo la apelación al "conjunto de calles y edificios" se hacía para argumentar que no es ello lo que contituía a la ciudad, sino su "contenido" eminentemente social.

En ese marco, el peronismo continuó con las concepciones funcionales desarrolladas desde las décadas previas, y con la invocación al gobierno técnico y experto, manteniendo un argumento que sostenía el contenido social de las ciudades. Sin embargo, la diferencia radicaba en la negativa a considerarlas como unidades independientes. Para el peronismo, la ciudad era considerada como una parte constitutiva de la "comunidad organizada", una "célula" de un organismo funcional que la englobaba, y un medio para la adquisición de los derechos que garantizaran la "justicia social".

En otras palabras, la ciudad era el ámbito de los *trabajadores*, pero no en tanto meros *vecinos* de un espacio territorial delimitado, sino en tanto *ciudadanos* de una comunidad nacional en la que se enmarcaba la ciudad. Claro que esta noción de ciudadanía tenía mucho más de social que de política. Como analizó Daniel James, "el atractivo político fundamental del peronismo reside en la capacidad de redefinir la noción de ciudadanía dentro de un contexto más amplio, esencialmente social" (1990: 27). A esta lógica social la complementaba con lo que Peter Waldmann denominó el "compromiso de solidaridad". Como plantea este autor, "Perón expresó de modo muy claro su decisión de renunciar a las políticas tradicionales al insistir permanentemente en el lazo de solidaridad que debía unir a todos los ciudadanos y a todos los grupos" (1985: 52). De esta manera, la cuestión del gobierno de la ciudad, en Buenos Aires, comenzó a ser pensada como parte integrante de una cuestión que la excedía, y que era la del gobierno nacional.

En las décadas previas, quienes sostenían que Buenos Aires era un conjunto social lo hacían predominantemente para enfrentarse a una concepción restrictiva, que seguía sosteniendo que el municipio era de los vecinos-contribuyentes que aportaban económicamente, y que su gobierno debía ser sólo una administración de los asuntos civiles derivada del voto censitario. En este marco, lo social era la justificación que permitía plantear la necesidad de un gobierno municipal basado en el sufragio universal, para incorporar a los

---

[15] Esta diferencia expresada por Rousseau en una nota al pie de su célebre capítulo VI ("Del pacto social"). Allí expresa en referencia a la palabra *cité*: "Le vrai sens de ce mot s'est presque entièrement effacé chez les modernes; la plupart prennent une ville pour une cité et un bourgeois pour un citoyen. Ils ne savent pas que les maisons font la ville mais que les citoyens font la cité". Para una edición en español, cf. Rousseau (1940: 29).

trabajadores al cuerpo municipal. Las elites peronistas dieron un paso más, que desembocó en una posición antagónica respecto a estos antecedentes. El argumento era que precisamente el desarrollo de lo social había desbordado a las ciudades como unidades independientes, para fundirlas a un todo nacional. Por esta razón no podían ser concebidas simplemente como una unidad en sí misma, tal como postulaba la ciudad-municipio funcional. En consecuencia, lo social era movilizado para argumentar en contra de la autonomía municipal y para despolitizar aún más la ciudad como objeto de gobierno, negando cualquier posibilidad de participación de los habitantes en sus propios asuntos comunales. De este modo, se enmarcaba a la ciudad en una lógica de administración delegativa por parte del poder presidencial.

Gobernar la ciudad, planificar la nación

La subsunción de la ciudad en la problemática general de la sociedad nacional estaba en consonancia con el desarrollo de la problemática urbana de Buenos Aires en los últimos años, que hacía cada vez más difícil plantearla como una unidad social independiente, en la que la problemática urbana se desplegaba dentro de los límites municipales. Los siguientes mapas nos permiten vislumbrar la gran diferencia entre la urbanización de fines del siglo XIX y mediados del XX.

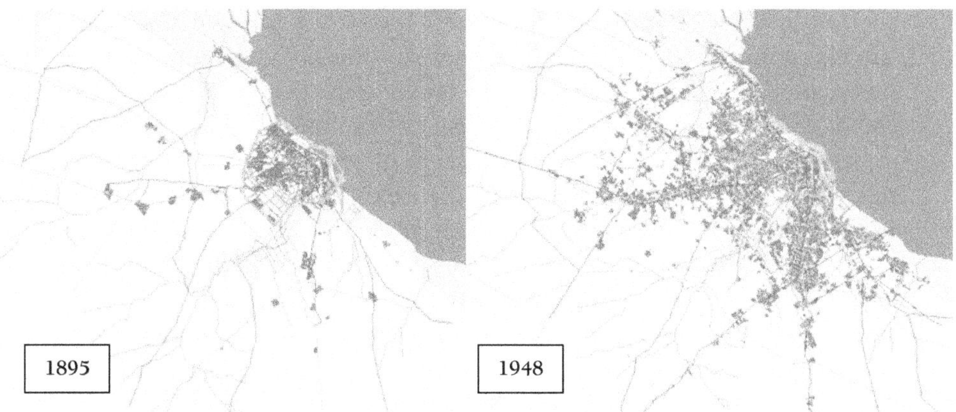

Arriba izquierda: Buenos Aires en 1895. Arriba derecha: Buenos Aires
en 1948. Fuente: Novick, Alicia; Collado, Federico y Favelukes,
Graciela. Atlas Ambiental de Buenos Aires. Accesible en línea: http://
www.atlasdebuenosaires.gov.ar/aaba/index.php?option=com_conten-
t&task=view&id=27&Itemid=23&lang=es. Último acceso, 6 de julio
de 2017.

El primer plano, que muestra la situación urbana de 1895, difiere del
segundo, de 1948. La idea de la unidad urbana y municipal, elaborada en
las primeras décadas del siglo XX, era muy difícil de sostener para finales
de los 40, puesto que para entonces la ciudad ya se había construido en su
totalidad, y la mancha urbana se extendía, hasta hacer de Buenos Aires y
sus municipios aledaños un conjunto sin más diferenciación que los límites
jurisdiccionales.

En este nuevo marco, se hacía evidente el desacople de la ciudad y el
municipio. Uno de los primeros en advertirlo fue el destacado geógrafo
Romualdo Ardissone, que en 1937 alertaba sobre la diferencia entre la ciudad
real y el municipio como límite jurisdiccional. Según su razonamiento, en
1887, los límites establecidos eran un "vestido holgado en exceso", puesto
que superaban los de la ciudad real. Pero cuarenta años después ese vestido había quedado chico, por lo que se preguntaba si no había llegado el
momento de confeccionarle otro, más "moderno y anatómico", ensanchando
nuevamente los límites jurisdiccionales[16]. A diferencia de lo ocurrido en el
pasado, en este caso se optó por mantener los límites jurisdiccionales, estableciendo por primera vez una situación que devino en una de las tensiones
más agudas del gobierno de Buenos Aires en las décadas siguientes: la exis-

---

[16] Cf. Ardissone (1937). Un análisis del texto en el marco de las reformas urbanas de la década
de 1930 puede leerse en Gorelik (2004a: 392-408).

tencia de una ciudad que se extiende por fuera de los límites jurisdiccionales. Pero el crecimiento desmedido de Buenos Aires no sólo introdujo la tensión entre el municipio y la ciudad, sino que también alertó sobre la relación entre Buenos Aires y el país. Como señalamos en el capítulo 1, la extensión de los límites jurisdiccionales en 1887 se hizo a partir del argumento de que fortalecer la ciudad porteña era potenciar el país todo. Pero para la década del 40 el excesivo y desordenado crecimiento de la ciudad invirtió el modo en que las elites políticas y técnicas pensaban este vínculo. En 1940 Ezequiel Martínez Estrada popularizó su célebre metáfora de la "Cabeza de Goliat"[17]. La desmesura de Buenos Aires era ya decididamente considerada como una anomalía que debía ser solucionada, y para ello la ciudad no podía seguir siendo pensada como una unidad enmarcada en unos límites jurisdiccionales que no mostraban su verdadero desarrollo urbano y social.

Cuando Perón accedió a la presidencia en 1946 se encontró con una situación diferente a la de sus predecesores. Por un lado, por la tensión entre el municipio y la ciudad. Por el otro, por el desarrollo excesivo de Buenos Aires y sus consecuencias para el país. Frente a esta situación, el peronismo articuló sus respuestas sobre la eliminación del municipio como referencia independiente, con lo cual potenció el aspecto regional y nacional. De este modo, pretendía resolver las tensiones enmarcando cada unidad en una mayor que la englobara: el municipio de Buenos Aires en su vínculo con el Gran Buenos Aires, y el Gran Buenos Aires enmarcado en la Nación.

En consecuencia, el peronismo diseñó diversas medidas con un doble propósito: comenzar a desarrollar políticas de corte regional y enmarcarlas dentro de un plan nacional. Entre las primeras se destacó la creación de la Oficina para el Estudio del Plan de Buenos Aires (EPBA), en 1947, bajo la dirección de Jorge Ferrari Hardoy. En los considerandos de la norma municipal que la constituyó se afirmaba que "se ha engendrado de manera pronunciada y sin responder a un plan u orden preconcebido, una urbe de tamaño y población desmesurada en relación con el resto del país. [...] Que todo ello hace indispensable la planificación del país, tarea que ha afrontado con empeño el Gobierno nacional y que implica también la planificación de la Capital Federal y zona circunvecina, la que debe ser encarada sin demora alguna en el Municipio de Buenos Aires. [...] Que asimismo es indispensable crear una conciencia urbanística en la población, divulgando los problemas y soluciones, e inculcando en la opinión pública el concepto de que ninguno es más urgente que el de reordenar la ciudad en miras a una vida más sana,

---

[17] La recordada frase pertenece a Martinez Estrada (1940).

más higiénica y más feliz"[18]. Una perspectiva similar fue adoptada en el primer plan quinquenal, en el que la acción sobre la Ciudad de Buenos Aires y su zona aledaña se enmarcaba, además, en una búsqueda de equilibrio con otras regiones del país, que procuraba quebrar la centralización excesiva en Buenos Aires y trataba de desarrollar otros centros urbanos, como Tucumán, Resistencia, Santa Fe, Paraná, Rosario, Córdoba o Mendoza. Por ese motivo se planteaban como metas la construcción de diques, usinas hidroeléctricas, trazados de caminos, extensión de las redes ferroviarias, escuelas, viviendas, etc.[19]. En ese marco la Ciudad de Buenos Aires quedaba integrada, junto a los 22 partidos del Gran Buenos Aires y tres secciones de las islas del Tigre, en una de las 74 zonas en las que el país se dividía.

Este intento por reubicar el lugar de Buenos Aires respecto al resto del país no fue en desmedro de su importancia, puesto que junto a estas políticas de articulación ciudad-región-país se desarrollaron diversas políticas de corte social, centradas en aspectos como salud, educación, vivienda, recreación, etc. Al hacer foco en lo social, el peronismo puso como una de sus preocupaciones prioritarias el problema de la vivienda, que aquejaba a gran parte de la población, ya que según el censo de 1947, el 82,4% de las casas de Buenos Aires eran alquiladas, y sólo el 17,56% de los residentes eran de propietarios. El camino elegido fue la construcción de unidades colectivas, ubicadas por lo general en zonas extra céntricas, sobre todo al sur y al oeste de la ciudad[20], como el Barrio Los Perales[21], en Mataderos, o el barrio 17 de Octubre, en Av. De los Constituyentes y Av. General Paz. En todos los casos, se vendían a los sectores populares a través de una política crediticia de bajo interés. En el discurso de inauguración del Barrio Los Perales, el intendente Siri aprovechó para plantear la estrecha relación entre el problema de la vivienda y la organización social. Para el entonces intendente, la construcción de barrios de monoblocks como el que se estaba inaugurando constituía una "solución intermedia"[22] que garantizaba el acceso a la casa propia, aunque en una modalidad en la "que acaso exista aún un colectivismo discutible"[23], que debía

---

[18] Creación del Estudio del Plan de Buenos Aires", *Boletín Municipal*, año 24, n° 8178, 1947: 2826-2828.

[19] Una reseña de las principales políticas municipales durante el peronismo puede consultarse en "La Ciudad de Buenos Aires durante el gobierno justicialista, 1945-1955", CD-ROM, Legislatura de la Ciudad de Buenos Aires, 2007.

[20] Un mapa con los nuevos complejos puede verse en Ballent (2009: 45).

[21] Cf. Aboy (2003, 2005).

[22] "Intendencia Municipal. Discurso pronunciado por el intendente Municipal, Dr. Emilio Siri, en el acto inaugural del barrio de viviendas 'Los Perales'", *Boletín Municipal de la Ciudad de Buenos Aires*, 6 de septiembre de 1949, p. 6326.

[23] *Ibid.*

dejar paso en algún momento a "que cada familia [cuente con] su pequeño predio en el cual esa célula social se realice"[24].

Junto a la política de vivienda, la Municipalidad desarrolló otras formas de acción social. Una de ellas fue la creación de un fondo destinado a garantizar la atención gratuita para todo ciudadano, sea o no porteño, en todos los servicios de la asistencia pública de la ciudad. El Dr. Raúl Molina, en una conferencia transmitida por radio en 1948, asociaba esta decisión al "humanismo" del peronismo. Decía que "naturalmente, estas ideas humanistas han de chocar contra los criterios estrechos, sobre todo de aquellos que sólo ven a la ciudad en un aspecto aislado, creyendo que son entes independientes del gran organismo nacional"[25]. La concepción de la ciudad como parte de un "gran organismo nacional" era la que posibilitaba que la misma fuese percibida desde un prisma eminentemente social.

A través de esta "nacionalización" del gobierno social de la ciudad, todos los problemas locales (vivienda, transporte, higiene, etc.) eran interpretados como problemas generales cuyo marco de referencia no podía ser la Municipalidad sino el Gobierno central. Un dato significativo que se relaciona con esta cuestión es el de la reforma en el modelo de implementación de los servicios públicos urbanos. Como ha analizado Pedro Pirez, el modelo adoptado luego de la federalización había sido la gestión descentralizada-privada, en la que los servicios eran concebidos como "actividades productivas dentro de la jurisdicción municipal a cargo de empresas privadas, generalmente extranjeras" (Pirez, 1999: 5). Con el peronismo se sustituyó este modelo por otro de gestión centralizada-estatal, que culminó con la incorporación, en la Constitución de 1949, de un artículo (el art. 40) por el cual los servicios públicos sólo podían ser prestados por el Estado, y las empresas privadas serían expropiadas. En palabras de este autor, "se configuró un modelo centralizado-público. Centralizado porque los servicios pasaron de la órbita municipal a la federal. Público porque se crearon empresas de propiedad estatal que se hicieron cargo de ellos" (*ibid.*: 7).

Para dar respuesta al gobierno de la ciudad social, el peronismo profundizó el carácter técnico-administrativo de la Municipalidad. En continuidad con las perspectivas de desarrollo de un gobierno administrativo cada vez más complejo, en 1943 el Poder Ejecutivo Nacional dispuso la modificación de la estructura administrativa de la Municipalidad, aumentando de dos a cuatro las secretarías. Más tarde, en 1945, se reglamentó dicho cambio, quedando establecidas las Secretarías de Hacienda y Administración, de Obras

---

[24] *Ibid.*

[25] Conferencia pronunciada por el Dr. Raúl Molina, por L.S. 1 Radio Municipal sobre el tema "función social de la Municipalidad moderna", *Boletín Municipal de la Ciudad de Buenos Aires*, n° 8363, 20 de agosto de 1948.

Públicas e Industrias, de Salud Pública y Abastecimiento y de Cultura y Policía Municipal. Además, profundizó una concepción técnica apoyada sobre los saberes expertos que se habían gestado en las décadas previas. En este sentido, se valió de las enseñanzas del derecho municipal que incorporaba lo social, de las ciencias de la administración, de las ciencias sociales y del urbanismo. Sin embargo, no hubo una continuidad en relación a las décadas anteriores, sino una innovación dada por el cambio de referencia para pensar el gobierno de la ciudad, que pasó de lo local a lo nacional.

Varias figuras provenientes del mundo jurídico y urbanístico fueron claves en este pasaje. Dentro del campo del derecho, ya desde comienzos de la década del 40, algunos juristas de la talla de Adolfo Korn Villafañe planteaban una concepción del urbanismo muy amplia, que se fundía con la regulación estatal de las relaciones económicas. Korn Villafañe fue la referencia más destacada de la llamada Escuela de la Plata, que proponía la autonomía municipal, en una posición opuesta a la Escuela del Litoral, cuyas principales plumas eran Rafael Bielsa y Alcides Greca. Hijo de Alejandro Korn, miembro del colegio novecentista en su juventud, y de fuerte impronta católica y anti-liberal, Korn Villafañe planteaba ya en 1940, explicitando su acuerdo con Bielsa y Greca, que el urbanismo postula una "teoría intervencionista del Estado", que no debe ser sólo de las Municipalidades sino también del Estado nacional o provincial, ya que hay problemas "urbanísticos", como el de la "vivienda popular", la "alimentación popular" y el "aumento de la natalidad", que corresponden al Gobierno nacional[26]. En este sentido, el urbanismo quedaba muy cerca de la concepción de la política social moderna, al ubicarse en el plano de la desmercantilización y la regulación de servicios sociales, dentro de un esquema de un Estado interventor.

En esta línea, en 1942 Korn Villafañe publicó un sugerente artículo, bajo el título de "Ontología del urbanismo social". En pocas páginas, citaba a Karl Marx y a la Encíclica *Rerum Novarum* para incorporar la noción de "justicia social" a las tres formas de justicia propuestas por Santo Tomás de Aquino (la conmutativa, la distributiva y la legal). En la lectura de Korn Villafañe, debido a la "evolución histórica de los grandes ritmos económicos, el obrero como *trabajador*, apareció como sujeto máximo de toda regulación de justicia social"[27], lo cual hizo surgir la legislación del trabajo. Sin embargo, esta regulación es limitada, porque el obrero no sólo vive para su trabajo sino que pasa una parte en descanso. Es sobre ello que debía actuar, para él, el "urbanismo social"[28], como "parte importantísima del planteo cristiano de

---

[26] Korn Villafañe, Adolfo (1940), "El urbanismo y las Municipalidades", *Revista de Derecho y Administración*, 1940, n° 120, p. 117.

[27] *Ibid.* 142.

[28] *Ibid*, p. 645.

la cuestión social". En sus palabras, "la legislación que ha de regular la relación de la clase proletaria con las otras clases sociales durante el ocio, es precisamente el urbanismo social, doctrina científica que constituye el fundamento de un futuro sistema de legislación del descanso, paralelo al sistema de legislación del trabajo"[29]. Este urbanismo social era muy diferente al urbanismo ornamental (destinado a obras y monumentos) y al del urbanismo físico (asociado al orden y seguridad de los habitantes). Para su acción, en "el urbanismo social se integra recíprocamente la acción del jurista-sociólogo, con la del médico, del ingeniero, del arquitecto y del artista"[30].

Como vemos, la irrupción de Perón en la escena política argentina estaba marcada ya por una perspectiva que comenzaba a desplazar las nociones de urbanismo centradas en la ciudad a la de regulaciones más amplias. En este sentido, del mismo modo en que, como sostienen varios autores, la política estatal intervensionista desarrollada por Perón fue la continuación de un proceso que se remonta a los años de Yrigoyen, el modo de concebir al gobierno de la ciudad es hijo de una concepción que venía incubándose previamente. Entrados ya en los 40, esta tendencia se profundizó, y llegó a consolidarse a partir del abandono del término urbanismo y la aparición del planeamiento y la planificación. Si la unidad del urbanismo era la ciudad, el planeamiento vino a postular la necesidad de actuar desde una perspectiva regional y nacional. En ese marco, el planeamiento (en tanto herramienta asociada a los hechos urbanos) se vinculó con la planificación (en tanto técnica de ordenamiento de una acción de gobierno en el tiempo). Como ha señalado Anahí Ballent, "la planificación tuvo un rol destacado en la ideología del peronismo, aunque no siempre fuera llevada a la práctica. La 'mística del plan', tal como lo planteaba la prensa partidaria, no se limitaba a la economía, sino que, al menos como ideología, permeaba otros aspectos de la vida social. Esto lo tenían muy en cuenta las autoridades municipales, como el intendente Siri, que expresó en 1948 que 'no podemos admitir que la ciudad continúe creciendo si obedecer a un plan, y menos hoy que estamos viviendo la era de la planificación, que ha sido el resultado ineludible de una época de desorden que la economía liberal hizo sufrir al mundo contemporáneo'" (Ballent, 1993: 192). En este marco, el peronismo se relacionó con los principios del CIAM[31], con la planificación funcional, aunque al igual que en el

---

[29] *Ibid.:* 642.

[30] *Ibid.:* 645.

[31] La sigla CIAM es la abreviatura de los Congresos Internacionales de Arquitectura Moderna, desarrollados entre 1928 y 1956. El CIAM es un movimiento principalmente europeo, liderado por Le Corbusier, que enunció sus principios en la "Carta de Atenas", cuyas diferentes versiones fueron publicadas entre 1932 y 1941. El CIAM propone dividir a la ciudad en zonas diferenciadas por las "funciones" urbanas: habitar, trabajar, recrearse y circular. Estos principios fueron adoptados en la Argentina de posguerra.

pasado, los resultados fueron mayores en los principios y en el discurso que en la práctica[32].

Así como Carlos Della Paolera fue una figura ineludible del urbanismo de entreguerras, en el pasaje del urbanismo al planeamiento se destacó la figura de José Pastor. Recibido en la Escuela de Arquitectura de Buenos Aires, sin experiencia dentro del campo urbanístico, comenzó a cobrar notoriedad a través de la publicación de varios artículos en los que discutía la forma de reconstrucción de San Juan luego del terremoto de 1944. Dichos artículos fueron publicados en el libro *Urbanismo con planeamiento, principios de una nueva técnica social*[33], donde postulaba que el "planeamiento" es un modo de actuar sobre las ciudades que se diferencia tanto del estilo haussmaniano de principios de siglo XX, que habría confundido su tarea con la de la obra pública, como del urbanismo de las décadas del 20 y 30, que centraban sus acciones en los ámbitos municipales, sin tener en cuenta que la ciudad no existe si no es por la articulación con la región y el país todo. Como se puede apreciar, Pastor no abandonaba la concepción de la ciudad orgánica-funcional, pero la asociaba a una referencia que excedía a la urbe en tanto unidad. En este sentido, el planeamiento aparecía como la técnica más adecuada para gobernar las ciudades de masas, que en pocas décadas habían transformado su fisonomía. En Buenos Aires, esta perspectiva impregnó a las autoridades, ya que el peronismo hacía de la "planificación" su *leitmotiv* principal[34]. José Pastor, sin embargo, no llegó a ocupar ningún cargo en la Municipalidad de Buenos Aires. Quien sí lo hizo fue otra de las principales figuras del momento, el arquitecto Jorge Ferrari Hardoy, quien quedara a cargo del Estudio del Plan de Buenos Aires (EPBA), junto a Juan Kurchan. Ambos habían estudiado en París, bajo la tutela de Le Corbusier, y fueron sus colaboradores en la elaboración del plan director para Buenos Aires.

Durante el primer peronismo no se transformó solamente el saber urbanístico, sino que también hubo cambios muy significativos en el mundo jurídico que, hasta entonces, era una voz autorizada en materia de derecho municipal. Como expresamos más arriba, el peronismo tenía una concepción relativamente laxa en términos ideológicos, pero centrada en un rechazo a la postura del derecho liberal. Es por ello que, una vez que accedió al poder, se vivieron cambios en las cátedras universitarias, en los programas de estudio y

---

[32] En este sentido nos interesa remarcar que, si bien no hay que perder de vista la importancia que tuvo el discurso planificador durante el peronismo, que se extendió en varias esferas de lo social, su materialización en términos prácticos fue bastante limitada. Al respecto, Hardoy, en la década del 70, se permitía "poner en duda que haya existido planificación urbana en Argentina" (1972: 209).

[33] Cf. Pastor (1974). Para una trayectoria de Pastor, cf. Rigotti (2004).

[34] Al respecto, son ilustrativas las diversas frases publicadas en *Mundo Peronista*, bajo el título "La Planificación en el pensamiento vivo de Perón", n° 31, octubre de 1952.

en las principales figuras públicas. Esto tuvo consecuencias para las principales referencias del derecho municipal, que siguieron un camino dispar. En la Escuela del Litoral, Rafael Bielsa se mantuvo dentro de una tradición liberal, ajeno y distante del peronismo, aun cuando fue nombrado asesor del EPBA en 1947[35]. Sin embargo, durante sus últimos años de vida fue desplazado de su cátedra en la UNL, en 1953. Dentro de la misma universidad, Alcides Greca siguió un camino diferente, al formar parte, junto a su hermano Alejandro, del grupo de radicales que se acercaron al peronismo[36]. De todos modos, más allá de las historias personales, la llegada del peronismo modificó el estatuto del derecho municipal, ya que su postura reacia a reconocer cualquier posibilidad de autogobierno hizo que tomaran fuerza autores como Arturo Sampay o un muy joven aún John William Cooke. Sampay, particularmente, se convirtió en una figura central que, como hemos mencionado más arriba, fue vital a la hora de darle un marco jurídico a la interpretación constitucional contraria a todo autogobierno por parte de la Capital Federal.

El gobierno de la ciudad y la personalización de lo social

Para las elites peronistas gobernar la Ciudad de Buenos Aires suponía desarrollar políticas de corte social, llevadas a cabo por ejecutantes locales que serían delegados administrativos del Gobierno central. El interrogante que surge entonces es sobre el modo específico en que esta idea buscó ser institucionalizada. Es decir, por el modo concreto en que el gobierno social de la ciudad debía expresar un tipo de vínculo específico entre gobernantes y gobernados en Buenos Aires. La mirada social del peronismo no seguía las lógicas que se habían desarrollado en Europa. Si bien la influencia de Duguit o Houriou había sido muy intensa en los principales autores del derecho administrativo y municipal argentino, como Bielsa y Greca, que buscaron incorporar un marco normativo para que el Estado pudiera realizar una intervención "social" basada en la noción de "servicio público"[37], el modo en que se estructuró dicha idea distó profundamente de lo acontecido en el viejo continente. Una de las características del modo de gobierno peronista, como ha analizado Ricardo Sidicaro, es la idea de que era posible "expresar

---

[35] Así lo expresa Ferrari Hardoy en una carta a Le Corbusier del 11 de marzo 1948. Citado por Rigotti (2005: 412).

[36] Cf. Macor (2003).

[37] Cf. Bielsa (1937).

directamente los intereses del Pueblo, sin las intermediaciones partidarias, ya sea por la empatía establecida entre los conductores políticos y los sectores populares, con la recepción de su voluntad manifestada en reuniones multitudinarias y plebiscitarias, o bien mediante la pericia técnica de los aparatos estatales" (Sidicaro, 2008: 162).

En el caso específico de Buenos Aires, esta característica se sumaba al carácter delegativo analizado más arriba, lo cual generó como consecuencia una personalización de lo social, encarnada en las figuras de Evita y de Perón. El caso de la Fundación Eva Perón es ilustrativo. La misma fue creada al cerrarse definitivamente la Sociedad de Beneficencia de Buenos Aires y tomó como su primera sede el edificio que hasta 1941 había albergado al Concejo Deliberante y que luego fuera utilizado por Perón en su paso por la Secretaría de Trabajo y Previsión. Allí donde hasta hacía poco se reunían los concejales, comenzaron a funcionar las oficinas que tramitaban las ayudas sociales que la Fundación enviaba a todo el país. El cambio fue significativo tanto en términos prácticos como simbólicos. El edificio antes destinado a la representación local era ocupado para fines sociales nacionales. Este giro era potenciado por la fuerza que emanaba de la figura de Evita. El inmueble dejaba de ser identificado con su propósito original para fundirse en la figura de la primera dama y sus objetivos de asistencia social. Un dibujo publicado en la revista partidaria *Mundo Peronista*[38] es testimonio gráfico de este giro: en la foto se observa a Evita en primer plano, leyendo un libro del que sale una paloma, y la imagen se completa con la torre del edificio en que por entonces tenía sede la Fundación Eva Perón por detrás. La asociación del edificio con Evita era total, de modo que se borraba cualquier reminiscencia a su pasado de Concejo Deliberante.

---

[38] La revista *Mundo Peronista* circuló entre 1951 y 1955. Fue publicada como medio de difusión de la Escuela Superior Peronista, y contaba con artículos generales, sociales y políticos, en los que se expresaban las principales ideas justicialistas. Se caracterizaba por un estilo simple y directo, que buscaba acceder a las clases populares. Un análisis de su historia puede consultarse en Panella (2010) y Morales (2017).

Revista *Mundo Peronista*, 15 de marzo de 1954.

En el caso de Perón, la relación era aún más directa y se sustentaba en la falta de diferenciación entre incumbencias municipales y nacionales. En este sentido, la respuesta a un problema eminentemente local como podría ser la limpieza o la iluminación era planteada desde un discurso que lo inscribía en los logros generales del gobierno peronista y en una modalidad de resolución encarnada en la figura de Perón. Por ejemplo, en 1951, durante la preparación del Segundo Plan Quinquenal, el presidente convocó a las asociaciones de vecinos a dirigirle sus pedidos y recibió más de 19.000 carpetas (Acha, 2004: 213). La centralidad omnipresente de Perón puede observarse en el siguiente artículo de la revista *Mundo Peronista* de 1951 que condensaba, bajo el título "La nueva Capital de la nueva Argentina", los núcleos centrales del modo en que el peronismo construía su relato de la historia reciente del gobierno de la Ciudad de Buenos Aires.

"La nueva Capital de una nueva Argentina", *Mundo Peronista*, 1 de octubre de 1951.

El lector sabrá perdonar la longitud de la cita, justificada de todos modos por su gran riqueza:

Los letreros ya no anuncian proyectos ni encierran promesas, ahora señalan hechos. […] No obstante, cuando usted se detenga frente a esos letreros, y a esas obras, en la Ciudad de Buenos Aires, piense que aquí el "Perón cumple" quizá tenga un significado más amplio que en otras partes. Piense que aquí, en esta hermosa Capital, […] Perón cumple en forma personal y directa. Al hablar de las facultades del presidente de la República, dice la Constitución Justicialista, […] "Es el jefe local e inmediato de la Capital de la Nación". Es posible que usted, como otras personas, se pregunte por qué ocurre esto, ya que antes, como usted sabe, las cosas estaban organizadas de otra manera. Si usted se ha formulado esta pregunta, vamos a contestársela. Pero por ahora, permítanos que a nuestra vez le preguntemos algo: ¿Recuerda quiénes y cómo gobernaban antes en la Ciudad de Buenos Aires? Había un intendente y muchos concejales que dictaban normas a las que debía someterse el ejecutante, es decir, el intendente. Por lo tanto, gobernaban en realidad los concejales. Usted no habrá olvidado que esos ciudadanos ocupaban la mitad de su tiempo en repartir puestos para conseguir votos, y la otra mitad de tiempo en hacer negocios para conseguir dinero. […] Ahora, en cambio, el jefe natural de la Capital, que al propio tiempo es el presidente de la República, lo eligen todos los argentinos, a pluralidad de votos, y él gobierna para la *Capital Federal*, que es de *todos* los argentinos; y en representación de todos. Por lo tanto, el nuevo régimen, el sistema actual, es más democrático que el anterior. Y ya en tren de recordar, ¿qué me dicen de la forma en que se "gobernaba" antes? Si usted es un hombre que en aquellos tiempos vivía en el centro de la ciudad, es posible que recuerde con cierta "nostalgia" a aquellos concejales "democráticos". Porque, al fin de cuentas, ellos se preocuparon un poco de la clase de gente a cuyo núcleo suponemos usted pertenecía. Yo, en cambio, que entonces vivía en un pobre barrio de las afueras de Buenos Aires, cada vez que recuerdo a los "viejos gobernantes", me alegro que les hayan tocado la "polca del espiante". [...] Las gentes de mi barrio, al igual que las gentes que vivían en todos los barrios pobres de Buenos Aires, solicitaron mil veces a sus concejales que resolviesen diversos problemas resultantes de la falta de alumbrado eléctrico, cloacas, pavimentos, dispensarios, salas de primeros auxilios, asistencia médica, escuelas, plazas y otros lugares de recreo para los niños. [...] ¿Tuvo usted noticias de que los señores concejales hicieran por entonces algo por las gentes trabajadoras que vivían en los barrios pobres? No las tuvo, ¿verdad? [...] Por eso me alegro de que no haya más concejales. Y por eso me alegro también de que el general Perón ejerza el gobierno de la Ciudad de Buenos Aires. ¡Por Perón cumple! (*sic*) Porque Perón es el único gobernante de la Ciudad de Buenos Aires que supo y sabe gobernar para todos. ¡También para nosotros, para los trabajadores que vivimos en los barrios pobres![39]

Como puede apreciarse, se resalta la figura de Perón, que gobierna en "forma personal y directa". El argumento construye un sentido que incorpora una relación no mediada entre los habitantes de la ciudad y Perón. En lo relativo a la resolución de las demandas populares, al plantear que anteriormente los concejales no respondían a los pedidos de los "barrios pobres", se impugnaba su canalización a través de los dispositivos existentes hasta entonces, que era el de la articulación directa entre los poderes municipales y las sociedades de fomento. En contraposición, se planteaba que sólo la nacionalización de la demanda y su respuesta por los poderes nacionales garantizarían una respuesta "democrática" y "eficaz".

Como vemos, la personalización de lo social no sólo se planteaba en la relación ciudad-Perón, sino también barrio-Perón. Otra nota publicada en *Mundo Peronista* es testimonio de ello. En el artículo, titulado "Boedo nada quiere ni necesita, salvo a Perón", un anónimo autor hacía toda una historia del barrio obrero, que nunca habría sido escuchado ni tenido en cuenta por los políticos, hasta la llegada de Perón. Utilizando la fórmula de un recorrido por el barrio, obteniendo las opiniones de los residentes, escribía: "Boedo,

---

[39] "La nueva Capital de una nueva Argentina", *Mundo Peronista*, 1 de octubre de 1951. Las cursivas son del original.

barrio obrero hasta la médula, es hasta la médula barrio peronista. Lo es con calor, con convicción, con serenidad y con fanatismo. Basta recorrer sus calles. […] En todas partes, al nombrar a Perón, se iluminan los ojos y una gozosa emoción de cariño ennoblece las palabras. […] ¡La vida por Perón! Nos dicen sencillamente. […] Moderno recorrido por innumerables líneas de automotores y vehículos de toda clase, lleno de vida callejera, con vida propia asegurada, Boedo no necesita y no quiere nada, salvo a Perón […] Viven con esa dignidad a que tiene derecho esencial la criatura humana. Por Perón, sólo por Perón y gracias a Perón. Boedo lo sabe y por eso lleva al Líder en su alma. Es el gran barrio popular, peronista por excelencia. Desde el primer momento y para siempre"[40].

"Boedo nada quiere ni necesita, salvo a Perón", *Mundo Peronista*, n° 39, febrero de 1953.

Ahora bien, pese a la impugnación de las relaciones establecidas previamente entre los poderes municipales y las necesidades populares, lo cierto es que también puede marcarse una continuidad, dada por la escasa

---

[40] "Boedo nada quiere ni necesita, salvo a Perón", *Mundo Peronista*, n° 39, febrero de 1953. Otros ejemplos similares lo constituyen los artículos "San Telmo, barrio del alto", en el mismo número, "Diálogo en el barrio", *Mundo Peronista*, n° 31, octubre de 1952, y "Barrio chico fútbol club", n° 38, febrero de 1953.

burocratización e institucionalización estatal. En el capítulo pasado hemos argumentado que el gobierno de los barrios y el vecino-gestor deben comprenderse como una forma de gobierno particular, situada en el marco de una ciudad que crecía desmesuradamente y de un Estado municipal escasamente institucionalizado y burocratizado. Ello permitía comprender por qué las sociedades de fomento ocuparon un lugar destacado como mediadoras reconocidas por las autoridades gubernamentales. Del mismo modo, ello contribuye a explicar la recurrente búsqueda, por parte de las autoridades municipales, de establecer una relación "personal y directa", que como hemos dicho en el capítulo pasado, era vista como más eficiente que la "fría resolución administrativa". En este sentido, el peronismo no modificó el esquema previo, si por ello entendemos la búsqueda de una relación directa y no mediada entre los habitantes de los barrios y las autoridades públicas. Simplemente, se trató de un cambio de referencia, que pasó directamente a los poderes nacionales, sin instancias intermedias.

La diferencia respecto a los períodos previos se encuentra en el modo de interpelación a los habitantes de los barrios, que dejaban de ser pensados en términos de *vecinos*, ni bajo la noción restrictiva del vecino-contribuyente, ni bajo la más democrática y abierta del vecino-gestor. En su lugar, comenzó a desplegarse como nunca antes el estatus de *ciudadano-trabajador*. Los pobres que vivían en los barrios eran considerados trabajadores que debían contar, como parte integrante de la comunidad organizada, de los derechos que les garantizaran la "justicia social". Y éstos sólo tenían como referencia la política nacional, y las autoridades nacionales, representadas fundamentalmente en las figuras de Evita y Perón.

Este proceso permite comprender también el derrotero de las sociedades de fomento durante el primer peronismo. Para analizar este vínculo hay que matizar las miradas idealizadas, propias de aquellos que creyeron ver en estas instituciones, que crecieron exponencialmente en las décadas del 20 y del 30, "nidos de la democracia" (Gutiérrez y Romero, 1995: 161). Como expresamos en el capítulo pasado, a nuestro criterio el desarrollo de las mismas, más que ligarse con la emergencia de un espíritu democrático, debe ser asociado con un tipo de gobierno específico, o en otras palabras, con un modo particular en que los gobernantes buscaban relacionarse con los gobernados. Más que "nidos de la democracia", las sociedades de fomento fueron "nidos de gobierno". O, más específicamente, de un tipo de gobierno particular, cuyas características estaban dadas por la construcción de interlocutores legitimados por el poder municipal, que se arrogaba la facultad de reconocer legalmente a las mismas, sin lo cual no tenían entidad alguna.

En cuanto al período peronista, no es muy relevante preguntarse simplemente por la continuidad o no de este esquema. Lo dicho hasta aquí muestra que este tipo de relación entre los gobernantes y gobernados distaba de la construcción de sentido propia del peronismo. Sin embargo, no es nuestro objetivo evaluar en términos fácticos las continuidades o rupturas, aunque un breve repaso histórico permite observar un universo complejo: en muchos casos, las sociedades de fomento desaparecieron o se transformaron en unidades básicas; en otros sus miembros buscaron nuevos canales de sociabilidad, ligados al mundo sindical, partidario o profesional; en unos pocos, se mantuvieron vivas, ya que aun en menor medida que en el pasado, durante las intendencias peronistas siguió la modalidad del reconocimiento de estas asociaciones[41], Perón recibió a sus delegados[42], y se desarrolló un Congreso de Sociedades de Fomento, auspiciado por el gobierno peronista[43]. Hacia fines del mismo, además, Perón dio muestras de una valoración de esta modalidad de participación. Al respecto decía que "las comisiones de fomento son […] los entes naturales y lógicos de colaboración con el gobierno municipal. […].El adelanto, el desarrollo de las grandes ciudades ha creado problemas de gobierno extraordinariamente importantes. […] El gobierno de Buenos Aires es cada vez un asunto más difícil y complicado. […] La población y la extensión del Gran Buenos Aires nos está indicando la necesidad de una organización más adecuada a las actuales exigencias. […] Ustedes están más adelantados que nosotros, que seguimos con un gobierno centralizado en la Municipalidad cuando en realidad ha llegado el momento de ir descentralizando hacia los barrios el gobierno y la vida de la ciudad"[44].

Ahora bien, más allá de este dispar devenir, nos interesa señalar el cambio que incorpora el peronismo sobre el sentido asignado a estas instituciones. Para decirlo claramente: lo que se modificó fundamentalmente fue el marco de sentido en el que se inscribían las instituciones, que pasaron de referenciarse en el barrio para comenzar a hacerlo en la "comunidad organizada" o en la "causa peronista". Es por ello que, por ejemplo, Perón planteaba, al inaugurar un club-escuela en el barrio de Lugano, que "la vida y el desenvolvimiento institucional había llegado en nuestro país a la creación de un formalismo, en mi concepto, antipopular. […] La escuela, la familia, la universidad, el club, el comité, eran núcleos distintos sin nexo de unión. Yo he pensado que estos hechos son anacronismos funcionales. La sociedad

---

[41] "Reconocimiento de la Sociedad de Fomento Manuel Belgrano", *Boletín Municipal* n°7879, p. 2523; "Reconocimiento de una Sociedad de Fomento", *Boletín Municipal*, n° 8262, p. 3658.

[42] Cf. "Discurso del intendente Municipal ante delegados del Congreso de la Capital en el Salón Blanco", y "Discurso del General Perón ante delegados de las Comisiones de Fomento en el Salón Blanco", Subsecretaría de Información, Presidencia de la Nación, 23 de abril de 1954.

[43] Cf. "Efectuóse ayer la reunión anual de las Asociaciones de Fomento", *La Prensa*, 19 de diciembre de 1954.

[44] "Comisiones de Fomento con Perón. A los delegados les habló en el salón blanco", *Revista Plumadas, op. cit.*

argentina es una sola y las instituciones que han de servirles han de hacerlo en forma integral, y de una sola manera. [...] Quiero decir que yo soy de los que piensan que en lugar de fraccionar, de disgregar, de dividir, es necesario unir"[45].

Como vemos, lo que le interesaba remarcar al peronismo no era la supresión de formas de sociabilidad local. Pero sí enmarcarlas en un relato que en lugar de particularizarlas, las articulara a partir de integrarlas en un objetivo que las trascendiera. En ese sentido se planteaba un interés particular en lograr que todas las expresiones de sociabilidad local se enmarcaran en los relatos y los principios de gobierno encarnados en las figuras de Eva y Perón. En consecuencia, se privilegiaba el consenso explícito en torno a la doctrina peronista, que se concretaba en la subsunción de toda forma de participación particular en los marcos de la "comunidad organizada", por sobre cualquier posibilidad de surgimiento de espacios de deliberación con identidades o valores diferentes. En otras palabras, el gobierno peronista no sólo buscaba la contención de expresiones de participación no peronistas, sino que se desarrollaba hacia los mismos peronistas una política tendiente a marcar los límites posibles de la participación, para ubicar toda expresión emergente dentro de los modos, los lenguajes y las orientaciones fijados por sus elites políticas.

---

[45] "Discurso del Geneal Perón en la inauguración del club-escuela de Villa Lugano", Presidencia de La Nación, Subsecretaría de Información, 13 de marzo de 1948.

CAPÍTULO V

Gobernar la Buenos Aires metropolitana: el desacople del municipio y la ciudad

Ciudad y municipio frente a la cuestión metropolitana

El golpe de Estado contra el peronismo, en 1955, inauguró una nueva etapa para Buenos Aires, signada por un proceso complejo, en el que se mantuvo de forma sostenida la urbanización periférica, al mismo tiempo que se proclamaba la necesidad de mantener las delimitaciones municipales, se buscaba elaborar una planificación regional y se evidenciaba una fragilidad política e institucional extrema. Esto hizo de las dos décadas posteriores al derrocamiento de Perón un momento bisagra, en el que convivieron, de manera conflictiva, los patrones propios del gobierno de la Buenos Aires posterior a la federalización, marcados por la creación de una ciudad social, con los nuevas lógicas fragmentarias, que se convertirán en preponderantes a partir de la dictadura militar de 1976, en un contexto dominado por la defensa de mantener los límites municipales en el marco de una urbanización que los había sobrepasado ampliamente.

Para analizar este período comencemos por una breve descripción de las características urbanas y demográficas de los años 1955-1973. Los estudios sobre el peronismo han puesto en evidencia que su origen y desarrollo no tuvo sólo causas políticas sino también urbanas y sociales, producto de las transformaciones generadas por el proceso de industrialización iniciado en la década del 30, que acentuó el crecimiento poblacional y territorial de la ciudad, a partir de la llegada de migrantes internos[1]. Si, como hemos analizado en el capítulo pasado, el peronismo surgió ya en una ciudad que comenzaba a vivir su realidad metropolitana, ésta estaba ya consolidada como un fenómeno difícil de regular. Durante la década peronista se produjo un crecimiento sostenido de la población ubicada en los municipios linderos a la Capital Federal, siguiendo una lógica de escasa o nula regulación pública.

Según los censos de población de 1947, 1960 y 1970, la Capital Federal se mantuvo estable en torno a los 3.000.000 de habitantes, cifra que se sostiene hasta el presente. Sin embargo, en los mismos años, la población en los municipios del Gran Buenos Aires pasó de 1.741.338 a 3.772.411 y a 5.380.447 habitantes respectivamente. Es decir que en el lapso de poco más de dos décadas se triplicó, convirtiéndose además en un número mayor que la de los habitantes de la Capital Federal. Estos datos muestran una nueva realidad, que aunque fue gestándose durante el gobierno peronista, se consolidó después. Se trata del desborde de la ciudad hacia el conurbano, que se manifiesta como realidad cuando, tanto en superficie poblada como en población, éste último supera a la primera. Un recorrido de más largo plazo nos permite evidenciar la particularidad del fenómeno. Según datos de los censos nacionales, en 1869, en los municipios cercanos a la Capital vivía aproximadamente una quinta parte de la población que residía dentro de sus límites jurisdiccionales; en 1895, luego del ensanche, la proporción bajó a un sexto; en 1914 comenzó la tendencia ascendente, siendo ya la tercera parte; en 1947, la mitad; y en 1960 la había superado, iniciando un proceso que iba a seguir profundizándose hasta la actualidad.

El proceso de urbanización periférica se asoció a la industrialización, que llevó a la creación de un gran número de establecimientos fabriles, ubicados por fuera de los límites de la ciudad, a partir del crecimiento de algunos municipios, fundamentalmente hacia el oeste, y la radicación de industrias extranjeras y polos industriales siguiendo las nuevas autopistas, construidas a partir de la década del 60. Ello llevó a una menor concentración de establecimientos en la Capital, y un mayor peso del conurbano. En el lapso de una década, entre 1953 y 1963, la Ciudad de Buenos Aires pasó de contar con el 26,3% del total de establecimientos industriales del país a un 18,9%; y el Gran Buenos Aires siguió el camino inverso, del 16,5% al 19,5%[2]. En esa nueva realidad, muchos habitantes se instalaron en los municipios del primer y segundo cordón del conurbano, aunque trabajaban en la ciudad, gracias a

---

[1] Entres las explicaciones clásicas se encuentran las de Germani (2010 [1973]) y Murmis y Portantiero (1973).

[2] Rofman y Romero (1973).

166

las facilidades del transporte público de pasajeros. Y, en paralelo, habitantes de la ciudad salían hacia el conurbano a desarrollar sus actividades laborales.

Este proceso tuvo semejanzas y diferencias respecto a lo que había sucedido medio siglo atrás, cuando se poblaron los barrios periféricos de la ciudad federalizada. Las similitudes se asociaban a la conjunción de tres factores que permitieron que la urbe siguiera creciendo en su radio extra-céntrico: la migración, el desarrollo del transporte público y la escasa regulación de los loteos. En este caso ya no fueron los inmigrantes europeos, sino migrantes internos y de países limítrofes quienes llegaban a la ciudad en busca de trabajo. Y se instalaban en los municipios vecinos a la Capital Federal, dado que, a diferencia de lo ocurrido previamente, cuando la ciudad tenía enormes extensiones listas para lotearse en áreas que todavía eran campo abierto, ahora los pocos terrenos que quedaban eran impagables para los sectores populares. Sin posibilidad de acceso a la vivienda propia en la ciudad, proliferaron los loteos en los municipios del primer y segundo cordón del conurbano. La presencia del ferrocarril, como antes, fue un factor dinamizador de zonas periféricas, a lo que se sumó la extensa red de colectivos, surgidos como consecuencia del proceso de disolución de la Corporación de Transportes de la Ciudad de Buenos Aires, que se convirtieron hacia la década del 60 en el medio de transporte predominante.

El tercer factor que explica el exponencial crecimiento urbano y demográfico del conurbano que se gestó durante el peronismo fue la escasa o nula regulación estatal de los loteos. Si bien es cierto que, en buena medida, esta tendencia seguía la ya histórica forma de crecimiento espontáneo de la urbe, resulta paradójico, como señala Horacio Torres, que el fraccionamiento periférico haya sido en esos años de intervencionismo estatal un "simple trazado sobre el suelo, -sin construcciones materiales, pavimentos, ni la provisión de ningún tipo de servicio que reproducía el amanzamiento tradicional [...] sin la reserva de uso común o público" (1993: 16). La paradoja, para el autor, era sólo aparente, puesto que la posibilidad de acción en un régimen de *laissez-faire* para los productores de suelo urbano estaba en consonancia con el modo de gobierno peronista, ya que "la urbanización salvaje llenaba en realidad otra necesidad del mismo modelo: hacía posible [...] la expansión del área metropolitana principal, donde se desarrollaba de manera preponderante el proceso de industrialización sustitutivo de importaciones y tenía lugar una proporción importante del consumo colectivo de bienes y servicios. Además, el acceso masivo de amplios sectores populares a la pequeña propiedad periférica no hacía sino reforzar las políticas de redistribución del ingreso, parte inseparable del mismo modelo" (*Ibid.*). Como vemos, el proceso de metropolización se caracterizaba por una profundización de la tendencia de crecimiento urbano, que llevaba a una inversión del peso relativo entre la ciudad y su conurbano.

La gran diferencia con el proceso de urbanización e incipiente metropolización de la Capital Federal de fines de siglo XIX y principios del XX radicaba, fundamentalmente, en la escasez de espacio urbano de calidad, situación que condujo a la emergencia de nuevas problemáticas vinculadas con la fragmentación y desigualdad urbana, aspecto que sería profundizado cada vez más, desde entonces y hasta nuestros días. Como hemos analizado en los primeros capítulos, Buenos Aires se edificó a través de loteos periféricos, siguiendo las vías del ferrocarril, y construyendo vecindarios que, al inicio, no contaban con los servicios urbanos básicos. Sin embargo, estaban dentro del radio jurisdiccional de la Capital Federal, en un terreno legalmente constituido, y poco a poco fueron logrando la llegada del afirmado de las calles, las pavimentaciones, los servicios de luz, cloacas, etc.

Para mediados del siglo XX la situación era distinta. Los loteos populares permitieron, sobre todo en el segundo cordón del conurbano, a partir de la década del 60, la creación de barrios marginales y alejados, siguiendo un patrón similar, aunque claramente potenciado, de lo que había sido la población de los barrios suburbanos de la Ciudad de Buenos Aires a fines de siglo XIX. Esta tendencia agudizó las diferencias urbanas, que aunque existían desde antes, estaban más matizadas. Torres ha mostrado que, por ejemplo, hacia 1940 las zonas más beneficiadas y más desprotegidas de la ciudad estaban a una distancia similar, en promedio, del centro de la ciudad, a 9 km. Dos décadas más tarde, las zonas buenas estaban a la misma distancia, pero las malas las habían duplicado, producto de la migración hacia el conurbano de los sectores populares, y los nuevos migrantes internos (*Ibid.*).

Pero la mayor novedad del período fue la proliferación de "villas miseria" que eran realidades nuevas, tanto físicas como simbólicas. Si bien las primeras databan de los años 30, y hay incluso quienes las hacen remontar a principios de siglo, hacia mediados de los 50 aparecieron como una realidad instalada, y por primera vez fueron nombradas de esa manera[3]. Y, en los años siguientes, no pararon de crecer. En 1956 vivían en las villas de emergencia de la Capital Federal alrededor de 30.000 personas. Hacia 1975 la cifra se había sextuplicado, llegando a 180.000, en una ciudad que, como hemos dicho, se mantuvo estable en torno a los 3.000.000 de habitantes. En el Gran Buenos Aires, la población en villas también aumentó, pasando de 78.000 habitantes en 1956 a 330.000 en 1971, aunque, en este caso, siguió un patrón más cercano al del crecimiento demográfico total.

---

[3] El origen del término "villa miseria" proviene de la novela de Bernardo Verbitsky *Villa miseria también es América* (1957).

Las villas siguieron un patrón diferente a los barrios periféricos, instalándose en terrenos fiscales (como la Villa 31 de Retiro, la más poblada ya hacia la década del 60), en condiciones de ilegalidad y fuera del trazado urbano. En este sentido, fueron producto del proceso de metropolización que, mientras llevó a algunos sectores a replicar las formas de instalación similares a las de medio siglo atrás, aunque a bastantes más kilómetros del centro de la Capital, condujo a otros a construir viviendas precarias en los intersticios del espacio urbano construido. El resultado fue la agudización de las problemáticas urbanas. En 1969, según datos del Esquema Director Año 2000, en algunos sectores del conurbano, como los de los municipios del oeste (La Matanza, Esteban Echeverría, Morón, Merlo, Moreno y Marcos Paz), sólo el 13% de la población contaba con agua corriente, y el 14% con cloacas. Hacia 1975, con el proceso de conurbación ya afianzado, las carencias eran evidentes, ya que entre el 40 y el 45% de la población del área metropolitana no tenía agua potable y entre el 65 y el 70 % no tenía cloacas.

Este proceso de metropolización, y sus consecuencias para la problemática urbana, se desarrolló en un período turbulento de nuestro país, que Juan Carlos Portantiero (1977) ha caracterizado, en una explicación ya clásica, como "empate hegemónico". Como recuerda Marcelo Cavarozzi, "ninguno de los tres gobiernos constitucionales del período llegó a completar su mandato, mientras que las tres administraciones militares anteriores a la actual fracasaron ostensiblemente en el cumplimiento de los objetivos que se propusieron y tampoco tuvieron éxito en imponer sus candidatos a la sucesión" (1997: 9). En efecto, en esas décadas se sucedieron el gobierno de facto de la Revolución Libertadora (1955-1958), el gobierno constitucional de Arturo Frondizi (1958-1962), el gobierno de facto de José María Guido (1962-1963), el gobierno constitucional de Arturo Illia (1963-1966) y el gobierno de facto de la Revolución Argentina (1966-1973).

La inestabilidad política e institucional fue mayor aún en el plano municipal, en el que convivieron una retórica de recuperación de las potestades municipales y una difícil materialización, debido al proceso de metropolización y a la debilidad institucional a nivel local y nacional. Como una de las consecuencias más importantes luego del derrocamiento de Perón, el 1 de mayo de 1956 se derogó la Constitución Nacional de 1949. Pocos días después el gobierno de Eugenio Aramburu nombró intendente a Joaquín de la Torre, quien a su vez creó una comisión de tres ex funcionarios del Concejo Deliberante para que llevaran adelante algunas tareas que permitieran restablecer el régimen municipal[4]. Según el punto de vista de los sectores antiperonistas, los diez años del gobierno de Perón, con la utilización del

---

[4] Decreto del 10 de agosto de 1956.

Palacio del Concejo Deliberante por la Fundación Eva Perón, habían eliminado no sólo los fundamentos teóricos del régimen municipal sino que también habían actuado sobre sus bases materiales. Por este motivo se propusieron recrear el sistema estipulado por la Ley 10.240, que había regido a la ciudad hasta 1941, aunque dicha tarea no era sencilla. Pocos días después del decreto, el 23 de agosto, el régimen municipal fue reimplantado, aunque el intendente se reservaba las funciones legislativas hasta tanto se constituyera el nuevo Concejo Deliberante. Entre los considerandos se recordaba que Buenos Aires "no puede ser confundida con una simple repartición administrativa nacional" y se señalaba que "es propósito fundamental del Gobierno Provisional fortalecer la autonomía municipal y propender a la descentralización administrativa"[5].

Una de las críticas más fuertes del antiperonismo era no sólo al hecho de haber concebido a Buenos Aires como una parte más de un todo que la englobaba, sino fundamentalmente haberla gobernado a partir de una lógica administrativa centralizada que había eliminado por completo toda participación de los vecinos en la elección de sus autoridades. En este marco, la necesidad de restaurar del régimen municipal aparecía, en los discursos y los proyectos de diversos sectores antiperonistas, como una idea movilizada para atacar la herencia de la década de gobierno justicialista. En este sentido, todo el argumento residía en contraponer una forma de gobernar a la ciudad "autoritaria", basada en el cercenamiento de los derechos de los porteños a regir su propia ciudad, a un restablecimiento de las formas de participación de los vecinos en sus asuntos municipales. Obviamente, ello conducía a proponer un gobierno en el que se planteaba una valoración del acto eleccionario más allá de las orientaciones técnico-administrativas. Si bien no en forma recurrente, volvió a instalarse esporádicamente una demanda de mayor participación de los vecinos de la ciudad en los asuntos de su gobierno. Se trataba de un reclamo que, aunque en forma intermitente, se formulaba desde el mismo momento de los debates sobre la ley orgánica municipal, de 1882.

En suma, el período que va desde el derrocamiento de Perón a la vuelta del peronismo al poder, en 1973, es decir el de los años de su proscripción, estuvo signado por una tensión entre la metropolización y el municipalismo, lo cual dio origen a una nueva cuestión que, siguiendo a Pedro Pirez, denominamos la "cuestión metropolitana". Ésta puede ser definida como el "resultado de la intersección de dos factores: por una parte el crecimiento y la expansión urbanos sobre la base de la diferenciación funcional y social del territorio; por la otra, esa expansión sobre varias unidades territoriales de gobierno y gestión. Los procesos metropolitanos generan un ámbito diferenciado social,

---

[5] Decreto-ley 15.374, del 23 de agosto de 1956.

económica y urbanamente que ocupa distintos municipios. La organización estatal argentina con su federalismo, en general no ve la posibilidad institucional de que exista un gobierno de la ciudad como tal" (Pirez, 2005: 427).

La cuestión metropolitana hizo emerger debates novedosos entre los miembros de la clase política argentina y las elites académicas o expertas, que versaban sobre el vínculo que debía establecerse entre Buenos Aires y los municipios del conurbano bonaerense. Si bien la tensión ciudad/municipio no era nueva, puesto que como hemos visto puede rastrearse ya hacia fines del siglo XIX, en los debates entre quienes sostenían una mirada doméstica del municipio y quienes planteaban una concepción orgánica de la ciudad, la realidad metropolitana hizo que se modificara profundamente. Recordemos que quienes abogaban por una mirada orgánica de la ciudad, entre fines del siglo XIX y mediados del siglo XX, lo hacían siguiendo un patrón naturalista. En los debates del ensanche del municipio de 1882-1884, la justificación de la anexión de los pueblos de Belgrano y Flores remitía a que era a la vez el resultado del desenvolvimiento urbano y la condición para que la ciudad acompañara el crecimiento de la población. Las argumentaciones de los legisladores apuntaban a consagrar de derecho una realidad que ya existía de hecho, puesto que en la práctica ambos pueblos constituían, junto con Buenos Aires, la misma unidad. Consideraban que la legislación no creaba algo nuevo, *ex nihilo*, sino que admitía la existencia de una realidad preexistente. Se trataba de una necesidad natural como el "traje del niño que debe ser ensanchado a medida que éste se cría y desarrolla" (Bucich Escobar, 1937: 36).

Sólo unos pocos legisladores se oponían a este modo de razonamiento, al plantear la duda respecto a lo que podría suceder en el futuro si el crecimiento poblacional hiciera que los límites urbanos se extendieran más allá de los que se estipulaban entonces[6]. Pero la mayoría, que sancionó la ley, acompañaba la concepción orgánica, y no preveía que medio siglo más tarde los límites comenzarían a ser desbordados como lo fueron. En el marco del pensamiento de la época, el carácter naturalista del razonamiento de los parlamentarios permitía incorporar de a poco una mirada que dejaba de concebir a Buenos Aires como un conjunto de vecinos con intereses civiles en común, para comenzar a pensarla en términos de interdependencia, paso necesario para desarrollar una mirada social, que fue la que se configuró en las primeras décadas del siglo XX.

---

[6] Recordemos, por ejemplo, al diputado Romero, que planteaba que si se siguiera el argumento de la mayoría, en un futuro, cuando la ciudad se ligara con "San Martín, San Fernando, Las Conchas, Moreno, etc. [...] resultaría que habría que entregarlos a La Nación". *Ibid*, p.143.

La complejización social de la ciudad vivida en las primeras décadas del siglo XX permitió un afianzamiento de la concepción orgánica, a través de la incorporación de la mirada funcional. Como hemos analizado, los aportes de los saberes expertos como el derecho municipal, el urbanismo, la sociología o las ciencias de la administración permitieron fundar un cierre de la ciudad ateniéndose a las redes de interdependencia que la constituyen como unidad funcional, y que unen a sus habitantes dentro de un complejo entramado de solidaridades que se enmarcan en un municipio determinado, que deben dar como resultado políticas que no sólo contemplen aspectos civiles o administrativos, sino fundamentalmente sociales. La mirada naturalista siguió siendo predominante hasta la década del 40. Recordemos, como ya mencionamos, que aún con el proceso de metropolización en ciernes, en 1937, Romualdo Ardissone alertaba sobre la diferencia entre la ciudad real y el municipio como límite jurisdiccional, utilizando la misma metáfora del "vestido" que ha quedado chico y que debería ensancharse, a partir de una nueva modificación territorial. Como vemos, las miradas naturalistas proponían una lectura de la relación entre municipio y ciudad que era a la vez una forma de argumentar la relación entre realidad jurídica y realidad social, en la que la primera debía ser el correlato de la segunda.

Durante la década peronista, mientras se aceleraba el proceso de metropolización, la relación entre lo jurídico y lo social dejó de ser un problema de gobierno, producto de la predominancia absoluta de lo social por sobre lo jurisdiccional, que se materializó, como hemos visto, en la supresión de las formas de autogobierno municipal. Durante ese lapso el gobierno metropolitano pudo comenzar a concebirse sin una posición contraria, que proclamara la necesidad de dotar de independencia a los poderes municipales respecto a los nacionales. Pero luego del derrocamiento del peronismo la cuestión metropolitana apareció como el nuevo gran problema del gobierno de Buenos Aires, de difícil solución, en momentos en que se postulaba la necesidad de reimplantar un gobierno municipal, siguiendo los principios de la ley orgánica de 1917, pero en un contexto absolutamente distinto al de su sanción, dado por el desborde urbano hacia el conurbano.

La nebulosa planificadora en Buenos Aires: modernización, planificación, urbanización

La cuestión metropolitana, tensión entre una problemática urbana que desbordaba los límites jurisdiccionales y una problemática municipal que buscaba resituarse dentro del marco de un gobierno local propio, se desarrolló en un período muy significativo en lo relativo a las racionalidades gubernamentales: el de la "era dorada de la planificación", por usar los términos de Nicolás Tereschuk (2013), entre mediados de los 50 y de los 70. En ese contexto la tensión municipio-ciudad terminó inclinándose hacia el segundo polo, habida cuenta de la fuerza que tenían las ideas de desarrollo regional y nacional por sobre lo local.

La racionalidad desarrollista se desplegó en América Latina a partir de mediados de los 50, de modo que se configuró, utilizando libremente la expresión de Christian Topalov, una "nebulosa planificadora". Cuando Topalov habla de la "nebulosa reformadora" lo hace en referencia a un conjunto de saberes, actores, instituciones que, sin formar parte de un todo homogéneo, se articularon a fines del siglo XIX y principios del XX en función del debate público sobre el diagnóstico de determinados problemas sociales y la acción estatal para resolverlos. En el caso al que nos referimos en este capítulo, esta "nebulosa planificadora" reunió otra serie de saberes expertos, entre los que se destacaron la economía, la sociología, la historia y la planificación urbana, y los articuló a partir del rol que tuvieron algunas instituciones internacionales, junto a otras nacionales, tanto públicas como privadas. El discurso desarrollista, en líneas generales y más allá de sus matices internos[7], sostenía que el desarrollo nacional no podía producirse sino como consecuencia de transformaciones no sólo económicas, sino también sociales y culturales. Ello habilitó un encuentro entre diversas disciplinas que confluían en una explicación multicausal. Como señaló Alejandro Blanco, esto permitió la creación de una "sociedad intelectual" entre sociólogos, economistas e historiadores (Blanco, 2006: 206). Pero que también incluyó, como veremos, a planificadores urbanos y expertos en derecho municipal.

Mariana Heredia (2015) ha mostrado que la economía no siempre tuvo el espacio privilegiado que le otorgamos en la actualidad. Su lugar fue ganado desde la década del 30 y consolidado en los 50, a partir de erigirse en una voz autorizada para llevar a cabo el "desarrollo económico". Como plantea la autora, la valoración de la disciplina debió mucho a la impronta que le imprimió Raúl Prebisch desde mediados de los años 30. Economista y contador tucumano, docente de la Universidad de Buenos Aires, ocupó altos cargos estatales durante la década del 30 y creó el Banco Central de la República Argentina, en 1935. En 1950 se convirtió en Secretario Ejecutivo de la Comisión Económica de las Naciones Unidas para América Latina y el Caribe (CEPAL), cargo que ocupó hasta 1963, y desde donde propagó las ideas desarrollistas no sólo a nuestro país sino a toda América Latina. Fue en

---

[7] Sobre las diferencias internas del discurso desarrollista, cf. Grondona (2014).

este marco que la economía, como disciplina, se fortaleció académicamente, con la creación de la Licenciatura en Economía, en la UBA, en 1958, y la institucionalización de lazos entre profesionales con la creación de espacios como la Asociación Argentina de Economía Política (AAEP), el Instituto de Desarrollo Económico y Social (IDES) o el Instituto Di Tella[8]. La figura del economista, en ese marco, se consolidó como un experto en desarrollo. En este sentido, los economistas no sólo cultivaban un perfil académico, sino también de gestión. A instancias de Prebisch, en 1958 se llevaron a cabo cursos que, por primera vez, estaban destinados específicamente a brindar herramientas de planificación. Como han señalado Federico Neiburg y Mariano Ben Plotkin (2004), todo este proceso contribuyó a la profesionalización de la disciplina.

Junto a la economía, la sociología también adquirió un estatus del que carecía hasta entonces. En este caso fue como consecuencia de una puja al interior mismo de la disciplina, entre las viejas tradiciones tildadas de "especulativas" y las nuevas voces que planteaban una "sociología científica", a partir del estudio empírico destinado a conocer la realidad social con el fin de transformarla en función de un ideal de desarrollo[9]. Como es sabido, en este proceso fue vital la figura de Gino Germani[10], sociólogo italiano, quien creó en 1957 el Departamento de Sociología en la Universidad de Buenos Aires y se vinculó con diversas instituciones y organismos internacionales, como FLACSO, ISA, UNESCO, CEPAL, etc. Además de estos saberes más generales, aquellos de matriz urbana o municipal también se modificaron siguiendo la "nebulosa planificadora". Si la década del 40, como analizamos en el capítulo pasado, fue testigo del pasaje del urbanismo al planeamiento, este proceso se afianzó en la etapa post-peronista, en la que la "planificación urbana" adquirió un lugar central. En este caso, fue fundamental la figura de Jorge Enrique Hardoy, quien desarrolló una vasta tarea docente y de asesoramiento estatal, y consolidó múltiples espacios institucionales, a nivel universitario y privado, desde los que motorizó la planificación regional y urbana.

Las trayectorias de Prebisch, Germani y Hardoy, pese a sus matices y diferencias, permiten comprender las nuevas relaciones entre ciencia y técnica. Al analizar la trayectoria de Hardoy, Alejandra Monti plantea su similitud con la de Germani. Para la autora, ambos combinan "tres conjuntos de actividades: las vinculadas a su rol institucional (universidades y centros de investigación), su rol editorial y, por último, sus aportes en el campo intelectual" (Monti, 2014/15: 178-179). Los mismos puntos pueden asociarse a la

---

[8] Cf. Heredia (2015: 45-46).

[9] Sobre esta puja al interior del campo sociológico, cf. Pereyra (2007).

[10] Para una referencia sobre la trayectoria personal e intelectual de Gino Germani, cf. A. Germani (2004).

trayectoria de Prebisch. En este sentido, los tres no fueron meros "expertos" ni meros "académicos", sino que experimentaron una nueva forma de articular estos dos universos, participando activamente en ambos y tendiendo puentes entre ellos. Para hacerlo, no sólo conjugaron diversas tareas y roles (intelectual, técnico, consultor), sino que lo hicieron en un marco institucional laxo, tanto en lo relativo a las escalas territoriales (municipal, nacional, internacional) como a las características de las instituciones (académicas y de gestión pública, pero también públicas y privadas).

Saberes y trayectorias se articulaban a través de la construcción y el fortalecimiento de instituciones. La CEPAL fue, sin dudas, la más significativa de todas. Tanto la economía como la sociología o la planificación urbana tenían vínculos directos con ella. Pero también se destacaron instituciones locales privadas, que fueron núcleos de expansión de las ideas desarrollistas, como el IDES, en el que confluyeron economistas, sociólogos e historiadores, el Centro de Estudios Urbanos y Regionales (CEUR) o el Instituto Di Tella, sólo por mencionar a algunas. Junto a instituciones internacionales o locales no estatales se posicionaron también en primer plano algunas instituciones públicas. Quizá el ejemplo más emblemático haya sido el Consejo Nacional de Desarrollo (CONADE), creado durante el gobierno de Arturo Frondizi como un órgano consultivo de alto nivel técnico al cual se le asignó la "responsabilidad principal en la coordinación y ejecución de estudios y análisis requeridos para la formulación orgánica de los programas de desarrollo nacional"[11].

En el marco de esta "nebulosa planificadora", la ciudad, como objeto de reflexión y gobierno, ocupó un lugar central, aspecto que se potenció en el caso de Buenos Aires, por su magnitud territorial, social y simbólica. La rápida transformación que vivían las ciudades latinoamericanas hizo que los problemas urbanos se convirtieran en una parte destacada de la agenda desarrollista (Socoloff, 2012). En ese marco, en 1959 la CEPAL y la UNESCO organizaron el Seminario "Problemas de urbanización en América Latina", realizado en la capital chilena, donde diversos académicos presentaron los casos de Lima, Buenos Aires y Santiago de Chile, buscando claves comparativas para analizar sociológicamente los patrones de integración urbana de poblaciones migrantes marginales. En el caso argentino, Gino Germani desplegó un estudio sobre la Isla Maciel, ejemplo del modo en que encaraba la problemática urbana de Buenos Aires. Para analizar el proceso de integración de los migrantes en el medio urbano, Germani comparaba diversas familias asentadas en distintos espacios y con diferente cantidad de tiempo en la ciudad. Siguiendo algunas de la líneas generales del continuo folk-urbano de

---

[11] Decreto 7290 del 23 de agosto de 1961, citado por Tereschuk (2013).

Robert Redfield, pero aplicado para el caso de Buenos Aires, buscaba demostrar que la ciudad no genera necesariamente relaciones anómicas sino que produce, por el contrario, un proceso de integración[12].

Esas primeras aproximaciones de Germani a los estudios sobre la relación entre urbanización y migración serían profundizadas durante los años siguientes, en los que el sociólogo italiano escribió varios textos sobre el tema[13]. Quizá uno de los más significativos sea "La ciudad como mecanismo integrador", publicado en la *Revista Mexicana de Sociología*, en 1967. Allí analizaba "la integración desde el punto de vista de la modernización y el desarrollo económico", indagando "las condiciones bajo las cuales la ciudad puede considerarse un mecanismo integrador en el surgimiento de una moderna sociedad desarrollada" (1967: 387). Para responder a este interrogante, se distanciaba de las miradas clásicas de la cuestión social de fines del siglo XIX y de la Escuela de Chicago de los años 20 y 30, porque invertía el sentido que le daba a la ciudad como espacio de integración a la sociedad nacional. Para él, "la tradición clásica en la sociología urbana estaba más preocupada por la desintegración que por la integración. Tanto la escuela de Chicago como sus antecesores europeos enfatizaron los aspectos anómicos de la vida urbana. La idealización de la mítica 'comunidad' del pasado y la imagen pesimista de la ciudad industrial naciente, introdujeron una desviación anti-urbana distinta, que puede ser percibida en la mayoría de los estudios teóricos y empíricos realizados hasta el presente" (*ibid.*: 391).

El planteo de Germani era certero, puesto que como hemos analizado en los capítulos 2 y 3, durante el rápido crecimiento urbano de fines del siglo XIX y principios del XX, la ciudad aparecía, a los ojos de higienistas o sociólogos porteños, como el espacio del conflicto, la anomia, la peligrosidad. En otras palabras, el *locus* donde se expresaba la cuestión social, en tanto problemática de integración de la sociedad en su conjunto. Por esta razón los reformadores buscaron diversas herramientas para actuar sobre el medio de vida de los sectores populares, buscando mitigar las desigualdades y evitar el conflicto. Así se configuró, como ya hemos analizado, la cuestión obrera, a través de una serie de políticas destinadas a regular la vida de los trabajadores (las características de los alojamientos, las condiciones de trabajo, el modo de bienes y servicios urbanos, etc.). En síntesis, se trataba de actuar sobre aspectos asociados con la ciudad como medio de hacer sociedad. O, si se quiere, de resolver los asuntos de la ciudad para lograr la integración de la sociedad.

---

[12] Un análisis de estos trabajos de Gino Germani pueden consultarse en Gorelik (2008).

[13] Entre otros, cf. Germani (1967, 1969, 1973).

El mismo Germani planteaba que esta mirada, un poco taxativa a su gusto, pronto fue matizada, y "empezó a surgir una concepción más balanceada de la sociedad urbana" (*ibid.*). Es en este esquema que se enmarcaba Germani, a partir de una inversión de la relación entre ciudad e integración social. Para él, la ciudad, por sí misma, no generaba ni integración ni desintegración. Los mismos migrantes, cuando llegan desde el campo a la ciudad, mantienen un grado alto de organización, siguiendo patrones culturales de sus lugares de origen. Por lo tanto, no son aquellas masas anómicas que los higienistas y primeros sociólogos creyeron ver. Este cambio de enfoque era sustancial, porque modificaba el modo de observación de las clases populares, que ya no eran percibidas sólo asociadas con el conflicto, derivación lógica de la ausencia de normas ligadas, por ejemplo, con la cultura del trabajo. Más bien, la mirada apuntaba a una apuesta de incorporación de las poblaciones migrantes a los patrones culturales de la vida urbana, a través de un proceso regulado. Así planteado el problema era una cuestión cultural y no política, como en la vieja cuestión obrera, ya que no se incorporaba una reflexión sobre la desigualdad. En una sociedad en la que los niveles de desempleo eran bajos, que vivía un proceso de rápido desarrollo industrial, la reflexión sobre los sectores marginales no conllevaba el temor a los conflictos derivados de las desigualdades propias de la vida capitalista, sino una mirada condescendiente, y moderadamente optimista, respecto de las posibilidades que el proceso de modernización produciría en los sectores más desfavorecidos, que finalmente terminarían incorporados en la sociedad salarial.

De lo que se trataba, en definitiva, era que los sectores migrantes, que constituían las poblaciones marginales que se asentaban en los espacios degradados de la ciudad, cuyo emblema eran ya las villas miseria, se integraran a la sociedad moderna. La tarea, no obstante, no era fácil, porque los migrantes tendían, para Germani, al llegar a la ciudad, a mantener sus modos de vida del campo y "la integración a través de la transferencia de patrones rurales es más bien un obstáculo que un factor positivo" (*ibid.*: 393). Para explicar la relación entre el mundo rural-atrasado y el urbano-moderno, Germani se apoyaba en una referencia ineludible de la época, el concepto de "cultura de la pobreza", de Oscar Lewis, al expresar que: "Es así que las nociones tales como 'cultura de la pobreza' formulada por Oscar Lewis proporcionan una descripción útil de la marginalidad persistente de amplios sectores de América Latina y otras partes del mundo. Los individuos que pertenecen a estos sectores se encuentran ajustados e integrados dentro de sus grupos, pero son todavía marginales. La pregunta en relación a su cultura moderna continúa sin respuesta: ¿se trata de una adaptación transicional que con el tiempo facilitará el surgimiento de un proletariado industrial moderno? ¿A través de qué mecanismos se efectuará dicha transformación? ¿Cuáles serán las características principales de la sub-cultura 'moderna' de la clase más baja en las condiciones específicas creadas por la persistencia de patrones rurales?" (*ibid.*).

Ahora bien, el modo en que Germani contestaba a estos interrogantes era diferente respecto a los antecedentes de fines del siglo XIX y comienzos del XX. En sus planteos la problemática urbana no tenía, paradójicamente, a la ciudad como un núcleo de preocupación en sí mismo. La cuestión a resolver era cómo se integraban los migrantes a la sociedad, pero no cómo se construía la ciudad. Para comprender esta postura hay dos puntos centrales. El primero de ellos es que, a diferencia de lo que sucedía en el pasado, cuando proliferaban distintas formas de pensar un ideal de ciudad, tanto en tamaño como en población o forma de edificación, ahora Germani se apartaba decididamente de las concepciones normativas sobre la forma urbana. En ese plano, criticaba las miradas que solían plantear un desvío de la ciudad latinoamericana respecto a un ideal, asociado con las escalas de las ciudades europeas, a partir del concepto de hiperurbanización.

Germani reconocía la llamada "sobre-urbanización" de los países latinoamericanos, pero no la enfocaba desde una perspectiva urbana sino en relación al proceso de desarrollo. Este fenómeno, para él, se asociaba con que "la movilización objetiva (especialmente la migración del campo a las ciudades) y la movilización psicosocial (a través del mayor contacto con los medios de comunicación) tienden a preceder el desarrollo económico más que a seguirlo" (*ibid.*: 399). El problema de la sobre-urbanización, para Germani, no era si la ciudad era más grande o más chica, sino si eso era o no funcional a la integración y la modernización. Y la respuesta, en esta línea, no era urbana (en el sentido de actuar sobre la ciudad como el viejo urbanismo), sino económica. Germani lo dejaba bien claro, al plantear que "la integración de amplios sectores marginales de la población a la sociedad nacional requiere cambios considerables en la estructura de la sociedad, cambios originados principalmente por el desarrollo económico. En este sentido, diríamos que el mecanismo más importante de la integración social que proporciona la ciudad es precisamente el desarrollo económico" (*ibid.*: 394). En síntesis, en Germani, y en buena parte de la sociología urbana de América Latina de los 60, la ciudad no era un problema, y hasta paradójicamente no era el objeto de reflexión fundamental, sino el *locus*, el territorio de articulación entre los vínculos intersubjetivos (a nivel de los barrios marginales, la villas, etc.) y la integración nacional. En este contexto, la ciudad desaparecía, enmarcada en la problemática metropolitana, y ésta en el desarrollo nacional.

Claro que esta perspectiva, dentro de la "nebulosa planificadora", no suponía que los problemas de Buenos Aires eran ajenos al ordenamiento urbano. Pero sí que éste se pensaba bajo un prisma diferente al de las décadas previas. Oscar Yujnovsky, otra figura de la planificación urbana de las décadas del 60 y del 70, colaborador estrecho de Jorge Enrique Hardoy, sintetizaba bien la relación entre desarrollo económico, urbanización y planificación urbana. Desde su perspectiva, estaba probado que "a) desarrollo económico implica urbanización; b) industrialización implica urbanización" (Yujnovsky, 1971: 474). Desde esta premisa, la urbanización no aparecía como un mal a resolver sino como un eslabón necesario en una cadena urbanización-industrialización-desarrollo, a la que había que encauzar. Esto no condenaba la planificación urbana, pero lo llevaba a plantear que debía situarse en el marco de la planificación nacional. Dado que el proceso de urbanización "afecta a todas las variables políticas, económicas, sociales y culturales de la sociedad humana", su investigación se asociaba con "la determinación de dichas relaciones, de manera que pueda plantearse sobre bases científicas la dirección planificada del proceso, para alcanzar los objetivos de cambio social y desarrollo económico. […] Hace ya tiempo que se ha comprendido la necesidad de que el 'urbanismo' debe plantearse como parte de una política de planificación nacional y regional. Sin embargo, es mucho más reciente el concepto de que la planificación nacional debe incluir necesariamente una política de desarrollo urbano a nivel nacional y regional" (*ibid.*: 473).

El resultado fue que, en la línea del urbanismo de los 30 y del planeamiento de los 40, a partir de los 50 se fortaleció la planificación regional, modificando el foco de los estudiosos del fenómeno urbano. Ya nos hemos referido a una de las figuras más destacadas de la planificación urbana del momento, Jorge Enrique Hardoy. Su impronta regionalista se plasmaba en una concepción del plan regulador que, a diferencia de las experiencias previas, ahora debía sobrepasar necesariamente los límites municipales, debido a la "incapacidad de los gobiernos municipales para implementar un mínimo de recomendaciones sugeridas. El error básico es pretender orientar y regular un proceso dinámico y con múltiples facetas, como es el de la urbanización, desde un nivel de gobierno, como es el municipal, que es un actor casi pasivo en la definición de las causas y características del proceso de urbanización" (Hardoy, 1962: 212). Frente a esta situación, defendía una respuesta que excediera los estrechos marcos municipales, encarándola desde un plano nacional "de alcances generales para todo el país y particulares para cada ciudad", porque "simplemente la escala de los problemas es tan grande que supera las posibilidades provinciales y locales". Así, concluía que "la innovación mayor con respecto al actual sistema es el reconocimiento de que los niveles de decisión locales y los gobiernos locales no pueden asumir la responsabilidad de alcanzar por sí solos esos objetivos, porque carecen de una visión global permanente del funcionamiento de la sociedad nacional y porque, por su naturaleza, tienen recursos generalmente limitados" (*ibid.*: 221).

La "nebulosa planificadora" fue tan intensa que llevó también a buena parte de los referentes del derecho municipal a apartarse del manual de defensa del autogobierno del espacio jurisdiccional de las ciudades, para desplegar argumentos que permitieran darles un marco jurídico a las perspectivas de desarrollo regional. La situación, no obstante, no era sencilla, ya que debía enfrentarse a una situación compleja, en la que el discurso planificador convivía con una "reinvención" de la participación municipal, aspecto relacionado, como expresamos más arriba, a una reacción anti-peronista.

En Buenos Aires, los dilemas que la cuestión metropolitana en el marco de la "nebulosa planificadora" les generaban a los expertos en derecho municipal quedan claros al seguir los razonamientos de Carlos Mouchet, un experto en derecho municipal que ocupó altos cargos en la estructura municipal porteña, como Director General de Asuntos Legales y miembro del Consejo Directivo de la Organización del Plan Regulador. Mouchet era defensor de la autonomía municipal, aunque siguiendo la concepción imperante desde el fallo de la Suprema Corte de Justicia en 1911, que planteaba el carácter meramente administrativo, no político, de los municipios. Esta característica le permitía elaborar una argumentación que sostenía, al mismo tiempo, la necesidad de mantener las potestades municipales y favorecer las políticas de planeamiento a escalas que excedían a los meros municipios.

Mouchet, como otros municipalistas de la época, defendía la "autonomía municipal", ya que consideraba que "un régimen federal sano exige una vida municipal rica", aunque reconocía que "el concepto de autonomía municipal requiere nuevos enfoques cuando varios Municipios que representaban comunidades distintas se integran en un solo aglomerado social, que requiere el tratamiento conjunto de la solución de sus problemas, rompiendo en cierta forma el concepto de autonomía local. Tal es, por ejemplo, el caso del área metropolitana de Buenos Aires, que es un factor de crisis de nuestro federalismo, y que obliga a colocar el examen de la cuestión municipal sobre otras bases diferentes de las tradicionales" (Mouchet, 1962: 20). El problema, para Mouchet y para otros municipalistas, como el español Luis Jordana de Pozas, a quien citaba, radicaba en que "las áreas metropolitanas suelen dar origen a desajustes entre las realidades humanas y sociales y la organización gubernativa y administrativa" (*ibid.*: 22). Ante esto, y siguiendo la tradición naturalista que planteaba la adecuación entre el proceso socio-urbano y el jurídico, reconocía que "la solución técnica aparentemente más deseable sería la unificación en una sola entidad territorial gubernativa y administrativa", aunque postulaba que, además de la resistencia de los municipios a dejarse anexar, el resultado sería igualmente dañino para el equilibro del país, teniendo en cuenta "lo monstruosa que sería una ciudad como Buenos Aires – como ente político y administrativo – si se le agregaran los Municipios vecinos" (*ibid.*). En definitiva, se planteaba un verdadero dilema, puesto que "esta tendencia inspirada por consideraciones de orden social y técnico parecería estar en colisión con las aspiraciones hacia una mayor autonomía municipal" (*ibid.*).

El dilema que expresaba Mouchet no era otro que la imposibilidad de pensar ya en una resolución conjunta, bajo la misma construcción de una unidad, de la problemática urbana y la municipal. La cuestión metropolitana y la "nebulosa planificadora", en ese sentido, inauguraron un desfasaje entre el orden del derecho y el de la realidad socio-urbana. La solución a esta disyuntiva estaba, para Mouchet, quien seguía los preceptos que habían sido declarados en el Congreso Interamericano de Municipios, en la elaboración de una política de "acuerdos" de carácter meramente técnico, que incorporaran a los distintos municipios involucrados. De esta manera, podrían convivir las soluciones técnicas con la autonomía municipal. En sus palabras, "las soluciones para las áreas metropolitanas no deben afectar necesariamente y en forma decisiva el concepto de 'autonomía municipal', auspiciada por los países americanos, siempre que la misma no quede limitada a lo político y se la dote, en cambio, de un contenido social y técnico" (Mouchet, 1967: 19). Por ello, "la política de los acuerdos es la única que se adecúa a nuestra organización constitucional y que puede originar la confiada cooperación y concentración de esfuerzos de las distintas entidades políticas afectadas" (Mouchet, 1962: 33). Es mediante esta concepción de un gobierno a través de "acuerdos" que se establecieron las principales transformaciones institucionales del período, que pretendían conjugar la potestad municipal con las necesidades urbanas que las trascendían ampliamente.

Las iniciativas gubernamentales del período trataron de abordar la cuestión metropolitana de Buenos Aires dentro del paradigma impuesto por la nebulosa planificadora. Como ejemplos es posible destacar dos experiencias. La primera, en 1957, fue la creación en el ámbito de la Municipalidad de la Ciudad de Buenos Aires de la Organización del Plan Regulador, cuyo Consejo Directivo estaba compuesto por arquitectos y abogados. En 1960, la Municipalidad de la Ciudad de Buenos Aires aprobó dos ordenanzas para autorizar acuerdos con el Gobierno de la Provincia de Buenos Aires, con el fin de determinar un área común de planeamiento, y con el Gobierno Nacional para coordinar actividades en conjunto. Ello posibilitó la elaboración del Plan Director de la Capital, aprobado finalmente en 1962, que presentaba una propuesta para superar el desarrollo "monocéntrico, hecho que ha ido acentuándose al evolucionar sujeta a la improvisación"[14]. Para ello, y siguiendo

---

[14] Organización del plan regulador, Municipalidad de Buenos Aires, Plano Director. Conceptos básicos, Municipalidad de la Ciudad de Buenos Ares, p.1.

los conceptos de la planificación urbana, presentaba un accionar que incluía a la ciudad dentro de una escala regional y la dividía internamente en dos zonas que serían de diferente escala: "la zona de capitalidad" y la "zona de Municipalidad". La primera referiría a una escala nacional, mientras que la segunda se asociaría a la local[15]. Como se expresaba en el Informe Preliminar, "Buenos Aires funciona a dos escalas: como capital y como municipio. Como capital es asiento de autoridades, centro de líneas tensionales, centro físico. Es, en su establecimiento, de difícil movilidad: más aún es importante acentuar su rasgo capitalino y consolidarlo estructuralmente; [...] Como Municipio, un posible desplazamiento de un centro a esta escala obedece a otras razones y es factible, de acuerdo a las conveniencias estructurales y morfológicas de la ciudad"[16].

Unos años más tarde, a finales de los 60, se creó un organismo nacional, la Oficina Regional del Área Metropolitana (ORDAM), dependiente del Consejo Nacional de Desarrollo (CONADE), organismo al que nos hemos referido más arriba. En ese marco se elaboró el "Esquema Director Año 2000", bajo un concepto que incorporaba directamente la planificación urbana de Buenos Aires en un marco regional y nacional. El documento, en una perspectiva similar a la citada de Hardoy, criticaba que, en el caso de la Región Metropolitana de Buenos Aires, "diversos municipios intentaron formular su propio Plan Regulador – a partir del concepto erróneo de considerarse como una unidad espacial autónoma y autosuficiente – sin tener en cuenta que participaban de las funciones mayores de la Aglomeración. Dichas funciones que se traducen en grandes equipamientos (aeropuertos, puertos, mercados de concentración, complejos administrativos, accesos, hospitales, universidades, esparcimientos), no son el resultado de la suma de necesidades individuales de las jurisdicciones consideradas, sino de una tácita, aunque no siempre reconocida, unidad regional"[17]. A causa de ello, afirmaban que los estudios previos, realizados por los técnicos de la Municipalidad de Buenos Aires, debieron remitirse al "polígono jurisdiccional, que representa apenas una octava parte de la Aglomeración", y por lo tanto "no constituyeron antecedentes aprovechables". En este marco, la Capital Federal era pensada desde el poder central y se la tomaba como una "aglomeración" que excedía ampliamente los límites de la Avenida General Paz e incorporaba a los municipios del Gran Buenos Aires. Basádose en la idea del "planeamiento regional", se sostenía que "la magnitud de las dificultades generadas por el crecimiento

---

[15] *Ibid.*, p. 2.

[16] Organización del Plan Regulador, Informe preliminar etapa 1959-1960, Municipalidad de la Ciudad de Buenos Aires, p. 51. Consúltese también *Introducción al planeamiento*, Buenos Aires, Organización del Plan Regulador.

[17] *Esquema Director año 2000*, Consejo Nacional de Desarrollo, 1969, p. 15.

desordenado de la Aglomeración, obligó a una toma de conciencia de gobernantes, administradores y técnicos. La unidad de esta región urbana no se discute ya hoy, como tampoco la urgencia de descartar su tratamiento como una suma de fragmentos independientes"[18].

Dinámicas y sociabilidades políticas en una ciudad metropolitana

El desborde de la problemática urbana de Buenos Aires hacia el conurbano, consecuencia de la cuestión metropolitana y la nebulosa planificadora, contrastaba, como ya adelantamos más arriba, con un renovado espíritu municipalista inspirado y potenciado en la necesidad de diferenciación y condena del pasado peronista. Sin embargo, las condiciones del momento eran contrarias a las del período de entreguerras, último recuerdo por entonces de una continuidad en la vida partidaria municipal.

En el capítulo 3 hemos analizado cómo, con la reforma electoral de 1917, comenzó en la ciudad a desarrollarse un juego partidario enmarcado en aquello que Rosanvallon denominó la "figuración del pueblo", a través del cual se inició un debate sobre los modos adecuados para que la representación municipal fuera el reflejo más fiel posible de los intereses diversos de los habitantes de la ciudad. Esa polémica era novedosa para la época, porque clausuraba la era de los concejales de elite, que sólo representaban sus propios intereses de clase. Luego de la reforma, y observando en perspectiva histórica, es posible aventurar que fue quizá entre 1918 y 1941 cuando se logró cierta estabilización en el juego democrático de representación y delegación municipal, constituyéndose un sistema partidario municipal con un *habitus* particular, basado en la complementariedad de las prácticas asociativas y partidarias, aspecto potenciado por la profesionalización de la tarea de concejal a partir de 1933. En esos años, electores y elegidos participaban en el juego de la representación y la delegación con cierta naturalidad, mediando las demandas y las luchas barriales a través de un sistema partidario e institucional relativamente estable, aun cuando durante el período hubo momentos –como en el célebre *affaire* Chade– en donde se tensionó la relación entre partidos y sociedades de fomento.

El cuadro partidario barrial, que describimos en el capítulo 3, fue en ese marco una figura central, que organizó las pertenencias e identidades

---

[18] *Esquema Director año 2000*, Consejo Nacional de Desarrollo, 1969, p. 16.

en lealtades relativamente duraderas, a través de las cuales la adscripción a un color partidario era la puerta de entrada para vivir de la política. Era así porque la ciudad había experimentado la desarticulación de la configuración elitista, en la cual la legitimidad para ocupar un cargo público era una derivación directa de la pertenencia de clase. Sin embargo, esta situación no duró mucho, puesto que como describimos en el capítulo pasado, en 1941 el vicepresidente Ramón Castillo intervino el Concejo Deliberante y pocos años después, en 1946, Perón lo eliminó y estructuró el gobierno de la Capital Federal a través del intendente nombrado directamente por el presidente.

Con posterioridad al golpe de Estado contra Perón, con el llamado a las elecciones en 1958, luego de diecisiete años de suspensión del juego partidario local, se retornaba a lo que marcaba la letra de la ley orgánica municipal. De hecho, como mencionamos más arriba, la retórica de los sectores antiperonistas señalaba este hecho como parte de la restauración de una pretensión de autonomía o independencia municipal, cercenada en su opinión por el régimen del "tirano prófugo". Pero los contextos históricos condicionan las posibilidades objetivas de reactualizar configuraciones pasadas, y en el caso de Buenos Aires entre mediados de los 50 y los 70, se conjugaron dos factores para hacer de ese retorno un ideal imposible de cumplir.

El primer factor era de índole político. En los cortos períodos constitucionales, la democracia no funcionó en su plenitud, debido a la proscripción del peronismo, que no sólo condicionó las dinámicas electorales a nivel nacional sino también a escala local. En el marco de la exclusión del líder político con el cual simpatizaba buena parte de los sectores populares, no era creíble sostener que el juego electoral municipal, tanto como el nacional, permitiría representar los intereses de los distintos sectores de la sociedad. En un país en el que gran parte del pueblo era excluido del juego democrático, no es factible pensar en que era posible su "figuración". Esta situación contribuyó a una pérdida de interés en las elecciones comunales, aspecto potenciado además por la unificación, que regía desde 1932, de las elecciones municipales con las nacionales. Producto de la inestabilidad política, entre 1958 y 1973 se llevaron a cabo sólo seis elecciones en las que se eligieron concejales para renovar total o parcialmente el Concejo Deliberante; tres de ellas –1958, 1963 y 1973– coincidieron con las de presidente, diputados y senadores. Las otras tres 3–1960, 1962 y 1965–, con las de diputados. Producto de la inestabilidad política, sólo en siete de los dieciocho años del período funcionó el Concejo Deliberante.

Un repaso de las crónicas periodísticas de esas elecciones permite observar que, a diferencia de lo que ocurría en las décadas del 20 y del 30, en la que los principales periódicos dedicaban una extensa cobertura, y varios editoriales, a ponderar la importancia que tenían las elecciones municipales, a partir de 1958 la información quedó totalmente relegada por la elección nacional. Ello fue potenciado en los casos de 1958, 1963 y 1973, en los que se eligió al presidente que lideró la reinstauración del régimen constitucional. En esos casos, el foco estaba puesto en señalar el hecho significativo que suponía la elección en términos de retorno al sendero democrático, dentro del cual la elección a concejales era considerada un dato menor. En 1958, *La Nación* sólo mencionaba en un apartado titulado "La Elección Municipal Metropolitana", dentro de una extensa nota dedicada a las elecciones nacional y provinciales, las características que adquiriría el sufragio municipal, explicando a los electores que "la Capital Federal volverá a tener, como se sabe, la comuna siquiera parcialmente electiva que el gobierno del Dr. Castillo suspendió hace 17 años y que el régimen depuesto había suprimido radicalmente"[19]. Luego de la elección del 7 de julio de 1963, la crónica de *Clarín* sobre las elecciones en la Capital se concentraba en los resultados a presidente, y sólo es posible obtener alguna información sobre las elecciones municipales a través de un pequeño recuadro en el que se muestran los resultados finales a presidente, senadores, diputados y concejales[20]. Algo similar ocurría en 1973[21].

Esta cobertura periodística estaba en consonancia con los resultados de los comicios, en los que se habían impuesto los partidos con representación nacional, con la proscripción del peronismo. En 1958, pese a que *La Nación* explicaba que el sistema utilizado, proporcional, había permitido en el pasado una pluralidad en el Concejo Deliberante, el resultado fue que sólo los partidos políticos nacionales obtuvieron alguna representación: la UCR Intransigente, 12 concejales; la UCR del Pueblo, 8; el Partido Socialista, 6; el Partido Demócrata Cristiano, 2; y el Partido Comunista, 2[22]. La desaparición de las agrupaciones gremiales fue una tendencia que se mantuvo en las elecciones posteriores. En 1962, al informar sobre los resultados de las elecciones, *Clarín* mostraba que los partidos que accederían a alguna banca serían casi los mismos que tendrían representación legislativa a nivel nacional, y sólo aclaraba que "es de tener presente que en la elección comunal varían generalmente en cierto porcentaje los resultados con relación a las cifras para la designación, por un mismo partido, de otros cargos electivos"[23].

La pérdida de centralidad del juego partidario en general y del juego municipal en particular se asoció, además, a otra derivación de la proscripción peronista, que fue la de la migración de la participación política hacia la

---

[19] "La Elección Municipal Metropolitana", *La Nación*, 23 de febrero de 1958.

[20] "Capital: 1° Illía, 2° Aramburu, 3° Alende", *Clarín*, 8 de julio de 1963.

[21] "Voto con variaciones en el Distrito Federal" y "La Capital confirmó la tendencia inicial", *Clarín*, 13 de marzo de 1973.

[22] "Cinco partidos obtuvieron concejales en la Capital", *Clarín*, 26 de febrero de 1958.

[23] "UCRI: Triunfo de la democracia", *Clarín*, 20 de marzo de 1962.

participación gremial habida cuenta del creciente poder que tenían los sindicatos peronistas, en ausencia de una estructura política habilitada. En ese marco, gran parte de la mediación de las demandas sociales de los sectores populares urbanos se realizaba a través de los sindicatos, priorizando acciones directas y medidas de fuerza como huelgas y movilizaciones.

El segundo factor que se conjugaba con el político era social. Durante esos años, el barrio, en tanto espacio local de sociabilidad para gran parte de la población porteña, fue perdiendo centralidad. Luego de la sanción de la Ley de Propiedad Horizontal, en 1948, se aceleró un proceso de construcción de edificios en altura, que poco a poco fueron siendo poblados por sectores de clase media. Ello contribuyó a una transformación en las formas de sociabilidad, que se estructuraron de manera más impersonal y anónima. En ese marco, la participación canalizada a través de instituciones barriales perdió peso. A estas razones se sumaron otras, dadas por una tendencia cada vez más marcada a enfocar el imperativo de participación hacia los sectores populares. Para Germani, por ejemplo, la marginalidad se asociaba con un déficit de "participación", y su incorporación a la sociedad debía darse a través de un pasaje de una participación parcial a una "participación total", que incluía aspectos económicos, políticos y culturales (Germani, 1961).

A través de premisas similares, en esos años los grandes proyectos de complejos habitacionales convivieron con una mirada alternativa, que comenzaba a enfocar la resolución de problemas urbanos de las poblaciones pobres a través de herramientas participativas. Como analizó Adrián Gorelik (2008), desde mediados de los 50 la Unión Panamericana comenzó a plantear la necesidad de desarrollar políticas de autoconstrucción y ayuda mutua de los sectores populares para resolver el acuciante problema de vivienda en América Latina, debido a la imposibilidad estatal de hacerlo a través de una política centralizada. En nuestro país, si bien predominó una resolución técnica y planificada, la participación constituía un elemento presente de la retórica de los 50 y 60. Como ha descripto Arturo Laguado Duca (2010) en su estudio sobre el gobierno de Onganía, el énfasis puesto en el desarrollo y la planificación se articulaba con un discurso comunitarista, a través del cual remarcaba su crítica a las formas tradicionales de participación política. Como señala el autor, "la participación, orientada por el sistema de planeamiento, permitiría que la comunidad al 'organizarse técnicamente', superara los anacrónicos partidos políticos" (Laguado Duca, 2010: 113). Por supuesto que este discurso tenía sesgos clasistas, y no siempre alcanzaba un impacto en políticas concretas. El resultado fue ambiguo, como puede apreciarse en un caso emblemático, que es el de las villas miseria. Durante esos años, las políticas oficiales oscilaron entre cierto reconocimiento y apoyo a la participación comunitaria y proyectos de erradicación violenta. En ese contexto, sin embargo, fue gestándose una separación entre las instituciones técnicas y políticas oficiales y las estrategias de participación comunitarias, que en la década del 70, como veremos más adelante, terminaron por abrazar los proyectos de lucha armada.

Capítulo VI

Gobernar la Buenos Aires autoritaria: la cuestión urbana y la ciudad tecnocrática

Una ciudad que erradica a sus pobres

En marzo de 1980, el entonces titular de la Comisión Nacional de la Vivienda, Guillermo del Cioppo, hizo unas declaraciones a la revista *Competencia*[1], que pese a la distancia histórica aún producen escozor. Allí planteaba que "nosotros solamente pretendemos que vivan en nuestra ciudad quienes están preparados culturalmente para vivir en ella. Concretamente vivir en Buenos Aires no es para cualquiera sino para quien la merezca, para el que acepte las pautas de una vida comunitaria agradable y eficiente. Como ejemplo, donde yo saco una fábrica, todo el entorno social cambia. Donde antes tenía un oficial semi especializado, puede instalarse un coya a vender limones y eso disminuye la calidad de los habitantes. Nuestra política respecto a la reubicación de los villeros es de reintegrarlos a la sociedad, es decir no hacer un barrio especialmente para ellos como se hacía antes, sino ubicarlos en una fracción de terreno en el Gran Buenos Aires entre dos familias que nada tengan que ver con el problema. Se trató el problema en forma quirúrgica y tiempo récord. Produjimos la explosión de las villas de emergencia. Atacamos problemas como el entorno folklórico e histórico de esas villas. En tres años erradicamos 100.000 villeros y sólo nos resta ubicar a 75.000 familias, lo cual quedará completado este año"[2].

---

[1] Revista *Competencia*, n° 191, marzo de 1980.
[2] Citado por Rapoport y Seoane (2007: 483).

Pocas frases han sido tan citadas por los trabajos que estudian el gobierno de Buenos Aires durante la última dictadura militar[3]. La misma condensa una serie de sentidos que enmarcan las máximas del gobierno de la Capital Federal entre 1976 y 1983. La política de erradicación de villas, sobre la que ahondaremos más adelante, no sólo tuvo graves consecuencias sociales, sino que implicó toda una concepción respecto a cuál era el ideal de ciudad, quiénes debían ser sus legítimos habitantes y cómo debían encararse las políticas tendientes a alcanzar los objetivos planeados. Los sectores de menores ingresos y escasos recursos culturales eran considerados ajenos a la Capital, que era vista como el espacio de residencia sólo de los habitantes más cultos de la nación. En consecuencia, debían ser desplazados, reproduciendo una vieja simbología de la ciudad amurallada, cuando los mendigos o vagabundos eran expulsados. La legitimación de tal acción ahora se hacía escudándose en una "reintegración a la sociedad". Se producía entonces un argumento paradójico, que luego fue transitado por distintos sectores a partir de los 90 y los 2000, que presentaba a la urbe porteña como un conjunto de vecinos culturalmente homogéneos, al mismo tiempo que sostenía la necesidad de dar respuesta a los pobres urbanos, puesto que serían parte de la "sociedad", pero fronteras afuera de sus límites, en los barrios marginales del Gran Buenos Aires[4].

Estas palabras no deben ser consideradas un desliz aislado, sino más bien la condensación explícita de cómo, pese a las tensiones internas existentes en el régimen tanto a nivel nacional como entre los gobernantes locales y las autoridades federales, se puede percibir una articulación entre las políticas de gobierno de Buenos Aires y las máximas del gobierno dictatorial. Sus directrices apuntaron a la desintegración de los sectores populares, a través no sólo de las desapariciones y las prácticas de terrorismo de Estado, sino también mediante reformas económicas que condujeron a la desindustrialización y que se articularon con las transformaciones en las condiciones de vida urbana.

En el plano del gobierno de la Ciudad de Buenos Aires, al igual que en el de las ideas económicas, la dictadura operó como bisagra[5], cerrando el ciclo iniciado con el peronismo e inaugurando las coordenadas que llegan a nuestro presente. Por supuesto que ello no fue de una forma absoluta, en tanto que las continuidades y discontinuidades históricas nunca son lineales. Pero es posible advertir que en esos años fue cuando abiertamente se planteó una

---

[3] Entre otros, cf. Carman (2010), Menazzi (2013a), Oszlak (1991).

[4] Este tipo de argumento se repitió con mucha frecuencia cuando, hacia fines de los 90, se produjo un rápido crecimiento de los "cartoneros" que transitaban la ciudad en búsqueda de materiales reciclables. Junto a Sabina Dimarco hemos analizado la ambivalente respuesta social y urbana en Dimarco y Landau (2011).

[5] Tomo la idea de la dictadura como bisagra de Heredia (2004).

concepción de la ciudad cuyos beneficios no debían ser para todos los ciudadanos, sino sólo para unos pocos, esos habitantes que son los más "valiosos" en términos culturales.

En algún punto, las palabras de Del Cioppo nos retrotraen a antiguos argumentos, cuando el municipio era considerado como un conjunto de vecinos, entendiendo esta categoría como una distinción a la vez económica y cultural reservada a algunos habitantes. Claro que ya no se trataba de un hiato operado entre los mismos residentes, ricos y pobres, como frecuentemente se hacía en la concepción doméstica, puesto que el devenir histórico lo hacía imposible. La situación urbana y municipal, en 1980, era muy diferente a la de un siglo atrás. En relación a la primera, como ya hemos analizado, la ciudad había devenido *metrópolis*. En relación a la segunda, el ideal técnico del gobierno de la ciudad, inaugurado en la década del 30, pero perfeccionado luego de la mano de la racionalidad planificadora imperante desde los 40 en adelante, había sustituido recurrentemente el argumento del derecho de los vecinos a ocuparse de sus asuntos comunes por la necesidad de dejar en manos de gobernantes técnicamente idóneos el manejo de los resortes institucionales de una Municipalidad que debía lidiar con múltiples problemas sociales, tanto de los vecinos que residían en la ciudad como de los trabajadores que accedían a ella diariamente.

En suma, la dictadura expresó una novedosa manera de concebir a Buenos Aires como objeto de gobierno, en un juego de continuidades y rupturas respecto al pasado. Sobre ello nos detendremos más adelante. Pero para entender mejor el contexto de producción de las ideas, es preciso comprender las principales modificaciones urbanas del período. Una de las tendencias que se profundizó, respecto al pasado, fue la de la metropolización ligada con la creciente participación de los municipios del conurbano respecto a la ciudad en cuanto a porcentaje de población. Hacia 1980, la población de Buenos Aires se mantenía en torno a los 3.000.000 de habitantes, como hacia mediados de los 40. Pero el Gran Buenos Aires siguió creciendo, y en el lapso de la década que separa el censo de 1970 del de 1980, pasó de contar con poco más de 5.000.000 a casi 7.000.000[6]. Si bien la tendencia que ubicaba a los sectores menos pudientes en los municipios del conurbano había comenzado en las décadas previas, como analizamos en el capítulo pasado, durante la dictadura el proceso se profundizó, debido a una serie de políticas que buscaban explícitamente la conformación de lo que Oscar Oszlak (1991) denominó una "ciudad blanca", es decir una urbe destinada a los sectores de

___

[6] Según cifras de los censos nacionales, en 1970 había 5.390.447 habitantes en los municipios del GBA, y la cifra ascendió a 6.823.175 en 1980.

mejores ingresos y más alto nivel cultural, tal como quedaba de manifiesto en las palabras de del Cioppo.

La configuración de un conurbano bonaerense destinado a los sectores populares y una ciudad dirigida a las clases medias y altas se debió a algunos procesos directos e indirectos que afectaron la ecuación del momento. La política económica de la dictadura, orientada a la apertura comercial indiscriminada, tuvo efectos de desindustrialización que han sido ampliamente estudiados. Entre 1974 y 1985 se redujeron a lo largo del país un 11,6% de establecimientos industriales. En este contexto, la pérdida en la ciudad fue mayor, ya que en el mismo tiempo se cerraron un 32,5% de establecimientos. Es decir que la ciudad contaba, al restablecerse la democracia, con un tercio menos de fábricas que al iniciarse el tercer gobierno justicialista. La explicación debe buscarse en que a la tendencia general de desindustrialización se sumaron las consecuencias de la migración de plantas industriales hacia el conurbano, que como hemos visto arrancó en la década del 60. Si, en 1953, el 26,3% de los establecimientos industriales del país estaba radicado en la Ciudad de Buenos Aires, para 1963 se habían reducido a 18,9%, cifra que se mantuvo estable hasta 1974, pero que luego comenzó a descender hasta alcanzar el 14% en 1985. Las tendencias migratorias acompañaron este proceso económico. Entre 1975 y 1980 Buenos Aires tuvo una tasa demográfica negativa, ya que recibió 230.000 migrantes, predominantemente del interior y de países limítrofes, pero en el mismo lapso emigraron 400.000, fundamentalmente hacia los municipios del conurbano.

Por supuesto que estas tendencias generales no explican por sí mismas el resultado de la profundización de la metropolización y la consecuente agudización de la cuestión metropolitana. Las principales razones estuvieron dadas por políticas gubernamentales que, en lugar de orientarse a una regulación armónica de la relación ciudad-conurbano, operaron construyendo una polaridad a partir de la expulsión de los sectores de menores ingresos de la ciudad *intra-muros*.

Varios autores han analizado las consecuencias de dos políticas que han sido emblemáticas en la Buenos Aires de la dictadura: el descongelamiento de los alquileres y la erradicación de las villas de emergencia[7]. En cuanto a esta última, entre 1976 y 1983 los residentes en villas de emergencia se redujeron un 94%, pasando de 214.000 a apenas 12.600, producto de una plan llevado a cabo por la Comisión Municipal de la Vivienda que incluyó diversas medidas: prohibición de la construcción de nuevas viviendas en las villas, intimidaciones a través de razzias, eliminación de fuentes laborales y aprovisionamiento internos, restricción de circulación de vehículos distribuidores

---

[7] Cf. Oszlak (1983), Menazzi (2013a), Menazzi y Jajamovich (2012).

de productos alimenticios, etc. El resultado fue la erradicación, llevada a cabo de forma arbitraria, cargada de violencia, en tiempos cortos y sin posibilidad de resistencia. Producto de estas políticas, hacia 1983, cuando se recuperó la democracia, casi no quedaba población en las villas de la ciudad. La otra medida que impactó en los sectores de menores ingresos fue la liberalización de los alquileres, en 1977, regulados desde 1943. Luego de la sanción de la ley, en muy poco tiempo los alquileres sufrieron aumentos significativos, lo cual, en un contexto de reducción de salarios, determinó la imposibilidad de muchos locatarios de continuar habitando las viviendas rentadas. Muchas familias no tuvieron otra opción que engrosar los barrios populares del Gran Buenos Aires.

A través de estas políticas, la Ciudad de Buenos Aires tendía a ser concebida, cada vez más, como un reducto destinado a los sectores acomodados de la sociedad, de modo que se estableció un hiato cada vez más marcado entre ciudad y conurbano, con la excepción de los municipios ricos del norte. Esta diferencia no sólo fue establecida a través de políticas con consecuencias en las dinámicas demográficas, sino también en la concepción de los servicios de la ciudad. En el capítulo 4 hemos descripto cómo, durante el primer peronismo, la Municipalidad de la Ciudad de Buenos Aires había conformado un fondo común destinado a la atención gratuita, en los servicios de asistencia pública de la ciudad, a todo ciudadano, fuera o no porteño. La justificación de dicha medida, en palabras del Dr. Raúl Molina, se asociaba con el "humanismo" del peronismo, que según su percepción propiciaba ir contra los "criterios estrechos" de quienes veían en la ciudad "un aspecto aislado, creyendo que son entes independientes del gran organismo nacional"[8]. Las soluciones a las cuestiones urbanas se subordinaban a las cuestiones sociales, y los problemas de la ciudad se concebían como asociados directamente a una problemática de la sociedad en su conjunto. De esta manera, desaparecía el vecino para fortalecer las figuras del ciudadano y, en relación a éste, la del trabajador.

La dictadura de 1976 realizó el camino inverso. A fines de 1976 se reglamentó un arancel hospitalario que, en los términos del entonces intendente Osvaldo Cacciatore, no tenía un fin recaudatorio sino "simbólico", cuya meta era "educativa", ya que "la idea formaba parte de la política general adoptada por el municipio, que establecía que aquello que respondía a un servicio particular debía ser solventado por cada usuario. [...] La faz educativa pretendía convencer a todos por igual que el Estado no es ni debe ser un benefactor

---

[8] "Conferencia pronunciada por el Dr. Raúl Molina, por L.S. 1 Radio Municipal sobre el tema "función social de la Municipalidad moderna", *Boletín Municipal de la Ciudad de Buenos Aires*, n° 8363, 20 de agosto de 1948.

total y omnipotente que reemplaza hasta las obligaciones más elementales de cada individuo y sustituyéndolo en sus responsabilidades más directas (*sic*)" (Cacciatore, 1993: 132). En la misma línea, como señala Luján Menazzi, "la Municipalidad presentó reclamos al Poder Ejecutivo Nacional y al gobierno Provincial por la 'carga' de pacientes de provincia que eran atendidos en hospitales municipales. En algunos casos, como en el Hospital de Geriatría 'Gral Martín Rodriguez' se exigía a los pacientes tener domicilio constituido en Capital con una antigüedad mínima de seis meses para lograr ser admitidos en el hospital" (Menazzi, 2013a: 9-10).

El contraste con el peronismo es nítido. La eliminación de la Municipalidad electiva tenía objetivos opuestos y formas antagónicas. Mientras que el peronismo buscaba subsumir la ciudad en la sociedad, como parte de su construcción de lo social, la dictadura de 1976 buscó la recuperación de la ciudad como espacio recortado de la sociedad nacional. Como profundizaremos más adelante, también se pueden marcar transformaciones en el modo de llevar a cabo las políticas estatales. El peronismo, como hemos visto, se caracterizó por una personalización de lo social, que en el caso de las problemáticas urbanas conllevó una pérdida de lugar de los referentes locales por el peso que tenían las figuras de Perón y de Evita. En el caso de la dictadura, se trató más bien de un proyecto que, pese a la existencia de fuertes debates y líneas internas[9], se orientó en términos generales a una racionalidad privatista, de orientación neoliberal, como profundizaremos más adelante.

Junto al arancel hospitalario se destacaron otras políticas con clara tendencia a la municipalización del espacio institucional. En 1978 se transfirieron a la ciudad todas las escuelas primarias y preprimarias, que hasta entonces estaban bajo la órbita del Consejo Nacional de Educación. En 1979, se hizo lo propio con los subtes. Esta situación, que se enmarcaba en las líneas generales del "achicamiento del Estado" a nivel nacional, coadyuvaba al fortalecimiento de un viejo espíritu municipalista. Recordemos, en ese sentido, los arduos debates, a principios del siglo XX, entre quienes sostenían la necesidad de que Buenos Aires se hiciera cargo de sus propios servicios urbanos, como modo de resguardarla del poder de intromisión de los poderes nacionales.

Otra política que impactó directamente en la consolidación de una ciudad para los sectores más acomodados de la sociedad fue el Código de Planeamiento Urbano, sancionado en 1977. Una de sus consecuencias fue la reformulación de los criterios de edificación a través de un sistema que

---

[9] Sobre los conflictos internos en el gobierno procesista, cf. Canelo (2007). También, para un estudio detallado de las internas relativas a la implementación de políticas públicas en la ciudad, cf. Menazzi (2012).

premiaba con metros a quien dejara perímetro libre, lo cual fomentó el proceso de edificación en altura, e hizo que las grandes torres reemplazaran en muchas zonas a edificios más bajos o casas. Finalmente, fue también muy significativa la incorporación del plan de construcción de un sistema de autopistas urbanas, cuyo esquema   original contemplaba siete vías rápidas que atravesarían por completo la ciudad. Como es sabido, la mayoría de ellas sólo quedó en papel o en un proceso autoritario de expropiación. Esta política, en lugar de mejorar el transporte público de pasajeros, beneficiaba a los sectores privilegiados y a una concepción individualista de la ciudad[10].

De la marginalidad a la cuestión urbana: entre la revolución y el neoliberalismo

Las transformaciones urbanas y sociales fueron acompañadas por un cambio en los principales ejes del debate erudito, técnico y político. Recordemos que, como mencionamos en el capítulo pasado, las décadas del 50 y del 60 vieron desplegar una concepción inspirada en la ideología desarrollista y las teorías de la modernización. En ese marco, la reflexión sobre la ciudad quedaba subsumida en una preocupación mayor, la del desarrollo nacional. Una década más tarde, ya a mediados de los 70, la situación era diferente. En este giro jugó un lugar central la sociología francesa, y en particular los trabajos de Manuel Castells (2012 [1974]) sobre la "cuestión urbana"[11]. Su punto de partida era la crítica tanto a las miradas culturalistas de la Escuela de Chicago como a su uso posterior por parte de las perspectivas desarrollistas. Para Castells, la perspectiva chicaguiana, que interpretaba lo "urbano" como una "cultura", de carácter "moderno", opuesto a la "tradición", que debe ser incorporada por los nuevos habitantes de las ciudades como parte de un proceso de desarrollo, esconde la verdadera explicación del fenómeno de urbanización, que no es de tipo cultural sino económico.

Sobre la base de estas ideas, Castells reintrodujo en el debate urbano un eje que quedaba relegado en la perspectiva desarrollista: el de la desigualdad. La utilización de la fórmula de la cuestión urbana, que remitía a la cuestión social, tenía como fin poner en evidencia que las problemáticas asociadas con la vida de los sectores populares en las grandes urbes capitalistas de mediados del siglo XX sólo podían ser interpretadas como consecuencia de la desigual

---

[10] Para un repaso más exhaustivo de las distintas políticas públicas en la ciudad durante el proceso, cf. Menazzi (2013a).

[11] Para un análisis detallado del giro en el pensamiento urbano, cf. Valladares (1995).

división del trabajo. Como plantea Donzelot (1999), Castells se aferra a la categoría de cuestión urbana para denunciar los males que el urbanismo funcional produce en el marco de la sociedad industrial, la pérdida de calidad de vida que resultaba de la sumisión relativa de lo urbano a las exigencias de la industria. Era la calidad de la ciudad lo que estaba en discusión, su capacidad de hacer lugar a los usos de los habitantes, y no sólo al intercambio mercantil y la producción.

En el caso francés la cuestión urbana se enmarcó en un movimiento general de rechazo a las lógicas propias del Estado Social, que comenzaron a desplegarse con fuerza desde el mayo del 68 en adelante. Eran los jóvenes hijos de los "treinta gloriosos" que empezaban a cuestionar las lógicas omnipresentes de las instituciones burocráticas. Las respuestas, como ha analizado Tierry Oblet para el caso de París, vinieron de la mano de una recuperación del espíritu "urbano" que pudiera independizarse del gobierno asfixiante de lo "social". Como recuerda este autor, las protestas del 68 pusieron en entredicho las modalidades de intervención del Estado modernizador; éste era acusado de reconducir un poder despótico detrás de un modernismo del lenguaje (Oblet, 2005). Frente a esta situación, a partir de los 70 comenzaron a perfilarse una serie de luchas que pugnaban por una mayor participación de los habitantes en sus políticas urbanas.

La perspectiva de la "cuestión urbana" iluminó también las discusiones latinoamericanas, a través de la complementación de las tesis de Castells elaboradas para Europa con los aportes provenientes de las teorías de la dependencia tan en boga por entonces en América Latina, a partir de los trabajos de Fernando Henrique Cardoso y Enzo Faletto, de Celso Furtado o de Aníbal Quijano. El propio Castells, en su libro, se ocupaba específicamente de la relación entre "urbanización, desarrollo y dependencia" (Castells, 2012: 49-90). Su argumento era que los procesos de urbanización de los países centrales y los periféricos, o los desarrollados y subdesarrollados, no deben contemplarse como dos cursos similares en estadios diferentes (como, por ejemplo, tendía a hacer Germani), sino como dos facetas del mismo fenómeno, asociado con las diferentes formas que adquiría la urbanización en el contexto de desarrollo del sistema capitalista mundial.

En palabras de Castells, "la urbanización en los países 'subdesarrollados' debe ser estudiada en relación con la investigación del 'subdesarrollo' mismo, que así denominado parece aludir a niveles de crecimiento, no es sino una de las caras de una misma estructura de la cual también forma parte el desarrollo. Es decir, que no se trata de secuencias diferentes de desarrollo, sino de la expansión de una misma estructura básica, el modo de producción capitalista, en la que distintas formaciones sociales cumplen funciones diferentes y poseen características peculiares correspondientes a estas funciones y a sus formas de articulación" (Castells, 2012: 54). En este marco, la urbanización "en América Latina no es el reflejo de su proceso de 'modernización', sino su expresión, a nivel de las relaciones socio-espaciales, de la agudización de las contradicciones sociales inherentes a su modo de desarrollo, desarrollo determinado por su dependencia específica dentro del sistema capitalista monopolista" (*ibid.*: 78).

Al condicionar el proceso de urbanización en relación al funcionamiento general del sistema capitalista, la variable espacial quedaba como dependiente de la estructura social, o, como planteaba el mismo Castells, "el proceso de urbanización representa, pues, la ligazón al espacio de la dinámica social esbozada" (*ibid*: 55). Desde esta mirada, Castells impugnaba "el esquema ideológico de una sociedad dualista rural-urbana, agrícola-industrial o tradicional-moderna" (*ibid*: 59). Ello sólo formaba parte de una "ideología urbana", que escondía la verdadera "dependencia de los procesos urbanos con respecto a la estructura social" (*ibid.*). Para Castells no se trataba de un "impacto de la industria sobre la urbanización" (*ibid.*: 57), sino del "impacto del proceso de industrialización a través de una relación de dependencia recíproca" (*ibid.*). Este proceso, siguiendo a las lógicas capitalistas, había impactado diferencialmente en los países centrales y periféricos, y ello explicaba las diferentes formas que adquirían sus procesos de urbanización.

Los aportes de Castells permitieron modificar la mirada sobre los sectores populares urbanos. En su opinión, no se trataba de un problema de "marginalidad", asociado con la necesidad de incorporar la "cultura urbana" una noción que a sus ojos no era más que un "mito" que pretendía universalizar una "cultura" vinculada con una realidad histórica específica, la del "modo de organización social ligado a la industrialización capitalista, en particular en su fase concurrencial" (*ibid.*) y que, si se asemeja por ejemplo a lo sucedido en ciudades de los países comunistas, no es por su contenido "urbano" sino por su característica "industrial": "el elemento importante que determinaría la evolución de las formas sociales sería entonces el hecho tecnológico de la industrialización" (*ibid.*: 103).

Si en Europa la crítica a la planificación había derivado en una recuperación de la ciudad, de lo urbano, por sobre lo social, en nuestro país la historia fue distinta. El punto central de la crítica no radicaba en la asfixia de un Estado Social omnipresente, como en la Europa de los "treinta gloriosos", sino en el fracaso de las promesas de integración a través de la modernización industrialista. En la Ciudad de Buenos Aires los movimientos sociales y los grupos armados de los 70 apuntaron contra las falsas promesas que el desarrollismo había hecho a los sectores populares, propugnando que la única salida a las condiciones de miseria en las que vivían era la vía revolucionaria[12]. En ese contexto debe comprenderse el lugar que jugaron las villas de emergencia como *locus* de búsqueda de desarrollo de una praxis revolucionaria.

Al mismo tiempo que desde el pensamiento crítico de la academia de izquierda se reintroducía la discusión sobre la igualdad, en los sectores dominantes tomaba forma la emergencia de un pensamiento neoliberal, que si bien compartía la crítica al Estado social, postulaba una salida opuesta, exacerbando una semántica de la libertad, que abrevaba en las ideas de la economía neoclásica, que comenzaba a ganar terreno a través de la conformación de una red de relaciones entre tecnócratas, políticos y empresarios, tal como analizó Mariana Heredia (2004).

En el capítulo 2 hemos descripto la transformación erudita que se produjo entre fines del siglo XIX y principios del XX, cuando, para hacer frente a los conflictos que se suscitaban en la ciudad, los principales pensadores del derecho y la economía "inventaron" una nueva referencia, lo "social", como medio de dejar de interpretar los problemas que aquejaban a los sectores populares como causa de cuestiones individuales, tal como hasta entonces postulaba el liberalismo clásico. Autores como Duguit o Houriou, en Francia, o Quesada, Posada o Bielsa, en nuestro país, produjeron una verdadera revolución epistemológica, iniciando la era de un pensamiento social. El núcleo fundamental de la transformación puede resumirse en el énfasis puesto en la necesidad de mitigar las desigualdades propias del sistema capitalista, a través de la acción reparadora del Estado. Desde entonces, todo el siglo XX, hasta mediados de los 70, puede ser considerado como un continuo aunque sinuoso camino de desenvolvimiento de las ideas sociales.

Pero a mediados de los 70 este proceso conoció un punto de quiebre, tanto en los países centrales como periféricos. Quien más claramente percibió el movimiento en ciernes fue Michel Foucault, que un año antes de la asunción de Ronald Reagan en Estados Unidos y a pocos meses de la de Margaret Thatcher en Inglaterra, denunciaba el inflacionismo que por entonces se expresaba en la crítica al Estado, la "fobia" que éste producía tanto a derecha como izquierda (Foucault, 2005). Ya nos hemos ocupado de las críticas que se hacían desde la izquierda, con el ejemplo emblemático de los trabajos de la sociología marxista de autores como Castells. Pero las transformaciones más relevantes, en lo relativo a las racionalidades de gobierno en general, y de la ciudad en particular, provinieron de una metamorfosis operada en el campo del derecho y la economía, que apuntó a revertir los sentidos sociales imperantes en el siglo XX.

---

[12] Cf. Gorelik (2003).

En ese marco, jugaron un papel central las ideas neoliberales, que hasta entonces habían quedado relegadas a círculos pequeños de economistas o juristas de derecha, que venían impulsándolas, sin demasiado éxito, desde que en 1947 Friedrich Hayek creara la "Sociedad Mont Pelerin", un reducto del que participó un selecto grupo de intelectuales contrarios al estado social europeo y al *new deal* norteamericano. Entre ellos se encontraban Karl Popper, Milton Friedman, Walter Lippman, Ludwin Von Mises y varios más[13]. Para todos ellos, el gran desafío para comenzar a desarrollar una política neoliberal era cómo crear, en un mundo en el que la planificación y la regulación estatal eran hegemónicas, una economía que funcionase sólo a través de la lógica de la competencia. El problema no era, como en el liberalismo clásico, el de cómo actuar lo menos posible, sino simplemente cómo actuar, es decir el "estilo gubernamental". Es esta pretensión interventora lo que hizo que Foucault (2005), retomando a algunos autores del ordoliberalismo alemán, hablara de un liberalismo "positivo" o un liberalismo "sociológico", cuyo objetivo era establecer una sociedad constituida sobre los principios de la competencia. Esta sociedad neoliberal debía construirse, para sus mentores, siguiendo el modelo de la empresa.

Las ideas neoliberales tuvieron una acogida en nuestro país, aunque también en principio reducida a determinados círculos intelectuales de la derecha antiperonista. Ana Grondona (2011) describió cómo, muy poco después del derrocamiento de Perón, en Buenos Aires comenzó a desarrollarse una serie de reuniones que incubaban las ideas neoliberales. Luego de que en 1958 la Universidad de Buenos Aires aprobara el primer plan de estudios de la Licenciatura en Economía Política, en 1959 las autoridades de la Facultad invitaron a dictar una serie de conferencias a los neoliberales Leonard Read y a Ludwin Von Mises. En su conferencia titulada "Why not try freedom?", Read planteaba que Argentina venía de salir de "doce años de cruda acción policial bajo el dictador Perón", y que por ende necesitaba un cambio que debía venir de la mano de dejar de lado las políticas sociales.

Read sostenía que "la sociedad es una abstracción", que "sólo los individuos cuentan" y que "cada individuo es bien diferente a los otros". Además, agregaba que "no hay dos que piensen igual, tengan las mismas aptitudes y habilidades, vean igual, oigan igual, tengan los mismos gustos o las mismas energías". Por lo tanto, las reformas debían favorecer esas diferencias, ahogadas en los "regímenes dictatoriales" como los de Perón o cualquier otro que actuara sobre lo social. Von Mises dictó una serie de conferencias en 1959, en las que hizo hincapié en el problema de la inflación, en los conflictos que traían aparejados la legislación obrera y el intervencionismo estatal. Además,

---

[13] Para una reseña de la historia del neoliberalismo, cf. Anderson (2013).

lógicamente, se congratuló del golpe de Estado de 1955. En ambos casos, se señalaba el problema de la inflación, que se planteaba como consecuencia de la gran influencia de los sindicatos, que para Read eran más fuertes que en EEUU. Ahora bien, más allá de su incipiente prédica, los neoliberales no llegaron a ocupar puestos relevantes dentro de las administraciones públicas, en parte porque los economistas neoliberales preferían emigrar al Fondo Monetario Internacional (FMI) o al Banco Mundial (BM), dados los bajos salarios en Argentina. Sin embargo, sí hubo una figura trascendente del neoliberalismo en Argentina, que comenzó a desarrollar su actividad en la década del 50: Álvaro Alsogaray. Tres semanas después de la conferencia de von Mises, Alsogaray asumió el Ministerio de Economía de un gobierno originalmente desarrollista, como el de Frondizi.

En suma, entre fines de los 50 y comienzos de los 70, aun cuando las ideas neoliberales comenzaban a tomar cuerpo, no eran aun hegemónicas en Buenos Aires. Este "bloqueo", por usar un términos foucaultiano, puede plantearse como consecuencia de la permanencia aún de las principales ideas derivadas del pensamiento social: desarrollo nacional y promoción de la sociedad. Fue a partir de mediados de los 70, con la crisis del tercer gobierno peronista y, sobre todo, con la dictadura de 1976, que se desbloqueó definitivamente el neoliberalismo en Argentina. En ese entonces, sus ideas comenzaron a convertirse en parte de un incipiente nuevo sentido común, que criticaba la necesidad de un Estado regulador de las desigualdades sociales y sostenía la búsqueda de una presunta libertad personal. En su libro emblema, Álvaro Alsogaray lo dejó muy en claro, al decir que "la elección de un adecuado sistema económico es vital para la preservación de las libertades individuales. Un sistema que sólo promete al hombre común más controles, más planificación y más burocracia en la mayor parte de sus actividad diaria, que es indubitablemente económica, será un pesado lastre para todo intento de afianzar la libertad en el campo de la política y la cultura" (Alsogaray, 1968: 14). Para alcanzar este ideal proclamaba la necesidad de una "economía social de mercado", que nada tenía que ver con el "liberalismo absoluto", sino que constituía una "doctrina moderna, en la cual el Estado y la planificación tienen un importante papel que jugar aún en el campo económico, pero en la que la regimentación burocrática es sustituida por el libre juego de las fuerzas del mercado" (*ibid.*).

Autoritarismo, tecnocracia y participación

El auge del neoliberalismo hacia fines de la década del 70, en países centrales, como Estado Unidos o Inglaterra, y periféricos, como Argentina, se enmarcó en una crítica despiadada a los Estados Sociales. Para los sectores de izquierda, el desarrollo de lo social era una suerte de anzuelo que el capitalismo ponía en boca de los trabajadores, con el cual les impedía una toma real de conciencia revolucionaria. Para la derecha, la forma de construir ciudadanos pasivos, que no se preocupaban por sus vidas, sino que esperaban y demandaban todo al Estado. Este encuentro no era casual, puesto que como ya sucediera en los albores de *lo social*, tanto liberales como marxistas basaban sus visiones del mundo en una relación entre individuos, en la que toda mediación estatal era condenada. Luego de medio siglo en que el desarrollo de lo social había aplacado los movimientos revolucionarios y corrido a un segundo plano a los defensores de una ideología liberal, la situación de fines de los 60 y comienzos de los 70 volvió a hacerlos resurgir.

En 1975 la Comisión Trilateral, un grupo que reunía a académicos y políticos de la "triada" de los países más industrializados, Europa, EE.UU y Japón, elaboró un diagnóstico que seguía en gran medida lo que venían planteando los neoliberales, esto es que el Estado de Bienestar había conducido a un exceso de demandas al Estado y que había que tomar medidas urgentes. Dicho diagnóstico se publicó en el informe "The crisis of democracy", redactado por Michel Crozier, Samuel Huntington y Joji Watanuki, en 1975. Los autores presentaron una serie de tendencias que, según su enfoque, impedían la toma de decisiones y generaban un problema de "gobernabilidad". El argumento planteado suponía que la expansión de la democracia, expresada en una participación política ampliada y un avance de la igualdad entre los ciudadanos, había traído consigo varios problemas, entre los que se destacaban la pérdida de liderazgo, de legitimidad de la autoridad, sobrecarga en el gobierno, fragmentación de intereses, nacionalismo, etc. El documento establecía como cuestión prioritaria la solución de ciertos asuntos (en el campo del mundo del trabajo, la educación, las instituciones) y planteaba que "desgraciadamente, estos problemas no están sujetos a un fácil ordenamiento legislativo o a la intervención ejecutiva. Ellos requieren de una dolorosa transformación de las relaciones sociales, de los patrones culturales y de autoridad, e incluso de los modos de pensamiento" (Crozier, Huntington y Watanuki, 1975: 185).

Muchas de las ideas que allí estaban esbozadas cobraron fuerza en las recetas que se plantearon desde el "Consenso de Washington", pero se iniciaron ya desde las reformas económicas de la dictadura. En ese sentido, el régimen cívico-militar no sólo desarrolló un programa económico neoliberal sino que lo hizo a través de un modo de gobierno crítico de la burocracia, que instauró una lógica tecnocrática. Si el neoliberalismo era la ideología dominante, la tecnocracia aparecía como la forma gubernamental más adecuada para llevar adelante las reformas sin necesidad de búsquedas de consensos o legitimación por parte de los agentes del campo político o los meros ciudadanos. Si bien han jugado articuladamente desde la década del 70, conviene no confundir neoliberalismo con tecnocracia, tal como suele hacerse frecuentemente. El primero hace referencia a una racionalidad política, a un horizonte ideal a alcanzar en cuanto a los vínculos entre sociedad y Estado. El segundo, a la forma gubernamental escogida para eso. Una vez más, la comparación con el proceso de construcción de lo social es ilustrativa. En ese caso, el liberalismo social se constituyó en la racionalidad de gobierno, y las formas institucionales del Estado social, fuera en la versión más burocrática europea, o más personalista latinoamericana, el modo institucional de logar esa meta.

Miguel Ángel Centeno ha esbozado una definición de la tecnocracia que resulta útil para pensar cómo se estructura, a partir de ella, una forma particular de relación entre gobernantes y gobernados. Para el autor, una tecnocracia se define como la "dominación administrativa y política de una sociedad por: - una elite cohesiva con formación especializada, que afirma ser capaz de maximizar el bienestar colectivo mediante la aplicación de un conjunto de técnicas racionales instrumentales y de criterios de éxito; - un grupo de instituciones estatales que adhieren a un cierto modelo técnico-analítico y que, merced al control de los recursos decisivos requeridos por el régimen, procuran imponer la primacía de sus perspectiva organizativa a todo el aparato administrativo; la hegemonía de un solo y excluyente paradigma de políticas públicas, basado en el uso teóricamente óptimo de los recursos y en la preservación de la estabilidad del sistema" (Centeno, 1997: 222).

En la Ciudad de Buenos Aires durante la dictadura cívico-militar, la concepción tecnocrática se planteaba, en muchos aspectos, como una continuidad de la concepción planificadora imperante entre las décadas del 40 y del 70. En ese momento, las redes de técnicos se apoyaban en una idea rectora, basada en la necesidad de desarrollo e industrialización. A partir de la dictadura, la concepción tecnocrática eliminó la idea de una planificación para el desarrollo nacional, y en su lugar apareció un discurso y un accionar cuya única meta era la de la construcción de una sociedad de la libre competencia, siguiendo los patrones del pensamiento neoliberal. Como ya hemos señalado más arriba, en ese camino el Estado seguía teniendo un rol a jugar, en tanto eje central de las reformas pro mercado.

En el plano municipal, la relación entre autoritarismo, neoliberalismo y tecnocracia se plasmó en el perfil de sus gobernantes, en sus principales orientaciones políticas y en el modo de estructurar las lógicas de relación entre gobernantes y gobernados. En cuanto a sus gobernantes, se desatacó la presencia del intendente Osvaldo Cacciatore, que se mantuvo al frente de la administración municipal entre abril de 1976 y marzo de 1982. La extensión contrasta con la inestabilidad de los intendentes anteriores, sobre todo en el período 1955-1973. Si bien esta estabilidad se repitió en otros gobernadores provinciales durante la dictadura[14], era una novedad para la ciudad.

Cacciatore era un brigadier retirado, de escasos pergaminos militares, que accedió al cargo por su amistad con el Ministro de Interior, Albano Harguindeguy. Siguiendo el esquema de poder tripartito, armó su equipo de trabajo requiriendo a las tres fuerzas propuestas de personal retirado con determinadas especializaciones, previendo nombrar a dos hombres del Ejército, dos de la Fuerza Aérea, uno de la Armada y dos civiles. De esta manera, se cubrieron con militares la Auditoría, la Secretaría de Gobierno, la Secretaría de Economía, la de Servicios Públicos y la de Salud Pública. Dos civiles quedaron a cargo de la Secretaría de Obras Públicas, en manos de un urbanista, y la Secretaría de Cultura, liderada por un licenciado con experiencia en asuntos culturales que ya había desempeñado funciones en la misma área de la Municipalidad. Ninguno de ellos logró tener una trayectoria política luego de la vuelta de la democracia, incluido Cacciatore, que intentó sin éxito comenzar una carrera como diputado nacional, en 1993, en la lista de la UCEDE, y en 1997 y 1999 con su propio partido.

La crítica a la burocracia emergió como un norte desde las primeras medidas de su gobierno comunal. Según su mirada, propia del espíritu anti-burocrático de la época, "el vicio burocrático" comenzó "con la propia fundación de la ciudad y no es fácil desterrar, en materia administrativa, procedimientos o hábitos apegados a los formulismos de papel. La natural tendencia a considerar imprescindibles determinados trámites u organismos, es la causa del anquilosamiento de ciertas parcelas de la administración comunal, lo que hace muy difícil conocer la real dotación del personal que la conforman" (Cacciatore, 1993: 31). Para saber a ciencia cierta el número, Cacciatore censó a quienes acudían a percibir sus haberes, definiendo el número de 85.000 empleados, que según sus cálculos eran 26.500 más que en 1973. En ese marco, Cacciatore emprendió una "racionalización de la planta de personal comunal", a la par que se comenzaba a plantear la necesidad de flexibilizar las estructuras organizacionales para adaptarse a los cambios. En palabras del intendente, se trataba de admitir que "es imprescindible que toda organización sea lo suficientemente flexible como para adaptarse a los cambios que demandan nuevas circunstancias, o nuevas técnicas, aun

---

[14] Cf. Canelo (2011).

cuando ello signifique reestructurar lo inicialmente establecido" (*ibid.*: 37). En este sentido, la concepción tecnocrática se diferenciaba de la planificadora en su énfasis antiburocrático, que sustituía el pensamiento a largo plazo por las nuevas voces que, desde el *management*, estaban modificando las viejas premisas de la ciencia de la administración, construyendo un "nuevo espíritu del capitalismo", tal como analizaron Boltanski y Chiapello (2002), aspecto sobre el que profundizaremos en el próximo capítulo.

La dictadura en Buenos Aires, además, se orientó hacia la construcción de un *vecino-consumidor*. En los albores del siglo XX, cuando la ciudad civil aún era la forma dominante de estructurar el vínculo entre habitantes y autoridades, la figura del *vecino-contribuyente* se conformó como un medio para determinar quiénes accedían o no al cuerpo municipal. Más tarde, en la década del 30, el *vecino-gestor* fue la manera de articular las demandas populares, entre cada uno de los barrios, y las autoridades públicas. El desarrollo de la ciudad social, desde mediados de los 40 y hasta la dictadura, hizo que la noción de vecino quedara relegada a un segundo plano detrás de las de ciudadanos y trabajadores. Pero con la dictadura se vivió su recuperación, asociada con la legitimación de la participación de los beneficios de la ciudad a quienes vivían en ella, así como a la capacidad económica para pagar por los servicios recibidos.

La imposición de un arancel hospitalario, como mencionamos más arriba, fue un emblema de esta concepción. Más allá del alcance real de la medida, se trata de una racionalidad no sólo anti-burocrática, sino anti-social, precursora de la remercantilización de la sociedad, propia de las lógicas neoliberales. Si lo social se construyó a través de un proceso de desmercantilización de las protecciones sociales, a través de la conformación de redes institucionales con el Estado en el centro de la escena, ahora se trataba de realizar un camino inverso. El vecino-consumidor era una nueva forma de legitimar la pertenencia a la ciudad, que ya no era la de la contribución a un cuerpo común, como el vecino-contribuyente de antaño, sino la de la posibilidad de acceder a la ciudad gracias a la capacidad de pago.

La concepción de gobierno tecnocrática se basa en un descrédito de toda forma de oposición a las medidas "técnicas". Es por ello que los gobiernos tecnocráticos concentran las decisiones en pocas manos y son reacios a desarrollar paradigmas deliberativos o participativos. En la Buenos Aires de la dictadura, las principales políticas siguieron estas directrices, evitando abiertamente la incorporación de los involucrados o damnificados, como fue en el caso de la erradicación de las villas de emergencia o la expropiación de las viviendas para hacer las autopistas. Las lógicas autoritarias de un gobierno militar favorecían esta tendencia. Sin embargo, ello no supuso la total desaparición de las formas de participación, sino más bien una polaridad muy marcada entre la participación popular, asociada con los movimientos sociales y políticos, muchos de ellos en la clandestinidad, y la de la escasa participación institucionalizada por el Estado municipal, enmarcada en la figura de las Juntas Comunales, que habían tenido una breve existencia entre 1970 y 1973, hasta que la nueva ley orgánica municipal instauró los Consejos Vecinales. Éstos habían sido disueltos por el presidente de facto Jorge Videla, siguiendo el mismo camino que las instituciones democráticas de todos los niveles de gobierno, el 7 de abril de 1976[15]. Posteriormente, el 10 de septiembre del mismo año, Cacciatore creó las "Juntas Representativas Vecinales", bajo el argumento de que "es objetivo del Gobierno Comunal promover una auténtica y efectiva participación vecinal en la solución de los problemas de la ciudad", y que "al haber sido disueltos los Consejos Vecinales se actualiza la necesidad de replantear la relación de la Municipalidad con la comunidad"[16].

El modelo adoptado difería del de los Consejos Vecinales, puesto que éstos estaban dentro de las lógicas propias del juego democrático, ya que sus representantes eran elegidos en elecciones, junto a los concejales y el intendente. Más bien, se acercaba al modelo previo, implementado en las décadas del 20 y del 30, de reconocimiento de las sociedades de fomento. Aunque, a diferencia de ese viejo modelo, que se pensaba como una institución sola, en este caso se trataba de una suma de asociaciones preexistentes. En esa línea, se autorizaba la creación de una Junta Representativa Vecinal por barrio, "que estará compuesta por los representantes de las entidades de bien común existentes en el lugar"[17]. Las autoridades municipales se reservaban el derecho de reconocer o no a dichas Juntas, y se aclaraba además que, aunque dichas asociaciones podían "formular proposiciones" y "efectuar requerimientos", sólo podían participar en toda tarea que "en bien de la comunidad autoricen las autoridades municipales".

---

[15] Ley 21.291, cf. *Boletín Municipal*, 31.784, 6 de mayo de 1976.
[16] Ordenanza 33.065, cf. *Boletín Municipal*, 32.678, 16 de septiembre de 1976.
[17] *Ibíd.*

Capítulo VII

Gobernar la Buenos Aires en transición: hacia una ciudad fragmentada y desigual

Buenos Aires en transición

La Buenos Aires de la década de los 80 y la primera parte de los 90 era una ciudad en transición, en cuyo seno se estaban produciendo transformaciones muy significativas. Al usar este término no lo hacemos en el sentido más difundido, para hacer referencia al pasaje de la dictadura a la democracia. En una perspectiva de largo plazo se asocia al ocaso de un período que atravesó a la ciudad y al país durante el transcurso del siglo XX, y que a partir de los 70 y 80 comenzó a cerrarse, para dar paso a una nueva configuración, inédita hasta entonces.

Para enmarcar este proceso, comencemos por describir las dinámicas socio-territoriales. La recuperación democrática, en 1983, encontró al país frente a una situación social acuciante, producto de las consecuencias de la política económica aplicada durante los años de dictadura militar. El gobierno de Raúl Alfonsín no pudo resolver las principales cuestiones, lo que desembocó en una agudización de las condiciones de vida de los sectores populares urbanos, con la conocida crisis hiperinflacionaria de 1989 y el adelantamiento de la entrega del poder a Carlos Menem. En términos generales, la Buenos Aires de principios de los 90 se convirtió en una ciudad en la que, al igual que en otros momentos del pasado, la pobreza urbana apareció como un gran problema a resolver. Sin embargo la forma en que ésta se presentaba distaba mucho de las de épocas pasadas. Ello se debía a un proceso de creciente fragmentación urbana y heterogeneización social. Según datos de la Encuesta Permanente de Hogares, del INDEC, la pobreza en el GBA creció de un 20,6% para 1980 a un 41,1% para 1989[1]. En el mismo período, la desocupación aumentó, aunque tuvo un impacto mayor el trabajo informal, ya que la población sin beneficios laborales, para el Área Metropolitana de Buenos Aires, pasó de 12,8% en 1980 a 29,1% en 1991[2]. Entre 1980 y 1990, el ingreso medio de los hogares del Gran Buenos Aires cayó un 22%. Asimismo, la cantidad de establecimientos industriales radicados en la ciudad bajó un 38% entre 1974 y 1994,a la par que los puestos de trabajo en el sector manufacturero descendieron un 41% para el mismo período[3].

Estas nuevas coordenadas sociales se hicieron visibles en un contexto urbano en transformación, que a diferencia de los períodos previos no se caracterizó por una continuidad de los procesos de crecimiento demográfico, sino por una modificación en las lógicas de utilización del espacio. La población de la Ciudad de Buenos Aires se mantuvo, entre los censos de 1980 y 1991, prácticamente sin cambios, en torno a los 3.000.000 de habitantes[4]. Producto de ello, la Capital Federal disminuyó su peso demográfico relativo respecto al resto del país, pasando del 10,5% a 9,1%[5]. La población de la región metropolitana en su conjunto sí creció, alrededor de un 10%, pasando de 10.591.835 a 11.909.722 habitantes. Este crecimiento, sin embargo, fue menor que el del resto de las grandes zonas urbanas argentinas. Ello implicó que, a diferencia de lo ocurrido en gran parte del siglo XX, cuando, como hemos visto, se desarrolló un constante aumento del peso relativo urbano de Buenos Aires y el conurbano respecto al resto del país, durante los 80 la tendencia se frenara.

Sin embargo, pese a que el incremento demográfico no fue el motor de grandes transformaciones urbanas, estos años fueron muy significativos, ya que se estructuraron sobre lógicas novedosas que cambiarían radicalmente el aspecto del área metropolitana de Buenos Aires, con sus concomitantes transformaciones en las formas de relación de sus habitantes. Como ha analizado Marie France Prevôt-Schapira, en cuanto a las transformaciones socio-espaciales, Buenos Aires afianzó desde la década del 80 un patrón urbano sostenido en tres procesos principales: segregación, fragmentación y secesión (Prevôt-Schapira, 2000). La fragmentación "remite a la idea de la pérdida de unidad del conjunto urbano, que ha estallado en múltiples unidades" (*ibid.*: 406)[6]. Esta noción permite observar un cambio cualitativo en rela-

---

[1] Cf. Kessler y Minujin (1995).

[2] Cf. Cerrutti y Grimson (2004).

[3] Datos de los censos económicos de 1974 y 1994, tomados de Rapaport y Seoane (2007).

[4] Según los censos, la población de 1980 era de 2.922.829 y en 1991, de 2.955.002

[5] Cf. Torres (1993).

[6] En otro artículo, Prévôt-Schapira analiza en detalle los diversos significados del término *fragmentación*. Cf. Prevôt Schapira (2001).

ción al pasado: a diferencia de lo ocurrido a lo largo del siglo XX, en donde las tensiones socio-espaciales se planteaban en términos de diferencia entre el centro y la periferia, y por lo tanto mantenían la ilusión y el proyecto político de construir una unidad integrada, la fragmentación se asocia con la proliferación de espacios que no tienen necesariamente contacto entre sí, ni postulan una construcción de una unidad que los englobe.

Junto al proceso de fragmentación urbana emergieron otros dos fenómenos que constituyen parte de la misma tendencia que tiende a desintegrar el tejido social y urbano. El primero de ellos es el de la segregación espacial, que se asocia a la ampliación de la brecha existente entre diferentes sectores de la ciudad, con la consecuente constitución de espacios degradados, sin contacto con el resto del tejido urbano, en los que se ven condenados a vivir los sectores más pobres, en condiciones precarias, sin acceso a los bienes y servicios que poseen el resto de los habitantes. El segundo fenómeno es el de la secesión, que se asocia a las decisiones que toman los sectores de altos ingresos de constituir un espacio de vida separado del resto de la población. Prevôt-Schapira lo dice claramente, al expresar que "la secesión supone un movimiento en alguna forma inverso que el de la segregación que relegó a los pobres dentro de espacios concretos; aquí son los ricos quienes se retiran, quienes toman distancia de los pobres para evitar toda forma de conflicto" (2000: 423). Fragmentación, segregación y secesión constituyen los tres procesos que tienden a borrar, tanto en el plano fáctico de la organización socio-territorial como en el discurso predominante de gran parte de la población, el ideal de una ciudad integrada, a la vez causa y consecuencia de una sociedad igualitaria.

En Buenos Aires, varias tendencias urbanas confluyeron para gestar esta nueva especificidad. En primer lugar, el crecimiento de la población que vive en las villas de emergencia. Durante los 80, luego de la política represiva y expulsiva de la dictadura, éstas volvieron a ser un refugio para parte de la población de escasos recursos. Ello explica que mientras que la población se mantuvo estable en el total de la ciudad, subió significativamente en las villas. De los poco más de 11.000 habitantes en 1983, se alcanzó casi 40.000 en 1989-1990, y 60.000 para 1993-1994[7]. En segundo lugar, la agudización de la problemática habitacional asociada a la vivienda en hoteles, pensiones o casas tomadas. En tercer lugar, la aparición de nuevas modalidades de apropiación del espacio urbano por parte de los sectores populares, a través de la figura del "asentamiento", fundamentalmente en el Gran Buenos Aires. Los años 80 fueron prolíficos en esta modalidad, distinta a la de las villas de emergencia. La diferencia radicaba en que, a diferencia de las lógicas

---

[7] Cf. Cerrutti y Grimson (2004).

no planificadas de éstas, los asentamientos se caracterizaron por un alto grado de organización, tanto en el proceso de la toma de las tierras fiscales o privadas como en el posterior loteo, siguiendo el modelo de la cuadrícula urbana, aspecto esencial para lograr a *posteriori* la regularización dominial y la demanda de servicios urbanos básicos, como luz o cloacas.

Pero la fragmentación, la segregación y la secesión también fueron posibles por las lógicas que siguieron los sectores de alto poder adquisitivo. En los años 80 comenzó un proceso que, aun en forma todavía tibia, sería fundamental en la década siguiente. Se trató de la tendencia a la retirada de los sectores pudientes, a partir de la creación de *countries clubs* y barrios cerrados. Bajo el imperativo de una vida más "verde" y más "segura", fueron creciendo estas modalidades de habitación, que luego fueron seguidas, ya en los 90, por los llamados "barrios cerrados en altura", a partir de la construcción de complejos de edificios que ocupan un gran terreno en la ciudad, muchas veces una manzana o media, y que cuentan con servicios de seguridad 24 horas, plazas internas, piscina, etc. Estas dinámicas habitacionales fueron acompañadas, además, por el crecimiento exponencial, a partir de los 80, de los *shopping centers*. Originalmente diseñados para ocupar espacios suburbanos (como fue, efectivamente, en el caso del primer *shopping* del país, Unicenter, ubicado sobre la Panamericana), pronto fueron apareciendo dentro del espacio urbano construido.

Esta nueva situación de agudización de la heterogeneidad social fue vivida por los distintos sectores involucrados, tanto los sectores populares como "los que ganaron", por usar los términos de Maristella Svampa (2001). En relación a los primeros, la década del 80 no sólo supuso un aumento de la pobreza sino su heterogeneización. Junto a los "pobres estructurales" aparecieron los "nuevos pobres". Mientras que los primeros eran los pobres de "larga data", los segundos constituían un grupo heterogéneo, conformado por individuos de clase media que habían perdido su posición laboral, lo que los constituía en un "estrato híbrido", utilizando la fórmula sugerida por Gabriel Kessler y Mercedes Di Virgilio (2008), ya que se mantenían cercanos a los sectores medios en cuanto a factores socio-culturales de largo plazo (como nivel educativo o composición familiar), pero cercanos a los pobres estructurales en cuanto a su nivel de ingreso.

Los modos de vida de estos dos grupos eran muy diferentes. Por un lado, los pobres estructurales eran más visibles, ya que ocupaban cada vez más los espacios degradados, producto de la fragmentación y segregación urbana. Como ha analizado Denis Merklen, desde comienzos de los 80, y con más fuerza en la década siguiente, se produjo un proceso de "inscripción territorial de las clases populares". Frente al proceso de "empobrecimiento y desafiliación masivo, muchos encontraron su principal refugio en el barrio, convertido al mismo tiempo en lugar de repliegue y de inscripción colectiva. […] La reafiliación encontró su componente 'comunitario' en la trama de una sociedad primaria" (Merklen, 2005: 82). Por el otro, los "nuevos pobres" eran menos visibles, ya que se trataba de un proceso de pauperización reciente, que hacía que fuera más difícil percibir su existencia, puesto que habitaban en las casas de clase media empobrecida. Además, la fuerte individualización y heterogeneidad de este grupo, asociada con las diversas formas de experimentar el proceso de desclasamiento, lo volvía menos perceptible en términos de grupo social (Kessler y Minujin, 1995).

Esta diferencia se hacía más clara si tomamos en cuenta el modo en que la vivencia de la carencia se traducía en conflictividad social y demanda a las autoridades públicas. Hacia fines del siglo XIX, la lenta construcción de una concepción social de la ciudad fue producto, entre otras cosas, del aumento de la organización obrera y del continuo crecimiento de las huelgas, a partir de 1890. Ahora, sin embargo, el proceso fue inverso. Las políticas neoliberales de la dictadura iniciaron un proceso de transformación de la matriz económica, a partir del cual se produjo una crisis del sindicalismo y la aparición de nuevas formas de protesta. Durante el gobierno de Alfonsin comenzaron a percibirse las consecuencias de la pérdida del carácter estable del trabajo, lo que condujo a un progresivo decrecimiento del peso de los sindicatos como forma emblemática de organización de la demanda de las clases populares. Este proceso se potenció en los años 90, luego de la ola de reformas neoliberales de la presidencia de Menem. El resultado fue una profunda transformación en las principales demandas y en las formas de organización. Si en los 80 todavía las huelgas eran la forma predominante, para mediados de los 90 ya habían sido desplazadas por los cortes de rutas (Svampa y Pereyra, 2003: 35).

Como consecuencia de estas transformaciones en la protesta, los "pobres estructurales" ganaron mayor visibilidad, ya que fueron quienes, a partir de la desarticulación del mundo del trabajo formal durante los 80 y los 90, comenzaron a desarrollar formas de protesta social y acción colectiva novedosas, "entre la ruta y el barrio", como analizaron Maristella Svampa y Sebastián Pereyra en un libro pionero sobre el movimiento piquetero de fin del siglo XX. En este sentido, fortalecieron un sentido común de pertenencia, un lazo colectivo, y una forma de visibilidad pública. Los "nuevos pobres", por el contrario, desarrollaron estrategias más individuales y, por ende, menos visibles. Se trataba de nuevas maneras de "rebusque", que, según la suerte final, oscilaron entre una posterior reafiliación o un desclasamiento. La contracara de estas nuevas demandas y protestas populares fue la lenta emergencia de una problemática novedosa, también incubada durante los 80, y visible a mediados de los 90: la inseguridad. Ante un panorama social que generó un mayor índice de delito urbano[8], la ciudad se convirtió en un espacio que, para buena parte de la población, comenzó a ser vivido a partir de un "sentimiento de inseguridad", tomando la expresión de Gabriel Kessler (2009), con consecuencias en las demandas cotidianas a los poderes públicos, situación que, en algunos casos, generó nuevas formas de organización vecinal y de políticas públicas participativas[9].

Las principales consecuencias de estas transformaciones de los 80 y 90, sin embargo, no se ligaron con las demandas colectivas, sino con el cambio en las formas de sociabilidad de los sectores medios altos y altos que eligieron la vida en las nuevas urbanizaciones, ya que quebraron las lógicas integradoras de la ciudad del siglo XX. A diferencia de los contactos con otros grupos sociales, cotidianos en una gran ciudad cosmopolita, la vida en estos espacios residenciales cerrados se caracteriza por un escaso contacto con un *otro* diferente social y culturalmente. La barrera física que separa el interior del exterior de un *country* o un barrio también refuerza el temor y la inseguridad.

Estos nuevos patrones de sociabilidad que remarcan la distancia social no se redujeron a las formas residenciales. Los barrios cerrados se complementaron con otros espacios de consumo (como los *shopping centers*), de educación (los colegios y las universidades privadas), de ocio (los multicines o las discotecas). La singularidad de este fenómeno es que, pese a crecer siguiendo la suburbanización de los sectores medios, facilitada por el desarrollo de la red de autopistas, no fue un fenómeno que se expresó sólo en el Gran Buenos Aires. A diferencia de otras ciudades, el mismo patrón se desenvolvió en barrios otrora integrados, de clase media, en los que la presencia de los barrios cerrados en altura, los *shopping centers*, los grandes supermercados, o las cadenas de multicine fortaleció una nueva manera de vivir la ciudad, muy diferente a las de las generaciones pasadas.

Gobernar "por proyectos"

Si recordamos lo expuesto en el capítulo 2, es posible plantear una similitud entre la Ciudad de Buenos Aires de principios y fines del siglo XX. En ambos casos se agudizaron las tensiones derivadas de las malas condiciones de vida de los sectores populares urbanos. Sin embargo, mientras que en el primer caso ello conllevó la construcción de novedosas formas de pensar a la ciudad, enmarcadas en las nuevas coordenadas sociales, en el segundo

---

[8] Cf. Kessler (2009).
[9] Este punto será profundizado en el próximo apartado.

comenzó a cerrase el ciclo, a partir de la emergencia de una idea de la ciudad como suma de fragmentos inconexos, con la concomitante pérdida del horizonte de la integración y la igualación. En el primer caso, como hemos analizado en el capítulo 3, las concepciones orgánicas permitieron, a través de los primeros aportes de sociólogos, higienistas y urbanistas, la conformación de un ideal de gobierno técnico, con la consecuente profesionalización y burocratización del Estado municipal, llevado a cabo en el período de entreguerras. Ya en la segunda mitad del siglo, la "nebulosa planificadora" potenció la primacía estatal y la lógica burocrática centralizada.

La década del 70, como vimos en el capítulo pasado, fue testigo de una avanzada anti-burocrática, surgida en los países desarrollados, pero rápidamente extendida a los países periféricos. En el marco de la crisis de los "treinta gloriosos" y de las nuevas formas de organización post-fordistas, las máximas burocráticas comenzaron a ser cuestionadas, tanto por derecha como por izquierda. La burocracia aparecía como el reverso de la máquina perfecta que había creído ver Weber. En su lugar, era percibida como un tipo de organización extremadamente grande, lenta y rígida, en cuyo seno se producían una serie de "círculos viciosos", al decir de Michel Crozier (1974), que imposibilitaban la corrección de los errores y la adaptabilidad al cambio. Si alguna vez había sido vista como una organización eficiente, en el marco de un capitalismo financiero en ciernes ya no lo era más. Es por ello que, ya en los 60, como han analizado en detalle Luc Boltanski y Ève Chiapello (2002), comenzó a perfilarse un "nuevo espíritu del capitalismo", basado en la crítica a las viejas formas de organización burocráticas y fordistas. Los mayores cuestionamientos, que los autores reconstruyeron a través de manuales de *management*, apuntaban a descentralizar las decisiones de gestión, a lograr mayor autonomía de los cuadros y a permitir la incorporación de la meritocracia por sobre las carreras burocráticas. En suma, se aspiraba a lograr una gestión más flexible, que privilegiara la inventiva personal y la adaptabilidad al cambio. Es conocida la relación entre este espíritu anti-burocrático y las reformas neoliberales llevadas a cabo desde fines de los 70 en Estados Unidos y Gran Bretaña, y también en América Latina, a partir del Consenso de Washington. En el caso argentino, la recuperación democrática en 1983 permitió la asociación del argumento desburocratizador con el de la democratización.

En el marco de la Municipalidad de la Ciudad de Buenos Aires, la oleada reformadora comenzó tibiamente en los 80 y se profundizó en la primera mitad de los 90. En las páginas que siguen reseñaremos la forma en que la demanda de desburocratización se asoció con la creación de una nueva concepción de gobierno que, en lugar de actuar sobre el tejido socio-urbano buscando construir una ciudad integrada, tal como había sido el caso de las concepciones de gobierno imperantes desde principios del siglo XX, apuntaba cada vez más a gestionar diferencialmente diversos espacios y grupos, dejando de lado la preocupación por la integración.

Para comenzar, algunos documentos municipales de la década de los 80 y 90 constituyen una fuente de singular relevancia. Se trata de una serie de publicaciones producidas por algunas figuras públicas que tuvieron a cargo las principales reformas municipales. Al igual que en los manuales de *management* analizados por Boltanski y Chiapello (2002), en ellos se expresa una serie de críticas a las "viejas" formas de gestión, proponiéndose una serie de orientaciones para los cambios necesarios.

El diagnóstico principal era la obsolescencia de un modelo de administración considerado caduco. Quizá uno de los documentos más claros, por su sistematicidad, haya sido el libro *Reforma del Estado. Propiedad pública, gestión privada y descentralización de servicios*, publicado en 1991 por Isidoro Felcman, una reconocida figura en el ámbito de la gestión organizacional y funcionario a cargo de la reforma del Estado municipal durante la gestión del intendente Carlos Grosso. El punto de partida, al que se refería Grosso en el prólogo, era la descripción de haber encontrado, al asumir, una Municipalidad que era como un "fósil anquilosado, donde la acumulación de sucesivas capas geológicas dejaba al descubierto en corte transversal sólo lo que el paso del tiempo, la naturaleza y la desidia son capaces de producir: burocracia, reglamentarismo, atraso tecnológico, trámites inútiles, ineficiencia, ocultamiento de información, corrupción, prebendas, inequidad, exceso de personal, apatía y desmotivación" (Felcman, 1991: 16). En este sentido, la "reforma del Estado" municipal era la consecuencia necesaria frente al "agotamiento de un modelo" (*ibid.*: 22).

En términos específicos, se diagnosticaban siete factores críticos que debían impulsar, a juicio de las autoridades y los expertos, la reforma del Estado en la Municipalidad: la "acumulación de roles, funciones y actividades" por parte de un "Estado interventor", pero que podrían ejecutarse directamente por parte de individuos y organizaciones intermedias; la crisis económica municipal, debido a la pérdida constante del PBI de la ciudad desde 1970, con el consecuente deterioro material; la existencia de "activos ociosos e improductivos", como inmuebles inutilizados; el "sobredimensionamiento" de recursos humanos, como consecuencia de un crecimiento desmedido del empleo público municipal; la "ineficiencia de las prestaciones", como los servicios básicos municipales, como alumbrado, barrido y limpieza; la "inadecuación del modelo de gestión", con "características centralistas, autoritarias, burocráticas y centralizadora de las decisiones", lo que constituía un "obstáculo insalvable para el logro de la eficacia y eficiencia en la satisfacción de demandas, necesidades y expectativas de la sociedad"; y, por último, el "debilitamiento de la participación social", como consecuencia de las recurrentes interrupciones del régimen democrático y la burocratización municipal. Como vemos, el escenario descripto tenía todos los condimentos necesarios para proponer una reforma, basada en tres objetivos: "replantear los roles del Estado, revalorizando el Estado como articular de intereses de la sociedad", "transferir actividades y activos públicos estatales a la sociedad" y "transformar el modelo de gestión, pasando de un modelo de gestión por normas a un modelo de gestión por resultados" (*ibid.*: 25-49).

En relación al primer punto, se esbozaba la necesidad de dejar atrás un modelo de un Estado municipal que monopolizara, a partir de sus lógicas tecno-burocráticas centralizadas, la toma de decisión, para pasar a un modelo en el que sólo fuera un "articulador", capaz de lograr "consensos" que permitieran la "concertación de planes, programas y acciones con los distintos actores de la comunidad" (*ibid.*: 64). Para ello, se proponía un "pluralismo organizado". En relación al segundo punto, si el Estado municipal debía ser más "articulador" que "inteventor", tenía que desprenderse de actividades y activos innecesarios. Para ello, se promovían concesiones, licencias, permisos, privatizaciones, etc. Por último, en cuanto a la reforma del modelo de gestión, la administración por normas, propia de las organizaciones burocráticas, era presentada como un modelo en el que todo era "normado y reglado" y en el cual primaba un concepto "peyorativo del hombre", al que se percibía como "incapaz de organizar racionalmente su trabajo", ya sea por carencias intelectuales o por vagancia e inmoralidad. La única forma de superarlo era cambiándolo por otro, basado en la "flexibilidad de normas y procedimientos, para que éstos sean grandes avenidas donde transitar, devolviéndole al funcionario la capacidad de decisión para elegir uno u otro carril de circulación" (*ibid.*: 83). Para que esto fuese posible, se proponía, entre otras cosas, mayor flexibilidad normativa, transferencia de responsabilidades a los funcionarios, jerarquización de las funciones, evaluación a través de metas cuantificables. Entre las políticas destinadas a lograr este cambio, sobresalía la de la "descentralización como estrategia para el cambio del modelo de gestión", ya que permitiría la autonomización de las decisiones locales, a partir de nuevos modelos consensuales.

En suma, las reformas se justificaban a través de un argumento que sostenía la necesidad de desburocratizar el gobierno municipal como forma de lograr un círculo virtuoso entre eficientización y democratización. En este plan, políticas que podrían parecer a priori contradictorias, como las privatizaciones o la avanzada de una mirada tecnocrática respecto de otras como la descentralización y el fomento de las políticas públicas participativas, deben leerse como parte del mismo movimiento que se inscribe en una nueva concepción de gobierno, que, valiéndonos de los análisis de Boltanski y Chiapello (2002), podríamos denominar "gobierno por proyectos". Los autores muestran que la aparición de la noción de "proyecto", incubada en la literatura organizacional antiburocrática de los 60 y consolidada en los 90, surge como medio para identificar estructuras flexibles, articuladas en forma de red y no de jerarquías rígidas. La "organización por proyectos" evoca a una estructura formada por una multiplicidad de proyectos temporales, que integran a personas variadas, y que se suceden y se reemplazan. Para establecer el "cierre" de la red, a la vez que permitir una relación regulada entre sus miembros, ajena a la lógica jerárquica burocrática, los proyectos se valen de una apelación a los intercambios comunicativos entre sus miembros. Por este motivo la noción de "proyecto" se compone tanto de "los paradigmas de la red" como de "los paradigmas que, haciendo hincapié por igual en la comunicación y la relación, plantean una exigencia hacia un juicio común – como sucede, por ejemplo, en Habermas – a través de la intermediación de intercambios regulados por una razón comunicativa" (*ibid.*: 160).

La noción de proyecto evoca, en este sentido, la relación entre diversos actores que colaboran en la toma de decisión. En este sentido, se vincula muy estrechamente con un concepto que, desde fines de los 80, irrumpió en el vocabulario de la gestión pública: la *governance* o el "buen gobierno". Este término es movilizado, frecuentemente, de una manera a la vez descriptiva y programática. Como analizó Michèle Leclerc-Olive (2006), la *governance* se presenta como una herramienta que permitiría dar cuenta de un cambio en relación al modo en que se constituye y ejerce el poder estatal. Se plantea como el concepto que vendría a describir el proceso por el cual el Estado ha dejado de ser el centro, puesto que ha perdido su capacidad para constituirse en un sujeto soberano que pueda decidir por sí mismo el rumbo del gobierno. En tanto término programático, la *governance* se asocia a menudo al impulso de una multiplicidad de fórmulas que tienen como común denominador valorar tomas de decisión colectivas, no monopolizadas por los agentes estatales sino compartidas con los actores de la sociedad civil.

Aun cuando la noción de *governance* tiene una larga historia, su uso ligado al gobierno de las ciudades surgió durante los años 80, en la Inglaterra de Thatcher, cuando comenzó a utilizarse la expresión *governance urbana* para definir un modelo de acción pública hacia el cual convergen actores estatales y no estatales en la resolución de los problemas de la ciudad. Posteriormente, ya en los 90, a esta lógica colaborativa se sumó la de la red, pensada tanto a nivel local como en su plano internacional. En palabras de Quim Brugué, Ricard Gomá y Joan Subirats, "ante la desaparición del antiguo continuo territorial y la emergencia de una red de flujos parece imprescindible desarrollar formas de gobierno que se adapten a la flexibilidad, la apertura, y la complejidad que esta situación genera. El gobierno de la red, por otra parte, supone que esta nueva governance ya no es únicamente un reto para el Estado, en tanto organización política que tradicionalmente ha monopolizado las responsabilidades, sino que afecta a todos aquellos actores (públicos y privados) que participan en las distintas redes territoriales" (Brugué, Gomá y Subirats, 2002: 302).

Para cerrar, al igual que lo planteado por Boltanski y Chiapello (2002), vemos cómo la noción de *governance* también incorpora y articula aspectos asociados con la teoría de las redes con otros basados en la apelación a la participación y deliberación en un plano de igualdad entre actores y grupos heterogéneos. En este sentido, no hay que perder de vista que las transformaciones morfológicas del espacio urbano, con las consecuencias derivadas en los vínculos intersubjetivos de los habitantes de Buenos Aires, no pueden ser comprendidas si no se toma en cuenta que se inscriben también en una mutación de los principales principios sobre los que se erige la mirada predominante del gobierno, basada en la articulación del paradigma de red con el de la participación y deliberación, en el marco de un proceso complejo, en el que la demanda por la desburocratización estatal convive con la proclama de una democratización de las relaciones entre autoridades y ciudadanos, con el trasfondo de una crisis económica nacional, enmarcada en la progresiva aparición de un espacio de circulación trasnacional.

Saberes expertos e iniciativas de reforma en la Buenos Aires en transición

Recapitulando: por un lado, hemos analizado cómo, desde principios de los 80, Buenos Aires conoció un proceso inédito, a través del cual el espacio urbano se fragmentó, con un consecuente aumento de las desigualdades urbanas y sociales. En paralelo, las concepciones gubernamentales abandonaban progresivamente las viejas metas de integración social, postulando como obsoletas las principales herramientas del siglo XX: un Estado interventor, eje de la planificación urbana, sostenido por un desarrollo tecno-burocrático centralizado. En su lugar, emergieron nuevas concepciones de gobierno que, en lugar de hacer un contrapeso a las tendencias centrífugas de las transformaciones socio-urbanas, tendieron a profundizarlas. En otras palabras, la reconfiguración socio-territorial no puede comprenderse sin su relación con las nuevas máximas gubernamentales, que, por acción directa o por omisión, fueron las que crearon y profundizaron las nuevas brechas sociales y urbanas. Ello puede observarse, bajo diversas modalidades, en las políticas públicas, desde los proyectos urbanísticos a los programas asistenciales, desde las reformas administrativas a las regulaciones económicas.

En cuanto a las políticas urbanísticas, la década del 80 marcó un punto de quiebre, incorporando una visión novedosa. Guillermo Jajamovich (2013, 2014) ha analizado cómo en Buenos Aires, a partir de los 80, los "planificadores urbanos" dejaron su sitial de privilegio, frente al ascenso de un nuevo grupo intelectual, el de los "arquitectos proyectistas". El avance de estos últimos se materializó en las reformas curriculares de la Universidad de Buenos Aires, y en la ocupación de espacios gubernamentales claves en la Municipalidad. La diferencia entre unos y otros estaba dada por la visión que tenían de la ciudad y de la intervención que debía hacerse en ella. Mientras que los primeros privilegiaban planes de largo plazo, implementados por el Estado, en tanto "agente planificador por excelencia" (Jajamovich, 2012: 4), los segundos, por el contrario, postulaban "intervenciones puntuales y fragmentarias", que "se oponen a los grandes planes que intentan ordenar la ciudad como un todo, los cuales aparecen asociados, en aquella coyuntura política, a la dictadura militar" (*ibid.*: 6). En síntesis, a través de este desplazamiento se plasmó una lógica que puede enmarcarse en las máximas de un gobierno por proyectos, tal como lo presentamos más arriba. Es cierto que la noción de "proyecto" era central en la etapa previa de la planificación urbana. Sin embargo, como ha señalado Adrián Gorelik, en los 80 se abandona la idea de que pueda existir "un" proyecto unificador, para toda la ciudad, para proponer una ciudad entendida como una sumatoria de fragmentos, en donde pudieran coexistir un "*patchwork* de proyectos, en plural" (Gorelik, 2004b: 165).

Es en este sentido que los 80 marcaron la transición en materia de políticas urbanas, que en términos simbólicos tuvo dos iniciativas contrapuestas. Por un lado, la última gran iniciativa de planificación urbana, a través del proyecto de traslado de la Capital Federal, desde Buenos Aires a un nuevo Distrito Federal, que se crearía en un territorio comprendido por las ciudades de Viedma y Carmen de Patagones, en las provincias de Río Negro y Buenos Aires respectivamente. Luján Menazzi hace notar que, en el mismo año en que el gobierno de Alfonsín planeaba trasladar la Capital Federal al sur, en la Municipalidad de Buenos Aires se produjo una novedad significativa en cuanto a las modalidades implicadas en el modo de intervención sobre la ciudad, materializada en el concurso "20 ideas para Buenos Aires" (Menazzi, 2013b: 133). A través de las múltiples redes que unían a algunos arquitectos proyectistas, como Dardo Cúneo y Alberto Varas, con el partido radical, éstos se incorporaron a cargos públicos, sin contar con antecedentes previos[10]. De este modo, para 1986, promovieron la realización de este concurso, a partir de los vínculos que los unían con pares españoles, que habían desarrollado una iniciativa similar para Madrid y Barcelona. Es a través de estas redes internacionales que se incorporó en Buenos Aires una mirada que privilegiaba acciones puntuales en una ciudad de fragmentos, desestimando "las formas tradicionales del planeamiento urbano, [que] tal como han sido concebidas hasta el presente, han fracasado en cuanto a acción y gestión concreta sobre la ciudad"[11]. En contraposición, se planteaba una nueva manera de pensar la ciudad, como fragmentos independientes, cada uno de los cuales debía ser intervenido a través de un proyecto específico, sin una necesaria articulación en un plan general que los englobara[12].

En esta nueva modalidad de intervención se conjugaban la crítica a la lógica del plan, asociada con la planificación tradicional de posguerra, por encontrarla excesivamente estatista y por lo tanto ineficiente, y la justificación de dicha crítica no sólo a través de criterios técnicos sino también políticos. En este sentido, las intervenciones puntuales, por proyectos, se pensaban como una forma de democratización de un espacio previamente hegemonizado por los técnicos estatales. Es por ello que se planteaba como una "planificación participativa", y se la ponderaba como una suerte de puesta en práctica de los valores democráticos. Al justificar el llamado del concurso, Dardo Cúneo planteaba que se trataba de pasar de la ausencia de planeamiento o la existencia de uno "autoritario" a otro de tipo "democrático-participativo". Para justificar dicha orientación, en el documento *Buenos Aires: una estrategia urbana alternativa,* antecedente del concurso 20 ideas para Buenos Aires, se partía del supuesto de que "las formas tradicionales de planeamiento urbano, tal como han sido concebidas hasta el presente, han fracasado en cuanto a acción y gestión concreta sobre la realidad"[13] y que la razón de este fracaso "es que su metodología y sus propuestas están desvinculadas de la realidad social, económica y política, basándose en un urbanismo de gabinete alejado del proceso real de construcción de la ciudad y el territorio y, en muchos casos, de las necesidades de los ciudadanos"[14]. En oposición a esta visión, se planteaba "el rol fundamental de la participación ciudadana y la íntima relación entre acción y gestión proyectual"[15].

---

[10] Cf. Jajamovich (2013, 2014).

[11] *Buenos Aires, una estrategia urbana alternativa,* Fundación Plural, 1988, p. 75.

[12] Cf. Jajamovich (2014).

[13] Baudizzone, Miguel, Dardo Cuneo *et. al., Buenos Aires: una estrategia urbana alternativa,* FADU-Fundación Plural, 1988, p. 7.

[14] *Ibid.*

[15] *Ibid.*

Ciudad fragmentada, políticas de proyectos puntuales y modalidades de gestión participativas, entonces, forman parte del mismo proceso que transformó las lógicas de intervención urbana sobre la ciudad en los 80. En ese marco, desde mediados de la década, y con mayor fuerza en los 90, proliferaron diversas iniciativas que, bajo diferentes modalidades, convocaban a los habitantes de cada barrio a formar parte de consejos, programas, jornadas, etc., todos ellos "participativos", con el propósito de arreglar una plaza, debatir sobre los usos de determinada zona del barrio, o discutir sobre problemáticas específicas. Como irónicamente planteó Adrián Gorelik, "por obra y gracia del 'romance del espacio público', diseñar una placita ya no era diseñar una placita, sino estar construyendo los pilares de la sociabilidad democrática" (Gorelik, 2006: 15). Pero además, se planteaba que hacerlo de este modo era la manera más eficiente, puesto que si la obra era consecuencia de un consenso en el que tomaban parte los vecinos habría ventajas comparativas respecto a los modos de gestión burocráticos.

La ciudad fragmentaria no sólo se fortaleció por este tipo de iniciativas, sino también por los principales lineamientos de las políticas económicas municipales. Más arriba hemos visto que entre las principales medidas que postulaban quienes motorizaban la reforma del Estado municipal se encontraban las privatizaciones, las ventas de inmuebles ociosos, las concesiones, etc. Efectivamente, muchas de estas ideas se materializaron en los 80 y 90. El proceso comenzó tibiamente en los 80, pero sería en el primer lustro de los 90 cuando la política privatizadora se establecería con toda su crudeza, puesto que la Municipalidad se desprendería de gran parte de los activos estatales. Uno de los cambios más significativos fue la privatización de los servicios urbanos, lo cual modificó el modelo imperante hasta entonces. Como plantea Pedro Pirez (1999), si a principio del siglo XX el modelo de provisión de servicios públicos en Buenos Aires seguía un esquema descentralizado-privado, al que luego suplantó uno centralizado-estatal, a partir de las reformas de los 90 se impuso un tercer modelo, el centralizado-privado. Ello fue la consecuencia de que en la mayoría de los casos los servicios fueran mantenidos en la órbita de la Nación, pero administrados por empresas privadas. En muy poco tiempo se privatizaron los teléfonos, la energía eléctrica, el gas, las aguas y cloacas, los subterráneos y los ferrocarriles metropolitanos. Esto permitió el desembarco de empresas privadas, muchas de ellas extranjeras, para operar en el ámbito de la ciudad. En muchos casos, el privilegio del afán lucrativo por sobre el principio de integración social contribuyó a la profundización de la grieta urbana, puesto que los mejores servicios fueron hacia la zona de mayores ingresos, dejando en el abandono a los más degradados.

En el marco de un Estado municipal en crisis, la lógica privatizadora se potenciaba, llegando a extremos insospechados, como la concesión de parte de la planta baja de una escuela, en 1990, para un emprendimiento comercial de diecisiete locales, en la zona de Once, en un caso emblemático que pasó a la historia como la "escuela *shopping*". A esta situación se sumó, en 1992, la transferencia a la órbita municipal de las escuelas y los hospitales que hasta entonces dependían de la Nación, pero sin el correlato directo del presupuesto necesario para mantener su funcionamiento adecuado, lo que generó una lógica crisis, que se agravó cuando en el mes de septiembre el intendente Grosso lanzó el "Plan para ajustar las finanzas municipales"[16].

Junto a estas transformaciones en materia de servicios estatales fueron centrales otras formas de potenciación del capital privado. Grandes proyectos como el de Puerto Madero se concentraron en algunas zonas de la ciudad, privilegiando las inversiones sobre las partes más rentables, y olvidando por lo general la vocación por construir una unidad urbana integrada. Pero también jugaron un lugar destacado las grandes inversiones privadas avaladas por el Estado municipal, sobre todo a partir de los 90, de la mano de algunas empresas nacionales, a través de las cuales aparecían, en Buenos Aires, los grandes negocios del capitalismo transnacional. El caso emblemático, como ha analizado Ivana Socoloff (2014), fue el de la empresa IRSA, propietaria de grandes inversiones en la ciudad, entre las que se destacan varios *shopping centers*. La combinación de degradación de algunos espacios urbanos con los desarrollos de otros destinados a sectores de alto poder adquisitivo generó un "urbanismo de afinidad", al decir de Jacques Donzelot (2006), a partir del cual cada sector social tendió a acercarse más a sus semejantes y distanciarse del resto.

Si desde las formas de intervención urbana, por acción u omisión, se potenciaban las lógicas fragmentarias, desde las políticas sociales y asistenciales se caminaba en la misma dirección. Como señaló Denis Merklen (2005), el proceso de inscripción territorial de las clases populares y de conversión de "trabajadores en pobres" no fue sólo el resultado de las dinámicas urbanas y sociales descriptas más arriba. Por el contrario, al igual que en el caso de las políticas urbanísticas, fue central el rol jugado por una serie de expertos que pugnaron por modificar el modo en que, desde los poderes públicos, se actuaba sobre las condiciones de vida de los sectores urbanos pobres.

Para explicar cómo se produjo el pasaje de las políticas centradas en la figura del trabajador a la del pobre, Merklen (2005) utiliza la metáfora de una "alquimia al revés". Si a principios del siglo XX se trató de convertir "pobres en trabajadores", ahora se trataba de convertir "trabajadores en pobres". En el primer caso, como hemos analizado en los capítulos 2, 3 y 4, las diversas problemáticas asociadas con las condiciones de vida de los sectores populares

---

[16] Cf. Del Brutto (1994: 21-24).

fueron progresivamente articuladas bajo un denominador común, la *cuestión obrera*, y tratadas en conjunto a partir de políticas que incorporaron una concepción social destinada a incluir, dentro de las dinámicas de solidaridad e integración, a los sectores populares en tanto trabajadores. Hacia fines de siglo, sin embargo, la cuestión obrera había desaparecido, no sólo por las transformaciones de los sectores populares sino también por una modificación en la forma de observarlos por parte de las elites políticas y técnicas, que dejaron de ver trabajadores para volver a ver pobres. En lugar de la cuestión obrera se configuró, en palabras de Prévôt-Schapira (1996), la "cuestión de la pobreza", a partir del desplazamiento de la "pobreza" de un lugar marginal a uno central. Recordemos que en Argentina, debido a su relativamente exitosa integración social, la categoría de "pobre" había quedado relegada a los sectores marginales, siendo considerado un fenómeno residual, que iba a ser superado con el desarrollo nacional. Sin embargo, como consecuencia de las políticas de la dictadura, se habían esfumado definitivamente las ilusiones de la superación de la pobreza para convertirse en un fenómeno visible y problemático. En paralelo, las reformas económicas comenzaban a erosionar las bases sobre las que se había construido pacientemente la figura del trabajador.

Esto llevó a que, como ha analizado Gabriel Vommaro (2011), desde el comienzo del gobierno de Alfonsín la pobreza se constituyera en la categoría principal sobre la que se erigían la medición, la interpretación y la acción sobre los sectores desfavorecidos. De una forma similar a lo ocurrido en el desplazamiento de los planificadores urbanos por los arquitectos proyectistas, en el ámbito de las políticas asistenciales también jugaron un rol destacado algunos expertos que tenían cargos claves en el INDEC, como Luis Beccaria o Alberto Minujin, y que habían desarrollado redes a partir de su paso por organismos internacionales como la Cepal, a través de las cuales incorporaron la novedosa forma de "medir" la pobreza (Vommaro y Daniel, 2013). Si un siglo antes Juan Bialet Massé, en su célebre "Informe sobre el Estado de las clases obreras argentinas", se había preocupado por enfatizar el término "obrero", ahora los técnicos alfonsinistas se propusieron, apenas accedieron al poder, realizar un "mapa", pero haciendo foco en la "pobreza", con el doble propósito de conocer dónde se encontraban las situaciones más agudas de necesidades urbanas insatisfechas y servirse del mismo como una herramienta central de la elaboración de políticas públicas. La vocación por "medir" la pobreza era el paso previo a la aplicación de políticas paliativas. En efecto, en esos primeros años de la década del 80, la administración de Alfonsín creó un nuevo plan asistencial, llamado "Plan Alimentario Nacional", cuya principal meta era asistir a los sectores pobres más necesitados. Si bien el plan partía de una matriz de asistencia universalista, en tanto no tenía restricciones en su orientación, la novedad del mismo estaba dada por el abandono de una dirección hacia los "trabajadores" para hacerlo sobre los "pobres".

En este sentido, en Buenos Aires durante los 80 la pobreza se convirtió en un problema prioritario para la política pública, que debía ser medido y tratado. Su centralidad, no obstante, se volvería más marcada en la primera mitad de los 90, como consecuencia de dos factores. El primero es la relevancia que comenzó a tener para las ciencias sociales que, intrigadas y perplejas ante esta nueva realidad, se enfocaron en una búsqueda por comprender las diversas trayectorias individuales de los nuevos pobres, como ya mencionamos más arriba. Por caminos muy distintos, se consolidó no obstante una matriz de inteligibilidad social que ponía el foco en cuestiones individuales más que en aspectos estructurales o sociales. El segundo, es el rol jugado por los organismos internacionales de crédito, como el Banco Interamericano de Desarrollo (BID) o el Banco Mundial (BM), que promovían cada vez más políticas centradas en las "estrategias de lucha contra la pobreza", a través de políticas de empoderamiento individual o comunitario (Landau *et al.*, 2007). A partir de este esquema, desde fines de los 80 proliferaron los programas financiados por los organismos internacionales, cuya meta era la de capacitar a los pobres para que, a partir de hacerse cargo de su situación, pudieran salir de la pobreza. Para ello, se planteaba como indispensable una metodología participativa, que desde los 90 el BM adoptó como una condicionalidad para todo desenvolvimiento de préstamos (Landau *et. al.*, 2007).

En definitiva, la conversión de los trabajadores en pobres estaba en consonancia con la modificación de las lógicas gubernamentales destinadas a actuar sobre los sectores populares urbanos. Si hasta entonces la figura del trabajador se asociaba con políticas estatales orientadas a actuar en términos sociales, basadas en un Estado regulador e interventor, cuya referencia era la interdependencia colectiva, la figura del pobre dio paso a políticas que tendieron a reindividualizar las situaciones de carencia, a la vez que responsabilizaban a los pobres de su propia situación y los instaban a elaborar, eso sí, participativamente, salidas a ellas. En este sentido, el pasaje de la "cuestión obrera" a la "cuestión de la pobreza" permite ver otra faceta de un gobierno por proyectos. En este caso, son los pobres los interpelados a elaborarlos, estableciendo redes con otros actores, a partir del difundido uso que los organismos internacionales hicieron del término de "capital social".

El desacople de lo urbano y lo social: consecuencias para el vecino y el barrio

La ciudad fragmentada y el gobierno por proyectos tuvieron consecuencias inéditas para la problemática urbana en Buenos Aires, que se comprenden si la comparamos con otros momentos históricos. Recordemos que, como hemos analizado en los primeros capítulos, desde fines del siglo XIX y hasta la década del 70 del siglo XX, la problemática urbana se había desplazado siguiendo los avatares de lo social. Primero, en las décadas iniciales del siglo, a través de la idea de que debía existir una relación orgánica entre el desarrollo territorial y las interdependencias sociales, tal como por ejemplo expresaba la visión de Posada, pero también de los urbanistas del período de entreguerras. Más adelante, subsumiendo lo urbano en lo social, como en el caso del peronismo o el desarrollismo, que veían en la ciudad la territorialización de relaciones sociales más amplias. En esos casos, tomando prestada la fórmula de Germani, la ciudad era considerada como un "mecanismo integrador". Ciudad y sociedad iban de la mano. Para lograr una sociedad más integrada debía actuarse sobre los fenómenos urbanos. Actuar sobre la ciudad era, por utilizar la frase de Donzelot, una forma de "hacer sociedad".

En ese esquema, las concepciones de gobierno que imperaban se basaban en la búsqueda de la mejor forma de articular lo urbano y lo social, para que confluyeran en un círculo virtuoso de integración. Por supuesto que esto no supone desconocer las enormes diferencias sociales, materializadas en los conflictos que hemos analizado a lo largo de la historia. Tampoco la inexistencia de sectores marginales, con enormes carencias en sus condiciones de vida. Pero estas situaciones, como analizamos por ejemplo respecto de la situación de las villas de emergencia en la década de los 50 y los 60, eran concebidas como resabios que iban a ser superados a partir de la modernización. Las herramientas, para ello, eran las políticas públicas ligadas a formas tecno-burcráticas centralizadas, motorizadas por un Estado regulador y, por sobre todo, planificador.

Este panorama se modificó brutalmente a partir de los 80 y los 90. Los procesos descriptos más arriba conllevaron un desacople de lo urbano respecto de lo social. Con ello no pretendemos desconocer que siempre existen relaciones entre las dinámicas territoriales y las relaciones sistémicas de la sociedad. Pero sí que la ciudad dejó de ser percibida como un espacio en el que se jugaba la integración de la sociedad. La lógica del fragmento en Buenos Aires supuso no sólo un quiebre de la unidad ciudad sino también, y fundamentalmente, la pérdida de la búsqueda de interrelación entre sectores diversos, con lo cual se quebraron las interdependencias funcionales propias de todo conjunto social.

El resultado fue una transformación en la relación entre lo urbano y lo social, asociada con una progresiva separación de estos dos ámbitos. Si en el pasado lo urbano no podía ser pensado si no era como un espacio de territorialización de las relaciones de toda la sociedad, ahora comenzaban a aparecer como dos escalas diferentes, no necesariamente vinculadas. La noción de comunidad permite comprender el desplazamiento. Recordemos que, desde los últimos años del siglo XIX y los primeros del XX, la relación ciudad-sociedad se instituyó sobre una idea novedosa para la época, que planteaba que Buenos Aires no podía seguir siendo pensada desde un prisma esencialmente civil, tal como hasta entonces postulaba el municipalismo decimonónico. Las primeras voces de los sociólogos y hombres de derecho planteaban que ya no podía sostenerse la idea de la existencia de un conjunto homogéneo de vecinos, unidos por sus intereses en común en tanto contribuyentes, que pudiera ser claramente distinguido del resto de la población de la ciudad. En otras palabras, aunque no se expresara en estos términos, se criticaba una noción comunitaria del municipio, entendiendo por comunidad, tal como expresó Zygmunt Bauman, un "mundo completo", en el que no existe conflicto alguno, y donde "la armonía reluce y centella contra el fondo hostil que empieza al otro lado del portal" (Bauman, 2002: 183). En contrapartida, se proclamaba el carácter complejo, heterogéneo y conflictivo de Buenos Aires, sosteniendo sin embargo que todos los habitantes de la urbe estaban unidos por interdependencias funcionales. En este sentido, más que una comunidad, Buenos Aires se había convertido en una sociedad.

La construcción de esta Buenos Aires "moderna", tal como gustaban hablar expertos y políticos en las primeras décadas del siglo XX, tuvo consecuencias para los vecinos y el barrio. Como vimos, los *barrios* fueron surgiendo como consecuencia de un proyecto integrador, no sólo por el progresivo poblamiento de los sectores aún vacantes, sino fundamentalmente por las acciones estatales o particulares cuyo objetivo era la incorporación de esos espacios lejanos, mal comunicados y sin servicios urbanos al tejido ya urbanizado de la ciudad. En ese marco, los vecinos dejaron de ser los "notables" o los "honorables" para ampliar la noción, dentro de la cual se incorporaron los sectores menos pudientes que habitaban esos nuevos espacios en construcción. En síntesis, el barrio y el vecino fueron, en las primeras décadas del siglo XX, dos factores fundamentales para establecer esa relación virtuosa entre problemática urbana y desarrollo de relaciones sociales. Ya a partir de los 50 y 60, la metropolización urbana, sumada a las nuevas formas de sociabilidad política y cultural, hizo que lo social se impusiera sobre lo urbano, y debilitara así esa relación entre los vecinos, su barrio y la ciudad.

Por entonces, también, como hemos visto, comenzaron a percibirse las primeras expresiones de una fragmentación urbana en ciernes, a partir de las primeras villas de emergencia. Sin embargo, la primacía de las miradas desarrollistas de lo social tendía a pensar esos espacios degradados como ámbitos de marginalidad que serían superados al integrar a sus habitantes a las relaciones culturales y laborales "modernas".

Esta tendencia comenzó a cambiar con la dictadura de 1976 y a afianzarse en los 80 y los 90. A partir de la creciente fragmentación, secesión y segregación urbana, el barrio se constituyó progresivamente en una figura en algún modo opuesta a la de principios de siglo. En lugar de vincularse con un proceso de construcción de sociedad, empezó a asociarse con un repliegue en lo comunitario, tanto para los sectores de altos ingresos como para las clases populares. En el primer caso, el barrio dejó de ser barrio a secas, para adjetivarse cada vez más como privado. Los barrios privados surgieron de este interés por un cierre sobre una comunidad homogénea, administrada como un consorcio de individuos con intereses civiles en común. Claro que, a diferencia de los "vecinos honorables" de fines del siglo XIX, el cierre en este caso no es simbólico ni jurídico sino físico. Y, además, se reduce solamente a la resolución comunitaria de la problemática urbana, pero sin ninguna relación con la problemática municipal, aspecto que tiene enormes consecuencias para el gobierno de la ciudad, tal como analizaremos en el capítulo siguiente. En el segundo caso, el barrio se constituyó en el espacio de repliegue de los sectores excluidos del mercado de trabajo formal, y por lo tanto de los intercambios que constituyen la matriz de lo social. Por supuesto que, como analizó Merklen (2005), este repliegue comunitario se complementó con demandas de integración social. Pero de todos modos se trataba de formas a la defensiva, de resistencia frente a las tendencias centrífugas de las políticas imperantes. El "barrio privado" y el "barrio popular" son las dos caras del mismo fenómeno, las dos consecuencias de la pérdida del horizonte de integración y su suplantación por formas de vida urbana marcadas por un fuerte componente comunitario.

Junto a este desplazamiento del barrio también se modificó la mirada sobre el vecino. En esta nueva configuración urbana, la noción de vecino comenzó a asociarse a la inscripción comunitaria, de algún modo presente previamente, pero perdiendo la tensión que antaño la vinculaba con formas identitarias y de inscripción más amplias, tanto desde el punto de vista político como social. Si en la Buenos Aires de entreguerras, como hemos visto, la democratización de la idea de vecino se había estructurado sobre la idea de que los pobres, en tanto trabajadores, también eran vecinos de la ciudad, ahora el proceso fue muy diferente. En los barrios de alto poder adquisitivo, la noción de vecino comenzó rápidamente a operar como un cierre simbólico, que dejaba por fuera a quienes no pertenecían a él. Este proceso fue potenciado por los programas participativos que, centrados en la búsqueda de fortalecimiento comunitario, se enfocaron en "empoderar" a los vecinos, para tomar parte en los procesos participativos de gestión pública, motorizando distintos proyectos, desde la puesta en valor de una plaza o una estación de tren a la elaboración de un plan preventivo contra el delito urbano.

Capítulo VIII

Gobernar la Buenos Aires autónoma

Dinámicas políticas e institucionales de la Buenos Aires en transición

A lo largo del siglo XX el gobierno porteño se caracterizó por sus constantes crisis institucionales y durante muchos períodos, como hemos analizado en los capítulos previos, el Concejo Deliberante fue suspendido o eliminado. Más allá de las críticas que solía hacer parte de la clase política porteña, la interrupción del normal funcionamiento municipal no era un tema de mucha relevancia pública en un país signado por golpes de Estado recurrentes. En contraste, a partir de la asunción de Raúl Alfonsín en 1983 se inauguró el mayor período consecutivo de democracia en la historia argentina. Por supuesto que ello no podía ser percibido entonces. Pero sí se expresaba, a partir de la llamada "primavera democrática", la idea de que debía construirse un país con una cultura política nueva, en la que los valores de la democracia, la libertad y la participación política fueran la base de una sociedad más igualitaria. En ese marco, la primera década democrática fue fundamental en la historia institucional de la Buenos Aires contemporánea, no porque en ella se hayan materializado cambios significativos, sino porque en esos años tomó forma un relativo acuerdo sobre el diagnóstico que planteaba que los modos de gobernarla estaban perimidos, y por lo tanto, debían ser reformados.

En perspectiva histórica puede percibirse alguna similitud con lo sucedido a principios del siglo XX. En ambos casos, exceptuando las obvias y evidentes diferencias sociales y políticas, se planteaba la necesidad de que el país se organizara de una nueva manera, dejando atrás los vicios del régimen oligárquico, en el primer caso, y de las dictaduras, en el segundo. Y, en ese marco, se postulaba la necesidad de reformar las estructuras institucionales de la ciudad. Este paralelismo permite trazar una comparación sobre el modo en que se desplegaba, en el debate público y político, la problemática municipal en Buenos Aires. Tanto a comienzos como a fines de siglo se produjo un proceso similar, que conllevó un paulatino descrédito de la manera en que se gobernaba la ciudad, para forzar una reforma en los esquemas institucionales vigentes. Hacia la década del 10 se produjeron las críticas recurrentes de los socialistas y radicales sobre el voto calificado. Por entonces se sostenía que la ciudad ya no podía ser considerada un conjunto de vecinos-contribuyentes, una unidad doméstica, puesto que se había transformado en una ciudad moderna, y por lo tanto ello debía conducir a universalizar el sufragio y a incorporar un conocimiento técnico-experto en la resolución de los asuntos gubernamentales de la ciudad. Hacia la década del 80 se expresaron opiniones que partían de una lógica similar. El argumento más significativo era que las estructuras institucionales no podían dar lugar al gobierno que debía primar en la ciudad. Enmarcados en el espíritu anti burocrático y anti autoritario, al que nos referimos en el capítulo pasado, políticos y expertos en asuntos municipales comenzaron a consolidar una mirada común, basada en la búsqueda de modelos más "democráticos" y más "participativos". Si en el caso de la problemática urbana esto dio lugar a reformas estatales tendientes a privatizar, descentralizar y promover formas concertadas de gestión, en el de la problemática municipal las energías se concentraron en la ansiada reforma institucional que permitiera establecer mecanismos de mayor participación en la elección de autoridades.

No sorprende, en este marco, que una de las mayores preocupaciones haya sido cómo lograr la tan ansiada elección directa del intendente, reactualizando un debate que había tenido su momento de máxima tensión hacia principios de siglo pero que luego, más allá de algunos proyectos presentados sin demasiado eco[1], había quedado opacado por las continuas crisis políticas e institucionales. El escenario abierto en 1983 parecía otorgar una oportunidad inmejorable para aquellos que defendían una reforma que permitiera que los porteños eligieran al intendente, hecho que se materializó en la presentación de varios proyectos que iban en este sentido[2].

Estos proyectos se hacían, no obstante, en un marco aún restrictivo, ya que estaba presente la cláusula constitucional que estipulaba que el presidente es el "jefe inmediato y local de la Capital Federal". Sin embargo, el contexto histórico y político permite que los sentidos e interpretaciones sobre el derecho

---

[1] Entre los diversos antecedentes, pueden mencionarse los de los proyectos presentados por los diputados Rabanal, Cattáneo, Balbín, Frondizi y otros en 1948, el del diputado León Patlis, en 1965, y el del proyecto de ley del partido Demócrata Progresista, de 1986.

[2] Una reseña de los proyectos que promovían la elección directa del intendente y otras reformas institucionales en la ciudad puede consultarse en el trabajo de Alice (1992).

varíen. Es por ello que, de diversas formas, todos apuntaban a sortear este "escollo" constitucional. Lo interesante es que, para hacerlo, muchos utilizaban los mismos argumentos que ya habían movilizado socialistas y radicales en el pasado, volviendo sobre la distinción entre un "gobierno político" y un gobierno "administrativo". En este sentido, por ejemplo, el diputado radical Jorge Vanossi planteaba en su proyecto presentado en 1987 que había que distinguir entre el "gobierno político" y el "régimen municipal" de la ciudad. Siguiendo ese esquema, el presidente como gobernador ejercería la última instancia de la jurisdicción administrativa local y la jefatura de la policía local en dicho ámbito, quedando reservado al intendente todo lo relativo a la administración de los asuntos municipales, por aplicación de la legislación respectiva[3].

Con el mismo espíritu que el proyecto de Vanossi, aunque con diferentes matices en cuanto al modo de elegir al intendente (puesto que algunos promovían, por ejemplo, el sistema de *ballottage*), se presentaron otras iniciativas parlamentarias. En julio de 1988, los diputados Roberto Ulloa y Jorge Folloni defendían la suya invocando también la posibilidad de establecer una lectura de la Constitución que no restringiera la posibilidad de elección directa, que había sido impedida "debido a una interpretación estricta que no contemplaba la integración de las cláusulas constitucionales con sentido dinámico"[4]. A estos dos proyectos se sumaron uno presentado en 1988 por el senador Fernando de la Rúa, otro en 1990, de la diputada Adelina Dalesio de Viola y dos más en 1991, uno redactado por los diputados Alberto Aramouni y Matilde Fernández de Quarracino y otro por Florentina Gómez Miranda y otros. Todos tenían un denominador común: planteaban como necesidad para la elección directa del intendente la reforma del artículo 27 de la Ley 19.987, que era el que establecía la designación directa por parte del presidente. Argumentaban que tal cambio podía hacerse sin modificar la Constitución Nacional, que era lo que alegaban como paso previo necesario los opositores a la reforma, fundamentalmente los peronistas.

No sólo el Congreso de la Nación fue testigo del número elevado de proyectos que buscaban imponer la elección directa de intendente. En el Concejo Deliberante también se llevaron a cabo sesiones para pedir por ello. A fines de 1991, los concejales aprobaron un pedido al Congreso de la Nación para modificar la Ley Orgánica Municipal. El modo de saltear el "escollo" constitucional era solicitar al presidente Menem que una vez vencido el mandato del intendente Grosso se designase como reemplazante al vencedor de una

---

[3] Fundamentos del proyecto presentado por los diputados Jorge Vanossi y Ricardo Cornaglia, *Diario de Sesiones de la Cámara de diputados de la Nación*, 21 de abril de 1987, p. 8729.

[4] Fundamentos del proyecto de ley presentado por los diputados Roberto Ulloa y Jorge Folloni, *Diario de Sesiones de la Cámara de diputados de la Nación*, 20 de julio de 1988.

elección que tendría el carácter de consulta no vinculante. De esta manera, el Poder Ejecutivo Nacional seguiría teniendo la potestad de la nominación, pero se respetaría la voluntad del pueblo de la ciudad. Poco tiempo más tarde, en julio de 1992, se repitió la escena. La mayoría de los concejales de la oposición, acompañados de los diputados nacionales por la ciudad, se reunieron para insistir en la instauración del intendente electivo. Los concejales peronistas no asistieron a la sesión[5]. Otra vez, se repetían algunos de los argumentos de 1991. Como planteaba el concejal Aníbal Ibarra: "Si bien es cierto que hay implicancias constitucionales en la cuestión, de ninguna manera la Constitución impide que se tenga en cuenta la opinión de los ciudadanos de la Ciudad de Buenos Aires para la designación del intendente; porque esto se trata de una decisión política, y aquí no existe decisión política"[6].

Una de las intervenciones más significativas fue la del socialista Norberto La Porta, quien hizo propios algunos de los argumentos que habían sido desplegados en el pasado, desde las intervenciones de Tristán Achával Rodríguez y Pedro Goyena en 1881 hasta Carlos Pelegrini pasando por la larga tradición socialista en la materia. Lo interesante es que, voluntariamente o no, la mayoría de estos antecedentes justificaban la elección directa remarcando el carácter "natural" y "previo" de la ciudad respecto a la nación, y por ende de la Municipalidad respecto al poder central. Pero, también, postulaban el carácter no político del municipio, aspecto que, como analizaremos más adelante, tenía significaciones simbólicas. La Porta expresaba esto al recordar el "informe que hizo el doctor Tristán Achával Rodríguez, que entre otras cosas sostuvo que el régimen municipal es anterior al régimen provincial y no puede, por lo tanto, estar supeditado al régimen nacional". Y continuaba: "Si el gobierno municipal es preexistente al gobierno provincial y nacional, es claro que no puede ser dependiente de aquel"[7]. Quienes se oponían a la iniciativa, sobre todo los peronistas, para La Porta, "han olvidado lo que señalaba Carlos Pellegrini, cuando sostuvo que la Constitución declara que el presidente es el jefe de la capital. Es evidente que la Capital de la República no puede haber otro poder político concurrente con el poder Ejecutivo de la Nación, pero de ninguna manera puede esto entenderse hasta hacer del

---

[5] La resolución, impulsada por el Concejal La Porta, se desarrollaba en un momento delicado de la política porteña, ya que se hacía en momentos en que finalizaba el mandato del intendente Grosso, y el presidente debía decidir si lo prorrogaba o no. Para una crónica de los hechos puede consultarse "Ofensiva de la oposición porteña por la elección directa del intendente", *Clarín*, 5 de julio de 1992; "Grosso asume, el Concejo discute", *Clarín*, 7 de julio de 1992 y "Grosso jura de nuevo pero medio Concejo pide la elección directa", *Clarín*, 8 de julio de 1992.
[6] *Acta de la sesión especial para auspiciar la elección del intendente Municipal por el voto popular*, 7 de julio de 1992, Concejo Deliberante de la Ciudad de Buenos Aires, p. 40.
[7] *Ibid.*: 29.

presidente de la República el jefe de la parte administrativa de este municipio"[8]. El gobierno municipal, de esta manera, quizá involuntariamente, quedaba reducido, como en las viejas épocas del pensamiento municipalista, a una mera resolución de problemas técnico-administrativos.

La necesidad de reformar el gobierno de la ciudad contemplaba también a los Consejos Vecinales. Pese a que en el pasado estas instituciones habían tenido una vida escueta y poco significativa entre 1973 y 1976, con el retorno democrático habían recobrado un primer plano. En 1984 se diseñó en la Municipalidad una Sub-Secretaría de Consejos Vecinales que se planteaba articular las demandas territoriales en torno a la acción de los consejos. Sin embargo, dicha articulación no prosperó, de modo que se transformó en la Dirección de Relaciones con la Comunidad, que establecía un vínculo ajeno a la acción de los mismos. Los Consejos Vecinales eran instituciones ambiguas, en las que se conjugaba a la vez una búsqueda de mayor eficiencia, ligada a la cercanía de la participación y la descentralización, en la línea de la reforma estatal analizada en el capítulo pasado, junto a otra máximas propias de la problemática municipal, asociadas con el tipo de vínculo representativo entre los vecinos y sus consejeros. Sin embargo, estas dos dimensiones no iban necesariamente de la mano. Mientras que una parte de la clase política apostaba a hacer de los Consejos Vecinales instituciones semejantes al Concejo Deliberante, pero a una escala barrial, otra se oponía, asignándoles sólo un rol de participación vecinal, pero no de gestión pública.

Quizá donde más claramente puede rastrearse esta ambivalencia sea en los proyectos de reforma que aspiraban a profesionalizarlos y remunerarlos. En enero de 1984 el Concejo Deliberante trató un proyecto de ordenanza cuyo objetivo era pagar un "viático de movilidad" a los consejeros, que según lo estipulaba la ley debían cumplir sus tareas *ad honorem*. El tema de la remuneración se liga directamente con la profesionalización de la actividad, que sale del ámbito de la participación voluntaria para convertirse en una responsabilidad pública. En otras palabras, convierte a un participante en un funcionario. La profesionalización de la figura del consejero era defendida por la mayoría de los concejales. Pero no fue sólo el Concejo Deliberante el que impulsaba esta medida. En septiembre de 1984 el diputado radical Liborio Pupillo presentó un proyecto en el Congreso de la Nación, que fue sancionado en septiembre de 1985, en el que se planteaban una serie de reformas en los Consejos Vecinales, entre las que se destacaban la reforma de las zonas de influencia, para hacerlas coincidir con las circunscripciones electorales, el otorgamiento de fueros similares a los de los diputados, la remuneración de la tarea, etc.

---

[8] *Ibid.*

Sin embargo, la ley no fue promulgada por el presidente Alfonsín, que la devolvió al Congreso el 31 de octubre. Lo más destacado de este suceso es la justificación que hizo el presidente de su decisión. En sus palabras, el proyecto modificaba "algunos aspectos de las reglas aplicables a los Consejos Vecinales pero sin satisfacer correctamente los principios de promoción de la participación popular como un compromiso cívico y la descentralización del poder como un objetivo inherente al sistema democrático. El consejo vecinal debe ser un ámbito de comunicación y acción de los vecinos de la Capital Federal, una institución política básica de participación en el gobierno comunal pero de ningún modo un organismo municipal más. [...] Por las razones expuestas, se devuelve a vuestra honorabilidad el proyecto de ley 23.303, sin promulgar"[9]. Luego de este incidente, los Consejos Vecinales continuaron ejerciendo sus tareas de manera precaria, y más allá de algún pedido puntual de informes sobre su situación, fueron quedando en el olvido hasta su desaparición.

El último gran asunto público fue el debate sobre el funcionamiento del Concejo Deliberante, que operó, en muchos aspectos, como un termómetro no sólo del estado del juego partidario local, sino también del grado de avance de los proyectos reformadores. Al recuperarse la democracia, el Concejo Deliberante comenzó a funcionar, unos días antes de la asunción de Alfonsín. Su reapertura era percibida como un síntoma del "reencuentro de las instituciones democráticas de la República", tal como afirmaba el presidente provisional del cuerpo, al iniciar la sesión constitutiva[10]. Siguiendo el esquema bipartidista nacional, el juego electoral local se estructuró sobre el PJ y la UCR, que se dividieron la casi totalidad de las bancas en las elecciones de octubre de 1983, aunque con una primacía del radicalismo, que obtuvo 38 de las 60 en juego y dejó al PJ con 16, al Partido Intransigente con 4 y a la UCEDE con 2. Con resultados similares, se renovó la mitad del cuerpo en 1985. Es decir que entre 1983 y 1987, el período de "transición democrática" coincidió en el Concejo Deliberante con una mayoría holgada del radicalismo, lo que le permitía sancionar sin mayores dificultades las ordenanzas en sintonía con la gestión municipal y nacional. Sin embargo, luego de las elecciones de 1987 el radicalismo perdió la mayoría propia en el Concejo Deliberante (y, además, en el Congreso de la Nación), lo que derivó en

---

[9] *Diario de Sesiones de la Cámara de diputados de la Nación*, 6 y 7 de marzo de 1986, p. 7219.

[10] Al iniciar la sesión constitutiva, el presidente provisional Mandarini (por ser el concejal de mayor edad), comentaba que "esta fecha tiene proyecciones históricas para nosotros, porque señala el reencuentro con las instituciones democráticas de la República, de las que el Concejo Deliberante de la Ciudad de Buenos Aires es una de las piezas fundamentales". *Concejo Deliberante de la Ciudad de Buenos Aires*, Acta de la Sesión Constitutiva, Versión taquigráfica, 7 de diciembre de 1983, p. 2.

grandes conflictos que incluían la elección de las autoridades del cuerpo y la sanción de ordenanzas. A partir de entonces, y hasta la reforma constitucional de 1994, la situación entre el Concejo Deliberante y el Poder Ejecutivo municipal siguió un camino de tensión, ya que mientras que el radicalismo perdió la mayoría propia en los últimos años de Alfonsín, el peronismo no pudo lograrla tampoco durante la gestión menemista. Esta dinámica potenció un proceso de crisis, debido a los conflictos recurrentes, que en muchos casos horadaron su reputación y lo fueron ubicando, en el marco de la avanzada anti-burocrática, en un lugar del descrédito y la sospecha[11].

El 8 de septiembre de 1991 se desarrollaron elecciones nacionales. En Buenos Aires, entre los cargos votados, se eligieron concejales. Por entonces, ya había un consenso respecto del desprestigio creciente que iba ganando la institución. El candidato radical José María García Arecha decía que el Concejo tenía "poca credibilidad", el peronista Jorge Castells que "está muy politizado y eso impide que elabore soluciones concretas", y el socialista Ernesto Jaimovich, que "es insensible a los problemas de los vecinos y no transparente en su accionar"[12]. Poco tiempo después de las elecciones, el presidente del Concejo Deliberante declaraba que "sobran dos mil empleados en el Concejo"[13], y que había setenta y cuatro empleados por cada edil. El problema no terminó allí, sino que continuó en los años siguientes. El diario *La Nación*, el 8 de marzo de 1993, titulaba que "El Concejo Deliberante debe reaccionar" y continuaba: "Una suerte de intimación del Poder Ejecutivo nacional para que disminuya el número de sus empleados fue aceptada mansamente por el cuerpo en lo que pudo ser interpretado como una paladina admisión de que, en efecto, la cosa había ido muy lejos. Y se anunciaron medidas para reducir de modo sustancial el número de empleados del Concejo – sin dudas exagerado – hasta aproximadamente la mitad"[14].

Más allá de la real dimensión del problema, lo que nos interesa remarcar es que el Concejo Deliberante se instituyó como un símbolo que expresaba

---

[11] A comienzos de los 90 se publicaron algunos libros que reflejaban las denuncias que recaían sobre esta institución. Pueden consultarse los libros de Fernando Carnota y Esteban Talpone, *El palacio de la corrupción. Droga, negociados y enriquecimiento en el Concejo Deliberante*, Editorial Sudamericana, Buenos Aires, 1995; y Ceferino Reato, *El gran botín. El negocio de gobernar la Capital*, Editorial Sudamericana, Buenos Aires, 1996.

[12] Para las tres declaraciones, véase "Se presentan 21 listas para renovar el Concejo Deliberante", *Clarín*, 2 de septiembre de 1991.

[13] Cf. "Sobran 2 mil empleados en el Concejo", *Clarín*, 14 de octubre de 1991. Lo mismo planteaba el concejal radical y ex intendente Facundo Suárez Lastra: "Está perfectamente demostrada la incapacidad del Concejo Deliberante para dimensionar razonablemente su funcionamiento. Creo, efectivamente, que el cuerpo tiene por lo menos dos mil empleados por encima de sus necesidades", en "Reconocen el exceso de personal", *Clarín*, 15 de octubre de 1991.

[14] "El Concejo Deliberante debe reaccionar", *La Nación*, 8 de marzo de 1993.

los dos grandes males a combatir: la corrupción y el sobredimensionamiento estatal. En este sentido, el Concejo Deliberante no sólo aparecía como una institución corrupta, al igual que había sido denunciado recurrentemente en el pasado, sino que además era el "ejemplo" de un mal manejo de los recursos públicos, al erigirse en un espacio destinado a albergar "ñoquis" de la administración pública. Es por ello que junto a la crítica específica sobre el Concejo se desarrolló una más amplia sobre el modelo de Estado municipal que debía privilegiarse, en consonancia con las políticas impuestas por el presidente Menem. Esta situación del Concejo Deliberante fue utilizada por el gobierno nacional, en 1993, para lanzar un proyecto de reforma integral de las estructuras institucionales de la ciudad, aspecto sobre el que volveremos más adelante.

El fortalecimiento del espacio municipal

La proliferación de proyectos de reforma en la Buenos Aires post-dictadura se comprende en el marco de un proceso más amplio, tanto a nivel nacional como internacional. Los intelectuales alfonsinistas, muchos de ellos provenientes de la Fundación Roulet y pertenecientes al grupo Esmeralda[15], creían que debían reformarse los gobiernos municipales, para convertirlos en verdaderos espacios de participación democrática, en el marco de las miradas anti-burocráticas y anti-autoritarias que analizamos en el capítulo pasado. De este modo, en dicha Fundación se desarrollaron, entre 1986 y 1987, talleres y seminarios de discusión política, en donde se planteaba la necesidad de dejar atrás las miradas de las Municipalidades como simples prestararias de servicios urbanos para incluir aspectos ligados con la participación ciudadana y la resolución de problemas a escala regional. Para ello, se promovía el fortalecimiento de funciones, hasta entonces en manos del poder provincial o nacional. Intendentes, concejales y funcionarios radicales, reunidos en el segundo seminario, en Olavarría en 1987, concluían, como analizó Nidia Burstein, que el debilitamiento del poder político de los últimos cuarenta años había sido acompañado de una centralización burocrática que había convertido a los intendentes en meros gestores. En su reemplazo, era necesario crear verdaderos "gobiernos locales"[16].

Si bien la relación entre el alfonsinismo y el renovado espíritu municipalista fue intensa, también desde expertos más cercanos al justicialismo se

---

[15] Sobre el grupo Esmeralda, cf. Elizalde (2009).
[16] Cf. Burstein (2006).

planteaba una mirada similar. Un ejemplo de ello es la publicación, en 1987, del *Tratado de Derecho Municipal*, de Horacio Rosatti, un reconocido abogado santafecino, quien luego fuera intendente de Santa Fe, ministro de Justicia durante la gestión de Néstor Kirchner y que actualmente se desempeña como Juez de la Corte Suprema de Justicia de la Nación. En sus páginas, Rosatti buscaba la forma de recuperar al municipio como una unidad de gobierno fundamental, acosada según su mirada por las consecuencias de la metropolización, que creaba un "posmunicipalismo". Lo interesante es que para él esta pérdida "de lo municipal en la metrópolis no reside en su crecimiento físico (aunque pueda derivarse de él) sino en la disolución del espíritu vecinalista, de la solidaridad convivencial, del *affectio municipalis*" (Rosatti, 1987: 50). Es decir que no daba una explicación basada sólo en un aspecto urbano, sino que se concentraba en la forma en que el derecho podía actuar en la recuperación del espacio municipal. En este sentido, planteaba que "es deber del gobernante idear ideas alternativas realistas que rescaten 'lo vecinal' cuando la desmesura de la metrópolis cosmopolita amenace arrasar las costumbres que modelan la personalidad diferenciada de una ciudad".

Poco tiempo después, ya entrados en los 90, el redescubrimiento del espacio municipal se conjugó perfectamente con el espíritu de las reformas neoliberales implementadas en el gobierno de Menem. Es por ello que no extraña que la municipalización haya encajado como un engranaje más de la reconfiguración estatal, tal como por ejemplo lo planteaba Roberto Dromi, un abogado experto en derecho administrativo, quien dedicara parte de su obra a cuestiones municipales. De origen liberal, ex funcionario de la dictadura y miembro de la UCEDE, Dromi pasó a la historia como el encargado de las privatizaciones menemistas. En un libro de 1990, firmado en co-autoría con Menem, presentaban las ideas principales de su reforma del Estado y dejaban en claro: "Todo aquello que puedan hacer por sí solos los particulares, no lo hará el Estado Nacional. Todo aquello que puedan hacer las Provincias autónomamente, no lo hará el Estado Nacional. Todo aquello que puedan hacer los Municipios, no lo hará el Estado Nacional" (Menem y Dromi, 1990: 31).

En suma, nos interesa resaltar que, más allá de variantes ideológicas o partidarias, la revalorización del espacio municipal era una constante que se articulaba perfectamente tanto con la democratización como con la desburocratización y la reforma del Estado. En ese marco, 1989 fue particularmente significativo. Ese año quedó marcado a fuego en la memoria histórica de los argentinos como el momento de la hiperinflación, con el consecuente aumento de la pobreza, la desocupación y el inicio de las reformas neoliberales implementadas por Menem. Para la historia reciente del gobierno de Buenos Aires, hubo además otros hechos relevantes. Por entonces asumió la intendencia Carlos Grosso, quien como hemos visto en el capítulo pasado introdujo concepciones de gobierno provenientes de la gestión empresarial, e inauguró un proceso de reforma del Estado a nivel municipal. Pero además, se produjo un cambio en la jurisprudencia sobre la naturaleza misma del municipio. En un fallo histórico, que estaba en consonancia con la potenciación del espacio municipal, la Corte Suprema de Justicia de la Nación modificó su postura sobre el carácter "autárquico" pero no "autónomo" de los municipios, que mantenía inalterable desde 1911, y optó por la tesis de la "autonomía municipal"[17].

La justificación de un cambio tan sensible se hizo apelando a variados argumentos: que las constituciones provinciales reformadas en los últimos años habían conferido la "autonomía" a las Municipalidades, que a diferencia de las entidades autárquicas que tienen origen en la ley y por lo tanto pueden desaparecer, los municipios tienen rango constitucional y por ende se impide su desaparición, que tienen poder de "legislación local", que los municipios pueden crear entidades autárquicas, mientras que estas últimas no pueden hacerlo, o que en la elección popular de las autoridades es inconcebible en las entidades autárquicas[18]. Es cierto que este fallo se sumaba a un cambio que venía operándose a nivel provincial. Varias fueron las provincias que reformaron sus cartas magnas entre 1983 y 1994. En la mayoría de ellas, como en San Juan, Jujuy, San Luis, Córdoba, Río Negro y Catamarca, se consagró en el texto constitucional la autonomía municipal, que hasta entonces era negada[19]. Pero el hecho novedoso era que, a nivel de la concepción municipal, se cerraba la visión predominante durante todo el siglo XX, que planteaba que las Municipalidades eran simples reparticiones administrativas dependientes del poder provincial o nacional, según fuera el caso.

En un plano general, las nuevas constituciones provinciales y el fallo de la Corte Suprema abrían un nuevo espacio para considerar a los municipios como entidades con gobierno propio, y en consecuencia de una naturaleza no meramente administrativa ni solamente social, como hasta entonces. Ello no quedaba claro en el fallo, que para algunos autores del momento, como Enrique Groisman –un experto en temas municipales y de gestión de gran cercanía con el alfonsinismo, tanto como parte del Grupo Esmeralda como por su desempeño como Subsecretario de la Función Pública durante el gobierno de Alfonsín–, mantenía todavía algunas de las viejas formas de pensamiento municipalista, que sostenían el carácter "natural" del municipio. En un libro editado por la Fundación Roulet, Groisman (1994) celebraba el

---

[17] El fallo es el del caso "Rivademar Ángela Diana Balbina Martínez Galván, c/Municipalidad de Rosario s/recurso contencioso administrativo de plena jurisdicción", 21 de marzo de 1989.

[18] El fallo comentado puede consultarse en Alberto Bianchi, "La Corte Suprema ha extendido carta de autonomía a las Municipalidades", *La Ley*, 1989-C-47.

[19] Para un análisis de estas transformaciones, cf. Iturburu (2000).

nuevo escenario abierto para los municipios, aunque señalando el carácter endeble de algunos de los argumentos de la Corte, y lamentando que el texto se fundara en la vieja idea del "municipio natural" y no subrayara "el fundamento constitucional de los municipios y su vinculación con la concepción democrática, el principio de soberanía del pueblo y la forma republicana de gobierno".

Para este autor, tanto el fallo de la Corte como la justificación elegida en varias constituciones provinciales, que recuperaban el viejo discurso del municipio 'natural' y "previo" al Estado, constituían una elección "inapropiada, porque la invocación al carácter "natural" prescinde de lo que más interesa a su respecto que es su vinculación con la democracia y la participación, que están unidas indisolublemente a su origen y a su historia" (*ibid.*: 160). Continuando su argumento, planteaba que "la invocación del carácter de comunidades naturales, aunque inspirada en el propósito de proteger la autonomía municipal, produce consecuencias contradictorias y hasta francamente negativas en el papel de los municipios como agentes de democratización. Por empezar, esa invocación suele incluir su descripción como células del Estado, lo que establece un nexo con el organicismo y no con la tradición liberal y democrática con la que se supone quiere vincularse a las comunas" (Groisman, 1994: 6).

En síntesis, el fallo de la Corte modificó una doctrina de largo aliento, pero no cerró definitivamente la discusión sobre el carácter y el sentido de la autonomía. Sólo atinó a sostener que las municipalidades no podían ser concebidas como meras reparticiones estatales ligadas a un poder superior, sino como unidades de auto-gobierno. Pero esta autonomía podía interpretarse siguiendo los viejos principios naturalistas, que ya habían sido movilizados un siglo atrás, cuando los socialistas y algunos medios de prensa, como *La Nación*, defendían el carácter "autónomo" que debía tener, a su juicio, el gobierno municipal de la Buenos Aires federalizada. Bajo el influjo del municipalismo decimonónico, hacia fines del siglo XIX y principios del XX, la demanda de autonomía refería a la posibilidad de dotar a los vecinos contribuyentes de las herramientas necesarias para resolver sus asuntos civiles en común, definidos como domésticos, por oposición a los problemas políticos que debían quedar en manos de las autoridades nacionales. En ese caso, ser autónomo era sinónimo de construir un gobierno no político, manteniendo el derecho de los vecinos a constituirse como un cuerpo civil. Podríamos aventurar que, en ese caso, ser autónomo era serlo de la política. Autonomía y política eran, para muchos pensadores y políticos de la época, opuestos.

Frente a esta posición es que había que contraponer un discurso que recuperase la idea de que los poderes municipales encuentran su fundamento en los principios del gobierno republicano y representativo. Ésta es la visión planteada por Groisman, en un argumento que recuerda a los trabajos de Korn Villafañe. Este último autor sostenía, hace casi setenta años, que "los gobiernos municipales deben ser en nuestro país repúblicas representativas; no por cierto en el sentido de ser imitaciones literales de los gobiernos provinciales o del gobierno nacional, sino en el significado auténtico de gobiernos republicanos representativos municipales adecuados a sus propias finalidades urbanísticas. Los municipios de convención, son, dentro de este concepto de la autonomía municipal, la última, la legítima aplicación del sistema. [...] las Municipalidades se definen ostensiblemente como Poderes del Estado, dotados de autonomía política; o sea, como repúblicas representativas" (Korn Villafañe, 1941: 1034-1035). Aun cuando, por entonces, el mismo Korn Villafañe hacía una salvedad respecto del estatus de la Ciudad de Buenos Aires, por ser Capital Federal, su presencia en cuanto a la permanencia de un modo de concebir el gobierno municipal trascendió su tiempo. Podemos decir que la instauración de la lógica del municipio "por convención", vinculado a la sanción de un estatuto organizativo o Constitución, sancionado por sus propios ciudadanos, y en el que se garantizara la elección popular de las autoridades, incluida la rama ejecutiva, es lo que realmente genera una trasformación profunda en materia de resolución de la problemática municipal, más allá de la mera declamación del carácter autónomo del municipio.

De la reforma institucional a la reforma constitucional

Durante el gobierno de Alfonsín, como vimos, se afianzó un nuevo rumbo en el modo en que era considerado el gobierno de Buenos Aires, perceptible a través de los múltiples proyectos de reforma municipal. Éstos se enmarcaban en un plano más general, ligado a un cambio doctrinario sobre el carácter que debían tener los gobiernos locales, que en nuestro país llevó a la Corte Suprema a modificar la visión que había primado durante siete décadas. Sin embargo, estas transformaciones fueron más una consecuencia de movimientos eruditos y políticos que de demandas sociales muy intensas. La creciente participación política y movilización social posterior a la recuperación democrática se canalizó de múltiples formas y a partir de las más variadas demandas. Entre ellas no fueron precisamente las más intensas las asociadas a los cambios en el gobierno municipal. Ello no supone que la población porteña no estuviera a favor de elegir a la cabeza del Poder

Ejecutivo local, o de adquirir un mayor grado de autogobierno respecto a la nación, pero sin duda esto no generó grandes movilizaciones populares ni estructuró organizaciones que pidieran activamente por ello. Más bien, se trataba de una modificación que, en su mayoría, interpelaba a los grupos académicos y políticos que más cercanos estaban a la temática. El debate iniciado en los 80 llegó a su clímax entre 1993, año del Pacto de Olivos, y 1996, el de la sanción de la Constitución de la Ciudad Autónoma de Buenos Aires. Una reseña de los diversos sucesos de entonces permite reconstruir la historia de aquello que estaba en juego.

Luego de los múltiples proyectos de reforma de la ley orgánica municipal, cuyo mayor objetivo era una modificación institucional que, entre otras cuestiones, habilitara la elección directa del intendente, y de la crisis que se abatía sobre el Concejo Deliberante desde comienzos de los 90, durante la primera parte de 1993 el cambio parecía posible. Por entonces, el ministro del Interior, Gustavo Béliz, presentó un proyecto de reforma integral del gobierno porteño, que establecía algunos de los puntos reclamados por parte de la clase política local: la elección directa del intendente, la división del territorio en unidades más pequeñas llamadas alcaldías, la reducción del número de miembros del Concejo Deliberante, la puesta en práctica de un sistema electoral mixto y la eliminación de los Consejos Vecinales[20]. El proyecto contó con el apoyo, aunque con algunas críticas, tanto de los peronistas como de los radicales.

Sin embargo, no se materializó porque pocos meses más tarde, el 14 de noviembre de 1993, el ex presidente Raúl Alfonsín y el entonces primer mandatario Carlos Menem firmaron, en la residencia presidencial, el llamado "Pacto de Olivos", un acuerdo para realizar una reforma constitucional con el objetivo de modificar algunos artículos claves. Los temas acordados por los jefes de los dos partidos políticos mayoritarios incluían la reelección presidencial, vedada hasta entonces, y una serie de cambios institucionales, entre los que se encontraba la reforma del estatus jurídico de la Ciudad de Buenos Aires. Luego del pacto, en diciembre de 1993, se sancionó en el Congreso de la Nación la Ley 24.309, que establecía la "necesidad de una reforma constitucional", cuyos cambios más significativos se estipulaban en el Núcleo de Coincidencias Básicas, que en su punto "F" se refería a la "la elección directa del intendente y la reforma de la Ciudad de Buenos Aires" e incluía tres elementos: "a) El pueblo de la Ciudad de Buenos Aires elegirá directamente su jefe de gobierno. b) La Ciudad de Buenos Aires será dotada de un status constitucional especial, que le reconozca autonomía y facultades propias de legislación y jurisdicción. c) Una regla especial garantizará los intereses

---

[20] "Lanzan la reforma para la Capital", *Clarín*, 19 de abril de 1993.

del Estado nacional, mientras la Ciudad de Buenos Aires sea capital de la Nación"[21]. Dicha ley planteaba que todas las reformas incluidas en el núcleo debían ser votadas en conjunto, y aprobadas o rechazadas tal como estaban redactadas en la ley.

Es entonces, por primera vez, que se planteaba una reforma constitucional que modificara el esquema vigente, aunque con reformas posteriores, desde 1882. Para Buenos Aires, el Pacto de Olivos abrió un escenario inédito desde el momento mismo de su federalización. Pese a haber conocido cambios parciales, era la primera vez en más de un siglo que se habilitaba un debate sobre la "autonomía" entendida no sólo como elección de sus gobernantes sino también como ampliación de sus facultades de legislación y jurisdicción. La letra del pacto no clausuró el debate sino que lo abrió. Como en todo acuerdo escrito, los puntos de diferencia comenzaron rápidamente a aflorar en relación a diferentes modos de interpretación[22]. El debate ganó rápidamente en intensidad, dado que no había una visión clara respecto de cuál sería la figura legal de la ciudad capital. En principio, las ideas con más apoyos eran la de convertirla en una "provincia", la de establecerla como una "ciudad estado" o como un "municipio autónomo"[23]. Todas ellas suponían distintas maneras de concebir qué significaba lo "autónomo" en relación a las facultades gubernamentales que inauguraría Buenos Aires.

Las discusiones se intensificaron en las vísperas de la Convención Constituyente de 1994. Los radicales insistían en la necesidad de una autonomía amplia, entendida como la posibilidad de dotar a la Ciudad de Buenos Aires de un auto-gobierno similar al de las provincias, que son regidas por sus propias constituciones provinciales. Por lo tanto, sostenían, debía llamarse, luego de la sanción de la nueva constitución nacional, a una Convención Constituyente porteña. Los peronistas defendían una autonomía acotada, que suponía la incorporación del voto directo del intendente, sin cambiar sustancialmente el esquema institucional de la Capital[24]. La tensión se mantuvo incluso una vez iniciada la Convención[25]. La solución no fue sencilla. Los radicales insistían en que la letra del Núcleo era clara y significaba la instauración de una ciudad autónoma, que contara con Policía y Justicia propias y que fuera la consecuencia de una Constitución elegida por sus habitantes[26]. El peronismo interpretaba que sólo se refería a una reforma limitada, y que

---

[21] Ley 24.309.

[22] "Provincialización de la Capital. Paso a la negociación", *Página/12*, 23 de noviembre de 1993 y "Otro tema para la agenda", *Página/12*, 24 de noviembre de 1993.

[23] "Tres opciones en el menú", *Página/12*, 28 de noviembre de 1993.

[24] "Forcejeos por la autonomía porteña", *Clarín*, 25 de mayo de 1994.

[25] "Un comienzo con muchos interrogantes", *La Nación*, 25 de mayo de 1994.

[26] "Presión radical por la autonomía porteña", *La Nación*, 8 de junio de 1994.

podría hacerse mediante una ley del Congreso que ampliara algunos de los puntos acotados de la ley orgánica por entonces vigente, para dar espacio a la elección directa del intendente y algunas reformas institucionales. Si bien había mucho de política coyuntural en la posición del peronismo, dado que gobernaba la Nación y no veía con buenos ojos que Buenos Aires pasara a ser una suerte de nueva provincia, posiblemente en manos de la oposición, esta postura estaba también en consonancia con sus antecedentes históricos, ya que como hemos visto a lo largo de los capítulos previos, nunca fue muy abierto a la ampliación de las facultades del gobierno porteño.

Como consecuencia de una tensión política en aumento, producto de la dificultad de acceder a un acuerdo, el tema fue resuelto directamente entre Menem y Alfonsín, ya que se había vuelto "el principal foco de tensión entre el PJ y la UCR"[27]. La presión ejercida por el radicalismo y sus aliados logró imponer la idea de que la autonomía de la ciudad no debía acotarse simplemente a la elección directa del intendente o a alguna reforma limitada, sino asociarse a un cambio de figura legal que garantizara su independencia respecto del Gobierno de la Nación. Una condición similar a las provincias se materializaría a través de una Convención Constituyente porteña. Finalmente, los peronistas aceptaron, aunque dejando en claro que el término adecuado no era Convención Constituyente sino Asamblea o Estatuto, y que previamente a su realización, una ley del Congreso debía estipular cuáles serían los alcances de la autonomía. El resultado fue que el artículo sancionado en la Constitución copia casi textualmente lo establecido en el Núcleo de Coincidencias Básicas pero agrega que "en el marco de lo dispuesto en este artículo, el Congreso de la Nación convocará a los habitantes de la Ciudad de Buenos Aires para que, mediante los representantes que elijan a ese efecto, dicten el estatuto organizativo de sus instituciones"[28].

La sanción de la Constitución Nacional de 1994 no resolvió la cuestión de la reforma de Buenos Aires, sino que la pospuso en el tiempo y la trasladó de ámbito: el Congreso de la Nación se convirtió en el centro de debate de dos leyes fundamentales, la que debía estipular los "intereses del Estado nacional" sobre la Capital Federal y la que debía convocar a los porteños a constituir su "estatuto organizativo". La discusión en el Congreso de la Nación se realizó en 1995, con la sanción en el mes de diciembre de la Ley 24.620, también denominada "ley Snopek", que llamaba "al pueblo de la Ciudad de Buenos Aires para elegir al Jefe y Vice-Jefe de gobierno y 60 representantes que dictarán el Estatuto Organizativo de sus instituciones previsto

---

[27] "Menem y Alfonsín laudan por la Capital", *Clarín*, 7 de junio de 1994. También, "Por carta, Menem propuso a Alfonsín una autonomía limitada para la Capital", *Clarín*, 22 de junio de 1994.

[28] *Constitución de la Nación Argentina*, artículo 129.

por el Art. 129 de la Constitución Nacional", y previamente en noviembre, con la Ley 24.588, denominada "Ley de Garantías del Estado Nacional", pero popularizada como "ley Cafiero". La ley sancionada optó por reconocer una autonomía limitada, dejando en manos del Gobierno nacional la policía, y una parte importante de la justicia y de los servicios públicos.

La cuestión de la autonomía

Recapitulando, la intensa década posterior a la recuperación democrática desembocó en un escenario inédito desde la federalización de 1880. Por primera vez se abría un espacio para discutir un nuevo marco constitucional e institucional para Buenos Aires, concentrado en lo que podríamos denominar la "cuestión de la autonomía". Que la autonomía se convirtiera en una "cuestión" no equivale a que en los períodos previos no hayan existido controversias sobre la misma. Más bien, a lo largo de las páginas precedentes hemos podido ver que existieron distintas formas de debatir sobre la "autonomía"[29].

Bajo el influjo del municipalismo decimonónico, hacia fines del siglo XIX y principios del XX, la demanda de autonomía refería a la posibilidad de dotar a los vecinos-contribuyentes de las herramientas necesarias para resolver sus asuntos civiles en común, considerados domésticos, por oposición a los problemas políticos que debían quedar en manos de las autoridades nacionales. En ese caso, como expresaban las editoriales de *La Nación* citadas en el capítulo 1, ser autónomo era sinónimo de construir un gobierno no político, manteniendo el derecho de los vecinos a constituirse como un cuerpo civil.

Entrado el siglo XX, cuando la ciudad se complejizó, a partir del aumento demográfico y la creciente participación política, sindical y barrial de los sectores populares, el sentido de la autonomía se modificó parcialmente. La ciudad dejó de ser considerada un cuerpo civil de vecinos contribuyentes para comenzar a ser vista como un complejo ensamblaje de relaciones de interdependencia social. En ese contexto, la demanda de autonomía, que se asociaba fundamentalmente con el pedido de hacer electivo el cargo de intendente, se inscribía en un argumento que unía la universalización del sufragio con la resolución eficiente de los problemas sociales, tal como por ejemplo sostenían los socialistas, invocando el concepto de *self-government* de Adolfo

---

[29] Para una reseña de los debates sobre la autonomía en la historia de Buenos Aires, cf. Landau (2014) y Passalacqua (1996).

Posada. Si bien se reclamaba una apertura que modificase la restricción económica a la pertenencia al municipio, no se invocaba un vínculo político. Por el contrario, se trataba de permitir la participación de todos aquellos que, aunque no fueran propietarios, formaban parte de los intercambios sociales de la ciudad. Entre estas dos lógicas se estructuró la relación autonomía-gobierno de la ciudad durante buena parte del siglo XX. La recurrente negativa a hacer electivo el cargo de intendente mostró los límites de dicho reclamo, que sólo logró, por períodos, la ampliación del padrón electoral para elección de concejales, primero dentro del universo masculino y luego, a partir de 1958, del femenino.

El retorno de la democracia en 1983 potenció la demanda por la elección directa del intendente. Como hemos visto más arriba, durante los primeros años post-dictadura los debates no diferían demasiado, salvo por su número, de las demandas previas. La ciudad democrática debía permitir la participación de los vecinos en la elección de sus autoridades, reconociendo no obstante el carácter no político de la Municipalidad. El cambio que inauguró una tercera forma de articular autonomía y gobierno de la ciudad vino de la mano del Pacto de Olivos y de los debates posteriores. A través de la reforma constitucional se habilitó la posibilidad de discutir la articulación entre autonomía y gobierno de la ciudad en un nuevo marco de sentido, ahora sí "político", en tanto que se abría la posibilidad de dotar a Buenos Aires de un estatuto similar al del resto de las provincias (Passalacqua, 1996).

Ahora bien, no todos estaban muy de acuerdo con el nuevo criterio de la autonomía. Una controversia se desarrolló en el ámbito académico o experto, oponiendo a algunos referentes del mundo jurídico con el urbanístico. En 1995 se desarrolló un Congreso en el que diversos especialistas de varias disciplinas debatieron sobre las consecuencias del cambio legal de la ciudad porteña. Los juristas, siguiendo la línea de discusión mencionada en el apartado pasado, entablaban el debate sobre el eje autonomía-autarquía, y sobre la nueva figura que resultaría la Buenos Aires reformada. Frente a esta preocupación, los estudiosos de las problemáticas urbanas, como Horacio Torres (1996), dejaban en claro que esta dicotomía no constituía un elemento que fuera objeto de su preocupación. Según su argumento, la autonomía no era un factor determinante en la necesidad de regular la relación entre la ciudad y la región, ya que "las fuertes interdependencias funcionales de la ciudad con otras jurisdicciones se traducirán en que la ciudad continúe sin tener autonomía en importantes aspectos de su desarrollo futuro" (1996: 123). En ese sentido, planteaba que "el debate sobre los alcances de la autonomía no altera los términos en los que la discusión sobre la región metropolitana estuvo siempre planteada en los estudios existentes y nunca llevados a la práctica. Podríamos decir a modo de síntesis y conclusión que una Buenos

Aires autónoma – en particular plenamente autónoma – heredaría un importantísimo problema que, a pesar de haber sido repetidas veces diagnosticado de manera clara y sin ambigüedades (bajo todo tipo de gobiernos y regímenes), no fue resuelto durante más de un siglo de dependencia de la ciudad del Estado nacional" (*ibid.*).

Las palabras de Torres dejaban traslucir un malestar por centrar la discusión sobre un eje que, en lugar de facilitar una mirada que englobara los problemas porteños con los del conurbano, tendía a disociarlos. Otra referente de la disciplina que planteó el recelo que los urbanistas manifestaban en relación a la noción de autonomía fue Odilia Suárez, una de las profesionales de mayor trayectoria y reconocimiento del país, con una nutrida historia académica y prolíficos antecedentes en la gestión pública. Esta autora escribió un libro en el que desarrollaba una aproximación al tema de la "autonomía" desde "un punto de vista territorial" (Suárez, 1995). En clara oposición a los argumentos "autonomistas", Suárez planteaba que un avanzado grado de "autonomía" podía "producir inesperados efectos negativos". La autora remarcaba los inconvenientes de las soluciones discutidas en el marco del debate jurídico, como la constitución de una ciudad-Estado o el establecimiento de una nueva provincia. Frente a las voces predominantes, afirmaba que "de ningún modo convendría apuntar hacia la consolidación de la anómala situación de 'ciudad estado' o de una 'cuasi provincia' con poderes enteramente autónomos de legislación y de policía. En tanto residan en esta ciudad las autoridades nacionales debería confirmarse su carácter de Distrito Federal coordinándolo urbanísticamente con su área metropolitana. [...] La designación como tal expresa un concepto eminentemente administrativo y se adecua a la realidad de que se trata sólo de una porción de ese conurbano que es el AMBA[30], sin necesidad de recurrir a la pretenciosa denominación 'ciudad-Estado' que denota una intención de autonomía (que Buenos Aires ni su realidad metropolitana no tienen) así como una gravitación política autónoma que en el mismo acto de su designación ya se estaría perdiendo". (Suárez, 1995: 3).

Pero las posiciones contrarias respecto a la cuestión de la autonomía no sólo marcaban el ritmo de los debates eruditos. En ese contexto, los cruces entre distintos sectores políticos con posiciones contrarias sobre la cuestión de la autonomía fueron intensos. De un lado se ubicaban aquellos que, como los radicales y frepasistas, pugnaban por una autonomía "amplia", sosteniendo que la ciudad porteña debía pasar a regirse casi como una provincia más. Del otro, los peronistas que planteaban que sólo se trataba de un cambio de algunas incumbencias, pero no del estatus jurídico de Buenos Aires. Estas

---

[30] La sigla AMBA refiere al Área Metropolitana de Buenos Aires.

dos posiciones fueron las que predominaron en los debates de la Convención Constituyente de 1994 y en la discusión de las leyes posteriores, sancionadas en 1995.

Dos ejes resumen las discusiones acaloradas sobre la autonomía. El primero se asocia con el estatus jurídico de la ciudad: ¿Cómo pensar a Buenos Aires luego de la reforma? ¿Se convertiría en una nueva provincia, continuaría siendo un municipio, había que considerarla una ciudad-Estado? El segundo, ¿a que calificaba la autonomía, a la ciudad o a su gobierno? ¿Era una ciudad autónoma o un gobierno autónomo? La diferencia, en apariencia sutil, cambia totalmente el sentido y los alcances de la reforma.

En cuanto a la figura utilizada para describir a la ciudad, en la Convención Constituyente de 1994, algunos convencionales recurrían a la figura de la ciudad-Estado, para defender el máximo nivel de autonomía. Para Alfonsín, por caso: "Teniendo en cuenta las especiales circunstancias históricas que se dieron en relación a la 'cuestión de la Capital Federal', la Ciudad de Buenos Aires no será una provincia en sentido estricto ni tampoco un municipio, sino una ciudad-estado autónoma, asiento del gobierno federal"[31]. Fernando De la Rúa compartía esta opinión, al expresar que "la dimensión, importancia y riqueza de la Ciudad de Buenos Aires, la excluyen, por una parte, del concepto clásico de municipio, y las características exclusivamente urbanas que presenta, por la otra, la diferencian, desde una perspectiva fáctica, del concepto tradicional de 'provincia', y hacen de ella una verdadera 'ciudad-estado', que merece un tratamiento especial en el texto constitucional"[32]. Al tratarse la ley Cafiero, algunos legisladores peronistas, como Augusto Alasino, marcaban la limitación de esta expresión, a la que asociaban con la "refeudalización de Buenos Aires", puesto que las ciudades-estado referían a comunidades políticas totalmente autónomas, y que tenían, entre otras atribuciones, representación en el exterior[33]. No había entonces un acuerdo en qué era Buenos Aires, pero sí en lo que no era: Buenos Aires no era ni podía ser una provincia, pero tampoco era un simple municipio[34]. Constituía una figura *sui generis*, que no entraba en los manuales de derecho, lo que la hacía

---

[31] *Diario de Sesiones de la Convención Constituyente de la Nación*, 1 de agosto de 1994: 2732.

[32] *Ibid.*: 159.

[33] *Diario de Sesiones de la Cámara de senadores de la Nación*, 19 de julio de 1995, p. 2694.

[34] Al respecto, el senador peronista Snopek afirmaba que mientras siguiera siendo Capital Federal, Buenos Aires "nunca llegará a ser provincia". Cf. *Diario de Sesiones de la Cámara de senadores de la Nación*, 13 de julio de 1995: 2617. Y el radical De la Rúa planteaba que "sé que la ciudad no es una provincia, tampoco es un municipio". *Ibid.*: 2624. El senador Vaca, por su parte, mostraba la ambivalencia de la situación: "la Ciudad de Buenos Aires no es una provincia, pero es algo que se aproxima a una provincias, porque tampoco es una Municipalidad", *ibid.*: 2633.

un caso especial, que hizo correr mucha tinta entre los juristas, ansiosos por incluirla dentro de las categorías jurídicas.

Estas diferencias se hacían evidentes a la hora de discutir a qué refería la autonomía, si a la ciudad o a su gobierno. Este contrapunto se inició en el seno de la comisión de "Núcleos de coincidencias básicas" de la Convención Constituyente de 1994. Cuando el que sería el texto constitucional definitivo no era aún más que el dictamen de mayoría el convencional por el Frepaso Aníbal Ibarra denunciaba que en el proyecto de la mayoría, "no se establece que la Ciudad de Buenos Aires será autónoma. Y quiero creer que en esto ha habido tal vez un error en la redacción porque si leemos el proyecto, dice: 'La Ciudad de Buenos Aires tendrá un régimen de gobierno autónomo'. Es decir, lo que es autónomo es el régimen de gobierno, no la ciudad, cuando precisamente debe ser al revés, debe ser autónoma la ciudad y, como consecuencia de esa autonomía, también el régimen de gobierno será autónomo. Pero aquí no es así; se soslaya la autonomía de Buenos Aires para otorgársela al régimen de gobierno"[35]. Este argumento, que Ibarra utilizaba en su momento con la intención de poder modificar el sentido establecido en la Constitución, fue utilizado luego por aquellos que, a diferencia de él, promovían un acotamiento de la autonomía. Cuando el texto se estableció en la Constitución Nacional, el senador liberal correntino Juan Ramón Aguirre Lanari, durante el tratamiento de la ley Cafiero, no perdió la oportunidad para utilizar el argumento para defender una limitación de la autonomía[36].

Con estas diferencias se llegó al momento fundacional de la nueva institucionalidad de la ciudad, la Convención Constituyente de 1996. Las entrevistas realizadas a algunos ex convencionales porteños confirman esta postura enfrentada. Un ex convencional por el Frepaso, recordaba que "lo peor fue el tema de las restricciones que la ley Cafiero le había puesto a la Constitución", y que frente a ello, "nosotros decíamos que no podía restringirse una constitución que era soberana, una convención constituyente que era soberana"[37]. En la vereda opuesta, una ex convencional por el Partido Justicialista, recordaba que "las provincias nunca votaron una autonomía irrestricta", pero la Alianza "inventa la historia, en ese momento, como la siguió inventando después, y con una historia inventada se toman actitudes…este, coherentes con la historia que se narra. Entonces se narraba la historia de la independencia, de la autonomía irrestricta, violentada por la ley Cafiero, y cercenada, limitada, conculcada, amputada, todas las palabras que

---

[35] *Convención Constituyente de la Nación, Comisión de Coincidencias Básicas*, sexta reunión, 5 de julio de 1994: 21.

[36] Véase la intervención del diputado Aguirre Lanari en la Cámara de senadores de la Nación, 19 de julio de 1995: 2689.

[37] Entrevista del autor realizada en 2009.

se podía, todas se han utilizado. Nosotros modestamente lo que decíamos […] era que era una cosa absurda creer que uno se declaraba autónomo y declaraba cuáles eran los límites de la ciudad, desde un punto de vista unilateral como si fuéramos un país independiente[38].

Dos posiciones muy diferentes. Unos sostenían la bandera de la autonomía que la emparentaban a la noción de "soberanía". Otros la reducían a una simple reforma institucional, y se oponían a cualquier posibilidad de declarar la "independencia" en materias no estipuladas por la ley Cafiero.

Para los entonces futuros aliados del Frepaso y la UCR, la "autonomía" se ligaba a la modificación no sólo de una cuestión de alcances o de incumbencias sino que expresaba una transformación mucho más profunda asociada a la irrupción de una nueva *comunidad política*. En esta línea, se defendía el el relato constitucional de un acuerdo establecido entre ciudadanos libres e iguales. Los peronistas, en cambio, negaban esta supuesta nueva unidad, y sólo circunscribían la discusión a un tema de incumbencias entre la ciudad y la nación, pero sin pensar en que ello modificaría en lo sustancial el modo en que se concebía el estatus de la ciudad. En otras palabras, para la visión dominante del Frepaso y la UCR Buenos Aires debía ser considerada como un cuerpo político autónomo, sus habitantes ciudadanos de la ciudad, sus gobernantes representantes del pueblo. Para los peronistas, no era más que una modificación de la forma de gobierno. La ciudad comenzaría a gestionar por su cuenta asuntos que hasta entonces eran incumbencias nacionales, pero de ello no se podría derivar ninguna modificación respecto al estatus de la ciudad, que seguiría estando en lo sustancial ligado, aunque en diverso grado respecto al pasado, a los poderes nacionales.

La mayoría de radicales y frepasistas determinó que la concepción que se impuso fuera la de una autonomía que considerara a la ciudad como un cuerpo político "soberano" e independiente. La primera medida adoptada por los candidatos elegidos para sancionar el "Estatuto organizativo" fue rechazar el término "Estatuto" para proclamar que lo que ellos sancionarían sería una "Constitución". Por esta razón, en lugar de hablar de una "Asamblea Estatuyente", sustituyeron ese título por el de "Convención Constituyente"[39] y comenzaron a cuestionar los alcances de la ley Cafiero y la ley Snopek, que dejaban en manos del Congreso el llamado a elecciones para elegir los futuros legisladores de la Ciudad. Al comenzar a sesionar, la presidenta de la Convención, la frepasista Graciela Fernández Meijide, marcaba su carácter "soberano" y dejaba en claro que "por supuesto que vamos a tratar de borrar

---

[38] Entrevista del autor realizada en 2009.
[39] "Estatuyentes con ADEPA. Cambian de nombre", *Clarín*, 26 de junio de 1996.

los límites que la ley Cafiero le puso a la autonomía de la ciudad"[40]. Ello conducía a que *Pagina/12*, por ejemplo, titulara "Declaración de Independencia" como forma de graficar el espíritu que reinaba al inaugurar la Convención Constituyente.

Página/12, 3 de agosto de 1996.

Durante la Convención, la posición dominante determinó, entre otras cosas, que la autonomía refiriera a la ciudad, ya desde el nombre mismo de Buenos Aires. La mayoría proponía llamarla "Ciudad Autónoma de Buenos Aires", para reforzar la idea de que la ciudad había dejado de ser la misma que era hasta entonces, puesto que había pasado a constituir una comunidad diferente, una comunidad política. Para los defensores de esta posición, como la convencional por Nueva Dirigencia, Patricia Bullrich, agregar "autónoma" a la denominación de la ciudad suponía "remarcar una decisión de fondo del pueblo de la ciudad en pos de un proceso de autonomía"[41]. De este modo, "Ciudad Autónoma de Buenos Aires remarca el tipo de comunidad institucional en la que hemos decidido vivir". En la postura opuesta se

---

[40] "Pelea de fondo, la ciudad limitada", *Página/12*, 20 de julio de 1996.

[41] *Versiones Taquigráficas de la Convención Constituyente de Buenos Aires*, 23 de septiembre de 1996: 3.

ubicaban los peronistas. El convencional justicialista Raúl Garré planteó que "la Constitución Nacional precisa que lo autónomo se refiere al 'gobierno' y no a la 'ciudad'", por lo que "desde el punto de vista técnico no corresponde llamarla Ciudad Autónoma sino gobierno autónomo, y estamos convencidos de que no debemos cambiarle el nombre"[42].

Este espíritu fundacional no sólo se planteó en la denominación, sino que se hizo presente al delinear las incumbencias del gobierno porteño. La Convención Constituyente porteña de 1996 hizo de la autonomía una máxima de acción, que derivó en un planteo de múltiples ámbitos de gobierno, incluyendo aquellos que, por la Constitución o la ley Cafiero, le eran vedados. La razón para justificar esta postura era que la carta magna se hacía para perdurar en el tiempo, y en un futuro las condiciones actuales podrían ser modificadas, ya fuera por un traslado de la capital o por una reforma de la ley Cafiero.

Los debates de 1996 pueden dividirse en aquellos que referían a decisiones sobre formas gubernamentales que claramente eran materia de decisión propia, como las características de los poderes ejecutivo y legislativo de la ciudad, y aquellos que sólo suponían un carácter declarativo, pero que no se materializarían en lo inmediato, como por ejemplo el control del puerto.

La definición de los poderes ejecutivo y legislativo de la ciudad se realizó bajo este clima imperante. En lo relativo a la rama deliberativa, la mayoría, compuesta por la UCR y el Frepaso, era partidaria de un cuerpo de 60 miembros elegidos en forma proporcional, tomando a la ciudad como distrito único, aunque promovían no incluir un sistema electoral en la Constitución, sino establecerlo (como terminó haciéndose) a través de una ley de la Legislatura. Los peronistas y los miembros de la bancada de Nueva Dirigencia, como Patricia Bullrich, propulsaban un "sistema mixto", en el que algunos legisladores serían elegidos por los vecinos de una zona de la ciudad, y el resto manteniendo el sistema de distrito único. Esta diputada argumentaba a favor de esta opción planteando que de esta manera los barrios tendrían representación real en el poder legislativo de la ciudad, y así se superaría la experiencia negativa de los Consejos Vecinales.

Más allá de las diferencias, es interesante señalar el modo de presentar la rama legislativa local en comparación con la nacional. A diferencia del pasado, en el que se planteaba que ambas eran de una naturaleza distinta, ahora se establecía una analogía entre una y otra. La convencional frepasista Clorinda Yelicic, al presentar el proyecto de la comisión, realizó una invocación a la historia del sistema parlamentario, obviando la distancia profunda que en la historia de las democracias liberales, y en el caso de la argentina y

---

[42] *Ibid.*

porteña en particular, se expresaba al analizar el cuerpo legislativo nacional y el local[43]. Del mismo modo se expresaba Patricia Bullrich, al defender el sistema de elección mixto, al que equiparaba con los principios de la bicameralidad de las provincias o la nación[44].

En cuanto al poder ejecutivo, como hemos dicho, el interés más extendido era el de marcar el carácter político e independiente de los poderes porteños. De allí la confirmación de la desaparición del término "intendente" para consagrar el de "jefe de gobierno" y habilitar incluso la posibilidad de llamarlo "gobernador"[45]. Un convencional planteaba que el poder ejecutivo debería tener capacidades para enfrentar un "frente externo" para lograr "en forma gradual y trabajosa la pretendida autonomía" y un "frente interno, donde la autonomía redefine las orientaciones de la acción de gobierno y en donde se deberán reestructurar los organismos administrativos para dotarlos de eficacia y de la nueva naturaleza de las demandas que la autonomía erige"[46]. Para este convencional, en una postura compartida por otros, era fundamentalmente que a través de las incumbencias del poder ejecutivo la autonomía no quedara como una simple declaración de principios sino que se materializara en instituciones concretas. En suma, la apelación a la autonomía, para muchos, se asociaba con un nuevo comienzo para Buenos Aires. Así, no era raro escuchar declaraciones que planteaban a la Convención Constituyente como "la instancia fundacional de la autonomía de la ciudad", que constituía para muchos "la tercera fundación". El frepasista Néstor Bilancieri expresaba, por ejemplo, que se hallaban en "una etapa fundacional del Estado de esta Ciudad de Buenos Aires"[47].

Con la sanción de la Constitución de la Ciudad de Buenos Aires se cerró un ciclo de más de un siglo. En su texto ya no se hablaba de vecinos sino de ciudadanos, y en lugar de la Municipalidad de la Ciudad se creó el "Estado de la Ciudad Autónoma de Buenos Aires". Esta reafirmación política, sin embargo, coexiste con las dinámicas de metropolización y de fragmentación descriptas en los capítulos pasados, lo que abre, para el siglo XXI, una situación de tensiones. La autonomía municipal, que en el caso de Buenos Aires

---

[43] *Versiones taquigráficas de la Convención Constituyente de la Ciudad Autónoma de Buenos Aires*, 26 de septiembre de 1996: 1515.

[44] *Ibid.*: 1532.

[45] Aunque el término "Jefe de gobierno" fue el que se estableció en el uso común, el artículo 95 habilita llamar al titular del poder ejecutivo "gobernador". Concretamente dice: "El Poder Ejecutivo de la Ciudad Autónoma de Buenos Aires es ejercido por un Jefe o Jefa de Gobierno o gobernador o gobernadora".

[46] *Diario de Sesiones de la Convención Constituyente de la Ciudad de Buenos Aires*, 17 de septiembre de 1996: 828.

[47] *Versiones taquigráficas de la Convención Constituyente de la Ciudad Autónoma de Buenos Aires*, 17 de septiembre de 1996: 830.

supuso la modificación de su estatus constitucional, está en consonancia con el proceso de democratización iniciado en 1983. Su consolidación como cuerpo con autogobierno permite y favorece la creciente participación de sus habitantes en los asuntos públicos. Sin embargo, ello conduce necesariamente al reforzamiento de Buenos Aires como una entidad que se cierra sobre sí misma, en el momento en que el desarrollo de la realidad metropolitana ha adquirido dimensiones inéditas en la historia y que los procesos de fragmentación socio-territorial han erosionado la idea de una unidad ciudad. Frente a esta realidad, no cabe preguntarse por cuál es la Buenos Aires real, si aquella que marcan los mapas o la que se extiende por fuera de sus límites. Ambas deben ser consideradas, puesto que la primera es la base para el desarrollo de prácticas democráticas de creciente participación política y la segunda es la que posibilita el impulso de prácticas económicas y sociales, que favorecen el crecimiento económico regional y nacional. El gran desafío de nuestros días es lograr que estas dos unidades, estas dos ciudades coexistan con el menor grado de tensión posible.

Conclusiones

¿Qué es Buenos Aires? ¿Cómo gobernarla? ¿Quiénes deben hacerlo? Entre 1880 y 1996 son muchas las maneras en que las elites políticas y académicas han respondido a estos interrogantes, en un proceso de metamorfosis que hemos descripto a lo largo del libro. Estas respuestas han constituido formas de discurso y de acción históricamente situadas, condicionadas por las demandas populares y las coordenadas socio-políticas y urbanas de cada momento. Buenos Aires ha sido a la vez una y muchas. La Buenos Aires federalizada, ampliada, moderna, peronista, metropolitana, autoritaria, en transición y autónoma nos permitió realizar un análisis del proceso que se ha desarrollado a lo largo del siglo XX, entre la resolución de la cuestión capital y de la cuestión de la autonomía. En estas conclusiones retomaremos las diversas dimensiones analizadas para, en forma sintética, condensar algunos ejes centrales sobre los que transitaron los distintos capítulos.

El primer eje es el de la forma de responder qué es Buenos Aires. Como hemos visto, la delimitación de Buenos Aires como cuerpo colectivo ha experimentado transformaciones significativas, que siguieron dos problemáticas centrales. Por un lado, la de los vaivenes de la articulación entre el desarrollo urbano y social. Por el otro, la de las dinámicas políticas y jurídicas. En relación a la primera, el siglo XX ha sido el del auge y el declive de lo social. Cuando Buenos Aires fue federalizada, en 1880, aún era considerada como un colectivo de carácter civil, conformado por aquellos que eran parte del municipio en virtud de sus aportes monetarios. Como hemos apreciado, ello excluía a las mayorías de origen popular, que eran consideradas habitantes de la ciudad, pero no miembros del municipio. Desde fines del siglo XIX empezó a desarrollarse una concepción social que trastocó la forma de pensar a Buenos Aires como cuerpo colectivo. Bajo este prisma social, Buenos Aires comenzó a ser considerada como un conjunto de interdependencias funcionales, de las que participaban diversos sectores sociales, ricos y pobres. El despliegue de esta concepción social llegó a su máxima expresión a partir del peronismo, que concibió a la ciudad como una parte de un todo que la englobaba, pero no como una unidad independiente. Luego de la experiencia desarrollista, esta tendencia comenzó a cambiar a partir de la dictadura militar de 1976, en un proceso que se afianzó a partir de los 80 y los 90 y que condujo a un desacople de lo urbano y lo social, que siguió la crisis del lazo social. Parafraseando a Gino Germani, si hasta pasada la mitad del siglo XX la ciudad era pensada como un "mecanismo integrador", las últimas tres décadas han visto emerger tendencias opuestas. Esta problemática urbana y social fue acompañada, y tensionada, con la jurídica política. En este caso, el libro ha transitado por la persistente negación del carácter "político" o "autónomo" de Buenos Aires, debido a la letra constitucional y la doctrina de la Corte Suprema de Justicia, pero también a las dinámicas político-institucionales que las mantenían. En este sentido, la figura no fue la de una parábola, como la del auge y el declive de lo social, sino la de una línea constante, que se quebró hacia el final del siglo, luego del Pacto de Olivos.

El abordaje propuesto evitó tratar estas dos problemáticas como compartimentos estancos. Por el contrario, hemos podido observar cómo se han relacionado a lo largo de los distintos períodos analizados. De manera sintética, el libro comenzó mostrando cómo la Buenos Aires federalizada y ampliada se estructuró sobre una diferenciación clara entre un cuerpo municipal y un cuerpo urbano. El auge de lo social fue lo que posibilitó, entrado el siglo XX, la conformación de una unidad total, a la vez urbana y municipal, que se extendía cubriendo sus límites jurisdiccionales. Sin embargo, este cierre duró poco, habida cuenta del desfasaje que creó la cuestión metropolitana, máxime en los momentos de concentración de decisiones en el ámbito nacional, como en el primer peronismo. Una de las paradojas que saltan a la vista del lector es que Buenos Aires logra su "autonomía", recortándose como unidad de gobierno más cercana a una provincia que a una Municipalidad, en el momento de mayor desborde socio-urbano.

El análisis de las formas cambiantes de responder qué es Buenos Aires está ligado a la delimitación de quiénes son sus legítimos integrantes. En este sentido, a lo largo de los capítulos hemos transitado los desplazamientos de algunas figuras centrales, como son la del vecino, el ciudadano y el trabajador. La Buenos Aires decimonónica de la concepción doméstica era considerada como un conjunto de vecinos, entendiendo por este término a los miembros de la elite, que pagaban un tributo directo a la Municipalidad. No todos los ciudadanos eran vecinos, porque quedaban excluidos aquellos sectores menos pudientes, las clases populares. El pasaje de la ciudad civil a la ciudad social supuso un desplazamiento de la relación entre estas tres formas de inscripción del vínculo colectivo. Como hemos podido observar, desde la segunda década del siglo XX la noción de vecino se democratizó, dejando de representar sólo a los sectores "honorables" para incluir también a las clases populares. Luego de la reforma electoral de 1917, Buenos Aires no dejó de ser una ciudad de vecinos, pero entre ellos se incorporó a los trabajadores, hasta entonces excluidos. En cuanto categoría territorial, el vecino dejó de ser una referencia muy significativa entre los 50 y 60, en momentos de mayor desarrollo social. Pero retornó con nuevos bríos y significados a partir de los 80 y 90, para marcar una pertenencia simbólica a una comunidad amenazada por "los de afuera".

La contracara de la figura del vecino ha sido la del ciudadano. La negación del carácter político o autónomo de Buenos Aires hizo que, a lo largo del siglo XX, se negara la existencia de ciudadanos *de* Buenos Aires. En todo caso, la noción de ciudadano permitía enmarcar a un conjunto de individuos, pertenecientes a la nación, que habitaban en suelo porteño. En este sentido, era el complemento del concepto de vecino, puesto que a diferencia de éste no tenía ninguna referencia urbana. Dos fueron las formas de articular al vecino y al ciudadano. Una fue la ligada a la ciudadanía política. De este modo, por ejemplo, se reconocía hacia fines del siglo XIX la diferencia entre quienes tenían derechos políticos y municipales. Se podía perfectamente ser ciudadano pero no vecino, y viceversa. Otra fue la asociada con la ciudadanía social, estrechamente ligada con la noción de trabajador moderno. En ese caso, como ocurrió durante el primer peronismo, la pertenencia a la ciudad enfatizaba el carácter social de la ciudadanía, que tenía como contrapartida la crisis del vecino. Sólo a partir de la Constitución de la Ciudad Autónoma de Buenos Aires se comenzó a hablar de ciudadanos *de* Buenos Aires. Como hemos mencionado, el texto constitucional porteño refuerza esta forma de inscripción, para reforzar el carácter "político" y "autónomo".

Vecinos, trabajadores, ciudadanos demarcaron además formas de articulación entre las pertenencias territoriales, sociales y políticas, en una tensión que permitió observar los desplazamientos de la inscripción identitaria en un espacio poblado, cuyo mayor ejemplo ha sido el del derrotero del sentido del barrio, que ha seguido el vaivén del auge y la crisis de lo social. Como hemos analizado a lo largo de los capítulos, el barrio comenzó siendo un espacio de búsqueda de integración que perdió peso una vez que ésta se logró y Buenos Aires se metropolizó, para recobrar peso una vez que, ya en una ciudad fragmentada, el barrio devino a la vez un espacio de repliegue para las clases populares y una forma de autoaislamiento para los sectores de mayores ingresos.

El segundo eje sobre el que trabajamos a lo largo del libro fue el de las formas cambiantes de concebir cómo gobernar Buenos Aires. Si los debates parlamentarios y la letra jurídico-institucional fueron un punto de partida para observar qué opiniones expresaban las elites políticas sobre qué era

Buenos Aires, el discurso político fue complementado por el erudito. En este caso, las maneras cambiantes de pensar cómo gobernar Buenos Aires dibujan un proceso de transformación de las racionalidades políticas imperantes, que hemos analizado siguiendo los principales saberes expertos de cada momento.

De esta forma, la Buenos Aires doméstica no puede pensarse por fuera del lugar central que ocupaba el discurso del pensamiento municipal decimonónico, de referencias hispánicas, aristotélicas y fisiocráticas. En ese marco, el gobierno municipal era pensado como una serie de tareas administrativas, sencillas, de bajo nivel de complejidad. Sólo la transformación del higienismo y la emergencia de la sociología, en las últimas décadas del siglo XIX, permitieron la conformación de disciplinas científicas que postulaban la necesidad de un gobierno de carácter técnico, para dar respuesta a las nuevas coordenadas sociales. Ello conllevó, en la primera mitad del siglo XX, a un proceso de tecnificación y burocratización de las estructuras municipales. Desde entonces, gobernar Buenos Aires comenzó a ser considerado una tarea de especialistas, como expresaban los nuevos saberes expertos, entre los que se destacaron el urbanismo y el nuevo derecho municipal, en el período de entreguerras, desplazados por la sociología "científica" y el planeamiento urbano a partir de de los 50.

Tal como expresamos en la introducción, si bien el análisis de la emergencia, la consolidación y la eventual desaparición de un espacio de saber constituye un punto de vista valioso para el análisis de las transformaciones gubernamentales, es preciso encarnar dichos cambios en un análisis de trayectorias intelectuales e institucionales, ligadas a la de circulación nacional o internacional de ideas. En este sentido, a lo largo de los capítulos hemos procurado mostrar que el pasaje de una forma de conocimiento experto a otra debió mucho a algunas figuras claves, que han entretejido los lazos que permitieron el despliegue de diversas interpretaciones novedosas para la época, acompañadas por la creación de instituciones. Si bien nunca la historia se reduce a una o varias personas, algunos nombres propios forman parte de una historia intelectual del gobierno porteño: Emilio Coni, Adolfo Posada, Leon Duguit, Ernesto Quesada, Carlos Della Paolera, Gino Germani, Jorge Enrique Hardoy, José Pastor, Carlos Mouchet, Odilia Suarez, Isidoro Felcman, Dardo Cuneo, Enrique Grosiman, entre muchos otros, nos han permitido analizar conjuntamente trayectorias individuales, modificaciones institucionales y mutaciones de las categorías eruditas sobre las que se construyeron y reconstruyeron las ideas sobre las que se asentó el gobierno porteño.

El pasaje hacia la Buenos Aires moderna, por ejemplo, debió mucho a la incorporación de las ideas sociales que llegaron a partir de los intercambios de las elites políticas y académicas locales con las extranjeras. Como hemos mostrado, las figuras de Leon Duguit o Adolfo Posada expresaron el intenso vínculo entre Europa y Buenos Aires, a partir de sus visitas a nuestro país, invitados por la Universidad de Buenos Aires, para el dictado de conferencias, acompañado de la publicación de artículos y libros. Del mismo modo, ya entrado el siglo XX, la relación de Gino Germani o de Jorge Enrique Hardoy con las ideas desarrollistas a partir de sus vínculos con la CEPAL actuó como polea de transmisión y difusión para la construcción de la "nebulosa planificadora" en Buenos Aires, proceso que no sólo se ciñó al plano de las ideas, sino que se materializó en nuevas instituciones estatales y universitarias. Más cerca en el tiempo, por ejemplo, ya en los 80, las trayectorias intelectuales y profesionales de arquitectos proyectistas, como Dardo Cuneo o Alberto Varas, o de cientistas sociales, como Luis Beccaria, nos permitieron comprender la construcción de nuevas categorías para tratar la problemática urbana, a partir del desplazamiento de la lógica de la planificación por la de planes fragmentarios, en el primer caso, y el de la consolidación de la figura del pobre y la pobreza por sobre la del trabajador, en el segundo.

El tercer eje sobre el que se estructuró el libro fue el de las delimitaciones sobre quiénes debían gobernar Buenos Aires. En los primeros capítulos, comenzamos describiendo un ideal de gobierno municipal para el cual cualquier vecino, entendiendo por ello a un miembro de la elite social porteña, podía llevar a cabo las tareas municipales. Esta mirada se oponía a la que comenzaban a postular los higienistas y los primeros sociólogos, que planteaban la necesidad de que el gobierno recayera en individuos con capacidad técnica específica. Esta tendencia se profundizó en el período de entreguerras, modificando las estructuras municipales a partir de un proceso de creciente burocratización y tecnificación de sus instituciones. Como era común en los discursos públicos de la época, gobernar una ciudad "moderna" suponía, para muchos, el desarrollo de gobernantes técnicamente idóneos, aspecto que se profundizó incluso durante el peronismo y el desarrollismo. Este esquema suponía una distancia clara entre los gobernantes y los gobernados, que comenzó a modificarse a partir de que, desde mediados de los 70, comenzara una crítica anti-burocrática que, en el contexto del neoliberalismo en ciernes, impactó en el gobierno de Buenos Aires a partir del retorno democrático.

Junto a las dinámicas técnicas, se desplegaron también las relaciones de representación. Como hemos visto, la historia que describimos en el libro comenzó en un marco particular, en el que el juego de representación quedaba circunscripto a un pequeño grupo elitista, que no representaba más que a sus intereses, en un juego de auto-representación. Ello comenzó a modificarse cuando, luego de la reforma de la ley orgánica municipal, se inauguró la necesidad de complementar la representación con la "figuración" del pueblo de Buenos Aires. Entre 1918 y 1941 este juego se estructuró en torno a la UCR y el PS, en una dinámica que articulaba a los partidos políticos con las asociaciones vecinales. Este esquema se truncó con el cierre del Concejo Deliberante, en 1941, y no recobró la fuerza que tuvo hasta entonces, debido en buena medida a la debilidad institucional nacional, que se agudizó en el caso porteño.

En este marco, las figuras del intendente y de los concejales han seguido caminos diferentes. Los primeros se han caracterizado por ser concebidos como individuos cuyo atributo para ocupar el cargo debía ser la pericia técnica, sumada a la lealtad política al poder nacional que lo había designado. Ésta fue una constante que se puede observar en figuras como Torcuato de Alvear, Mariano de Vedia y Mitre o Carlos Grosso. Los segundos han sufrido cambios significativos. Constituyeron una constante por más de un siglo, hasta que fueron reemplazados por los diputados de la Ciudad, luego del proceso de autonomización. Sin embargo, esta continuidad no ha sido más que un modo de nominar al conjunto de individuos que ocuparon las bancas, aunque detrás del término se esconden, a lo largo del siglo XX, muy diversos significados. Cuando se pronunciaba la palabra "concejal" hacia fines del siglo XIX se entendía algo muy distinto a cuando se lo hacía hacia fines del XX. En el primer caso, denotaba a un conjunto de individuos con características sociales homogéneas, que compartían espacios de socialización comunes, ya que eran miembros de las altas burguesías de la ciudad, que gobernaban "su" ciudad, dejando la "política" de lado. En el segundo caso, demarcaba un conjunto relativamente heterogéneo de individuos que, en los márgenes del precario sistema partidario argentino, llegaba a ocupar un espacio que, aunque degradado, lo hacía formar parte de la clase política.

A través de estos tres ejes hemos dado cuenta de la metamorfosis del gobierno de Buenos Aires durante el siglo XX. Una Buenos Aires, que fueron muchas, atravesó un período cambiante, turbulento y conflictivo de nuestra historia nacional. El siglo XXI, que está dando sus primeros pasos, probablemente delinee una historia muy distinta a la actual. Los ecos del pasado nos permiten, desde el presente, proyectar hacia el futuro.

Gobernar la Buenos Aires del siglo XXI

Dos sucesos históricos enmarcan los límites temporales de este estudio. En un extremo, la federalización de Buenos Aires, en 1880. En el otro, su autonomía, en 1996. Desde entonces se ha abierto un nuevo capítulo que, si bien aún es incipiente, ya permite reflexionar sobre el modo en que se ha configurado el gobierno de la ciudad. Siguiendo la línea de análisis desplegada a lo largo del libro, en estas últimas páginas proponemos pensar en conjunto las transformaciones socio-urbanas y los cambios políticos e institucionales que enmarcan la Buenos Aires contemporánea.

Desde las décadas del 70 y 80, Buenos Aires había comenzado a dejar atrás un perfil industrial. Esta tendencia se profundizó en las décadas siguientes. Entre 1993 y 2000 aumentaron la participación en el producto bruto geográfico todas las actividades de servicios. Si bien la que más lo hizo fue la de los financieros (un 8,8%, de 11% a 19,8%), en conjunto, sumados a los sociales, domésticos e inmobiliarios, se incrementaron un 11,6% (pasando de 42,7% a 54,3%). En contrapartida, la industria manufacturera bajó un 4,5% (del 16% al 11,5%) y el comercio también lo hizo, aunque en menor medida (un 2,3%, de 14,9% a 12,6%)[1]. En consecuencia, crecieron algunos trabajos, como la informática, el diseño, la contabilidad, la selección de personal, la investigación y desarrollo, la gestión y asesoramiento empresarial. También los estudios de mercado y consultoría, junto a los empleos asociados con las industrias culturales, como radio o TV.

Estos cambios económicos se produjeron en una ciudad que, como mencionamos en el capítulo 7, profundizaba sus desigualdades económicas y territoriales. Entre 1992 y 2002, según la Encuesta Permanente de Hogares

---

[1] Datos del Centro de Estudios para el Desarrollo Económico Metropolitano (CEDEM), 2002. Cf. Rapoport y Seoane (2007: 576).

del INDEC, el porcentaje de la población porteña bajo la línea de pobreza aumentó de 8,1% a 21,2%, y la que se encontraba en situación de indigencia de 1,3% a 5,7%. Si contemplamos en conjunto a la ciudad y su conurbano la situación era aún más dramática, ya que en el mismo período la pobreza pasó de 19,3% a 54,3%, debido a la situación de los partidos vecinos a la Capital. Esta situación fue acompañada por un aumento considerable de la desocupación, que entre los mismos años aumentó de un 5% a un 13% de la población porteña, y la subocupación de un 6% a un 12,2%. Aun dentro de los ocupados, en este período proliferaron las formas de trabajo precarias e informales, producto de la crisis económica y las reformas que promovieron la flexibilización laboral.

La situación económica contribuyó a profundizar las brechas urbanas existentes. Como analizamos en el capítulo 7, para entonces Buenos Aires había dejado la búsqueda de constituir una unidad, convirtiéndose en un conjunto de unidades diversas, siguiendo las tendencias de fragmentación, secesión y segregación (Prévôt-Schapira, 2000). Durante las décadas del 90 y del 2000 se pasó de un modelo de ciudad "europeo", que buscaba ser compacto desde el espacio físico y equitativo en términos de apropiación social, a un modelo "americano", basado en islas con poco contacto entre sí (Cicollela, 2009).

Por supuesto que las diferencias y desigualdades existían desde antes, tanto la clásica distinción entre el norte y el sur como la que señalaba la brecha entre la ciudad y el conurbano. Pero a través de las transformaciones sociales y urbanas se profundizaron las distancias entre ricos y pobres, y se configuraron espacios de sociabilidad cada vez más estrechos separados física y simbólicamente. Esto fue el resultado de un proceso que llevó a que, a la vez que se incrementaba la cantidad de población pobre que habitaba en villas de emergencia, también lo hiciera la de ingresos medios altos y altos que decidía habitar un barrio cerrado o en una torre. En efecto, entre 1991 y 2001 la población porteña que vivía en villas de emergencia aumentó un 104,2% (de 52.000 a 107.000 personas). En el mismo período aumentó considerablemente la cantidad de urbanizaciones cerradas, fundamentalmente en algunos partidos del conurbano. En Tigre pasaron de 4 en 1991 a 60 en 2001, en Pilar de 30 a 115 (Libertun de Duren, 2010: 43). Y también proliferaron las torres o complejos cerrados en los barrios de mayor poder adquisitivo de Buenos Aires, como Palermo, Belgrano o Nuñez, verdaderos "enclaves residenciales" que ocupan en forma parcial o total una manzana y que construyen una forma de "frontera urbana" erigida sobre grandes muros y vigilancia privada (Elguezabal, 2011).

Durante los 90 y los 2000 se modificaron también ciertos modos de vida urbanos. Los modelos de familia se transformaron, a partir del crecimiento de las uniones de hecho y de las familias uniparentales. También variaron los consumos culturales, de la mano de la llegada de la televisión por cable y posteriormente Internet, el peso creciente de los *shopping centers* y la utilización de novedosas estrategias de *marketing*. Finalmente, se vivió un quiebre en la relación con las instituciones estatales. En la última década del siglo pasado y la primera de éste se produjo una desvinculación de parte de las clases medias porteñas respecto del Estado, que se materializó, por ejemplo, en el rápido crecimiento de la matrícula de institutos y universidades privados o en el abandono, para quienes estaban en condiciones de hacerlo, de la salud pública para migrar a las empresas de medicina privada. Estas transformaciones se comprenden en el contexto del clima de ideas imperante desde la década del 70, que como analizamos en los capítulos previos, sostenían un descrédito de lo estatal y una valoración de lo privado.

En los primeros capítulos analizamos cómo las dinámicas político-institucionales y los partidos predominantes se modificaron en las últimas décadas del siglo XIX y las primeras del XX como consecuencia de los cambios socio-urbanos. Específicamente, mostramos cómo la complejización de la ciudad, asociada con su crecimiento demográfico, permitió la irrupción de agrupaciones que generaban nuevas demandas, que comenzaban a ser concebidas como sociales. El socialismo y el radicalismo han sido una consecuencia de estos cambios. Durante buena parte del siglo XX, en los períodos en los que se aseguraron las garantías constitucionales, la UCR se erigió en el partido de estas nuevas clases medias porteñas, conjugando un horizonte de ideas abstractas, ligadas al desarrollo de los valores republicanos y democráticos, con una eficaz implantación territorial que le permitía mediar entre demandas concretas de los habitantes de la ciudad.

Es posible suponer que hacia final del siglo XX este ciclo comenzó a cerrarse. Gabriel Obradovich (2016) analizó el alejamiento del electorado de clase media porteña del radicalismo durante la década del 90. El proceso que denomina de "conversión de los fieles" fue producto de las transformaciones sociales y urbanas del período, en conjunción con la crisis política desatada en el fin del ciclo neoliberal de la década del 90. El radicalismo, que había sido el partido con mayor presencia territorial y electoral en la ciudad durante la segunda mitad del siglo XX, fue perdiendo sus bases de apoyo hasta alcanzar un 0,8% de los votos en la ciudad en las elecciones presidenciales de 2003. El autor analiza esta "desvinculación" a través de múltiples aspectos. Los sectores medios empobrecidos dejaron de creer en la capacidad del partido de resolver sus problemas cotidianos. En paralelo, en sectores medios "ganadores" del modelo aparecieron nuevas demandas políticas, que se alejaban de los principios tradicionales del radicalismo para abrazar una agenda de género, medio ambiente o reconocimiento de las minorías. Obradovich las enmarca en una agenda "posmaterial" que, según su lectura, en el caso argentino se conjugó también con la de la "posrecuperación democrática". Si en Buenos Aires este proceso de "conversión" afectó al radicalismo fue en gran medida por el peso histórico que había tenido, a diferencia del Partido Justicialista, al que históricamente le ha sido difícil su implantación en la Capital. Aun así, no debemos dejar de mencionar que durante el mismo período el peronismo porteño también sufrió una profunda crisis, producto del descontento popular respecto de las políticas menemistas que lo llevó, también, a una pérdida considerable de sus apoyos sociales en la ciudad.

Las primeras elecciones de la Buenos Aires autónoma se realizaron bajo este proceso de desvinculación, que ya se había iniciado unos años antes. Por esta razón, aun siendo un cuadro partidario de extensa trayectoria previa, el candidato radical Fernando de la Rúa construyó su legitimidad en un perfil que buscaba captar el voto independiente, en tensión con las dinámicas propias de su partido. Si bien logró acceder a la jefatura de gobierno en representación de la UCR, al poco tiempo, en agosto de 1997, ésta se alió con el Frente País Solidario (Frepaso), que desde hacía algunos años venía sumando adeptos en la ciudad y se había convertido en su principal competidor. La apuesta, destinada a la construcción de una opción nacional para enfrentar al Partido Justicialista, fue exitosa desde el punto de vista electoral, ya que no sólo se impuso en las elecciones legislativas de 1997, sino que permitió que el propio De la Rúa alcanzara la presidencia de la Nación en 1999, y Aníbal Ibarra, del Frepaso, fuera electo jefe de gobierno de la ciudad, en 2000.

Si bien Ibarra accedió como resultado de la alianza entre radicales y frepasistas, su conocimiento y liderazgo se había construido sobre la base de su pasado como fiscal en sonados casos de corrupción durante el gobierno de Carlos Menem, y como concejal y convencional constituyente, después. No era, sin embargo, un cuadro político de extensa trayectoria en ninguno de los dos partidos tradicionales ni contaba con una estructura organizativa propia de gran extensión en la ciudad. En este sentido, su acceso fue quizá la última etapa de esta "conversión" de los fieles, a la que recurrió el radicalismo para mantener cierta primacía en la ciudad. Entre el inicio y el final del primer mandato de Ibarra mediaron apenas tres años y medio. Muy poco en períodos de normalidad económica e institucional, pero una eternidad para un país como la Argentina de entonces. A partir de la renuncia de De la Rúa en 2001, Ibarra quedó sin una referencia nacional de su color partidario, y sólo se concentró en su construcción a nivel local. Sin embargo, logró mantener en torno a su figura el apoyo de algunos reconocidos líderes de centro-izquierda y, además, contó con el guiño del presidente Néstor Kirchner que le permitió lograr la reelección en 2003.

Pese a la victoria de Ibarra, 2003 quedará en la historia porteña como el año de la irrupción de Mauricio Macri, empresario y ex presidente de Boca Juniors, como aspirante a jefe de gobierno, en una apuesta que fue relativamente exitosa. En la primera vuelta obtuvo el 37,4% de los votos, frente al 33,5% de Ibarra. Aunque este último logró imponerse finalmente en el *ballottage*, la irrupción de Macri modificó el tablero político vigente. Con cuatro listas distintas, logró obtener 23 de los 60 diputados locales en juego. En diciembre de 2004, un incendio producido en el local nocturno República Cromañón causó la muerte de 194 personas. Luego de esta tragedia se inició un proceso de juicio político a Aníbal Ibarra, finalmente destituido, con el aval de buena parte de la oposición y un rol protagónico del espacio macrista, el 7 de marzo de 2006. En medio de ambos sucesos, en 2005 se llevaron a cabo elecciones para renovar cargos de diputados de la ciudad. Los resultados demostraron la consolidación y el crecimiento del espacio macrista, que ya para entonces se había unificado en una lista conjunta bajo el nombre de Alianza Propuesta Republicana (PRO). Al año siguiente, en 2007, hubo elecciones para jefe de gobierno y para renovar parcialmente la Legislatura. Salió victorioso Mauricio Macri, y se inauguró así una primacía que ya alcanza una década. Desde el acceso del PRO al gobierno, se ha impuesto en todas las elecciones locales hasta el presente. En 2011 Macri fue reelecto, ganando el *ballottage* frente al candidato del Frente para la Victoria (FPV), Daniel Filmus, con el 64% de los votos. Y en 2015, cuando accedió a la presidencia, su lugar fue ganado por su candidato, Horacio Rodriguez Larreta, en un ajustado *ballottage* frente al candidato Martin Lousteau.

Los dos gobiernos de Ibarra pueden ser considerados parte de una transición entre la primacía radical y la irrupción macrista. Su acceso fue posible, como mencionamos más arriba, por la crisis del radicalismo, que necesitó aliarse con el Frepaso. Cuando llegó a la jefatura de gobierno era parte de la fuerza nacional gobernante. Cuando se fue, la misma se había desintegrado. En este sentido, quedó relegado a ser una fuerza local, pero no por voluntad propia. Anclada en un imaginario de izquierda democrática, la gestión de Ibarra tuvo que enfrentar la crisis social de 2001, ante la cual implementó diversas medidas paliativas. Además, en un contexto dominado aún por un espíritu crítico hacia la clase política heredero del "que se vayan todos", fortaleció las formas de gestión participativas y de proximidad, con el objetivo declarado de mejorar la relación entre gobernantes y gobernados, y lograr una resolución más eficiente de las demandas ciudadanas. En ese marco, comenzaron a implementarse diversos programas públicos participativos, en áreas que contemplaban, entre otras, el presupuesto barrial, el diseño de parques públicos o las iniciativas de prevención del delito (Landau, 2008c).

El ocaso de Ibarra, luego del incendio de Cromañón, fue acompañado por el fortalecimiento de la figura de Mauricio Macri. Como han analizado Vommaro y Morresi (2015), la construcción del PRO se vio beneficiada por la "estructura de oportunidades políticas" abierta luego de la crisis de 2001 y la destitución de Ibarra, que había hecho colapsar al sistema partidario porteño (Cherny y Natanson, 2004; Alessandro, 2009; Bril Mascarenhas, 2007; Mauro, 2008). En efecto, el momento era propicio para la aparición de una fuerza local que buscara presentarse como "lo nuevo".

Pero el surgimiento del PRO debe comprenderse, además, como una consecuencia de las transformaciones institucionales derivadas de la autonomía, que hemos analizado en el último capítulo del libro. En su análisis sobre la génesis del PRO, Vommaro (2015) describe los debates iniciales entre Mauricio Macri y su socio Francisco de Narváez por apostar a la ciudad o a la nación. El ex presidente de Boca Juniors optó por la primera opción, en una jugada que *a posteriori* se evidenció inteligente. Esta elección sólo puede comprenderse en el marco de la jerarquización del juego electoral y del gobierno porteño, en un proceso que dejó atrás lo *municipal*. Desde la autonomía, Buenos Aires ya no es un municipio ni cuenta con una Municipalidad, sino que es una ciudad autónoma que posee un gobierno del Estado de la ciudad. Estas modificaciones se complementan con el reemplazo de los concejales, que pasaron a ser diputados de la ciudad, y del intendente, que fue sustituido por el jefe de gobierno.

Como analizamos a lo largo del libro, la problemática municipal había atravesado el siglo XX, delimitando formas cambiantes de estructurar los modos de relación entre poderes locales y nacionales, definiendo los legítimos integrantes del municipio, los alcances en términos jurisdiccionales y los límites territoriales, entre otros aspectos. En este sentido, constituyó un espacio en perpetua transformación, pero sostenido sin embargo sobre una perspectiva predominante, que evitaba caracterizar a Buenos Aires como un espacio político constituido por ciudadanos. Desde la autonomía, la concepción política, ligada con la construcción de un gobierno sostenido sobre los principios de una Constitución propia, originada a través del acuerdo entre los representantes de la ciudadanía porteña, ha originado un nuevo horizonte de sentido, que la equipara con las provincias en el régimen federal. Por primera vez, Buenos Aires se define como una comunidad de ciudadanos autogobernados, y no como un espacio de convivencia de poderes políticos nacionales y autoridades municipales locales.

Si bien Buenos Aires ya elegía sus representantes para la Cámara de Diputados y la de Senadores, lo hacía en tanto Capital Federal. Luego de la autonomía, quedó explicitado que aun en el caso de que, en el futuro, la Capital se trasladase a otro sitio, la ciudad porteña seguiría eligiendo a sus representantes. Esto la pone en un pie de igualdad respecto a las otras provincias. Pero la modificación más importante fue la de la inauguración de la tan ansiada elección directa de la autoridad ejecutiva. Por primera vez en la historia posterior a la federalización, a través de las elecciones se juega el acceso a poder ejecutivo local, con el poder simbólico y material que eso conlleva.

La creación de un vínculo representativo entre el gobernante porteño y la ciudadanía permite el acceso de figuras centrales del juego político, a diferencia del pasado, en el que con frecuencia accedían a la intendencia individuos poco conocidos, o asociados con un perfil de técnico o cuadro partidario, más que de político profesional. Hasta la autonomía, ningún intendente porteño había accedido a la presidencia de la nación. Desde entonces, lo han hecho dos de los tres jefes de gobierno electos, Fernando de la Rúa y Mauricio Macri. Sólo el tiempo mostrará si se trató de cierto azar o coyuntura, o de la inauguración de una tendencia que marcará la Argentina de las próximas décadas. En este sentido, la construcción del PRO debe comprenderse como resultado de esta oportunidad institucional, que permitió a Macri apostar por un partido que pudiera aspirar a manejar, en su totalidad, el poder ejecutivo y legislativo de Buenos Aires. Es dudoso que hubiera seguido este camino si, como en el pasado, no hubiese podido aspirar al manejo del poder ejecutivo porteño.

Además de las oportunidades políticas e institucionales, el macrismo puede ser considerado como el resultado de las transformaciones socio-urbanas de fin del siglo XX, que como hemos analizado en los últimos capítulos del libro y en las primeras páginas de este epílogo, ha cerrado el horizonte social de una ciudad integrada, ligada por lazos de solidaridad y lógicas de socialización del riesgo, para volver, bajo nuevas formas, a configurar una urbe erigida como el espacio de las actividades civiles de sus habitantes, en un contexto de creciente fragmentación e individuación. Si en otros momentos históricos hemos analizado cómo algunas agrupaciones que tuvieron un rol destacado en la ciudad, desde el socialismo al radicalismo, pero también el peronismo clásico, fueron fruto del pasaje de una ciudad civil a una social, el macrismo puede inscribirse en el proceso inverso. En este sentido, es más que un partido político, ya que representa rasgos de la cultura y la vida urbanas contemporáneas.

Las transformaciones socio-urbanas y las modificaciones de las expectativas de los electores capitalinos no sólo impactaron en la "desvinculación" respecto a la UCR o la crisis del PJ, sino que configuraron formas específicas de vivir la ciudad y, por ende, de generar demandas a las autoridades. Éstas apuntaban en forma creciente a diversas medidas que pueden ser incluidas dentro de la policía urbana, es decir formas de administración y control del espacio público o regulación de comercios, junto a otras asociadas con clásicos servicios urbanos, como alumbrado, limpieza, desramado, pavimentos, etc. Muchos de estos reclamos eran una derivación del aumento del delito y del "sentimiento de inseguridad" (Kessler, 2009), posterior a 2001. En un contexto de crisis de lo social y de pérdida de la ciudad como unidad, se potenciaron formas de organización comunitarias, que buscaban regular presencias sospechosas en espacios barriales. Como analizamos en un trabajo previo, en el que abordamos la relación entre autoridades estatales, cartoneros y vecinos organizados en un barrio de la ciudad, las demandas de estos últimos apuntaban a políticas de regulación y control del espacio por sobre cualquier búsqueda de integración (Dimarco y Landau, 2011). Una vez superado el momento más difícil de la crisis, a las demandas securitarias se sumaron aquellas asociadas con los "valores posmateriales", como el cuidado de los espacios públicos, el desarrollo de políticas ambientalistas o la búsqueda de una vida más saludable.

El PRO ha sabido encarnar estos nuevos requerimientos, y construyó un partido y una gestión gubernamental que mezclan lo nuevo y lo viejo, la modernización y la tradición. Vommaro (2015) ha analizado cómo el PRO se construyó a través de un *ethos* emprendedor, pragmático y gestionario, que le permitió diferenciarse de otros partidos previos de la centro derecha argentina. El autor plantea que se apoyó en valores "posmateriales", en un proceso que podríamos leer en sintonía con lo planteado por Obradovich respecto a la desvinculación de las clases medias del radicalismo. En efecto, el PRO supo interpelar a buena parte de las clases medias que ya habían cambiado sus formas de vida y, en consecuencia, sus preferencias y demandas electorales en el ámbito de la ciudad. Esta agenda, que llevó al PRO a privilegiar políticas como el Metrobús, las ciclovías, los paso bajo nivel, el cuidado de plazas y parques, la construcción de una "ciudad verde", fue valorada positivamente por los habitantes de Buenos Aires. Para hacerlo, se basó en una prédica de la gestión por sobre la política, presentándose como alejados de las divisiones ideológicas y solo preocupados por "hacer". Y, para ello, desarrolló una política de proximidad, bajo la consigna de estar cerca de los vecinos, "escucharlos" para hacer las cosas "juntos", resolviendo los problemas sin "conflictos", sino por medio del "diálogo" y el "acuerdo". En síntesis, el PRO buscó legitimarse en una de gestión de proximidad de resolución no conflictiva de los problemas civiles de los vecinos.

Si bien es cierto que en términos discursivos y prácticos el PRO supuso una renovación de las formas y los contenidos propios de la centro-derecha, su novedad parece más matizada si, en lugar de compararlo con otros partidos políticos, lo analizamos en relación a los modos históricos de estructurar las formas institucionales y las lógicas gubernamentales propias de la ciudad. Su carácter pragmático y gestionario lo inscribe en una larga tradición de gobiernos municipales de impronta técnica, llevados a cabo por intendentes provenientes de sectores liberales o conservadores.

El argumento que sostiene que el gobierno de la ciudad debe ser el ámbito de la administración y la gestión se remonta a fines del siglo XIX. En el esquema censitario del municipio doméstico, se sostenía la necesidad de administrar los asuntos comunes ligados a la vida cotidiana de los vecinos-contribuyentes. Ya entrado el siglo XX, la complejidad creciente de las ciudades, a partir del aumento demográfico, significó la aparición de una perspectiva complementaria que planteaba que, para resolver los asuntos urbanos y sociales de la ciudad, el gobierno debía ser una tarea llevada a cabo por especialistas. Es a partir de esta idea que se constituyó una larga tradición de intendentes que hacían gala de su primacía de la técnica por sobre la política.

Avanzado el siglo XX, las concepciones técnicas se potenciaron. En el debate de la reforma de la carta orgánica municipal de 1917 fue justamente la defensa de este carácter técnico lo que aducían quienes se oponían a la instauración del intendente electivo. Pero aun aquellos que planteaban la necesidad de que el pueblo de la Capital eligiera a su Intendente no le negaban tal carácter, sino que invocaban que no existía contradicción entre las credenciales técnicas y el voto popular. En los 30, Mariano de Vedia y Mitre, intendente entre 1932 y 1938, sostenía que las organizaciones estatales administraban, en general, menos eficazmente que las que "en el orden privado, manejan y custodian intereses de orden comercial o industrial". Para remediarlo, proponía incorporar a la gestión pública una racionalidad propia del mundo privado. Y la ciudad aparecía, a sus ojos, como el ámbito privilegiado para hacerlo.

También la dictadura de 1976-1983 orientó el gobierno de la ciudad haciendo gala de la supremacía de la técnica por sobre la política y la burocracia. En el marco del auge de un liberalismo tecnocrático, la distinción de una ciudad de los vecinos que "merecen" vivir en ella de aquellos que deben ser expulsados fue potenciada por una retórica modernizadora, tanto en el plano de los grandes proyectos faraónicos como de las reformas administrativas, destinadas a introducir las nuevas lógicas que postulaban una administración flexible (Cacciatore, 1993). La reforma del Estado municipal siguió en los 80, a través de diversos programas llevados a cabo durante la gestión de Carlos Grosso, quien trajo consigo una concepción del gobierno de la ciudad ligada a las máximas gerenciales, producto en parte de su experiencia previa en el sector privado, casualmente en el grupo empresario de la familia Macri.

Al recordar estos antecedentes no pretendemos afirmar que el macrismo no sea más que la reactualización de formas gestionarias ya presentes en el pasado, pero sí que puede ser inscripto en una línea histórica que tiene suficientes antecedentes previos. Al igual que en otros momentos, los cambios pueden ser percibidos si analizamos los saberes expertos que moviliza el macrismo en su ideal gestionario. Utilizando el concepto de Florencia Luci (2016), podemos plantear que el macrismo ha sabido desarrollar una "gramática managerial", a través de la cual moderniza los viejos principios de la gestión civil de la ciudad. Las premisas del *management* que, desde los 90 en adelante, han producido un verdadero cambio en el espíritu del capitalismo (Boltanski y Chiappelo, 2002), se basan en la difusión de valores que promueven el espíritu emprendedor, la asunción de riesgos, la creatividad, la proactividad, la incertidumbre, junto con la capacidad para adaptarse al cambio, trabajar en equipos, cooperar, etc.

El traslado de este saber gestionario, proveniente del mundo empresarial, al gobierno de la ciudad potencia el proceso de individuación y sostiene una concepción de la ciudad como conjunto de actividades civiles, desarrolladas por sus vecinos. No extraña, en este sentido, la constante utilización de esta figura, por sobre otras como ciudadanos y trabajadores, que, como hemos analizado a lo largo del libro, han sido significativas en otros períodos. Tiene sentido en el marco de una experiencia que, por sobre el vínculo político y social, ganó legitimación en el plano urbano y territorial. El macrismo reactualizó, bajo un prisma contemporáneo, las distintas capas de los diversos usos y sentidos de ser vecino. A través de él, recorta una imagen de la ciudad como un conjunto no conflictivo de cuestiones que incumben a la vida civil en común de quienes contribuyen a las arcas municipales, apela a las pertenencias territoriales para potenciar las diferencias respecto a quienes no son del barrio o la ciudad, incorpora estrategias de contacto "directo" en cada barrio, y en algunos casos plantea una ciudad basada en los criterios ligados a una relación mercantil sustentada en el intercambio de servicio y consumo.

Las máximas gestionarias y la interpelación al vecino se conjugan en un estilo gubernamental que presume de tener un vínculo "cercano" entre gobernantes y gobernados. Diversos estudios han analizado cómo, en los últimos años, la "democracia de proximidad" (Le Bart y Lefebvre, 2005), desarrollada fundamentalmente en el ámbito urbano, ha buscado crear un nuevo tipo de liderazgo, que Rocío Annunziata (2013) denominó del "hombre común". En ese marco, los años 90 fueron proclives a la incorporación de diversas formas de participación ciudadana en las políticas públicas. En el caso porteño, tal como analizamos en el capítulo 8, la historia de la autonomía estuvo marcada por las lógicas participativas que fueron incorporadas en la Constitución de la Ciudad Autónoma de Buenos Aires, que en su primer artículo, además de proclamar que adopta un "forma de gobierno republicana y representativa", aclara que "organiza sus instituciones autónomas como democracia participativa". En los primeros gobiernos de la Buenos Aires autónoma, fundamentalmente en los de Ibarra, la participación se canalizó a través de diversos programas públicos. En una investigación previa (Landau, 2008c), analizamos cómo, a través de la implementación de programas públicos participativos, se buscaba actuar sobre el vínculo representativo y eficientizar la gestión de gobierno.

La gestión del PRO ha sabido incorporar la búsqueda de cercanía y la legitimidad del "hombre común" bajo un estilo que se apartó de la proclama democrática, propia del uso que ciertos sectores progresistas hacían de las máximas participativas, para concentrarse en el objetivo de generar empatía en los habitantes (Landau y Annunziata, 2017). No extraña, en este sentido, que por sobre los programas participativos se hayan concentrado en el vínculo directo. Reactualizando las viejas prácticas de las "giras" que el intendente hacía por los diversos barrios porteños en la década del 30, el PRO desarrolló efectivas políticas de reuniones con vecinos en centros de jubilados, clubes barriales o espacios comunitarios, y complementó la experiencia con el "timbreo" en las casas de diversos vecinos. Su política se orientó, en este sentido, a interpelar a los vecinos en tanto individuos, maximizando el componente civil que es una parte muy significativa de la experiencia de vida urbana.

En suma, y a modo de cierre, es posible plantear la hipótesis de una "afinidad electiva" (Weber, 2012 [1905]) entre las novedades que implicó el PRO como partido de una "nueva derecha", pragmática y gestionaria, con viejas tradiciones aún presentes en muchos porteños al ponderar aquello que debería realizar un gobierno de la ciudad: resolver, en forma eficiente y no conflictiva, los asuntos que hacen a los usos cotidianos de los vecinos de la ciudad.

BIBLIOGRAFÍA

Aboy, Rosa (2005a), "La vivienda social en Buenos Aires en la segunda posguerra (1946- 1955)", *Scripta Nova*, vol. VII, n° 146. Accesible en http://www.ub.edu/geocrit/sn/sn-146(031).htm.

Aboy, Rosa (2005b), *Viviendas para el pueblo. Espacio urbano y sociabilidad en el barrio Los Perales, 1946- 1955*, Buenos Aires, Fondo de Cultura Económica.

Acha, Omar (2004), "Sociedad civil y sociedad política durante el peronismo", *Desarrollo Económico*, vol. 44, n° 174, pp. 199-230.

Aelo, Oscar, (2010), "Orígenes de una fuerza política: el Partido Peronista en la Provincia de Buenos Aires, 1947-1955", *Revista SAAP* Vol. 4, n° 2 , pp. 161-190.

Alessandro, Martín (2009), "Clivajes sociales, estrategias de los actores y sistema de partidos: la competencia política en la Ciudad de Buenos Aires (1995-2005)", *Revista SAAP*, vol. 3, n° 3, pp. 581-614.

Alice, Beatriz (1992), "La participación ciudadana en el municipio", en *El Municipio argentino*, Alejandro Gómez y Néstor Losa (comps.), Buenos Aires, Centro Editor de América Latina.

Alsogaray, Alvaro (1968), *Bases para la acción política futura*, Buenos Aires, Editorial Atlántida.

Altamirano, Carlos (2001), *Bajo el signo de las masas (1943-1973)*, Biblioteca del Pensamiento Argentino, tomo VI, Buenos Aires, Ariel.

Anderson, Perry (2013), "Historia y lecciones del neoliberalismo", *Revista Deslinde*. Accesible en: http://cedetrabajo.org/wp-content/uploads/2012/08/25-7.pdf.

Andrenacci, Luciano, Fernando Falappa y Daniel Lvovich, (2004), "Acerca del Estado de Bienestar del Peronismo Clásico (1943-1955), en Julián Bertranou, Juan Manuel Palacio y Gerardo Serrano (comps.), *En el país del no me acuerdo. (Des) memoria institucional e historia de la política social en la Argentina*, Buenos Aires, Prometeo.

Annunziata, Rocío (2013), "La figura del hombre común en el marco de la legitimidad de proximidad: ¿un nuevo sujeto político?", *Astrolabio,* n° 10, pp.127-155.

Ansaldi, Waldo (1995), "Profetas de cambios terribles: acerca de la debilidad de la democracia argentina (1912-1945)", en Waldo Ansaldi, Alfredo Pucciarelli y José Villaruel (comps.), *Representaciones inconclusas: las clases, los actores y los discursos de la memoria (1912-1946)*, Buenos Aires, Biblos.

Ardissone, Romualdo (1937), "La Ciudad de Buenos Aires excede los límites de la Capital Federal. Necesidad de levantar un censo que abarque la totalidad de la aglomeración urbana bonaerense", *GAEA (Anales de la Sociedad Argentina de Estudios Geográficos)*, Buenos Aires..

Armus, Diego (2000), "El descubrimiento de la enfermedad como problema social", en Mirta Lobato (dir.), *El progreso, la modernización y sus límites (1880-1916), Nueva Historia Argentina,* vol. 5, Buenos Aires, Sudamericana.

Baer, James. A. (1994), "Street, block, and neighborhood: residencidency patterns, community networks, and the 1895 argentine manuscripts census", *The Americas*, año 51, n°1, pp. 89-101.

Ballent, Anahi (2009), *Las huellas de la política. Vivienda, ciudad y peronismo en Buenos Aires, 1943-1955*, Quilmes, Universidad Nacional de Quilmes.

Bauman, Zygmunt (2002), *Modernidad líquida*, Buenos Aires, Siglo XXI.

Beccar Varela, Adrián (1926), *Torcuato de Alvear. Primer intendente Municipal. Su acción edilicia*, Buenos Aires, Ediciones Kraft.

Benevolo, Leonardo (1997), *Histoire de la ville*, Marsella, Éditons Parhentèses.

Berman, Romina (2010), "El peronismo y la Ciudad de Buenos Aires. Notas sobre el gobierno local (1943-1955)", V Jornadas de Historia Política "Las provincias en perspectiva comparada", Universidad Nacional de Mar del Plata, 29 de septiembre al 1 de octubre.

________ (2009), "El gobierno municipal de la Ciudadde Buenos Aires bajo el primer peronismo: debates en torno a la normalización desde su tratamiento parlamentario (1946-1955)", XII Jornadas Interescuelas Deptos. de Historia, Fac. de Humanidades-Univ. Nacional del Comahue, Bariloche, 28 al 31 de octubre.

Bezes, Phillipe, *Réinventer l'État. Les réformes de l'administration française (1962-2008)*, París, PUF.

Bielsa, Rafael (1937), *Ciencia de la administración*, Santa Fe, Universidad Nacional del Litoral.

Blanco, Alejandro (2006), *Razón y modernidad. Gino Germani y la sociología en Argentina*, Buenos Aires, Siglo XXI.

Bohoslavsky Ernesto y Soprano, Germán (eds.) (2010), *Un Estado con rostro humano. Funcionarios e instituciones estatales en Argentina (desde 1880 hasta la actualidad)*, Buenos Aires, Prometeo.

Boisard Stéphane y Mariana Heredia (2010) "Laboratoires de la mondialisation économique: Regards croisés sur les dictatures argentine et chilienne des années 1970, *Vingtième Siècle. Revue d'histoire*, n° 105, pp. 109-125.

Boltanski Luc y Eve Chiappello, (2002), *El nuevo espíritu del capitalismo*, Barcelona, Akal.

Bourdé, Guy (1974), *Urbanisation et immigration en Amérique latine, Buenos-Aires : XIXe et XXe siècles*, Paris, Montaigne.

Bourdieu, Pierre (1996), "La delegación y el fetichismo político", en *Cosas Dichas*, Buenos Aires, Gedisa.

________ (1981), "La représentation politique. Eléments pour une théorie du champ politique", *Actes de la Recherche en Sciences Sociales*, n° 36-37, pp. 3-24.

Bourillon, Florence, (1999), « Changer la ville. La question urbaine au milieu du 19eme siècele », *Vingtième siècle. Revue d'histoire*, n° 64, octobre-décembre de 1999.

Bril Mascarenhas, Tomás (2007), "El colapso del sistema partidario de la ciudad de Buenos Aires. Una herencia de la crisis argentina de 2001-2002", *Desarrollo Económico*, vol. 47, n° 187, pp. 367-400.

Briquet, Jean-Louis y Frédéric Sawicki, (1989), "L'analyse localisée du politique", *Politix*, n° 7, pp. 6-16.

Brugué, Quim, Ricard Gomà y Joan Subirats, (2002)"Gobierno y territorio: del Estado a las redes", en Joan Subirats (comp..), *Redes, territorios y gobierno. Nuevas respuestas locales a los restos de la globalización*, Barcelona, UIMP..

Bucich Escobar, Ismael (1937), *Buenos Aires ciudad. Reseña histórica y descriptiva de la capital argentina desde su primera fundación hasta el presente (1536-1936)*, Buenos Aires, Editorial Tor.

Burchell, Graham, Colin Gordon y Peter Miller (1991), *The Foucault effect. Studies on governentality*, Chicago, University of Chicago Press.

Burstein, Nidia, (2006), *Autonomía municipal y cultura política en la provincia de Buenos Aires*, Bahía Blanca, Editorial de la Universidad Nacional del Sur.

Cacciatore, Osvaldo (1993), *Sólo los hechos*, Buenos Aires, Editorial Metáfora.

Canelo, Paula (2011a), "Construyendo elites dirigentes. Los gobernadores provinciales durante la última dictadura militar (Argentina, 1976-1983)", *Anuario del Centro de Estudios Históricos "Prof. Carlos S.A. Segreti*, año 11, n° 11, p. 323-341.

_______ (2011b), "Acerca de la construcción de carreras políticas en la Argentina. Los senadores nacionales en 1973, 1983 y 1989", *Polhis*, n° 7, 2011, pp. 140-153.

_______ (2007), *El proceso en su laberinto. La interna militar, de Videla a Bignone*, Buenos Aires, Editorial Prometeo.

Carman, María (2010), "El principio de 'máxima intrusión socialmente aceptable', o los diversos grados de legitimidad de las ocupaciones urbanas", *Boletín de Antropología Universidad de Antioquia*, vol. 21, n° 38, pp. 130-146.

Carranza, Arturo (1938), *La cuestión capital de la República*, Buenos Aires, Talleres Gráficos Argentinos.

Castel, Robert (1997), *La metamorfosis de la cuestión social: un crónica del salariado*, Buenos Aires, Paidós.

Castells, Manuel (2012 [1974]), *La cuestión urbana*, México, Siglo XXI.

Cavarozzi, Marcelo (1997), *Autoritarismo y democracia (1955-1996). La transición del Estado al mercado en la Argentina*, Buenos Aires, Ariel.

Centeno, Miguel Angel (1997), "Redefiniendo la tecnocracia", *Desarrollo Económico*, vol. 37, n°146, pp. 215-240.

Cerrutti Marcela y Alejandro Grimson (2004), *Buenos Aires, neoliberalismo y después. Cambios socio-económicos y respuestas populares*, Buenos Aires, Cuadernos de Ides, n°4.

Cibotti, Emma (1995), "Sufragio, prensa y opinión pública: las elecciones municipales de 1883 en Buenos Aires", en Antonio Annino (coord.), *Historia de las elecciones en Iberoamérica, siglo XIX*, Buenos Aires, FCE.

Cicollela, Pablo (2009), "Buenos Aires: una metrópolis postsocial en el contexto de la economía global", en Pedro Pírez (ed.), *Buenos Aires, la formación del presente*, Quito, OLACHI.

Cipolla, Damián (2016), "Revista Plumadas (1946-1950): una tribuna de adoctrinamiento y debate del Ateneo Bancario Argentino", en Claudio Panella y Guillermo Korn (eds.), *Ideas y debates para la nueva Argentina. Revistas culturales y políticas del peronismo* (vol. III), La Plata, Editorial EPC.

Claude Viviane y Pierre-Yves Saunier (1999), "L'urbanisme au début du siècle. De la réforme urbaine à la compétence technique", *Vingtième siècle. Revue d'histoire*, vol. 64, n°64, pp.25-40.

Crozier, Michel (1974), *El fenómeno burocrático*, Buenos Aires, Amorrortu.

Crozier, Michel et al, (1975), *The Crisis of Democracy*, Washington DC, Trilateral Commission.

Cherny, Nicolás y Natanson, José (2004), "Personalismo, localismo y transversalidad: un análisis de las elecciones locales de 2003 en la ciudad de Buenos Aires", en Isidoro Cheresky e Inés Pousadela (eds.), *El voto liberado*, Buenos Aires, Paidós.

Chiaramonte, Juan Carlos (2004), *Nación y Estado en Iberoamérica. El lenguaje político en tiempos de la independencia*, Buenos Aires, Editorial Sudamericana.

_______ (1997), *Ciudades, Provincias, Estados : orígenes de la Nación Argentina (1800-1846)*, Buenos Aires, Ariel.

Choay, Françoise (1965), *L'urbanisme, utopies et réalités*, Paris, Éditions du Seuil.

De la Torre, Lisandro (1888), "Tesis doctoral sobre régimen municipal", Buenos Aires, Universidad de Buenos Aires..

De Marinis, Pablo (1999), "Gobierno, gubernamentalidad, Foucault y los anglofoucaultianos (O un ensayo sobre la racionalidad política del neoliberalismo)", en Ramón Ramos Torre y Fernando García Selgas (eds.), *Globalización, riesgo, reflexividad. Tres temas de la teoría social contemporánea*, Madrid, Ediciones CIS.

De Privitellio, Luciano (2006), "Un gobierno reformado para una nueva ciudad: el debate de la ley municipal de 1917", en Francis Korn y Luis Alberto Romero (comps.), *Buenos Aires/Entreguerras. La callada transformación, 1914-1945*, Buenos Aires, Alianza Editorial.

_______ (2004), *Vecinos y ciudadanos, sociedad y política en la Buenos Aires de entreguerras*, Buenos Aires, Siglo XXI.

Del Brutto, Bibiana (1994), *Representación directa en la Ciudad de Buenos Aires*, Buenos Aires, Centro Editor de América Latina.

Della Paolera, Carlos María (1931), "Plan regulador de la urbanización y extensión de Buenos Aires", *Revista de Derecho y Administración*, n° 28.

Dimarco, Sabina (2017), "El desocupado: la construcción de un concepto "desde abajo". Socialistas y anarquistas frente a la falta de ocupación a fines del siglo XIX", *Congreso Latinoamericano y del Caribe. Trabajo y trabajadores: pasado y presente*, La Paz, 2 al 6 de mayo.

_______ (2016), "Los socialistas y el problema de la falta de ocupación en la crisis de 1890", *Estudios Sociales del Estado*, vol. 2, n° 4, pp. 151-180.

_______ (2010), "Entre el trabajo y la basura: socio-historia de la clasificación informal de residuos en la Ciudad de Buenos Aires (1870-2005)", Tesis de Doctorado, Facultad de Ciencias Sociales, Universidad de Buenos Aires.

Dimarco Sabina y Matías Landau (2015), "Los socialistas, la cuestión obrera y la cuestión municipal (Buenos Aires, 1890-1920)", *Polhis*, n° 16, pp. 186-222.

_______ (2011), "La *cuestión cartonera* en Buenos Aires: entre la *cuestión social* y la *cuestión comunitaria*", en Pablo Schamber y Francisco Suárez (comps.), *Recicloscopio II*, Buenos Aires, Prometeo-UNLa.

Distéfano, Roberto (2011), "El pacto laico argentino (1880-1920)", *Polhis*, n° 8, pp. 80-89.

Donzelot Jacques y Philippe Estebe, (1994), *L'Etat animateur. Essai sur la politique de la ville*, París, Éditions Esprit.

Donzelot, Jacques (2008a), "Question sociale ou urbaine?", en *Quand la ville se défait : quelle politique face à la crise des banlieues ?*, París, Éditions du Seuil.

_______ (2008b), "De la question sociale à la question urbaine", Conferencia dada en la Cité des Sciences et de l'Industrie, Paris, 2 de abril de 2008.

_______ (2006), *Quand la ville se défait. Quelle politique face à la crise des banlieues ?*, París, Ed. du Seuil.

_______ (2003), *Faire société. La politique de la Ville aux Etats-Unis et en France*, París, Editions du Seuil.

_______ (1999), « La nouvelle question urbaine », *Esprit*, n° 258, pp. 87-114.

_______ (1984), *L'invention du social*, París, Editions du Seuil.

Duguit, Leon (1926), *Manual de derecho constitucional*, Madrid, Francisco Belham, librería española y extranjera.

Durkheim, Emile, (2003), *Leçons de sociologie*, Paris, PUF.

Elguezabal, Eleonora (2011), *La production des frontières urbaines Les mondes sociaux des « copropriétés fermées » à Buenos Aires*, Tesis de Doctorado en Sociología,École des Hautes Études en Sciences Sociales, París.

Elias, Norbert (1994), "El retraimiento de los sociólogos en el presente", en *Conocimiento y poder*, Madrid, La Piqueta.

_______ (1991), *Sociología Fundamental*, Barcelona, Gedisa.

Elizalde, Josefina (2009), "Intelectuales y política durante la transición democrática: El "Grupo Esmeralda" y la producción del discurso alfonsinista", *XII Jornadas Interescuelas/Departamentos de Historia. Departamento de Historia*, Facultad de Humanidades y Centro Regional Universitario Bariloche, Universidad Nacional del Comahue, San Carlos de Bariloche.

Entin, Gabriel (2008), "Quelle république pour la révolution ? Souveraineté, loi et liberté au Rio de la Plata, 1810-1812", *Nuevo Mundo/ Mundos nuevos*. Accesible en: http://journals.openedition.org/nuevomundo/33042.

Falcón, Ricardo (1999), "Los trabajadores y el mundo del trabajo", en Bonaudo, M. (dir.) *Nueva historia Argentina, Tomo IV, Liberalismo, Estado y Orden Burgués (1852-1880)*, Buenos Aires, Sudamericana.

Felcman, Isidoro (1991), *Reforma del Estado. Propiedad pública, gestión privada y descentralización de servicios*, Buenos Aires, Editorial Galerna.

Fernández, Roberto (2002/4), "Tareas de la haussmanización de Buenos Aires al filo del siglo XIX", *Anales del Instituto de Arte Americano e Investigaciones Estéticas Mario J. Buschiazzo*, vol. 37-38.

Ferrari, Marcela (2008), *Los políticos en la república radical. Prácticas políticas y construcción de poder*, Buenos Aires, Siglo XXI.

Foucault, Michel (2004), *Sécurité, territoire, population. Cours au Collège de France. 1977-1978*, París, Gallimard-Le Seuil.

__________ (2005), *Naissance de la biopolitique. Cours au Collège de France. 1978-1979*, París, Gallimard-Le Seuil.

__________ (2001a), "Le souci de la vérité", *Dits et Ecrits II*, Paris, Quatro-Gallimard.

__________ (2001b), « Polémique, politique et problématisations », *Dits et Ecrits II*, París, Quatro-Gallimard.

Frederic Sabina, (2004), "Participación política y reconocimiento: paradojas de la 'descentralización' de la gestión urbana en Buenos Aires", en Marcelo Escolar, Gustavo Badía y Sabina Frederic (comps.), *Federalismo y descentralización en grandes ciudades. Buenos Aires en perspectiva comparada*, Buenos Aires, Prometeo.

__________ (2003), *Buenos vecinos, malos políticos. Moralidad y política en el Gran Buenos Aires*, Buenos Aires, Prometeo.

García Bouzas, Raquel (2006), "Los debates de los juristas rioplatenses sobre la cuestión social a comienzos de siglo", *Estudios de Filosofía práctica e historia de las ideas*, n° 8 , pp. 115-126.

García de Enterría, Eduardo (1960), "Turgot y los orígenes del municipalismo moderno", *Revista de Administración pública*, España, n° 33 , pp. 79-110.

García Sebastiani, Marcela (2006) "Adolfo Posada: interlocutor del liberalismo reformista entre España y Argentina", Simposio "Elites, intelectuales y expertos: Argentina y España en perspectiva comparada (1870-1970)", *52 Congreso Internacional de Americanistas*, Sevilla.

Gaxie, Daniel, (1994), "Le maire entre disciplines et libertés. Remarques sur les limites du travail politique", *Politix*, n° 28, pp. 140-148.

Germani, Gino (2010 [1973]), "El surgimiento del peronismo. El rol de los obreros y de los migrantes internos", en Gino Germani, *La sociedad en cuestión*, Buenos Aires, IIGG-CLACSO.

__________ (1973), *Urbanización, desarrollo y modernización*, Buenos Aires, Paidós.

__________ (1969), "Asimilación de los migrantes en el medio urbano. Aspectos teóricos y metodológicos", en Gino Germani, *Sociología de la modernización*, Buenos Aires, Paidós, 1969.

__________ (1967a), "Investigación sobre los efectos sociales de la urbanización en un área obrera del Gran Buenos Aires", en Hauser, P. (ed.) *La urbanización en América Latina*, Buenos Aires, Hachette.

__________ (1967b), "La ciudad como mecanismo integrador", *Revista Méxicana de Sociología*, Vol. 29, n° 3, pp. 387-406.

__________ (1961), "De la sociedad tradicional a la participación total en América Latina", en Gino Germani, *Política y sociedad en una época de transición*, Buenos Aires, Paidós.

Germani, Ana Alejandra (2004), *Gino Germani. Del anti-fascismo a la sociología*, Buenos Aires, Editorial Taurus.

Giorgi, Guido, (2014), "Ministros y ministerios de la Nación Argentina: un aporte prosopográfico para el estudio del gabinete nacional (1854-2011)", *Apuntes*, n° 74, pp. 103-139.

Girbal Blacha, Noemí (2000), "La huelga de inquilinos de 1907 en Buenos Aires", *Historias de la Ciudad*, n° 5.

Golbert, Laura (2010), *De la Sociedad de Beneficencia a los derechos sociales*, Buenos Aires, MTEySS.

Gomez Forgues, Máximo (1950), *La Municipalidad de Buenos Aires y la reforma constitucional de 1949*, Buenos Aires, Perrot.

González Leandri, Ricardo (2013), "Internacionalidad, higiene y cuestión social en Buenos Aires (1850-1910). Tres momentos históricos", *Revista de Indias*, n° 257, pp. 23-54.

González Velasco, Carolina (2007), "Gremios, asociaciones y partidos políticos: el asociacionismo en el mundo teatral porteño 1919-1926", mimeo. En línea: http://historiapolitica.com/datos/biblioteca/gvelasco2.pdf.

Gorelik, Adrián (2008), "La aldea en la ciudad", *Revista del Museo de Antropología*, vol. 1, n°. 1, pp. 73-96.

__________ (2006), "El romance del espacio público", *Block*, nro 7. pp. 8-15.

__________ (2004a), *La grilla y el parque. Espacio Publico y Cultura Urbana en Buenos Aires, 1887-1936*, Quilmes, Universidad de Quilmes.

________ (2004b), *Miradas sobre Buenos Aires. Historia cultural y crítica urbana*, Buenos Aires, Siglo XXI.

________ (2003), "Ciudad, modernidad, modernización", *Universitas Humanística*, n° 56, pp. 11-27.

________ (1994), "La búsqueda del centro. Ideas y dimensiones del espacio público en la gestión urbana y en las polémicas sobre la ciudad: Buenos Aires, 1925-1936", *Boletín del Instituto de Historia Americana Dr. Emilio Ravignani*, tercera serie, n° 9, pp. 41-76.

Groisman, Enrique (1994), "Fundamentos y alcances de la autonomía municipal en el constitucionalismo contemporáneo", *documento del Grupo de Trabajo sobre Derecho y Sociedad*, CLACSO, Lima.

________ (1990), "¿La hora de los municipios?", en *La gestión municipal. Selección de lecturas básicas*, Ricardo Sidicaro y Enrique Groisman (comps.), Buenos Aires, Fundación Esteban Roulet.

Grondona, Ana (2014a), *Saber de la pobreza. Discursos expertos y subclases en Argentina entre 1956 y 2006*, Buenos Aires, Ediciones del CCC.

________ (2011), "Las voces del desierto. Aportes para una genealogía del neoliberalismo como racionalidad de gobierno en la Argentina (1955-1975)", *Revista del CCC*, n° 13.

Guerra, Francois-Xavier (1999), "El soberano y su reino. Reflexiones sobre la génesis del ciudadano en América Latina", en Hilda Sábato (coord.), *Ciudadanía política y formación de las Naciones*, México, FCE.

Gutierrez Leandro y J. L. Romero, (1995), "La construcción de la ciudadanía. 1912-1955", en *Sectores populares, cultura y política. Buenos Aires en la entreguerra*, Buenos Aires, Sudamericana.

________ (1989), "Sociedades barriales, bibliotecas populares y cultura de los sectores populares. Buenos Aires: 1920- 1945", *Desarrollo Económico*, vol. 29, n° 113, pp. 33-62.

Hardoy Enrique y Margarita Gutman, (1992), *Buenos Aires, historia urbana del área metropolitana*, Madrid, Ed. Mafre.

Hardoy, Jorge (1992), "Theory and practice of urban planning in Europe, 1850-1930: its transfer to Latin America", en Richard Morse y Jorge Hardoy (dirs.), *Rethinking the latinamerican city*, Washington, Woodrow Wilson Center.

__________ (1972), "Planificación municipal en Argentina", en *Las ciudades en América Latina. Seis ensayos sobre la urbanización contemporánea*, Buenos Aires, Paidós.

__________ (1962), *La ciudades en América Latina. Seis ensayos sobre la urbanización contemporánea*, Buenos Aires, Paidós.

Heredia, Mariana (2015), *Cuando los economistas alcanzaron el poder (o cómo se gestó la confianza en los expertos)*, Buenos Aires, Siglo XXI.

__________ (2004), "El proceso como bisagra: emergencia y consolidación del liberalismo tecnocrático en la Argentina", en Alfredo Pucciarelli (coord.), *Empresarios, tecnócratas y militares. La trama corporativa de la última dictadura militar*, Buenos Aires, Siglo XXI.

Hora, Roy (2001), "Autonomistas, radicales y mitristas: el régimen oligárquico en la provincia de Buenos Aires", *Boletín del Instituto de Historia Argentina y Americana Dr. Emilio Ravignani*, III, n°. 23.

Horowitz, Joel (1999), "Bosses and Clients: Municipal Employment in the Buenos Aires of the Radicals, 1916-1930", *Journal of Latin American Studies*, n° 31-3, pp. 617-644.

Ihl, Olivier Kaluszynski, Martine y Pollet, Gilles, (dirs.) (2003), *Les sciences du gouvernement*, París, Ed. Economica.

Iturburu, Monica (2000), "Municipios argentinos: fortalezas y debilidades de su diseño institucional", Buenos Aires, INAP.

Jajamovich, Guillermo, (2014), "Arquitectos proyectistas y la transición democrática. El concurso de las '20 ideas', *Anales del instituto de Arte Americano e Investigaciones estéticas Mario Buschiazzo*, n° 41 (2).

__________ (2013), "Universidad y transición democrática: Reformas curriculares y reconfiguraciones en la Facultad de Arquitectura y Urbanismo de la Universidad de Buenos Aires (1984-1987)", Orientación y Sociedad, 2012, no. 8, Disponible en: http://www.memoria.fahce.unlp.edu.ar/art_revistas/pr.5768/pr.5768.pdf

__________ (2007), "Elementos para una historia del urbanismo: del urbanismo a la planificación", Cuartas jornadas de jóvenes investigadores del IIGG, Buenos Aires.

James, Daniel (1990), *Resistencia e integración. El peronismo y la clase trabajadora argentina 1946-1976*, Buenos Aires, Editorial Sudamericana.

Kessler, Gabriel (2009), *El sentimiento de inseguridad*, Buenos Aires, Siglo XXI.

Kessler Gabriel y Alberto Minujin, (1995), *La nueva pobreza en Argentina*, Buenos Aires, Paidós.

Kessler, Gabriel y Di Virgilio, María Mercedes (2008), "La nueva pobreza urbana. Dinámica global, regional y argentina en las últimas dos décadas", *Revista de la Cepal*, n° 95, pp. 31-50.

Korn, Francis, (1974), *Los huéspedes del 20*, Buenos Aires, Sudamericana.

Korn Francis y Luis Alberto Romero (comps.), (2006), *Buenos Aires/Entreguerras. La callada transformación, 1914-1945*, Buenos Aires, Alianza Editorial.

Laguado Duca, Arturo (2010), "Cuestión social, desarrollo y hegemonía en la Argentina de los años sesenta. El caso de Onganía", *Universtas Humanística*, n° 70, pp. 101-118.

Landau, Matías (2014), "Del gobierno doméstico a la comunidad política. El debate sobre la autonomía en la historia de Buenos Aires", *PostData*, vol. 19, n° 1, pp. 163-192.

_______ (2010), "Socio-historia de la cuestión del gobierno de la ciudad: Buenos Aires, de la federalización a la autonomía", Tesis de Doctorado en Sociología, EHESS-UBA.

_______ (2008a), "Cuestión de ciudadanía, autoridad estatal y participación ciudadana", *Revista Mexicana de Sociología*, año 70, n° 1, pp. 7-45.

_______ (2008b), "Gobernar por la economía: apuntes foucaultianos sobre la relación entre ciencia y derecho", *Crítica en Desarrollo*, Buenos Aires, n° 2, pp. 217-224.

_______ (2008c), *Política y participación ciudadana en la Ciudad Autónoma de Buenos Aires*, Buenos Aires, Miño y Dávila.

_______ (2003) "Los múltiples significados de ser ciudadano. Ciudadanía y construcción de subjetividades en la Buenos Aires actual", en Susana Murillo (coord.), *Sujetos a la incertidumbre*, Buenos Aires, Ediciones del Centro Cultural de la Cooperación.

Landau Matías (coord.) (2007), "¿Interesados en la participación?: un estudio sobre los discursos del Banco Mundial", en Rodriguez, Manuel y Roze, Jorge, *Ciudades latinoamericanas III: transformaciones, identidades y conflictos urbanos del siglo XXI*, México, Fundación Ideas.

Landau, Matías y Rocío Annunziata (2017), "¿Qué hay de nuevo en el timbreo?", *Revista Anfibia*.

Lascoumes,Pierre y Patrick Le Gales, (2004), *Gouverner par les intruments*, París, Presses de Sciences Po.

Laval-Reviglio, Marie-Claire (1987), "Les conceptions politiques des physio-crates", *Revue française de Science Politique*, vol. 37, n° 2, p. 181-213.

Le Bart Christian y Fontaine, Joseph (comps.), (1994), *Le métier d'elú local*, París, L'Harmattan.

Le Bart Christian y Rémi Lefebvre (dirs.) (2005), *La proximité en politique. Usages, rhétoriques, pratiques*, Rennes, Presses Universitaires de Rennes.

Le Corbusier, (1947) "Plan director para Buenos Aires", *La Arquitectura de hoy*, Año 1, n° 4.

Leclerc-Olive, Michèle (2006), "Un pouvoir local peut-il être public ?", en Michèle Leclerc-Olive (dir.), *Affaires locales. De l'espace social communautaire à l'espace public politique*, París, Éd. Karthala.

Levene Ricardo (dir.) (1947), *La Confederacion y Buenos Aires hasta la organización definitiva de la Nación en 1862*, Buenos Aires, El Ateneo.

Libertun de Duren, Nora (2010), "Barrios cerrados como estrategia de desarrollo municipal", *Apuntes del Cecyp*, n° 17, pp. 41-54.

Losada, Leandro (2008), *La alta sociedad en la Buenos Aires de la belle époque*, Buenos Aires, Siglo XXI.

_________ (2007), "La alta sociedad y la política en la Buenos Aires del novecientos: la sociabilidad distinguida durante el orden conservador (1880-1916) ", *Entrepasados* 31: 81-96. Se citan las páginas correspondientes a la versión digital accesible en: http://historiapolitica.com/datos/biblioteca/losada.pdf.

Luci, Florencia (2016), *La era de los managers. Hacer carrera en las grandes empresas del país*, Buenos Aires, Paidós.

Luna Félix et al. (1986), *Tres intendentes de Buenos Aires : Joaquin Samuel de Anchorena, 1910-1914, José Luis Cantilo, 1919-1921, 1928-1930, Mariano de Vedia y Mitre, 1932-1938*, Buenos Aires, MCBA.

Luna, Félix (1982), *Buenos Aires y el país*, Buenos Aires, Editorial Sudamericana.

Macor, Darío (2004), "Dinámica política y tradición constitucional: la reforma de 1949 en la provincia de Santa Fe", *Quinto Sol*, n° 8, pp. 51-72.

_________ (2003), "Las tradiciones políticas en los orígenes del peronismo santafecino", en Darío Macor (comp.), *La invención del peronismo en el interior del país*, Santa Fe, Ediciones UNL.

Mauro, Sebastián (2008), "Coaliciones sin partidos políticos en la Argentina post-crisis. El caso de la Ciudad Autónoma de Buenos Aires (2003-2007)", *Debates latinoamericanos,* n° 10, pp.1-15.

Marcilese, José (2009), "Estado provincial y municipios bonaerenses, una relación conflictiva en los años del primer peronismo", *Anuario del Instituto de Historia Argentina,* n° 9, pp. 149-178.

Marías, Julián (1970), "Sobre la 'política' de Aristóteles", estudio preliminar a la edición de *La política* de Aristóteles, Madrid, Instituto de Estudios Políticos.

Martínez Estrada, Ezequiel (1940), *La cabeza de Goliat*, Buenos Aires, Emecé Editores.

Martínez Mazzola, Ricardo (2004), "Campeones del proletariado. El periódico El Obrero y los comienzos del socialismo en la Argentina", *Políticas de la Memoria. Anuario de Investigación e Información del CeDINCI*, vol. 4, pp. 91-110.

Marx, Karl (1991), *La cuestión judía y otros escritos*, Buenos Aires, Ediciones CS.

Matsushita, Hiroshi (1987), *Movimiento obrero argentino 1930-1945. Sus proyecciones en los orígenes del peronismo*, Buenos Aires, Ediciones Siglo Veinte.

Menazzi, Luján (2013a), "Ciudad en dictadura. Procesos urbanos en la Ciudad de Buenos Aires durante la última dictadura militar (1976-1983)", *Scripta Nova*, Universidad de Barcelona, Vol. XVII, n°. 429.

_________ (2013b) "Políticas y proyectos para Buenos Aires. Reconfiguraciones en el modo de hacer ciudad a partir de la cuestión del mercado de Hacienda", Tesis de Doctorado, en Ciencias Sociales, UBA, Buenos Aires.

_________ (2012), "El proceso en la ciudad. El caso del traslado del Mercado Nacional de Hacienda de Liniers durante la última dictadura militar argentina", *Cuaderno Urbano*, n° 12, pp. 95-114.

Menazzi, Luján y Guillermo Jajamovich (2012), "Políticas urbanas en un contexto de dictadura militar", *Bitácora Urbano Territorial*, Bogotá, vol. 20 , pp. 11-20.

Menem, Carlos y Roberto Dromi (1990), *Reforma del estado y transformación nacional*, Buenos Aires, Ed. Ciencias de la administración.

Merklen, Denis (2005), *Pobres ciudadanos. Las clases populares en la era democrática*, Buenos Aires, Gorla.

_______ (2001), "Inscription territoriale et action collective : les occupations illégales de terres urbaines depuis les années 1980 en Argentine", Tesis de Doctorado en Sociología, EHESS, París.

Michels, Robert (1991 [1911]), *Los partidos políticos*, Buenos Aires, Amorrortu.

Monti, Alejandra (2014/2015), "La enseñanza de la planificación en la Argentina: Jorge Enrique Hardoy, del IPRUL al CEUR (1962-1976)", *Anuario del IEHS*, n° 29-30, pp. 177-195.

Morales, Virginia (2017), "Mundo Peronista. Una mirada "desde abajo" a la constitución de la identidad peronista durante el primer peronismo (1945-1955)", *Revista Question*, vol. 1, n° 53.

Morelli, Federica (2005), "Orígenes y valores del municipalismo iberoamericano", *Araucaria. Revista Iberoamericana de Filosofía, Política y Humanidades*, n° 18.

Moreno, José Luis (2009), *Éramos tan pobres. De la caridad colonial a la Fundación Eva Perón*, Buenos Aires, Editorial Sudamericana.

Mouchet, Carlos (1995), "Las ideas sobre el municipio en la Argentina hasta 1853", en *Evolución institucional del municipio de la Ciudad de Buenos Aires*, Buenos Aires, Ediciones del H. Concejo Deliberante.

_______ (1967) "Ordenamiento y gobierno de las Áreas Metropolitanas. El problema de Buenos Aires", *Revista de Adminsitración Pública*, n° 24.

_______ (1962), "Análisis de las relaciones entre el gobierno municipal y el desarrollo de la comunidad", *Revista de Administración Pública*, Buenos Aires.

Murmis Miguel y Juan Carlos Portantiero (1973), *Estudios sobre los orígenes del peronismo*, Buenos Aires, Siglo XXI.

Napoli, Paolo (2003), *Naissance de la police moderne, Pouvoir, norms, sociétés*, París, La Découverte.

Neiburg,Federico y Mariano Ben Plotkin (eds.), (2004), *Intelectuales y expertos. La constitución del conocimiento social en Argentina*, Buenos Aires, Paidós.

Noiriel, Gérard (2006), *Introduction a la socio-histoire*, París, La Découverte.

________ (1995), "Socio-histoire d'un concept. Les usages du mot 'nationalité' au XIX siècle", *Geneses*, n° 20, pp. 4-23.

Novick, Alicia (1991), "Técnicos locales y extranjeros en la génesis del urbanismo argentino. Buenos Aires, 1880-1940", Buenos Aires, FADU.

Oblet, Thierry (2005), *Gouverner la ville : las voies urbaines de la democratie moderne*, París, PUF.

Obradovich, Gabriel (2016), *La conversión de los fieles. La desvinculación electoral de las clases medias de la Unión Cívica Radical*, Buenos Aires, Teseo.

Offerlé, Michel (ed.), (1999), *La proffesion politique. XIX-XX siecles*, París, Ed. Belin.

Offerlé, Michel (2011), *Perímetros de lo político : contribuciones a una socio-historia de la política*, Buenos Aires, Editorial Antropofagia.

Oszlak, Oscar, (1991), *Merecer la ciudad*, Buenos Aires, Cedes.

________ (1983), "Los sectores populares y el derecho al espacio urbano", Revista Punto de Vista, n° 125.

Paiva, Verónica (2000), "Medio ambiente urbano. La emergencia del concepto. Concepciones disciplinares y prácticas profesionales en Buenos Aires entre 1850 y 1915", *Revista Área*, n° 8.

Palti, Elias (2003), "Historia de ideas e historia de lenguajes políticas. Acerca del debate en torno a los usos de los términos 'pueblo' y 'pueblos'", *Varia Historia*, vol. 21, n° 34, pp. 325-343.

Panella, Claudio (2010), "Mundo Peronista (1951-1955): Una tribuna de doctrina" en Claudio Panellla y Guillermo Korn (comps.), *Ideas y debates para la nueva argentina. Revistas culturales y políticas del peronismo (1946-1955)*, La Plata, Universidad Nacional de La Plata.

Passalacqua, Eduardo (1996), "La autonomía de Buenos Aires. Un ensayo de historia institucional sobre las ideas y las formas de un cambio, y una tentativa de descripción. Resultados actuales y potenciales" en Herzer, H. (comp.) *Ciudad de Buenos Aires. Gobierno y descentralización*. Buenos Aires: CBC-UBA.

Pastor, José (1947), *Urbanismo con planeamiento, principios de una nueva técnica social*, Buenos Aires, Ed. Arte y técnica.

Paura, Vilma (1999), "El problema de la pobreza en Buenos Aires, 1778-1820", *Estudios Sociales*, n° 17, pp.49-68.

Payre, Renaud (2007), *Une science communale ? Reseaux réformateurs et municipalité providence*, París, CNRS Éditions.

_________ (2005), « Un savoir « scientifique, utilitaire et vulgarisateur » : la ville de *la vie urbaine*, objet de science et objet de reforme (1919-1939) », *Genèses*, n° 60, pp. 5-30.

Pereyra, Diego (2007), "Cincuenta años de la Carrera de Sociología de la UBA. Algunas notas contra-celebratorias para repensar la historia de la Sociología en la Argentina", *Revista Argentina de Sociología*, año 5, n° 9, pp. 153-159.

Perón, Juan D. (1947), *Doctrina peronista*, Buenos Aires, Editorial Mundo Peronista.

Pirez, Pedro (2005), "Buenos Aires: ciudad metroplitana y gobernabilidad", *Estudios demográficos y urbanos*, año 20, n° 3, pp. 423-447.

_________ (1999), "Gestión de servicios y calidad urbana en la Ciudad de Buenos Aires", *Eure,* vol. 25, n° 76, pp.125-140.

_________ (1998), "Management of urban services in the city of Buenos Aires", *Environment and Urbanization,* Vol. 10, n°. 2, pp. 209-222.

_________ (1996), "La Ciudad de Buenos Aires: una cuestión federal", *Revista Mexicana de Sociología*, año 58, n° 3, pp. 193-212.

Portantiero, Juan Carlos, (1977) "Economía y política en la crisis argentina (1958-1973)", *Revista Méxicana de Sociología*, n° 2.

Posada, Adolfo (1919), "Ideas y problemas de una política municipal", *Revista Argentina de Ciencias Políticas*.

_________ (1913), "El gobierno de la ciudad (con ocasión del libro del profesor Rowe)", *Revista Argentina de Ciencias Políticas*, tomo VII.

_________ (1912) "La noción de selfgovernement", *Revista Argentina de Ciencias Políticas*, Tomo V.

Prevôt Schapira, Marie-France (2001), "Fragmentación espacial y social: conceptos y realidades", *Revista Perfiles Latinoamericanos*, n° 19, pp. 33-56.

_________ (2000), "Segregación, fragmentación, secesión. Hacia una nueva geografía social en la aglomeración de Buenos Aires", *Economía, Sociedad y Territorio*, vol. II, n°. 7, pp. 405-431.

__________ (1996), "Territoires urbains et politiques sociales en Amérique latine. Réflexions à partir des cas argentin et mexicain", en Emile Le Bris (ed.), *Villes du sud: sur la route d'Istanbul*, París, Ostrom.

Procacci, Giovanna (1993), *Gouverner la misère. La question sociale en France 1789-1848*, París, Seuil.

Pucciarelli, Alfredo (1993), "Conservadores, radicales e yrigoyenistas: un modelo (hipotético) de hegemonía compartida", en Waldo Ansaldi, Alfredo Pucciarelli y José Villaruel (comps.) *Argentina en la paz de las dos guerras*, Buenos Aires, Biblos.

Quijada, Mónica y otros (2000), *Homogeneidad y nación con un estudio de caso: Argentina, siglos XIX y XX*, Madrid, Editorial CSIC.

Rapoport Mario y María Seoane, (2007), *Buenos Aires. Historia de una ciudad*, Buenos Aires, Planeta.

Recchini de Lattes, Zulma (1983), "La población: crecimiento explosivo y desaceleración, 1855-1980", en José Luis Romero y Luis Alberto Romero (comps.) *Buenos Aires, Historia de cuatro siglos*, Tomo 2, Buenos Aires, Altamira.

Rigotti, Ana María (2012), "Las promesas del urbanismo como alternativa tecnocrática de gestión (1928-1958)", en Mariano Ben Plotkin y Eduardo Zimmermann (comps.), *Los saberes del Estado*, Buenos Aires, Edhasa.

__________ (2005), "Las invenciones del urbanismo en Argentina (1900-1960), inestabilidad para sus representaciones científicas y dificultades para su profesionalización", Tesis de Doctorado, Facultad de Arquitectura, Planeamiento y Urbanismo, Universidad Nacional de Rosario.

__________ (2004), "José Pastor y la invención del planeamiento en Argentina", Seminario de História da Cidade e do Urbanismo, Perpectivas Contempôraneas da História da Cidade e do Urbanismo, Niterói / Rio de Janeiro, 9 al12de noviembre.

Rock, David (1997), *El radicalismo argentino (1890-1930)*, Buenos Aires, Amorrortu.

Rofman Alejandro y Luis Alberto Romero (1973), *Sistema socioeconómico y estructura regional de la Argentina*, Buenos Aires, Amorrortu.

Rojkind, Inés (2012), "'El gobierno de la calle.' Diarios, movilizaciones y política en el Buenos Aires del novecientos", *Secuencia. Revista de historia y ciencias sociales*, n° 84, pp. 99-123.

Rosanvallon, Pierre (2003), *Por una historia conceptual de lo político*, Buenos Aires, FCE.

________ (2002), *Le sacre du citoyen. Histoire du suffrage universelle en France,* París, Éditions Gallimard.

________ (1998), *Le peuple introuvable, Histoire de la représentation démocratique en France*, París, Éditions Gallimard.

Rosatti, Horacio (1987), *Tratado de derecho municipal*, Buenos Aires, Rubinzal Editores.

Rose, Nikolas (2007), "¿La muerte de lo social? Re-configuración del territorio de gobierno", *Revista Argentina de Sociología*, año 5, n° 8, pp. 113-152.

Rose, Nikolas y Peter Miller (1991), "Political power beyond the state. Problematics of government", *British Journal of Sociology* n° 43, pp. 173-2015.

Rousseau, Jean-Jacques (1940), *El Contrato social*, Buenos Aires, Editorial Fe.

Ruiz Moreno, Isidoro (1986), *La federalización de Buenos Aires*, Buenos Aires, Hyspamérica.

Sábato, Hilda (2008), *Buenos Aires en armas. La revolución de 1880*, Buenos Aires, Siglo XXI.

________ (1998), *La política en las calles. Entre el voto y la movilización. Buenos Aires, 1862- 1880*, Buenos Aires, Sudamericana.

Sábato, Hilda y Elías Palti (1990), "¿Quién votaba en Buenos Aires? Práctica y teoría del sufragio, 1850-1880", *Desarrollo Económico*, v. 30, n° 119, pp. 395-424.

Sábato, Hilda y Luis Alberto Romero (1992), *Los trabajadores de Buenos Aires. La experiencia del mercado (1850-1880)*, Buenos Aires, Editorial Sudamericana.

Salomón, Alejandra (2010), "Los comisionados municipales: aportes significativos a la construcción del peronismo (1945-1948)", Segundo Congreso de Estudios sobre el Peronismo (1943-1976), Universidad Nacional de Tres de Febrero, 4, 5 y 6 de noviembre.

Scobie, James (1977), *Buenos Aires, del centro a los barrios*, Buenos Aires, Solar-Hachette.

Sidicaro, Ricardo (2012), *Los tres peronismos. Estado y poder económico*, Buenos Aires, Siglo XXI.

________ (2008), "Las elites políticas peronistas y la democracia", *Estudios Sociales*, n° 32, pp. 145-168.

________ (1993), *La política mirada desde arriba. Las ideas del diario La Nación (1909-1989)*, Buenos Aires, Editorial Sudamericana.

________ (1995a), "Contribuciones para el estudio de las ideas políticas de Perón", *Estudios Sociales*, Año 5, n° 8, pp. 31-48.

________ (1995b), "Los conflictos entre el Estado y los sectores socioeconómicos predominantes en la crisis del régimen conservador (1930-1943)" en Waldo Ansaldi, Alfredo Pucciarelli y José Villaruel (comps.), *Representaciones inconclusas: las clases, los actores y los discursos de la memoria (1912-1946)*, Buenos Aires, Biblos.

Slipak, Daniela (2011), "Entre aporías y prescripciones. Una reflexión sobre la historia conceptual de lo político propuesta por Pierre Rosanvallon", *Foro Interno*, n° 12, pp. 61-80.

Socoloff, Ivana (2014), "Imágenes urbanas y escenas de un conflicto: aproximaciones al proyecto de Solares de Santa María en Buenos Aires (IRSA)", *Revista Question*, vol. 1.

________ (2012) "De la 'sociología de la ciudad' a la 'sociología urbana' argentina. Algunos indicios sobre los vínculos entre la sociología y la ciudad en Argentina", *Revista Ensemble*, Revista electrónica de la Casa Argentina en París.

Suarez, Odilia (1995), *La autonomía de la Ciudad de Buenos Aires. Reflexiones desde un punto de vista territorial*, Buenos Aires, FADU.

Suriano, Juan (2012), "El Departamento Nacional del Trabajo y la política laboral durante el primer gobierno de Hipólito Yrigoen", en Mariano Ben Plotkin y Eduardo Zimmermann (comps.), *Los saberes del Estado*, Buenos Aires, Editorial Edhasa.

________ (2010a), "La crisis de 1890, los trabajadores y la emergencia de la cuestión obrera", en Ricardo González Leandri, Pilar González Bernaldo de Quirós y Juan Suriano, *La temprana cuestión social. La ciudad de Buenos Aires durante la segunda mitad del siglo XIX*, Madrid, Consejo Superior de Investigaciones Científicas.

________ (2010b) "Políticas laborales y relación Estado-sindicatos en el gobierno de Hipólito Yrigoyen (1916-1922)", en Juan Suriano (comp.), *La cuestión social en Argentina (1870-1943)*, Buenos Aires, La Colmena.

________ (2000), "La oposición anarquista a la intervención estatal en las relaciones laborales", en Juan Suriano (comp.), *La cuestión social en Argentina (1870-1943)*, Buenos Aires, La Colmena.

________ (1989/90), "El Estado argentino frente a los trabajadores urbanos: política social y represión, 1880-1916", en *Anuario* n° 14, Segunda Época.

Suriano Juan y Mirta Lobato, (2014), *La sociedad del trabajo. Las instituciones laborales en argentina (1900-1955)*, Buenos Aires, Edhasa.

Svampa, Maristella (2001), *Los que ganaron. La vida en los countries y barrios privados*, Buenos Aires, Biblos.

Svampa Maristella y Sebastián Pereyra, (2003), *Entre la ruta y el barrio, La experiencia de las organizaciones piqueteras*, Buenos Aires, Editorial Biblos.

Tcach, César (1991), *Sabattinismo y peronismo*, Buenos Aires, Editorial Sudamericana.

Tella, Guillermo (1997), "La zonificación urbana en su primer escenario: aportes para una estructura disciplinar. Buenos Aires 1887-1944", *Revista Área*, Nro 5.

________ (1994), *Política municipal y espacio urbano (Buenos Aires 1880-1910)*, Buenos Aires, Centro Editor de América Latina.

Teran, Oscar (2008), *Vida intelectual en el Buenos Aires fin-de-siglo (1880-1910)*, Buenos Aires, FCE.

Tereschuk, Nicolás (2013), "La era dorada de la planificación", en Alberto Muller y Teresita Gómez (comps.), *La planificación en Argentina en perspectiva (1930-2012)*, Buenos Aires, FCE-UBA.

Ternavasio, Marcela (1991), *Municipio y política. Un vínculo histórico conflictivo*, Tesis de Maestría, Buenos Aires, FLACSO.

Topalov, Christian, (2004), "De la 'cuestión social' a los 'problemas urbanos': los reformadores y la población de las metrópolis a principios de siglo XX". Accesible en línea : http://www.urbared.ungs.edu.ar/textos/Topalov%20(2004).pdf

________ (1994), *Naissance du chômeur, 1880-1910*, París, Albin Michel.

Topalov, Christian (comp.), (1999), *Laboratoires du nouveau siècle. La nébuleuse réformatrice et ses réseaux en France, 1880, 1914*, París, Éditions de l'Ecole des Hautes Études en Sciences Sociales.

Torres, Horacio (1996), "Buenos Aires en su contexto metropolitano", en Hilda Herzer (comp.), *Ciudad de Buenos Aires. Gobierno y descentralización*, Buenos Aires, Oficina de publicaciones del CBC.

________ (1993), "El mapa social de Buenos Aires (1940-1990)", *Documento FADU*, Serie Difusión, n° 3.

Valladares, Licia (1995), "La investigación urbana en América Latina. Tendencias actuales y recomendaciones", *Documento de Debate MOST*, n° 4.

Verbitsky Bernardo (1957), *Villa miseria también es América*, Buenos Aires, Editorial Sudamericana.

Verdo, Geneviève (2006), *L'indépendance argentine entre cités et nation (1810-1820)*, París, Publications de la Sorbonne.

________ (2000), "La ciudad como actor. Prácticas políticas y estrategias de pertenencia: el caso del Río de la Plata (1810-1820)", *Araucauria. Revista Iberoamericana de Filosofía, Política y Humanidades*, n° 18, pp. 189-195.

Vommaro, Gabriel (2015), "Contribución a una sociología política de los partidos. Los mundos sociales de pertenencia y las generaciones políticas de PRO", en Gabriel Vommaro y Sergio Morresi (org.), *"Hagamos equipo". PRO y la construcción de la nueva derecha en Argentina*, Los Polvorines, Ediciones UNGS.

________ (2011), "La pobreza en transición. El redescubrimiento de la pobreza y el tratamiento estatal de los sectores populares en Argentina en los años 80", *Apuntes del CECYP*, n° 19, pp. 45-73.

Vommaro, Gabriel y Claudia Daniel, (2013), "¿Cuántos son los pobres? Contribuciones a la historia de su definición estadística en la Argentina de los años ochenta", *Voces en el Fénix*, n° 23, pp. 24-31.

Vommaro, Gabriel y Sergio Morresi, (2015), "'La ciudad nos une'. La construcción del PRO en el espacio político argentino", en Gabriel Vommaro y Sergio Morresi (org.), *"Hagamos equipo". PRO y la construcción de la nueva derecha en Argentina*, Los Polvorines, Ediciones UNGS.

Waldmann, Peter (1985), *El peronismo. 1943-1955*, Buenos Aires, Editorial Sudamericana.

Walter Richard (1993), *Politics and urban growth in Buenos Aires: 1910-1942*, Cambridge, Cambridge University Press.

__________ (1978), "Elections in the City of Buenos Aires during the First Yrigoyen Administration: Social Class and Political Preferences", *The Hispanic American Historical Review*, vol. 58, n° 4., pp. 595-624.

__________ (1974), "Municipal Politics and Governenment in Buenos Aires, 1918-1930", *Journal of Interamerican Studies and World Affaire*, vol. 16, n° 2, pp. 173-197.

Weber, Max (2012 [1905]), *La ética protestante y el espíritu del capitalismo*, Buenos Aires, FCE.

Wilde, Eduardo (1878), *Curso de Higiene Pública*, Buenos Aires.

Yujnovsky, Oscar (1971), "La investigación para el planeamiento urbano en América Latina", en *Desarrollo Económico*, vol. 10, n° 39/40.

Zimmermann, Bénédicte (2001), *La constitution du chômage en Allemagne. Entre professions et territoires*, París, Éditions de la Maison des sciences de l'homme.

Zimmermann, Eduardo (2013), "Un espíritu nuevo: la cuestión social y el derecho en la Argentina (1890-1930)", *Revista de Indias*, vol. LXXIII, n° 257, pp. 81-106.